DIE CAMPING BIBEL

Antworten auf alle Fragen rund ums Camping

von
Gerd Blank

INHALT

Der Autor 7	Camping im Van: alles im Kasten 36
	Camping mit 4x4 und Co. 40
REISEZIEL: CAMPING 8	**Campingtypen: Die Vielfalt macht's!** 45
Die große Lust am Ausstieg auf Zeit 10	
	UNTERWEGS 59
EINSTEIGEN 14	**Die Reiseplanung: So gelingt der nächste Campingtrip** 60
Das alles ist Camping – und noch viel mehr 16	Ins Netz gegangen: Campinginfos im Internet 62
Camping im Zelt 18	Wir packen unseren Camper 65
Camping im Wohnwagen 24	**Auf die Ohren: Camping zum Reinhören** 70
Camping im Wohnmobil 30	

Tourentipps in Deutschland und Europa 73
Die große Deutschlandreise 76
Skandinavien: Der Norden ruft 88
Der Westen: alte Pfade neu
entdeckt 102
Südwesteuropa: Strand und
kulturelle Highlights 110
Südosteuropa: Wälder und blaues
Mittelmeer 120
Der Osten: unbekanntes
Baltikum 128

Camping global: in aller Welt zu Hause 133
Down Under: unterwegs am
Ende der Welt 135
Nordamerika: into the wild 139
Afrika: Abenteuer für Camping-
spezialisten 143
Asien: Geführte Reisen ins
Camper-Neuland 145

Der richtige Platz – von klassisch bis alternativ 146
Ein Klassiker im neuen Gewand:
der Campingplatz 148
Hilfe, wie finde ich den
optimalen Platz? 151
Campingführer 155
Etappenziel erreicht: der
Wohnmobilstellplatz 156
Wildcampen: Grenzen der Freiheit 159
Alternative Plätze: Es geht auch
anders 164
Kleine Häuser und große Fässer 166

INHALT 3

ANKOMMEN 170

**Camping für jeden Geschmack:
So gut ist die Campingküche** ... 172
Kulinarisches Equipment:
alles für die Camper-Küche 176
Camping-Kochbücher: 177
Rezeptideen für mobile Köche 180
Ob Kohle, Gas oder Strom:
Der Grill muss mit 186

**Camping für alle Bedürfnisse:
Alles geht, nichts muss** 189
Familiencamping: die große
Freiheit 190
Spielideen für draußen und drinnen ... 198
Mobil mit Hund: Camping frei
nach Schnauze 202
Aktivcamping: sportlich unterwegs ... 207
DIY-Fitness-Ausrüstung 212
Festival-Camping: Kurztrip ins
Sommerlager 214

Festivals für Camper in
Deutschland 218
Wintercamping: Outdoor im
Schnee? 220

**Nachhaltig campen:
unterwegs mit Köpfchen** 224

**CAMPERVAN,
WOHNWAGEN & CO.** 229

**Der Preis der Freiheit:
Damit muss man rechnen** 230
Leihen oder kaufen? 233
Der Traum vom eigenen Mobil 236
Und tschüss: wenn der Camper
gehen muss 240

Technik und Equipment 245
Gas geben, aber ordentlich 246
Wasser marsch: Nutzung und
Entsorgung 251
Das Bad muss mit 256
Stromversorgung: Es werde Licht 258
Der Kühlschrank im Camper 264
Heizung: die optimale
Innentemperatur 266
Klimaanlagen: ganz schön cool 269
Fernsehen im Camper: immer auf
Empfang 270
Die besten Camping-Filme und
TV-Serien 274
Gut vernetzt: Internet im Camper 276
Das mobile Homeoffice 278
Diebstahlschutz: auf Nummer
sicher 280
Outdoor-Möbel und Wetterschutz 284

Do it yourself: Camping ist Handarbeit 287
Handgemacht: das eigene Mobil selber bauen 288
Von schnell bis gründlich: Reparieren in Eigenregie 295
Gaffa Tape: eine Hauptrolle beim Camping 299
Reinigung: der große Frühjahrsputz........................ 300
Fit für den Winterschlaf 304

Regeln und Sicherheit 307
In der Spur bleiben: kleine Reifenkunde............................. 308
Eine Frage des Gewichts: die richtige Beladung 312
Ist das Gespann zu groß? 317

Klassenunterschiede: der richtige Führerschein 318
Mit dem Camper in den Urlaub? Aber sicher! 321
Mit Anhänger unterwegs 326

ZELT, TIPI UND CO 331
Zeltcamping: dünner Stoff für große Träume.......................... 332
Campingkniffe für den Zeltplatz 338

ANHANG 340
Camping-Glossar..................................... 341
Register 344
Bildnachweis 350
Impressum 351
ADAC Services für Camper 352

INHALT 5

WISSENSWERTES ZUR STERNE-KLASSIFIKATION IN DIESEM BUCH

Um Camper bei der Urlaubsplanung bestmöglich zu unterstützen, bildet die europaweit einheitliche ADAC Klassifikation die perfekte Grundlage zum Vergleich von Campingplätzen.

Die ADAC Klassifikation basiert auf der objektiven Bewertung durch die ADAC Inspekteure. Diese geschulten und erfahrenen Camping-Experten durchleuchten regelmäßig 6000 Campingplätze europaweit einheitlich auf Basis eines standardisierten Fragebogens mit über 200 Messkriterien. Das Ergebnis ist eine objektive Analyse der Qualität von Ausstattung und Angebot. Die besten Campingplätze mit einer 5-Sterne-Klassifikation erhalten die Auszeichnung ADAC Superplatz. Ein Platz mit zwei Sternen muss aber nicht automatisch weniger attraktiv sein als ein Platz mit vier oder fünf Sternen. Camper müssen sich lediglich darauf einstellen, dass Infrastruktur und Ausstattung bei wenigen Sternen einfacher gehalten sind. Aber manchmal sind gerade einfachere Plätze die charmanten Geheimtipps. Alle in diesem Buch vorgestellten Campingplätze wurden mit größtmöglicher Sorgfalt ausgewählt und bilden ganz bewusst das volle Spektrum der Sterne-Klassifikation ab. Campingplätze ohne Sterne sind ganz neu in der Datenbank und wurden noch nicht von ADAC Inspekteuren besucht.

Für genauere Informationen steht am Ende der Platzbeschreibung ein Link zu pincamp.de, dem Campingportal des ADAC. Dort gibt es alle Details, die für die Auswahl eines Angebots hilfreich sind. Viel Spaß beim Sichten und Auswählen!

BEDEUTUNG DER WEITEREN SYMBOLE IM BUCH

 PiNCAMP-Empfehlung

 Profitipp des Autors

 Wissenswertes zum Thema Camping

 Regeln und Sicherheitstipps

 Check- und Packlisten

DER AUTOR

Seit er denken kann, ist **Gerd Blank** ein Camper. Anfang der 1970er-Jahre schlief der gebürtige Norddeutsche im Garten seines Elternhauses das erste Mal in einem Zelt. Das war zwar nur ein kleines Plastikzelt aus einem „Yps"-Heft, aber für ihn war es ein großes Abenteuer. Diese erste Nacht hatte Folgen, denn das Thema Camping ließ ihn seitdem nicht mehr los. „Beim Camping lebe ich nach eigenen Regeln. Für mich ist das die Übersetzung für Leben in größtmöglicher Freiheit", sagt der Hamburger. Ob Gruppenreise oder Festival, ob Kurztrip oder langer Urlaub: In den folgenden Jahren hat der Journalist wahrscheinlich alle Campingarten ausprobiert, mal im Zelt, mal im ausgebauten Bulli – aber immer mit großem Vergnügen. Inzwischen ist Gerd Blank mit Frau und Hund in einem LT 28 mit Karmann-Aufbau aus dem Jahr 1991 unterwegs – und das nicht nur in seiner Freizeit: Der Autor lebt und arbeitet fast ausschließlich in seinem Oldtimer. Auf seinen Reisen durch Europa trifft er sich mit anderen Campern, kocht auf zwei Flammen und Grill, probiert verrückte oder praktische Campingprodukte aus und entdeckt dabei immer wieder neue Plätze. Und er erzählt gerne von seinen Erlebnissen, um auch andere fürs Camping zu begeistern. Nur seinen absoluten Lieblingsplatz, den verrät er nie. Ganz klar: Camping ist für Gerd Blank längst viel mehr als nur ein Ausstieg auf Zeit, es ist sein Lebenskonzept, bei dem die Reise kein Enddatum hat.

Gerd Blank ist Journalist und Redakteur, seit einem Vierteljahrhundert schreibt er vor allem über Technologien und Digitalisierung sowie über seine Heimatstadt Hamburg. Nach seinem Volontariat im Verlag Gruner + Jahr arbeitete unter anderem beim „Stern", bei der „Financial Times Deutschland" oder beim „Audi Magazin". In seiner Verlagskarriere standen auf seinen Visitenkarten Titel wie Redakteur, Ressortleiter, Textchef oder Chefredakteur. Inzwischen ist der Hamburger selbstständig tätig und schreibt für verschiedene Agenturen, Verlage und Unternehmen Texte oder steht vor der Kamera. Camping und langsames Reisen ist für ihn der perfekte Ausgleich zur immer schnelleren Medienwelt. Darüber spricht und schreibt Gerd Blank im eigenen Podcast und Blog „Campermen", außerdem in seinen Kolumnen für verschiedene Publikationen, etwa für SPIEGEL Online oder den Heise Verlag.

REISEZIEL: CAMPING

Die große Lust am Ausstieg auf Zeit ▸ *10*

DIE GROSSE LUST
AM AUSSTIEG AUF ZEIT

"Einfach mal raus!" – mit diesem Slogan lässt sich das Thema Camping treffend auf den Punkt bringen. Doch mobiles Reisen ist nicht nur ein Freizeitvergnügen für Frischluftfans, es verspricht auch ein Stück Freiheit für jedermann.

Urlaub mit kleinem Anhänger: Für die große Freiheit braucht man nur wenig Gepäck.

Die Lust auf Abenteuer und zeitlich begrenzte Flucht aus dem Alltag lockt immer mehr Neu-Camper an, die ihren Reisetraum ganz individuell erfüllen wollen. Doch was versteht man eigentlich unter Camping? Was gehört dazu? Was nicht? Diese Fragen mögen auf den ersten Blick ein wenig müßig erscheinen, denn wenn der Begriff auftaucht, hat wohl jeder bereits ein Bild im Kopf. Doch diese Vorstellungen können ganz unterschiedlich aussehen, je nach Vorliebe und Camper-Typ. Für die einen ist Camping ein spartanischer Ausflug mit dem Zelt, für die anderen ein erholsamer Urlaub im gut ausgestatteten Wohnmobil. Die Palette reicht vom Wohnwagen auf einem Dauerstellplatz bis zur Übernachtung im Schlafsack unter freiem Himmel oder im selbst umgebauten Lieferwagen, in dem das ganz persönliche „Vanlife" zelebriert wird.

Viele Camper sind auf der Suche nach Einsamkeit, andere lieben es, auf Reisen Gleichgesinnte zu treffen. Es gibt solche, die am liebsten jeden Tag an einem neuen Ort sind, während sich andere wochenlang an ein und demselben Platz einrichten. Doch ganz gleich, wie individuell die Bedürfnisse auch sind, die Leidenschaft für Outdoor-Abenteuer eint alle Camper. Sie müssen nicht mehr davon überzeugt werden, Zeit an der frischen Luft zu verbringen. Das versteht sich von selbst! Bei Campern steht daher Nachhaltigkeit ganz selbstverständlich auf der Agenda. Und da man schon beim Packen aufs Gewicht achten muss, geht man sorgsam mit Vorräten um und versucht schon allein aus praktischen Gründen, Müll zu vermeiden.

DER MENSCH IST EIN NOMADE

Das Campen liegt der menschlichen Spezies offenbar im Blut, und bei genauerem Hinsehen wird klar, dass das mobile Übernachten von jeher untrennbar mit der Entwicklung der Zivilisation verknüpft war. Ganze Völker zogen in Clans umher, um neue Orte für Siedlungen zu erschließen. So eroberten sie Kontinent um Kontinent, auf längeren Routen wurde in Zelten genächtigt. Die ersten Behelfsbehausungen boten Schutz vor der Witterung und waren leicht zu transportieren. Auch für militärische Zwecke wurden Zelte genutzt. Sie waren schon vor Tausenden Jahren fester Bestandteil der Ausrüstung von Soldaten, die damit in geschützten Lagern kampierten.

Doch auch wenn Mobilität schon von Beginn an eng mit der menschlichen Existenz verknüpft war, hat sie sich als Urlaubsform und Art der Freizeitgestaltung erst Anfang des 20. Jahrhunderts durchgesetzt. Nach dem Ende des Zweiten Weltkriegs hatten vielerorts auch normale Arbeitnehmer endlich gesetzlichen Anspruch auf Urlaub, und so konnte man es sich erstmals leisten, in die Ferien zu fahren – und sei es auch nur für ein paar Tage. Die sogenannte Wanderbewegung erlebte einen Höhepunkt. Reisen musste jedoch meist kostengünstig gestaltet werden, geschlafen wurde daher im Zelt.

Die Landpartie mit Zelt oder Wohnwagen begeisterte schon unsere Eltern und Großeltern.

VOM ZELT IN DEN WAGEN

In Großbritannien kamen die ersten Reisewagen bereits Ende des 19. Jahrhunderts auf, anfangs wurden sie noch von Pferden gezogen. Vorbilder für diese Freizeitanhänger waren Planwagen oder Zirkuswagen, die vom fahrenden Volk genutzt wurden, oder luxuriös ausgebaute Kutschen für Aristokraten, wie sie beispielsweise von Napoleon auf seinen Feldzügen genutzt wurden. Der erste deutsche Wohnwagen wurde 1931 von Arist Dethleffs gebaut und bildete den Grundstein für die heute noch erfolgreiche gleichnamige Caravan-Marke. Die Ausstattung der Wagen wurde im Laufe der Jahrzehnte immer besser, Bezeichnungen wie „Stoffvilla" oder „Haus am Haken" setzten sich durch.

Das mobile Freizeitvergnügen wurde schnell beliebter – so sehr, dass sich eine ganze Campingindustrie herausbildete. Der ständig steigende Bedarf an Ausrüstung musste schließlich gedeckt werden. Das Jahr 1950 sorgte für eine der wichtigsten Entwicklungen in der modernen Campinggeschichte: Die Autobauer von Volkswagen brachten den Transporter „T1" auf die Straße, die Blaupause für den heutigen Campervan – und die Firma Westfalia verkaufte eigens für diesen Wagen eine Camping-Box mit allem, was für einen kurzen Ausflug in die Natur benötigt wurde. In den folgenden Jahren entwickelten die beiden Unternehmen in enger Zusammenarbeit Sondermodelle mit Schlafplätzen. Der „Bulli" – wohl eine Wortschöpfung aus den Begriffen Bus und Lieferwagen – wurde zum Inbegriff des Campings im Auto. Der Prototyp für das „Vanlife" war geboren, Jahrzehnte, bevor dieser Begriff zum ersten Mal die Runde machte. Als einer der ersten Hersteller baute Hymer 1961 – noch komplett in Handarbeit – ein Wohnmobil, den „Caravano". Andere Unternehmen folgten dem Trend, die Reisemobile eroberten die Straßen.

CAMPING FÜR ALLE - EINE BEWEGUNG WIRD ZUM TREND

Aber ob nun Zelten im Grünen oder Caravaning im Hightech-Mobil – über allen Konzepten prangt heute der Begriff „Camping". So unterschiedlich die individuellen Vorlieben und persönlichen Outdoor-Wünsche auch sein mögen – alle Camper suchen das naturnahe Erlebnis und die Freiheit, die sie im Alltag vermissen. Und von Jahr zu Jahr werden es mehr! Das statistische Bundesamt hat ermittelt, dass aktuell mehr als 10 Mio. Deutsche ab und zu campen, 2 Mio. sogar häufiger. Besonders oft verbringen sie den Urlaub in Deutschland. Entsprechend groß ist hier das Angebot an Plätzen: Rund 3000 Campingplätze mit mehr als 225 000 Stellplätzen gibt es im ganzen Land.

Und auch wenn man nach wie vor sehr günstig mit Zelt und Isomatte unterwegs sein kann, wird das mobile Reisen häufig zum teuren Vergnügen – besonders, wenn

CAMPING IN DEUTSCHLAND

9,92 Mio.
Anzahl der Deutschen, die mindestens ab und zu campen
590 000
Bestand an Wohnmobilen (2019)
1,83 Mio.
Deutsche besitzen einen Wohnwagen oder Caravan (2019)
14 Mrd. Euro
Umsatz, der 2019 mit Camping in Deutschland generiert wurde

Mobil, flexibel und immer auf der Suche nach neuen Blickwinkeln: Beim „Vanlife" ist häufig bereits der Weg das Ziel.

man mit einem eigenen Wagen oder Anhänger unterwegs ist. Auf Reisen geben Camper aus Deutschland pro Kopf und Tag durchschnittlich rund 50 Euro aus. Allein 2019 gaben sie 5,3 Mrd. Euro für Übernachtungen, Gastronomie oder Ähnliches aus, für Ausrüstung und Fahrzeuge kamen 3,6 Mrd. dazu, und die Fahrtkosten schlugen noch einmal mit 4,3 Mrd. Euro zu Buche. Für einen neuen Wohnwagen oder ein Wohnmobil werden gerne fünfstellige Beträge bezahlt. Und nach oben gibt es – je nach Ausstattung, Qualität und Leistung – kaum Grenzen. Manchmal ist es daher günstiger, sich sein Traumgefährt selbst auszubauen – oder erst mal mit Zelt, Isomatte und Schlafsack loszulegen.

DER EINSTIEG ZUM AUSSTIEG AUF ZEIT LEICHT GEMACHT

Camping ist mehr als nur ein Trend, es ist ein Lebenskonzept – und das Schöne daran ist, dass sich jeder seine individuelle Variante selbst zusammenstellen kann. Bei der Ausgestaltung der eigenen Campingliebe gibt es keinen Königsweg. Dennoch tauchen in jedem Camper-Leben immer wieder ähnliche Fragen auf, und beratende Unterstützung kann bekanntlich Wege verkürzen. Die Camping Bibel will den Einstieg ins Campingabenteuer so bequem wie möglich machen. Anfänger erhalten in diesem Buch eine Vorstellung davon, was überhaupt möglich ist und worauf man bei den ersten Schritten achten sollte. Erfahrene Profis bekommen wiederum Anregungen für ihren nächsten Urlaub oder Kauf. Auf den folgenden Seiten erwartet Sie eine Reise in die Welt des Campings mit ausführlichen Erläuterungen zu den wichtigsten Etappen. Die unterschiedlichen Campingkonzepte und Fahrzeugtypen werden unter die Lupe genommen. Hinzu kommen Tipps und Ideen für die Routenplanung, Regeln, Rechte und Pflichten: Es wird gepackt, erklärt, beraten und gekocht, und auch für den Spaß während der Fahrt wird gesorgt. Ob Einsteiger oder Umsteiger: Die Camping-Bibel hilft beim Ausstieg auf Zeit, sie dient sowohl als Anleitung als auch zur Inspiration. Aber vor allem will sie angesichts einer ungeheuren Vielfalt an Möglichkeiten eine Einladung zum mobilen Reisen sein.

EINSTEIGEN

Das alles ist Camping – und noch viel mehr ▸ 16
Campingtypen: Die Vielfalt macht's! ▸ 45

DAS ALLES IST CAMPING - UND NOCH VIEL MEHR

Camping im Zelt ▸ *18* | *Camping im Wohnwagen* ▸ *24* | *Camping im Wohnmobil* ▸ *30* | *Camping im Van: alles im Kasten* ▸ *36* | *Camping mit 4x4 und Co.* ▸ *40*

Auf gute Nachbarschaft: In der Hauptsaison zeigt sich die ganze Modellvielfalt der Campingwelt.

Die Entscheidung ist gefallen: Im nächsten Urlaub wird gecampt. Reicht dafür ein Zelt oder soll es lieber ein ausgebautes Fahrzeug sein? Ganz klar: Camping ist eine Typfrage! Während es der eine eher luxuriös mag, bevorzugt die andere das minimalistische Reisen mit wenig Gepäck. Und wenn bei einigen nur die Übernachtung im Zelt das einzig wahre Campingerlebnis verspricht, muss es bei anderen mindestens ein Expeditionsmobil mit Allradantrieb sein. Und tatsächlich macht das den Reiz der bunten Campingwelt aus: die Vielfalt mit all ihren Facetten. Da hilft es, sich einen Überblick zu verschaffen: Welche Möglichkeiten habe ich überhaupt?

ZELT

Ursprünglich dienten Zelte in erster Linie als platzsparende temporäre Behausung für Nomaden, im Freizeitbereich gelten sie als Keimzelle des Campings. Mittlerweile gibt es die unterschiedlichsten Spielarten auf dem Markt. Der Minimalismus-Klassiker für Wanderer, das Nachtlager mit Isomatte oder Hängematte und Schlafsack, wird höchstens mit einer darüber gespannten Plane vor der Witterung geschützt. Die Komfortvariante ist das geräumige Familienzelt mit mehreren Schlafbereichen und viel Platz für schlechtes Wetter. Und auch mit Autos wird gezeltet – oder besser gesagt, oben drauf: Dachzelte verwandeln so manche Stadtlimousinen in waschechte Outdoor-Vehikel.

WOHNWAGEN

Um mit einem Caravan zu verreisen, wird ein Zugfahrzeug benötigt. Das hat einen entscheidenden Vorteil: Das mitgebrachte Auto sorgt vor Ort für mehr Flexibilität. So kann bei Ausflügen oder beim kurzen Einkauf der Anhänger auf dem Campingplatz stehen bleiben.

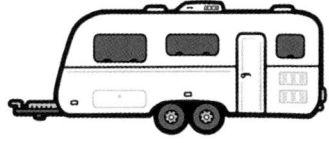

WOHNMOBIL

Dies ist die Luxusvariante der motorisierten Campingfahrzeuge. Auch hier werden dem Variantenreichtum – und dem Geldbeutel – keine Grenzen gesetzt. Wohnmobile sind im Vergleich zu anderen Campingformen gut ausgestattet und besitzen oftmals ein kleines Badezimmer, Küchenzeile und Wassertanks.

VAN UND KASTENWAGEN

Eine Sonderform des Wohnmobils, die immer beliebter wird. Die kompakte Größe ist ideal für jeden Alltagszweck, die Möglichkeiten zur Individualisierung sind unbegrenzt. Die Bandbreite reicht von selbst ausgebauten Transportern bis zu voll ausgestatteten Vans mit allem Komfort.

4X4 UND CO.

Das Expeditionsfahrzeug mit Allradantrieb, der ausgebaute Bauwagen, das schwimmende Wohnmobil oder die Schlafkabine fürs Fahrrad: Die Kreativität bei der Wahl der Campingform kennt kaum Grenzen. Fast alles ist erlaubt – innerhalb der rechtlichen Möglichkeiten.

CAMPING IM ZELT

Zelte sind fast so alt wie die Menschheitsgeschichte selbst. Es gab sie schon in der Steinzeit. Im Prinzip hat sich seit damals wenig verändert: Eine dünne Zelthülle schützt vor Wind und Wetter. Doch statt Tierfellen und Leder kommen heutzutage Hightech-Materialien zur Anwendung. Und die Auswahl an ganz unterschiedlichen Varianten im Outdoor-Fachhandel ist groß.

Nachgewiesen ist, dass Menschen bereits in früher Vorzeit in Zelten übernachteten, und zwar vor allem immer dann, wenn es darum ging, neue Lebensräume zu erobern oder klimatischen Veränderungen zu entfliehen. Zelte dienten diesen ersten Campern als leicht zu transportierende Schutzbauten gegen die Widrigkeiten der Natur. In einigen Gebieten Nordafrikas oder Asiens schlafen heute noch Nomaden in Zelten, in Nordamerika lebten einst indigene Völker teilweise ausschließlich darin.

Am technischen Prinzip hat sich seit vielen Tausend Jahren kaum etwas verändert – auch wenn heute eher selten Tierfelle oder Leder als Hülle zum Einsatz kommen. Die Hülle oder „Zelthaut" wird bei modernen Varianten vor allem aus imprägnierten Stoffbahnen oder Kunststofffolien gefertigt. Eine meist im Innern des Zelts befindliche Tragekonstruktion dient als Gerüst, Halt geben dabei Stangen aus Metall, Kunststoff oder Holz. Am Boden fixiert werden Zelte schließlich mit Seilabspannungen an speziellen Zeltnägeln oder Heringen.

Für die unterschiedlichen Campingbedürfnisse gibt es Zelte in diversen Größen und Formen. Ein großer Vorteil: Auch wenn Zelte aufgebaut viel Platz bieten, nehmen sie zusammengepackt relativ wenig Raum ein. Besonders platzsparend sind solche Modelle, in die der Nutzer hineinkriechen muss. Diese Zelte sind besonders für Wanderungen oder für Wochenendausflüge mit dem Fahrrad geeignet, da sie im Reisegepäck kaum ins Gewicht fallen. In sogenannten Familienzelten haben dagegen gleich mehrere Personen Platz. Teilweise bieten diese Großzelte sogar Stehhöhe und voneinander abgetrennte Schlaf- und Gemeinschaftsbereiche. Auch für anspruchsvolle Glamping-Bedürfnisse gibt es passende Zelte: Dabei handelt es sich meist um geräumige Safarizelte mit großem Eingang und viel Komfort.

DIE KLASSIKER UNTER DEN ZELTTYPEN

Auch viele traditionelle Zeltformen sind heute noch immer im Einsatz. Dazu zählen das kegelförmige **Tipi** aus dem nordamerikanischen Raum, das **Lavvu** der Samen aus Skandinavien und die geräumigen **Jurten** aus Zentralasien. Aus dem afrikanischen Kulturraum stammen das **Caidal** oder das Beduinenzelt aus Marokko sowie das **Schwarzzelt**, das bis heute von vielen Nomadenvölkern genutzt wird.

AUF EINEN BLICK
+ geringes Gewicht und kleines Packmaß
+ hohe Flexibilität
+ niedrige Anschaffungskosten
+ Naturnähe
− fehlender Komfort
− Abhängigkeit von Wetterbedingungen
− teilweise komplizierter Aufbau

Zelten ist die ursprünglichste Campingform und auch diejenige mit den geringsten Hürden.
Für den Einstieg genügen Zelt, Luftmatratze oder Isomatte und Schlafsack. Belohnt werden Zelt-Camper mit Schlafplätzen mitten in der Natur und Blickwinkeln, die kein Hotelurlaub bieten kann.

ZELTARTEN

Es gibt Zelte für jeden Zweck in fast allen Preisklassen, denn nicht jedes Zelt eignet sich für alle Aktivitäten. Die Modellpalette lässt sich recht gut anhand der jeweiligen Einsatzszenarien unterteilen.

OUTDOOR-ZELTE

Diese Zelte weisen ganz unterschiedliche Bauweisen auf, doch sie alle haben eines gemein: Sie eignen sich besonders für Aktivitäten wie Trekking oder Radwandern. Das Einbogenzelt ist der einfachste Zelttyp in dieser Gruppe und wird ähnlich wie eine Strandmuschel aufgebaut. Das Tunnelzelt verfügt über mindestens zwei Bögen aus flexiblen Stangen, wodurch der namensgebende Tunnel entsteht. Beim Kuppelzelt kreuzen sich die beiden Bögen, wodurch die Konstruktion sogar ohne zusätzliche Abspannung stabil steht.

Das Biwakzelt bietet gerade genug Platz, um darin zu liegen. Der Biwaksack ist noch spartanischer: Er ist lediglich ein geschlossener Überzug für den Schlafsack. Das Hängemattenzelt oder Baumzelt ist eine Konstruktion mit Zeltdach, die einfach zwischen Bäume gespannt wird. Das Ultraleichtzelt wird aufgrund des geringen Gewichts vor allem von Weitwanderern genutzt. Das äußerst windstabile Pyramidenzelt bietet eine große Grundfläche, benötigt aber häufig einen zusätzlichen Zeltboden.

Eine Sonderform des Outdoor-Zelts und wohl die günstigste Möglichkeit, unter einem Zeltdach zu übernachten, ist das Tarp. Es ist eigentlich kein Zelt, sondern lediglich eine Plane, die über den Schlafplatz gespannt wird. Ein bisschen mehr Komfort bietet das Tarptent, das über zusätzliche Seitenteile verfügt, aber ebenfalls keinen Boden hat.

Von wegen eintönig: Zelte gibt es in allen Preisklassen und Größen, von ganz einfach bis komfortabel.

CAMPINGZELTE

Klassische Campingzelte sind dafür gedacht, mehrere Tage an einem Ort aufgebaut zu bleiben. Neben dem Kuppelzelt oder Igluzelt hat sich in diesem Bereich das Wurfzelt durchgesetzt, bei dem das Gestänge bereits integriert ist. Das zusammengelegte Zelt wird mit einer schwungvollen Bewegung aus dem Handgelenk geworfen und richtet sich dabei selbstständig auf. Im Gegensatz zum kinderleichten Aufbau braucht der Abbau allerdings ein wenig Übung.

FAMILIENZELTE

Wie der Name schon sagt, bieten Familienzelte genügend Platz für mehrere Personen. Einige Typen haben sogar mehrere Schlafkammern, in anderen können selbst große Camper aufrecht stehen. Diese Zelte sind nicht für Wandertouren gemacht, dafür bieten sie viel Platz für einen längeren Urlaub.

Aufgrund ihrer Größe ebenfalls für Familien geeignet sind die aufblasbaren Zelte oder Luftzelte. Dabei handelt es sich meist um Tunnelzelte, bei denen Luftschläuche die Funktion des tragenden Gestänges übernehmen. Damit genügend Stabilität aufgebaut wird, muss Luft mit ausreichendem Druck hineingepumpt werden. Der Vorteil zeigt sich besonders bei großen Zelten: Der Aufbau gelingt in wenigen Minuten. Allerdings sind die meisten aufblasbaren Zelte deutlich teurer als vergleichbare Modelle mit einem herkömmlichen Gestänge.

EXPEDITIONSZELTE

Wer im Winter oder in extremen Regionen unterwegs ist, ist mit einem sogenannten Geodät-Zelt optimal ausgestattet. Im Prinzip ist das ein Kuppelzelt, allerdings kreuzen sich bei dieser Konstruktion mehrere Gestängebögen. Dadurch bietet das Zelt eine extreme Windstabilität und verträgt hohe Schneelasten. Dadurch ist es schwerer als andere Outdoor-Zelte in vergleichbarer Größe, auch das Packmaß ist größer – und der Preis höher.

ZELTE FÜR DIE VERWENDUNG AM UND AUF DEM FAHRZEUG

Blitzschnell geht der Aufbau eines Dachzelts vonstatten. In den meisten Fällen ist eine solche Konstruktion fest auf Querträgern oder einem Gepäckrahmen auf dem Autodach montiert. Dabei handelt es sich um die gleichen Träger, die auch für den Dachtransport von Fahrrädern genutzt werden und für jeden Fahrzeugtyp direkt vom Hersteller oder über Drittanbieter erhältlich sind. Für die Übernachtung muss die Konstruktion lediglich mit einem einfachen Mechanismus aufgeklappt werden, wodurch sich der Schlafbereich quasi von selbst aufrichtet. Dachzelte bilden die Schnittstelle zwischen Zelt und Wohnmobil und sorgen für eine hohe Mobilität bei einfacher Handhabung. Allerdings bringen sie auch hohe Investitionskosten mit sich: Der Einstieg in die Dachzeltwelt beginnt bei einigen Hundert Euro, für gut ausgestattete Zelte in hoher Qualität werden auch hohe vierstellige Beträge verlangt. Ursprünglich wurden Dachzelte vor allem für den Einsatz auf Geländewagen konzipiert. Doch grundsätzlich kann auf fast jedes Auto ein Dachzelt montiert werden. Für eine gleichmäßige Lastverteilung sollte es aber stets mit ausreichend vielen Querträgern befestigt werden.

Ebenfalls fest mit einem Fahrzeug verbunden sind Vorzelte, die an der Längsseite eines Wohnmobils oder Wohnwagens montiert werden. Auf diese Weise wird der Wohnbereich des Campinggefährts zum Teil deutlich erweitert. Es handelt sich also um einen Zelttyp, der immer in Kombination mit einer anderen Campingform genutzt wird. Ausschlaggebend für die Größe solcher Zelte ist das sogenannte Umlaufmaß. Damit ist

WIE SCHWER DARF EIN DACHZELT SEIN?

Ausschlaggebend für den Transport eines Dachzelts ist die maximale **Dachlast** des Fahrzeugs. Der entsprechende Wert findet sich im Fahrzeugschein bzw. im Handbuch. Bei den meisten Pkws liegt er zwischen 75 und 100 kg. Doch aufgepasst: Je mehr Gewicht auf dem Dach lastet, desto stärker wird das Fahrverhalten beeinflusst – vor allem in Kurven. Im Stand kann das Fahrzeug ein Mehrfaches der zulässigen Dachlast tragen, der Gesetzgeber und die Hersteller unterscheiden jedoch nicht zwischen dynamischer und statischer Dachlast. Das heißt: Es ist nur festgelegt, welche maximale Dachbeladung für eine sichere Fahrt gilt, aber nicht, mit wie viel Gewicht das Dach des stehenden Autos belastet werden darf. Entsprechend geben Hersteller keine Garantie, falls es zu Überlastungsschäden durch das Zelt inklusive Insassen auf dem Standplatz kommt. Außerdem wird die Dachlast zum **Gesamtgewicht** des Fahrzeugs hinzugerechnet. Wird diese durch das Dachzelt überschritten, drohen bei Kontrollen Bußgelder.

die Länge der gedachten Linie gemeint, die seitlich gesehen den Wohnwagen vom Boden entlang der Wohnwagenkante umgibt. Sie kann mit einer starren (nicht dehnbaren) Schnur gemessen werden.

Ein Faltcaravan ähnelt hingegen prinzipiell einem Autodachzelt, bietet aber deutlich mehr Komfort. Das Zelt lässt sich aus einem Anhänger herausklappen, je nach Größe können so mehrere Räume entstehen. Durch das relativ geringe Gewicht können sogar Kleinwagen als Zugfahrzeug eingesetzt werden.

ZELTEN, CAMPEN, BIWAKIEREN

Es gibt Camper, die nicht auf einem Campingplatz oder einer regulären Zeltwiese nächtigen möchten. Viele Outdoor-Fans sehnen sich vielmehr danach, das Zelt einfach irgendwo in der Wildnis aufzubauen. Doch das ist in Deutschland in den allermeisten Fällen nicht erlaubt. In Wäldern, Naturschutzgebieten und Nationalparks, Biosphärenreservaten oder Biotopen ist das Campen sogar streng verboten. Auch die Küstenbereiche Deutschlands sind streng geschützt. Wird man bei der Übernachtung am Strand oder in den Dünen erwischt, kann das sehr teuer werden. Weitere Infos dazu s. S. 159.

DAS RICHTIGE ZELTMATERIAL

Zeltgewebe besteht meist aus **Nylon** oder **Polyester**. Eine Beschichtung sorgt dafür, dass sie wasserdicht ist. Einzelne Zeltbahnen werden vernäht oder verklebt und mit Klebestreifen, Nahtbändern oder einer Silikondichtmasse abgedichtet und versiegelt.

CAMPING IM WOHNWAGEN

Im Laufe seiner Geschichte hatte er schon viele Namen – Wohnanhänger, Haus auf Rädern, Caravan oder Campingwagen … Aber ganz gleich, wie man ihn nennt, gemeint ist immer ein Anhänger mit einem mobilen Heim, der von einem Zugfahrzeug zu jedem gewünschten Ort transportiert werden kann.

Alte Bücher und Filme belegen es: Schon seit langer Zeit gibt es Anhänger, die für Übernachtungen genutzt wurden. Die ersten touristischen Reisewagen entstanden Ende des 19. Jahrhunderts in Großbritannien. Das erste deutsche „Wohnauto" wurde 1931 von Arist Dethleffs gebaut. Der Begriff war irreführend – schließlich handelte es sich nicht um ein Auto mit eigenem Antrieb. Dennoch etablierte sich das Konzept später mit dem leicht abgewandelten Namen Wohnwagen, der bis heute gebräuchlich ist.

Im Geltungsbereich der deutschen Straßenverkehrsordnung darf ein Wohnwagengespann mit einer Höchstgeschwindigkeit von 80 km/h unterwegs sein. Auf Autobahnen und Kraftfahrstraßen ist eine Geschwindigkeit von 100 km/h erlaubt, wenn bestimmte Voraussetzungen erfüllt sind. Dafür muss das Zugfahrzeug etwa mit einem Antiblockiersystem (ABS) ausgerüstet sein. Die zulässige Gesamtmasse eines Zugfahrzeugs darf nicht mehr als 3,5 t betragen, und der Wohnwagen muss über hydraulische Stoßdämpfer verfügen. Aktuell dürfen rund 80 %

Lange Zeit ein Inbegriff des unabhängigen Reisens: Im klassischen Touring-Wohnwagen starteten Generationen von Campern in den Urlaub.

CARAVANING FÜR JEDERMANN

Im Jahr 2020 lebten in Deutschland rund 1,83 Mio. Personen, die einen Wohnwagenanhänger oder Caravan besaßen. Erfasst sind dabei auch die nicht angemeldeten Wohnwagen (auf Dauercampingplätzen). Jährlich steigt die **Zahl der Neuzulassungen**, alleine 2020 waren es rund 25 000 Wohnwagen.

der Caravan-Besitzer in Deutschland auf Autobahnen und Kraftfahrstraßen 100 km/h fahren. Auf etwa 10 % der bundesdeutschen Autobahnstrecken besteht ein spezifisches Überholverbot für Gespanne. In einigen Ländern gelten höhere Tempolimits, dort ist die nach Bauart festgelegte Höchstgeschwindigkeit des Anhängers maßgeblich. Die Betriebserlaubnis eines Wohnwagens gibt dann in den meisten Fällen die maximale Geschwindigkeit vor.

Ein Wohnwagen muss wie ein Pkw alle zwei Jahre zur Hauptuntersuchung (TÜV), neue Anhänger bis 750 kg zulässigem Gesamtgewicht erstmalig nach drei Jahren. Das gilt jedoch nur für Anhänger, die auf öffentlichen Straßen stehen oder bewegt werden. Wohnwagen, die ganzjährig auf einem Campingplatz untergebracht sind, müssen nicht zum TÜV, sofern der Campingplatzbetreiber nicht ausdrücklich darauf besteht. Eine Prüfung der Gasanlage (S. 249) von einem anerkannten Sachverständigen ist allerdings auch dort alle zwei Jahre erforderlich. Die erfolgreiche Gasabnahme wird durch eine Prüfplakette und die Prüfbescheinigung bestätigt.

WOHNWAGENTYPEN

Eine verbindliche Kategorisierung der verschiedenen Wohnwagentypen fällt schwer, die Grenzen sind fließend. So kann ein kleiner Wohnwagen sehr luxuriös und teuer sein, es gibt große Wohnwagen mit Offroad-Features, und ausfahrbare Hochstelldächer sind nicht auf kleine Caravans beschränkt. Je nach Größe lassen sich jedoch drei hauptsächliche Wohnwagentypen ausmachen: Miniwohnwagen, Reise- und Tourenwohnwagen sowie Groß- und Luxuswohnwagen. Im Folgenden haben wir ein paar Merkmale dieser Caravan-Formen zusammengefasst.

MINIWOHNWAGEN

Dieser Typ umfasst – wie der Name es suggeriert – vergleichsweise kurze und oftmals flache Wohnanhänger. Entscheidender Vorteil solcher Modelle ist das geringe Gewicht. Dadurch kommen auch leistungsschwächere

WOHNWAGEN UND FÜHRERSCHEIN

Um einen Wohnwagen ziehen zu dürfen, benötigt man nicht nur die Fahrerlaubnis für das Zugfahrzeug. Die **Führerscheinklasse B** gilt für Anhänger bis 750 kg oder maximal 3500 kg fürs gesamte Gespann. Die Führerscheinklasse B mit der „Schlüsselzahl 96" erlaubt das Führen einer Fahrzeugkombination von bis zu 4250 kg. Mit der **Klasse BE** darf der Anhänger bis zu 3500 kg wiegen. Weitere Infos zum Thema Führerschein s. S. 318

Ganz schön wendig: Trabant mit Miniwohnwagen

Mobil, auch mit wenig PS: Klein-Caravan

Den Kopf frei machen: Anhänger mit Klappdach

Autos als Zugfahrzeuge infrage. So gab es etwa in der DDR diverse Modelle, die speziell für den Trabant als Zugmaschine entwickelt wurden. Ein Beispiel ist der kleine und inzwischen kultige Wohnwagen des VEB Qualitäts- und Edelstahlkombinats, nach dessen Abkürzung („QEK") er auch benannt wurde. In Westdeutschland sorgte ab den 1950er-Jahren der „Eriba" für Furore, der von Hymer gemeinsam mit dem Ingenieur Erich Bachem entwickelt wurde. Mittlerweile gibt es Mini-Caravans in den unterschiedlichsten Bauformen und Varianten. Aufgrund des geringen Platzangebots bieten sie jedoch weitaus weniger Komfort als größere Wohnwagen. So ist für WC und Nasszelle oft kein Platz. Und um eine Stehhöhe zu erzielen, kommt bei einigen Modellen ein Klappdach zum Einsatz. Die Kosten bei der Neuanschaffung eines Miniwohnwagens rangieren zwischen 3500 und 10 000 Euro, die meisten Modelle und Varianten kosten jedoch deutlich mehr als 5000 Euro.

AUF EINEN BLICK
+ auch für leistungsschwächere Zugfahrzeuge geeignet
+ lässt sich leicht manövrieren
+ preiswerter Einstieg in die Wohnwagenwelt
− wenig Platz für Mensch und Material
− wenig Komfort und Einrichtungen

REISE- UND TOURING-WOHNWAGEN
Diesen Caravan-Typ sieht man am häufigsten auf europäischen Straßen und Campingplätzen. Reise- und Touring-Wohnwagen sind so etwas wie der hiesige Wohnwagenstandard. Sie sind zwischen 2,30 und 2,50 m breit, bieten eine Innenhöhe von bis zu 2 m und haben eine Länge von 4 bis 8 m. Auch beim Gewicht rangieren sie zwischen Mini-Caravan und Luxuswohnwagen, meist genügt daher eine

durchschnittliche Zugmaschine. Mit einer spartanischen Ausstattung sind Einsteiger-Caravans bereits ab einem Preis von rund 10 000 Euro zu haben, die Mittelklasse reicht bis etwa 25 000 Euro.

> **AUF EINEN BLICK**
> + viel Platz für Familie und Hobby
> + guter Gebrauchtmarkt
> + große Auswahl verschiedener Modelle
> − passendes Zugfahrzeug notwendig
> − Handling komplexer als beim Miniwohnwagen

GROSS- UND LUXUSWOHNWAGEN

Das Gegenteil vom Miniwohnwagen ist der Großraum-Caravan. Ein solcher Anhänger bringt deutlich mehr Gewicht auf die Waage und muss daher von einem kräftigen Fahrzeug gezogen werden. Je nach Länge und Bauweise besitzen solche Wohnanhänger eine sogenannte Tandemachse, erkennbar an den zwei direkt nebeneinander montierten Reifen. In dieser Bauform gibt es wiederum verschiedene Varianten, die zum Teil mit teuren, hochwertigen Wohneinrichtungen ausgestattet sind. Da darf es dann auch ein Interieur mit feinstem Leder oder edlen Polstern sein. Von der Echtglasdusche über Keramikwaschbecken und Fußbodenheizung bis hin zur modernen Küche – dem Komfort wird in diesem Segment keine Grenze gesetzt. Doch so viel Luxus hat auch seinen Preis. Großraum-Wohnwagen gibt es bereits ab 25 000 Euro, üblicherweise liegen die Preise für Serienmodelle jedoch deutlich darüber – und nach oben gibt es natürlich keine Preisgrenze.

> **AUF EINEN BLICK**
> + viel Komfort
> + geräumig mit viel Platz für Gepäck
> − passendes Zugfahrzeug mit starker Leistung notwendig
> − hohes Gewicht
> − hoher Preis

WEITERE BESONDERE WOHNWAGENFORMEN

Die schlichte Größe ist nur eines von vielen Unterscheidungsmerkmalen auf dem riesigen Markt der Caravans. Unabhängig davon haben sich zahlreiche Spielarten und Bauweisen entwickelt, die unterschiedlichen Camper-Bedürfnissen gerecht werden.

TEARDROP-ANHÄNGER

Der sogenannte Teardrop-Anhänger, eine Variante des Miniwohnwagens, erhielt seinen englischen Namen aufgrund seiner Tropfenform. Am bauchigen und höheren Ende befindet sich die Anhänger-Deichsel, am flacheren Heck ist bei vielen Modellen eine große Klappe angebracht. Darunter befindet sich eine kleine Küche, und es gibt Platz für Vorräte und Zubehör. Im Teardrop-Anhänger ist häufig nur Platz für ein Bett.

KLAPPWOHNWAGEN

Klein, aber oho! Wenn er am Zugfahrzeug hängt, sieht er aus wie ein flacher Lastenanhänger. Aber sobald der Klappwohnwagen abgekoppelt und aufgebaut ist, wächst er in alle Richtungen. Der Deckel des Anhängers wird dabei nach oben gedrückt, und die nun sichtbaren Seitenteile werden aufgestellt. Wenn alle Wände befestigt sind, kann der Wohnwagen bezogen werden. Aufgrund der Bauweise muss man bei einem solchen Wohnwagen zwar auf Hängeschränke verzichten, dafür befindet sich unter den Sitzen Stauraum für Gepäck und Lebensmittel.

ZELT-KLAPPWOHNWAGEN

Einem ähnlichen Konzept folgen die Zelt-Klappwohnwagen. Doch anstelle der festen Wände kommt hier Zeltstoff zum Einsatz. Es handelt sich also im Grunde genommen um ein Zelt, das fest mit dem Anhänger verbunden ist. In dieser Bauart sind große Konstruktionen mit viel Platz für mehrere Mitreisende realisierbar. Der Stauraum ist wie beim Klappwohnwagen jedoch sehr gering.

WOHNWAGEN MIT HUBDACH

Einige Wohnwagen verfügen über ein Hubdach, das während der Fahrt eingeklappt ist. Steht der Anhänger an einem festen Stellplatz, wird es aufgerichtet. Dadurch wird bei flacheren Wohnwagen eine angenehme Stehhöhe ermöglicht. Ähnlich wie bei einigen Campervans befindet sich unter dem Zeltdach häufig ein Bett.

Für jedes Campingbedürfnis gibt es den passenden Wohnwagen (von oben links im Uhrzeigersinn): Teardrop-Anhänger, Klappwohnwagen, Hubdach-Wohnwagen, Offroad-Wohnwagen, Zelt-Klappwohnwagen.

OFFROAD-WOHNWAGEN

Handelsübliche Wohnwagen sind ganz und gar nicht geeignet für Fahrten im unwegsamen Gelände. Hier beginnt das Terrain der Offroad-Wohnwagen: Verwendete Materialen und Verarbeitung sind bei diesen Wohnanhängern innen wie außen robust. Mit Offroad-Reifen und Bodenfreiheit stellt selbst eine Flussdurchfahrt kein großes Problem dar. Natürlich macht so ein Wohnwagen nur in Verbindung mit einem Offroad-Zugfahrzeug wirklich Sinn.

TRANSPORTWOHNWAGEN

Der Name sagt es bereits: Diese Wohnwagen dienen nicht nur als mobiles Heim, sondern auch als Transportmittel. Häufig ist der Innenraum dieser Modelle im Inneren zweigeteilt. Der vordere Bereich dient als Wohn- und Schlafraum, hinten ist Platz für Material oder Sportgerät. Diese Variante wird häufig von Motor- oder Radsportlern verwendet, um Fahrzeuge und Technik zu transportieren. Am Heck befinden sich meist eine große Klappe und eine Laderampe.

CAMPING IM WOHNMOBIL

Individualität auf engstem Raum: Wer mit dem Wohnmobil reist, hat meist schon alles dabei, was für einen erholsamen Urlaub benötigt wird.

Das Reisen mit Wohnmobil hat viele Vorteile: Es befindet sich bereits die Ausrüstung an Bord, die man für den Urlaub braucht; das Gefährt ist kürzer, als eine Kombination aus Zugfahrzeug und Wohnanhänger; und am Zielort muss nichts umständlich abgekoppelt und aufgebaut werden. Gerade diese Flexibilität ist es, die viele Camper für ein Wohnmobil begeistert. Und die Bandbreite unter den auf dem Markt erhältlichen Modellen ist groß: Sie reicht von kleinen praktischen Gefährten mit den nötigsten Einbauten bis hin zu voll ausgestatteten Luxusvehikeln, die wie Ferienhäuser auf Rädern wirken.

Jeder Wohnmobilaufbau hat seine Vor- und Nachteile, und am Ende muss jeder für sich entscheiden, welche Variante am besten zu ihm passt und welche Ansprüche man an ein Wohnmobil hat. Die verschiedenen Wohnmobiltypen bieten ganz unterschiedliche Grundrisse und Ausstattungen. Daher sollte man sich vor dem Kauf ein paar grundlegende Fragen stellen. Zuallererst ist natürlich zu klären, wie viele Urlauber im Regelfall mit dem Mobil unterwegs sein werden. Die Anzahl der Fahrgäste hat nicht nur Auswirkung auf die benötigten Betten, sondern auch auf die während der Fahrt nutzbaren Sitzplätze. Die sanitäre Einrichtung im Fahrzeug ist ebenfalls von großer Bedeutung: Will man Dusche und Toilette an Bord haben, muss es mindestens ein Kastenwagen sein. Auch der benötigte Stauraum kann für den Kauf entscheidend sein: Gepäck, Vorräte, Sportausrüstung oder Fahrräder benötigen viel Platz. Zuladung bedeutet immer auch höheres Gewicht, daher muss stets geprüft werden, ob das zulässige Gesamtgewicht eingehalten wird – oder ob man mit dem vorhandenen Führerschein überhaupt das Wohnmobil fahren darf.

WOHNMOBILTYPEN

Im Prinzip lässt sich einfach erklären, was ein Wohnmobil ausmacht: Es handelt sich um ein motorisiertes Fahrzeug mit Schlafplätzen und Küchenzeile, die meisten Modelle haben auch ein kleines Badezimmer an Bord. Doch trotz dieser Gemeinsamkeiten gibt es viele Unterschiede, was Platz, Raumaufteilung und Komfort betrifft. Und so ist es wie bei vielen großen Kaufentscheidungen: Wer sich ein Wohnmobil zulegen will, hat die Qual der Wahl. Tipps zum Kauf eines Mobils finden sich auf S. 236. Ein erster Überblick über die Typen hilft bei der Orientierung.

CAMPINGBUS

Der für zwei bis vier Personen ausgelegte Campingbus ist die Urform des Wohnautos, der berühmteste Vertreter ist ganz klar der VW-Bus – besser bekannt unter seinem Spitznamen „Bulli". Volkswagen begann in den 1950er-Jahren als erster Hersteller mit der Produktion eines Campingbusses, aber inzwischen gibt es längst zahlreiche Modelle von anderen Herstellern mit ähnlichen Konzepten. Beim Campingbus sorgt oftmals ein Aufstelldach für ein besseres Raumgefühl und schafft eine zusätzliche Liegefläche. Die Sitzbank im Fahrzeug lässt sich ebenfalls zu einem Bett umbauen. Eine Nasszelle ist nicht

WICHTIGE REGELN FÜR WOHNMOBIL-CAMPER

Gibt es in der Straßenverkehrsordnung gesonderte Verkehrsregeln für Wohnmobile?
Nein, für Wohnmobile gelten die gleichen allgemeinen Verkehrsvorschriften wie für alle anderen Kraftfahrzeuge.

Kann es für unterschiedliche Wohnmobile verschiedene Vorschriften geben?
Ja, denn die Zulassung und das Gewicht entscheiden darüber, welche Regelungen genau zu befolgen sind. Ein Wohnmobil kann als Pkw oder Lkw gewertet werden.

Gibt es eine Anschnallpflicht im Wohnmobil?
Bei den vorderen Sitzen müssen immer Gurte vorhanden sein. Abhängig von Gewicht und Alter des Fahrzeuges, müssen auch im Fond Gurte vorhanden sein. Bei einigen Modellen reichen Vorrichtungen für Beckengurte aus.

Darf man im Wohnmobil auf Parkplätzen übernachten?
In Deutschland ist das Übernachten auf öffentlichen Plätzen im Wohnmobil grundsätzlich nicht gestattet. Zur Wiederherstellung der Fahrtüchtigkeit ist eine einmalige Übernachtung auf einem dafür vorgesehenen Parkplatz erlaubt.

an Bord, dafür eine Küchenzeile im Miniaturformat mit Waschbecken, Kühlfach und Kochstelle. Der Stauraum ist in solch einem Fahrzeug begrenzt, lässt sich aber durch Gepäckträger oder -boxen erweitern. Der größte Vorteil eines Campingbusses ist seine geringe Größe. Er lässt sich wie ein Pkw fahren, und mit weniger als 2 m Höhe ist er sogar meist tiefgaragentauglich.

AUF EINEN BLICK
+ kompakt und wendig
+ urlaubs- und alltagstauglich
− eingeschränkte Stehhöhe
− wenig Stauraum

KASTENWAGEN

Ab Werk ausgebaute Kastenwagen, ebenfalls für zwei bis vier Personen ausgelegt, zählen zu den beliebtesten Wohnmobiltypen. Kein Wunder: Die Hersteller haben eine optimale Balance zwischen Größe und Ausbau gefunden. Die heutigen modernen Versionen bieten entweder ein Aufstelldach (auch Hubdach genannt) oder ein festes Hochdach. Das sorgt für eine angenehme Stehhöhe im Innenraum. Manche Modelle bieten unter diesem erhöhten Dach ein bis zwei zusätzliche Schlafplätze. Die typische Länge für einen ausgebauten Kastenwagen beträgt 6 m. Damit ist er größer als ein gängiger Campingbus, aber in Höhe und Breite immer noch kompakter als ein Wohnmobil mit typischem Aufbau. Trotz der relativ geringen Abmessungen befindet sich alles an Bord, was man für kurze Trips und längere Urlaube benötigt, z. B. eine vollwertige Nasszelle mit Waschbecken, Toilette und Dusche. Im Heck befindet sich meist ein Bett, links vom Eingangsbereich die Küchenzeile.

AUF EINEN BLICK
+ mehr Stauraum als im Campingbus
+ Nasszelle vorhanden
+ Stehhöhe
− nicht so leicht zu manövrieren wie ein Pkw
− benötigt mehr Platz, Tiefgaragen und Carports sind problematisch

WOHNMOBILE MIT ALKOVEN

Der Alkoven eines Wohnmobils ist ein Schlafbereich, der sich über der Fahrerkabine des Fahrzeuges befindet; bis zu zwei Personen finden darin Platz. Zusätzlich lässt sich in solchen Fahrzeugen meist eine zentrale Sitzgruppe zu einem Doppelbett umbauen. Kommt dann noch ein Bett im Heck

Von links nach rechts: Campingbusse mit Hoch- oder Hubdach sind die Klassiker unter den Reisemobilen. Wohnmobile mit Alkoven bieten einen zusätzlichen Schlafplatz über der Fahrerkabine. Wendiger im Straßenverkehr sind Teilintegrierte.

des Mobils hinzu, können bis zu sechs Personen in den Urlaub fahren. Durch optimale Raumausnutzung und den vergleichsweise günstigen Preis sind Alkoven-Wohnmobile bei Familien äußerst beliebt. Ein Nachteil ist die geringe Deckenhöhe im Alkoven. Gleichzeitig ist die Gesamthöhe des Fahrzeuges relativ groß, wodurch beim Fahren ein hoher Luftwiderstand entsteht. Dennoch gilt ein Reisemobil mit Alkoven als das Wohnmobil schlechthin. Wenn Wohnmobile auf Piktogrammen oder Verkehrsschildern dargestellt werden, sieht man vor allem Fahrzeuge mit der typischen Alkoven-Form.

AUF EINEN BLICK
+ optimal für Familien
+ ausreichend Platz für Küche und Bad
− Alkoven-Einstieg umständlich
− erhöhter Luftwiderstand und Kraftstoffverbrauch

TEILINTEGRIERTE

Die sogenannten teilintegrierten Wohnmobile, meist für zwei bis vier Personen ausgelegt, bieten in der Regel kompakte Abmessungen und zeigen sich im Straßenverkehr äußerst wendig. Im Vergleich zu Modellen mit Alkoven sind solche Fahrzeuge niedriger, damit ist

CAMPING IM WOHNMOBIL

auch der Luftwiderstand geringer. Bei dieser Bauform bleibt das ursprüngliche Fahrerhaus des Basisfahrzeugs erhalten und wird teilweise in den Wohnbereich eingebunden. Da sich der Fahrerbereich aber nur schlecht isolieren lässt, kann Wärme aus dem Wohnbereich entweichen, im Sommer kann es in diesen Modellen dagegen sehr warm werden. Durch die Beibehaltung der serienmäßigen Fahrerkabine sind die Anschaffungskosten im Vergleich mit einem vollintegrierten Wohnmobil geringer. Teilintegrierte verfügen über eine gute Ausstattung und bieten oftmals mehr Platz als Kastenwagen. Die Vordersitze können meist gedreht werden, wodurch sie zu einem Teil des Wohnbereichs werden: Mit einem dahinter angeordneten Tisch mit Sitzbank (Halbdinette) werden sie zu einer Sitzgruppe kombiniert.

> **AUF EINEN BLICK**
> + optimal für Paare und Kleinfamilien
> + weniger Kraftstoffverbrauch als Alkoven
> − Fahrerhaus schlecht isoliert
> − oftmals nur ein echtes Bett

VOLLINTEGRIERTE

Das vollintegrierte Wohnmobil ist der große Bruder des Teilintegrierten und gilt als Königsklasse des Reisemobils. Entwickelt wurden diese Wohnmobile ursprünglich in den USA, dort haben sie häufig sogar die Ausmaße von Lkws. Hersteller von vollintegrierten Mobilen verwenden im Regelfall nur das Chassis vom Basisfahrzeug und gestalten die Fahrerhauskabine und den gesamten vorderen Fahrzeugteil selbst. So erhalten die Reisemobile eine komplett eigenständige Bugmaske, das individuell gestaltete Fahrerhaus geht nahtlos in den Wohnbereich über. Bei vielen Modellen fehlen Beifahrer- oder sogar Fahrertür, der Einstieg ins Fahrzeug erfolgt dann über die seitliche Eingangstür durch den Wohnraum. Vollintegrierte verfügen im Inneren über ein großes Platzangebot, und die größeren Varianten punkten häufig mit purem Luxus und hohem Wohn- bzw. Schlafkomfort. Auch beim Stauraum wird nicht gespart. Durch große Panoramafenster wirkt der Innenraum besonders weitläufig. Häufig verfügen integrierte Reisemobile über ein

Luxusapartment auf Rädern: Liner-Wohnmobile auf Lkw-Basis bieten viel Platz unterwegs. Die Ausstattung lässt oft keine Komfortwünsche offen.

Hubbett und serienmäßig vier Schlafplätze. Diese Mobile wiegen aber deutlich mehr als 3,5 t. Eine Fahrerlaubnis der Klasse B reicht dafür nicht aus (siehe auch S. 318).

AUF EINEN BLICK
+ angenehmes Raumgefühl
+ gute Isolierung
+ großes Frontfenster sorgt für viel Übersicht im Straßenverkehr
− Sonderaufbau erschwert Wartungsarbeiten
− teurer als Teilintegrierte
− kein Fenster im Heck, Rückwärtsfahren nur mit Spiegel oder Kamera

LINER

Wer besonders luxuriös reisen möchte und wem es nicht groß genug sein kann, der fährt mit einem Liner. Dabei handelt es sich um Fahrzeuge auf klassischer Lkw-Basis. Die äußeren Abmessungen sind mit einer Länge von bis zu 12 m, einer Breite von bis zu 2,50 m und einer Höhe bis 4 m gewaltig. Wie in einem Reisebus üblich, befindet sich der Fahrersitz nah an der Frontscheibe. Die Wände eines Liners sind dicker als die von anderen Reisemobilen und damit besser isoliert, es gibt meist eine Warmwasserheizung und beheizte Doppelböden. Wohnzimmer mit bequemen Polstermöbeln und Schlafzimmer mit King-Size-Betten sind getrennt voneinander. Voll ausgestattete Badezimmer und Küchen bieten höchsten Komfort und Qualität. Oftmals kann die Grundfläche durch ausfahrbare Erker vergrößert werden. Große Garagen bieten reichlich Stauraum, manchmal ist sogar genug Platz vorhanden, um einen Pkw mitzunehmen. Natürlich sind starke Ladegeräte und leistungsfähige Aufbaubatterien an Bord. Liner sind exklusive Ferienhäuser auf Rädern, allerdings hat dieser Luxus auch seinen Preis. Der Einstieg in diese Mobilklasse beginnt bei rund 150 000 Euro, nach oben gibt es keine Grenzen. Solche Lkw-Wohnmobile sind vor allem in den USA unterwegs, für europäische Verhältnisse sind sie in den meisten Fällen zu groß. Außerdem wird ein Führerschein benötigt, mit dem Fahrzeuge mit einem zulässigen Gesamtgewicht von über 7,5 t geführt werden dürfen.

AUF EINEN BLICK
+ Komfort im Luxusbereich
+ geräumiger Wohnraum, viel Stauraum
− hoher Kraftstoffverbrauch
− äußere Abmessungen unpraktisch für europäische Verhältnisse
− sehr hoher Preis

CAMPING IM VAN: ALLES IM KASTEN

―――

Ausgebaute Busse, Kastenwagen und Campervans stehen wie keine anderen Fahrzeugtypen für die neue Lust an der individuellen Mobilität. Doch die zu Wohnmobilen umgebauten Transporter sind weit mehr als ein Instagram-Trend. Sie vereinen Flexibilität und Stadttauglichkeit mit Komfort und starker Leistung.

In der Werbung und in den sozialen Medien tauchen immer wieder die gleichen stereotypen Aufnahmen auf: Junge Menschen genießen vor traumhafter Kulisse das Leben mit und im selbst ausgebauten Van – inklusive detailverliebter Holzinnenausstattung und hübschen Lampions am Eingang. Doch das damit vermittelte Camping-Idealbild ist mindestens ungenau. Es ist ein Irrglaube, dass diese Fahrzeuge nur für junge, modebewusste Leute interessant sind, die Wirklichkeit ist viel bunter und abwechslungsreicher. „Vanlife" ist ein Trend über alle Altersgruppen hinweg – egal, ob im Kastenwagen, Van oder Bus. Jenseits der Hochglanzfotos liegen die Gründe für die Beliebtheit der Campervans auf der Hand: Mit ihnen ist man ganz einfach flexibler unterwegs als mit größeren Wohnmobilen. Dank kompakter Abmessungen sind die Fahrzeuge im Straßenverkehr unauffälliger, sie lassen sich fast so gut manövrieren wie ein Pkw. Dennoch muss an Bord potenziell auf nichts verzichtet werden – es ist eben nur alles etwas kleiner. Ein Van eignet sich perfekt für Minimalisten, denen ein Zelturlaub nicht komfortabel genug ist. Und selbst jene Camper, die Küche und Nasszelle benötigen, finden inzwischen Modelle mit entsprechender Ausstattung. Die Palette reicht von komfortablen Fahrzeugen, die ab Werk voll ausgestattet sind, bis zum selbst ausgebauten individuellen Traum-Camper. Aufgrund der großen Auswahl an Fahrzeugmodellen und Ausstattungsoptionen bleiben kaum individuelle Wünsche offen. Und falls doch, gibt es reichlich Zubehör, mit denen das eigene Traumauto noch traumhafter wird. Das hat dann allerdings seinen Preis: Während man beim Selbstausbau (S. 288) relativ günstig in den eigenen Campervan einsteigen kann, lassen sich die Hersteller von Neufahrzeugen den Trend teuer bezahlen. Aber gerade wenn man zum ersten Mal motorisiert campen möchte, bietet sich ein Campervan als attraktiver Einstieg an.

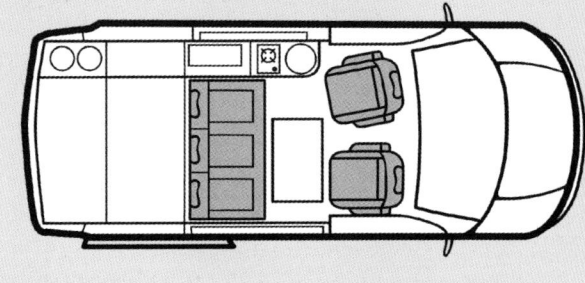

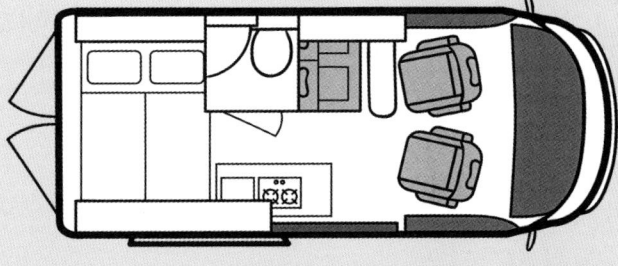

Typische Grundrisse im Vergleich: In einem Campingbus (oben) ist die alte Rückbank meist in den Wohnraum integriert, der geräumigere Kastenwagen (unten) bietet sogar Platz für eine kleine Nasszelle.

Grenzenlose Freiheit im eigenen Van: Der neue Trend zum mobilen Reisen wird von der Camper-Community gerne mit der Kamera in Szene gesetzt und im Netz präsentiert.

ERFOLGSMODELL KASTENWAGEN

Jedes Jahr werden mehr Wohnmobile gekauft und angemeldet, alleine im Jahr 2020 wurden in Deutschland rund 70 000 Reisemobile neu zugelassen. Einen großen Anteil daran haben Campervans und ausgebaute Kastenwagen – dabei spielt keine Rolle, ob diese schon voll ausgestattet gekauft oder selbst ausgebaut werden. Das Kraftfahrtbundesamt gibt für dasselbe Jahr den Bestand an Wohnmobilen in Deutschland mit insgesamt 590 000 Fahrzeugen an. Allerdings wird keine Auskunft darüber gegeben, wie viele Wohntransporter tatsächlich auf deutschen Straßen unterwegs sind, was vor allem daran liegt, dass viele der selbst ausgebauten Fahrzeuge nicht als Wohnmobile angemeldet werden. Anders sieht es bei den Transportern aus, die bereits ab Werk voll ausgestattet sind. Hier wird schnell klar: Der Anteil dieser Kastenwagen wächst rasant. Viele Hersteller haben sich inzwischen auf diese Fahrzeugkategorie spezialisiert, und ihre Beliebtheit kommt nicht von ungefähr: Äußerlich geprägt von kompakten Maßen, ist trotzdem alles an Bord, was zur Ausstattung eines klassischen Wohnmobils zählt. Und auch hier gibt es bereits Varianten für jeden Geschmack und in jeder Preisklasse. Die Modellauswahl ist groß, auch wenn die Hersteller bei den Basisfahrzeugen auf einige wenige Marken setzen. Vor allem Fiat, Peugeot, Renault, Mercedes und Volkswagen findet man bei den ausgebauten Neufahrzeugen. Dagegen ist die Vielfalt bei den selbst ausgebauten Fahrzeugen größer, hier findet man Basisfahrzeuge jeden Typs. Sowohl bei Neuwagen als auch bei DIY-Campern ähnelt sich häufig der Innenausbau: Bei einem typischen Aufbau dieser etwas größeren Vans befindet sich das Bett im Heck des Fahrzeugs. Darunter gibt es ausreichend Stauraum für Gepäck und Ausrüstung, der auch über die Hecktüren erreichbar ist. Eine kleine Nasszelle bietet sogar genügend Platz für ein abgetrenntes WC. Drehbare Fahrersitze ergeben in Verbindung mit einem meist klappbaren Tisch eine recht großzügige Sitzgruppe im vorderen Bereich. Die kleine Küchenzeile befindet sich links neben der Schiebetür und ragt meist leicht in den Eingangsbereich hinein. Das Vorhandensein einer solchen Schiebetür gehört übrigens zu den markantesten Merkmalen der ausgebauten Wohntransporter. Klassische Wohnmobile bieten in den meisten Fällen nur eine schmale Schwingtür als Eingang zum Wohnraum in den Wohnbereich.

DIE BULLIPARADE: CAMPINGBUSSE

Der bekannteste Campingbus ist mit Abstand der VW „Bulli". Das erste Modell mit Schlaffunktion kam in den 1950er-Jahren auf den Markt, die aktuelle Version wird auf Basis des Transporters „T6" gebaut. Es geht aber auch noch kleiner – oder größer: VW bietet sowohl den kompakten „Caddy" als auch den geräumigen „Crafter" in einer Camper-Version an. Doch Volkswagen ist längst nicht mehr der einzige Campingbus-Hersteller. Auf dem Markt findet man fertig ausgebaute Modelle von allen wichtigen Autobauern. Oder man greift zu Bausätzen, die aus einem kleinen Transporter ein Miniwohnmobil machen. So können selbst Fahrzeuge wie der Renault „Kangoo", Citroën „Berlingo" oder Fiat „Doblo" durch Standardeinbauten mit Bett, Kochstelle und Staufächern ausgestattet werden. Generell ähneln sich die Auf- und Einbauten aller Camping-Kleintransporter und -busse: Die kompakte Form der Fahrzeuge gibt den Grundriss größtenteils vor,

Auch in kleinen Fahrzeugen lassen sich große Campingträume verwirklichen.

und aufgrund des begrenzten Platzangebots wird bei kleineren Modellen meist auf eine Nasszelle verzichtet. In einem Campingbus der Größe eines „Bullis" ist das Heckbett in den meisten Fällen aufklappbar. So wird bei Nichtnutzung viel Platz eingespart. Die kleine Küchenzeile befindet sich gegenüber dem Eingang, die Vordersitze lassen sich drehen, wodurch eine kleine Sitzgruppe entsteht. Hat der Wagen ein Hoch- oder Faltdach, befinden sich darunter häufig weitere Schlafplätze.

CAMPING MIT 4X4 UND CO.

Klassische Reisemobile, Campervans oder Wohnwagen sind tolle Gefährte(n) für lange oder kurze Campingtrips. Doch manchmal werden besondere Anforderungen an ein Campingmobil gestellt, die herkömmliche Modelle nicht erfüllen können. Und manch ein Camper will vielleicht gerade nicht mobil sein und sucht für sein Feriengrundstück oder seine Dauercamping-Parzelle eine feste Lösung. Auf jeden Fall gilt: Wem die marktüblichen Varianten zu langweilig sind, der hat unzählige weitere Möglichkeiten, seinen Campingtraum zu verwirklichen. Die Bandbreite reicht vom umgebauten Bauwagen bis zum unverwüstlichen Unimog, der keine Terraingrenzen kennt, vom Expeditionsfahrzeug zum Tiny Home auf Rädern.

Mit individuellen Gefährten und Gespannen können Camper ihren ganz persönlichen Outdoor-Vorstellungen gerecht werden. Innerhalb der Grenzen des Machbaren bieten sich vielfältige Möglichkeiten, mit individuellen Gefährten und Gespannen seinen Vorstellungen gerecht zu werden. Um ein wenig Appetit auf die nicht ganz alltäglichen Campingformen zu machen, stellen wir ein paar Varianten vor.

GELÄNDEWAGEN UND DACHZELT

Bei diesem Fahrzeugtyp schummeln wir ein wenig, denn natürlich kann ein Dachzelt auf fast jedem Pkw montiert werden. Doch wahrscheinlich sieht es nirgendwo mehr nach Abenteuer aus als auf einem Geländewagen. Diese Kombination ist perfekt für Trips durch nahezu jedes Gelände, doch man sieht sie auch immer häufiger auf ganz normalen Campingplätzen. Die Vorteile liegen auf der Hand: Das Fahrzeug ist für alle Bodenbeschaffenheiten geeignet, besonders wenn das Auspuffrohr verlängert und wie ein Schornstein an der Karosserie entlanggeführt wird – denn auf diese Weise lassen sich auch Flüsse überwinden. Das geräumige

Mit Geländewagen und Dachzelt wird fast jedes Terrain zum Campingrevier.

Dachzelt, kombiniert mit zusätzlichem Sonnensegel oder Vorzelt, lässt einen großen Campingbereich fast im Freien entstehen. Diese Kombination schreit geradezu nach Abenteuer in der Wildnis – selbst wenn sie nur in der Großstadt am Straßenrand steht.

EXPEDITIONSFAHRZEUGE: MOBILE FÜR ABENTEURER

Allrad- und Expeditionsfahrzeuge sind die perfekten Vehikel für Abenteurer, die auch jenseits der normalen Pisten vorankommen wollen. Die Größe der Fahrzeuge ist dabei nicht entscheidend. Offroad-Mobile sind Wohnmobile mit einem starken Motor, Allradantrieb und einer hohen Bodenfreiheit. Damit können sie ganz entspannt über unbefestigtes Gelände gelenkt werden. Auf Wunsch kommt der Komfort dabei nicht zu kurz. Bei großen Expeditionsmobilen wird häufig eine Lkw-Basis gewählt, bei kleineren Modellen kommen auch Pick-ups zum Einsatz. Immer häufiger werden auch Kastenwagen mit Offroad-Fähigkeiten ausgestattet. Gängige Fahrgestelle stammen von Mercedes, Iveco, MAN, Toyota oder Land Rover. Viele Hersteller bieten bereits ein großes Sortiment an vorkonfektionierten Fahrzeugen an, die direkt nach der Schlüsselübergabe bereit für das große Abenteuer sind. Mit dem nötigen Kleingeld lassen sich aber auch individuelle Offroad-Modelle nach eigenen Wünschen aufbauen. Das Offroad-Segment lässt sich in drei typische Fahrzeugvarianten unterteilen:

OFFROAD IM GELÄNDEWAGEN

Die Marken Jeep und Land Rover erzeugen bei jedem gewisse Vorstellungen im Kopf. Sie sind inzwischen zu Gattungsbegriffen für Geländefahrzeuge aller Art geworden. Ursprünglich für das Militär konzipiert, sind sie längst die Outdoor-Vehikel schlechthin. Expeditionsfahrzeuge auf Basis dieser Autos bringen ein Gesamtgewicht unter 3,5 t auf die Waage. Das optimale Zusammenspiel aus kompakter Größe und Geländegängigkeit macht diese Fahrzeuge so attraktiv.

OFFROAD IM KASTENWAGEN

Hersteller wie Mercedes oder Fiat bieten auch geländegängige Transporter mit Allradantrieb an. Diese Modelle eignen sich hervorragend als kompakte Offroad-Wohnmobile.

Auch ein ausgemusterter Bauwagen eignet sich als Campingdomizil.

Sie bieten eine großzügige Innenraumgestaltung, viel Stauraum und mehr Komfort als Geländewagen, sind aber dennoch bereit für Abenteuer abseits der Straßen. Doch Vorsicht: Gerade zusätzliche Outdoor-Ausrüstung sorgt auch für mehr Gewicht. Ab einem Gesamtgewicht über 3,5 t reicht die Pkw-Fahrerlaubnis nicht mehr aus.

OFFROAD IM LKW

Schon das imposante Aussehen der großen Expeditionsfahrzeuge lässt an Abenteuer und Weltreise denken. Gebaut werden sie auf Lkw-Basis, der Motor ist stark, die Reifen groß. Mit der hohen Bodenfreiheit sind selbst Flussläufe selten ein Problem. Sie bieten nicht nur viel Platz, sondern punkten mit unverwüstlicher Robustheit, Sicherheit und Geländegängigkeit. Damit sind sie wie geschaffen für die Weltreise – sofern das Budget für die Anschaffung reicht.

BAUWAGEN, ZIRKUSWAGEN UND SCHÄFERWAGEN

Anhänger dieser Art werden vor allem als mobile Gartenhäuser genutzt. Das heißt, sie wurden zwar ursprünglich als Anhänger gebaut, sind aber dafür gedacht, längere Zeit an einem Ort zu stehen. Für einen Roadtrip eignet sich ein solcher Wagen eher nicht – auch wenn es grundsätzlich möglich ist, ihn als mobilen Wohnwagen zu nutzen. Dafür sind in den meisten Fällen aber ein paar größere Umbauten notwendig, so muss z. B. das Fahrgestell für diesen Zweck angepasst werden. Auch müssen Breite und Länge des Wagens bestimmte Voraussetzungen erfüllen (s. S. 317). Ist dies jedoch alles erledigt, bieten Bau-, Schäferwagen und Co. durch ihre spezielle Bauform viele Individualisierungsmöglichkeiten. Wie sie sich als Dauerwohnersatz schlagen, lässt sich gut in einigen Großstädten beobachten, wo spezielle Bauwagenplätze eine alternative Lebensform ermöglichen.

TINY HOUSES AUF RÄDERN

Zwei Trends auf einem Anhänger: Minihäuser – oder Tiny Houses – finden auch im deutschsprachigen Raum immer mehr Freunde. Doch warum sollte man sie fest auf einem Grundstück platzieren, wenn man sie auch mitnehmen kann? Tatsächlich ist es rechtlich möglich, kleinere Häuser auf einen Anhänger zu stellen, wenn sie die maximal erlaubte Größe nicht überschreiten. Ein rollendes Tiny House ist wie ein vollwertiges Wohngebäude konzipiert, allerdings im Miniformat. Es gilt als „Anhänger mit Sonderaufbau" und ist straßenzulassungsfähig, grundsätzlich kann es mit einem geeigneten Pkw der Führerscheinklasse BE (alte Klasse 3) gezogen werden. Tiny-Wohnhäuser haben nur selten eigene Wasser- oder Abwassertanks. Für gewöhnlich wird ein solches Haus direkt an die vor Ort befindliche Wasserversorgung angeschlossen. Auch Gasherde sind für rollende Minihäuser eher ungeeignet, da für den Betrieb stets Zwangsentlüftungen installiert sein müssen. Ein Tiny House ist beim Reisen auf der Straße nicht wirklich praktisch, ein Hingucker ist es aber allemal.

MOBILHEIME

Diese Ferienhäuser wurden für die Nutzung auf „Sondergebieten für die Freizeitgestaltung" konzipiert, also für Grundstücke, auf denen baurechtlich keine feststehenden Wohnhäuser errichtet werden dürfen, etwa für Dauerparzellen von Campingplätzen. In Campingplatzverordnungen werden entsprechende Stellflächen meist als Wochenendplätze deklariert. Mobilheime sind in der Regel bereits mit typischer Campingtechnik ausgestattet. Auch wenn sie auf einfachen Fahrgestellen und Noträdern aufgebaut sind, dürfen sie nur von Schwerlast-Tiefladern gezogen werden – eine Straßenzulassung erhalten sie grundsätzlich nicht.

Ob mit oder ohne Fahrgestell: Platzsparende Tiny Houses bieten viel Komfort und erfreuen sich einer wachsenden Beliebtheit.

CAMPINGTYPEN: DIE VIELFALT MACHT'S!

Welche Campingform passt zu mir? Und wo soll es überhaupt hingehen? Mobiles Reisen bietet viele Freiheiten, aber gerade Anfänger wissen manchmal gar nicht, wie sie starten sollen. Zur Hilfestellung kommt hier ein (nicht ganz vollständiger) Blick auf die unterschiedlichen Vorlieben und Bedürfnisse beim Unterwegssein.

Für die meisten Camper ist das Reisen mit Zelt, Wohnwagen oder Wohnmobil eine mehr oder weniger kurzfristige Flucht aus dem Alltag, die individueller gestaltet werden kann als jeder Hotelurlaub. Reisebedürfnisse sind vielfältig, die Möglichkeiten sind es auch. Erfahrene Camper wissen schon, was sie benötigen, womit sie unterwegs am liebsten ihre Zeit verbringen – und vor allem, wie sie übernachten möchten. Anfänger wiederum kommen meist nicht drum herum, zunächst die eine oder andere Campingform auszuprobieren.

Vor dem ersten Start in den mobilen Urlaub ist es daher hilfreich, wenn man sich ein paar zentrale Fragen ehrlich beantwortet: Benötige ich ein eigenes Bad auf dem Campingplatz? Habe ich ein Problem mit Gemeinschaftsklos? Lege ich Wert darauf, möglichst wenig Zeug mitzuschleppen? Oder kann es für mich gar nicht genug Stauflächen für mitgebrachte Dinge geben? Mag ich es eher einfach und aufs Wesentliche beschränkt – oder stehen für mich Luxus und Komfort beim Reisen im Vordergrund?

Ob Spaziergang am Strand oder Sightseeing in der City, ob Anfänger oder Profi, ob alleine oder mit der Familie: Camping ist Urlaub nach eigenen Regeln. Jeder kann seinen individuellen Reisetraum so verwirklichen, wie es gefällt.

Die folgende – nicht immer ganz ernst gemeinte – Typologie der Camper zeigt, wie groß die Unterschiede bei den Vorstellungen zum perfekten Camping sind. So eine Aufzählung kann natürlich keinen Anspruch auf Vollständigkeit haben und nur einen kleinen Ausschnitt abbilden, denn die Möglichkeiten sind schier grenzenlos. Und Überschneidungen gibt es sowieso, denn auch Luxus-Camper kochen gerne und Camper-Familien sind durchaus auch sportbegeistert. Ganz klar: Camping ist nicht nur eine Frage des Typs. Aber es ist eine Art des Reisens, in der sich jeder Typ ganz individuell wiederfinden und selbst verwirklichen kann.

CAMPING-ROOKIES: UNTERWEGS IM NEULAND

Es liegt auf der Hand, dass Anfänger noch viel zum Thema Camping lernen müssen. Man hat sich zwar im Internet und bei Freunden vor der Reise erkundigt, welches Fahrzeug und welches Zubehör passen könnten – doch stellt man bei den ersten Touren fest, dass alles ganz anders funktioniert als gedacht. An dieser Stelle sei gesagt: Es ist noch kein Campingmeister vom Himmel gefallen! Fehler passieren und dienen meistens als Ideengeber. Am Anfang einer Campingkarriere weiß man schließlich noch nicht so genau, wohin die Reise geht und wie man

unterwegs sein möchte. Passen die Stühle? Nutzt man die Borddusche? Wie und was isst man unterwegs? Auf den ersten Reisen werden viele Fragen aufkommen, nicht jede wird abschließend beantwortet. Denn auch das ist Camping: Vom Drang zur Perfektion sollte man sich frei machen. Bei kleineren Problemen, etwa beim Aufbau des Vorzelts oder beim Anschließen des Stroms, helfen die Nachbarn mit Rat und Tat und führen gerne ins kleine Camping-Einmaleins ein.

- **Unterkunft:** Zelt, Mietmobil
- **Typische Campingutensilien:** nicht immer passend und auf jeden Fall zu viel
- **Reisedauer:** ein bis zwei genau geplante Wochen

FAMILIEN-CAMPER: EIN GUTES TEAM

Schon in den heimischen vier Wänden ist es für die Mitglieder einer größeren Familie kaum möglich, persönliche Freiräume zu finden. Beim Camping, wo noch weniger Platz zur Verfügung steht, ist das noch schwerer. Dennoch verbringen viele Familien ihren Urlaub lieber in einem kleinen Mobilheim mit zwei Schlafkabinen und Kochnische als in einem überteuerten All-inclusive-Resort. Der Grund dafür ist klar: Rund um das beengte mobile Domizil ist meist mehr als genug Platz zum Austoben. Eine Familie, die schon häufig unterwegs war, ist eine gut geölte Campingmaschinerie mit ganz eigenen Regeln. Jeder Handgriff sitzt, wenn Essbereich, Außenküche und Kinderspielzeug aufgebaut werden. Alle sind zufrieden, wenn auf dem Campingplatz gemeinsam gespielt wird. Ausflüge sind mit der richtigen Ausrüstung selbst bei Regenwetter machbar. Hauptsache, man verbringt die Zeit gemeinsam. Auch wenn es mal hoch hergehen kann, wenn der Nachwuchs wieder mal keine Lautstärkebegrenzung kennt und die Verteilung der Aufgaben nicht ganz reibungslos verläuft. Im und vor dem Vorzelt liegt überall Spielzeug herum? Auf den Wäscheleinen türmen sich Handtücher und Badesachen? Dann heißt es: Ruhe bewahren und durchatmen. Manchmal sollte man gar nicht erst versuchen, die Rasselbande zu bändigen, sondern erst mal abwarten, wie die Sache sich entwickelt.

- **Unterkunft:** Familienzelt, Wohnmobil oder Caravan
- **Typische Campingutensilien:** Fahrräder, Spiele für drinnen und draußen, Badesachen
- **Reisedauer:** ein oder zwei Wochen in der Ferienzeit

ALLEIN ODER ZU ZWEIT: ZUFRIEDEN MIT SICH

Endlich raus aus dem „Ich muss" und rein ins „Ich darf". Beim Campen hat man die Chance, sein ganz persönliches Ding durchzuziehen, ohne auf gesellschaftliche Zwänge achten zu müssen. Und das Beste ist: Auch allein ist man im Camper nie ganz alleine. Unterwegs lernt man schnell und unkompliziert Gleichgesinnte kennen, wenn man es denn zulässt. Beim Übernachten in der Clique stehen die Wagen dicht beieinander, man isst zusammen an langen Tafeln aus Campingtischen. Man teilt die Vorräte und sitzt abends gemeinsam am Lagerfeuer. Und wer doch lieber für sich sein möchte, macht einfach die Schiebetür zu und genießt ganz geschützt die wohlverdiente Ich-Zeit. Reist man alleine oder mit Partner, entwickeln sich im Laufe der Zeit Rituale, der tägliche Ablauf gelingt dann ganz ohne Worte. Für Singles ist ein

Mit wenigen Handgriffen wird aus dem mobilen Heim ein echtes Zuhause mit Wohlfühlgarantie und bester Aussicht.

ausgebauter Campervan das optimale Selbsterfüllungsfahrzeug. Für Paare kann Camping auch zum Lackmustest für die Beziehung werden: Wie viel Nähe will ich wirklich und wie viel Abstand brauche ich? Es ist durchaus

Ein Hauch von Luxus gefällig? Glamping bringt viel Bequemlichkeit ins Camping.

keine Seltenheit, dass sich Paare große Mobile mit zwei Schlafplätzen gönnen, damit im Urlaub kein Schnarchen, keine unterschiedlichen Schlafgewohnheiten sowie andere Eigenarten und Marotten den mobilen Haussegen stören. Die Nähe sorgt aber auch dafür, dass man Wünsche und Vorlieben des Campingpartners noch besser kennenlernt – und so mit der Zeit zu einem eingespielten Reiseteam wird.

- **Unterkunft:** Campervan, Wohnmobil, Wohnwagen
- **Typische Campingutensilien:** gute Verpflegung, Bücher, Sport-Equipment
- **Reisezeit:** spontane Kurztrips bis zur Weltreise ohne Enddatum

PENSIONIERTE CAMPER: OLDIES BUT GOLDIES

Endlich, die Arbeit ist getan und der wohlverdiente Ruhestand ist da. Es wurde lange gespart: Jetzt hat man vielleicht ein bisschen Geld übrig und vor allem genügend Zeit, um sich den Traum vom eigenen Wohnmobil zu erfüllen. Und dabei wird häufig nicht gekleckert, es darf gerne ein Neufahrzeug mit allem Komfort sein. Per Knopfdruck oder sogar App wird das Fahrzeug horizontal ausgerichtet, und die E-Bikes auf dem Fahrradträger oder in der Heckgarage sind schon startklar für den Ausflug in die Stadt – denn ab jetzt verläuft das Leben im Entdeckermodus. Endlich ist Zeit für die Tour durchs Lieblingsweingebiet oder für die Überwinterung auf den Kanarischen Inseln. Da die eigenen Kinder schon lange aus dem Haus sind, dürfen ab und zu die Enkel mit. Und da es so ganz ohne Arbeit niemand lange aushält, wird die Ausrüstung hin und wieder aus dem Wagen geholt, überprüft und gereinigt und wieder zurück an den perfekten Platz gestellt. Wenn man dann schließlich nach vielen Touren seinen Traumort gefunden hat, geht es erfahrungsgemäß immer wieder dorthin zurück, am liebsten jedes Mal auf denselben Stellplatz. Dort weiß man schließlich, wie alles funktioniert. Und vielleicht wird dann sogar irgendwann das Wohnmobil gegen einen gut ausgestatteten Wohnwagen mit Dauercampingplatz getauscht.

- **Unterkunft:** Wohnmobil oder Wohnwagen mit viel Komfort
- **Typische Campingutensilien:** bequeme Campingstühle
- **Reisedauer:** mehrere Wochen

GLAMPER: EIN BISSCHEN LUXUS

Glamping steht für „Glamourous Camping", einen Trend, der häufig auch als Boutique-, Luxus- oder schlicht als Nobelcamping bezeichnet wird. Glamper wollen die Natur genießen, aber nicht auf Komfort verzichten. Mehr noch, auch die Ästhetik darf nicht zu kurz kommen: Windspiele klimpern am Eingang des geräumigen Zelts und sorgen für beruhigende Stimmung, Fähnchen in bunten Farben flattern im Wind, und die Safaristühle sind mit Schafsfellen ausstaffiert ... Es ist die perfekte Atmosphäre, die ein erfahrener Glamper sucht – aber auch Entspannung pur, gerne mit einem erfrischenden Drink in der Hand. Hier geht es weniger um praktische Lösungen oder um eine technisch ausgereifte Campingausrüstung. Style und Glamour stehen im Vordergrund und der ganz persönliche Luxus, der sich auch im Fotoalbum gut macht. Der Einkauf muss nicht unbedingt selbst erledigt werden, dennoch ist immer für Nachschub an Getränken und Snacks gesorgt. Statt Sanitärbereich mit Gemeinschaftsduschen wird ein privates Bad genutzt. Glamping ist genau die richtige Campingart für all jene, die eigentlich gar nicht campen wollen, aber dennoch davon erzählen möchten. Es ist kein Camping auf Dauer, sondern eher eine Alternative für den Besuch im All-inclusive-Resort. Glamping-Unterkünfte werden inzwischen auf vielen Campingplätzen angeboten (S. 166). Besonders reizvoll für den Glamping-Reisenden sind außergewöhnliche und exponierte Orte in der Natur. Und dafür ist man nicht auf die Angebote von Reiseveranstaltern angewiesen, denn Glamping geht natürlich auch mit dem eigenen Zelt oder Fahrzeug und mit ganz individuellen Zutaten.

- **Unterkunft:** Safarizelt oder Vintage-Wohnwagen
- **Typische Campingutensilien:** Kuscheldecke, Lampions und Fernglas
- **Reisedauer:** Kurztrip

KULINARIK-CAMPER: GESCHMACKVOLL REISEN

Es ist ein Gerücht, dass sich Camper vor allem mit Fertiggerichten versorgen. Das Gegenteil ist häufig der Fall, denn beim Camping kann man seine Kochleidenschaft so richtig ausleben, und es wird viel Geld in entsprechende Ausrüstung investiert: vom Profi-Gasgrill, der gut und gerne auch in einer Restaurantküche stehen könnte, bis zum großen Rost oder Rollspieß, der sich über jedem Lagerfeuer gut macht. Bei passionierten Campingköchen sind Kühlschrank oder Kühlboxen prall mit Leckereien gefüllt. Essen gehen? Auf gar keinen Fall! Lieber werden Stunden damit verbracht, über heißen Kohlen zu schwitzen, um ein wahres Festmahl zu kreieren, das mindestens ein oder zwei Sterne wert ist. Bei Gesprächen mit dem Camper-Nachbarn geht es daher auch mit Vorliebe um Lieblingsrezepte und weniger um Wohnmobile und Reiseziele. Tipps für den nächsten Einkauf regionaler Produkte in der Umgebung haben Kochprofis immer parat. Und bei Campingtrips mit Freunden wissen diese meistens schon vorher, dass sie es gar nicht erst versuchen sollten, sich ums Essen zu kümmern. Jede Menge Tipps für kulinarisch anspruchsvolle Camper stehen auf S. 172.

- **Unterkunft:** Wohnmobil mit viel Platz für Vorräte
- **Typische Campingutensilien:** gute Küchen- und Grillausstattung
- **Reisedauer:** vom Kurztrip bis zum Dauercamp

Einatmen, einfühlen und genießen: Beim Camping kann man der Natur ganz nah kommen und Eindrücke für den Alltag sammeln.

ENTDECKER: AUF NEUEN REISEROUTEN

Einmal Pfadfinder, immer Pfadfinder – egal in welchem Alter. Das Wohnmobil oder der Campervan des Entdeckertyps ist für alle erdenklichen Abenteuer in der freien Wildbahn gerüstet. Immer an Bord: ein Rucksack voller Zubehör für jedes Campingszenario. Bei Ausflügen wird gerne mal die Hängematte oder ein Tarp genutzt, für das unverfälschte Natur-Feeling in der Nacht. Mitreisende können sich auf den Abenteuer-Camper stets verlassen: Er weiß, wie man sich in kniffligen Situationen helfen muss. Soll ein Feuer gemacht werden? Kein Problem! Etliche Tricks, die ohne Feuerzeug und Streichholz funktionieren, sind bekannt. Ein bestimmter Knoten wird benötigt? Der Entdecker weiß nicht nur, welcher der richtige ist, sondern auch den korrekten Namen des Gebindes. Im Bücherregal eines Entdecker-Campers stehen Survival-Ratgeber, Pflanzen- und Tierbestimmungsbücher sowie Geocaching-Guides. Und anstatt sich auf die Verpflegung aus dem Supermarkt zu verlassen, macht er sich lieber auf die Suche nach Wildkräutern und Pilzen im nächstgelegenen Wald. Zubereitet

wird das Essen natürlich über dem Lagerfeuer, welches selbstredend mit einem Feuerstein aus dem Outdoor-Fachhandel entzündet wurde.

- **Unterkunft:** unter freiem Himmel, Zelt, 4x4-Campervan
- **Typische Campingutensilien:** Taschenmesser, Seil und Feuerstein
- **Reisedauer:** vom Kurztrip bis zur Weltreise

WANDERER, RADFAHRER UND KANUTEN: AKTIV AUF TOUR

Camping ist nur eine Notwendigkeit für diese Camper-Gruppe, der Fokus liegt eher auf Outdoor-Aktivitäten und der entsprechenden Ausrüstung. Das Campingzubehör selbst ist dagegen meist minimalistisch. Ein Zelt ist kein Aufenthaltsort, sondern dient nur als Schlafplatz. Wichtiger ist das Packmaß, das Gepäck muss leicht und robust sein. Und doch haben die Outdoor-Spezialisten immer alles dabei, was sie brauchen – vor allem aber viel Energie und Begeisterung für ihre Freizeitaktivitäten. „Bikepacker" und Kanuten verzichten manchmal sogar freiwillig komplett auf ein Zelt und schlagen ihr Lager unter freiem Himmel mit Vorliebe weit von der Zivilisation entfernt auf. In der Nacht müssen dann eine ultradünne Schlafmatte und ein leichter Schlafsack genügen – höchstens ein Tarp darf dann ein wenig Schutz bieten. Die Auswahl an mitgebrachter Kleidung ist klein, maximal ein Set zum Wechseln ist dabei, während das andere gewaschen und getrocknet wird. Bei der Verpflegung ist Schmalhans Küchenchef, vor allem Energiespender wie Haferflocken und Powerriegel stehen unterwegs auf der Speisekarte.

- **Unterkunft:** unter einer dünnen Stoffbahn oder unter freiem Himmel
- **Campingutensilien:** Isomatte, Energieriegel und Kompass
- **Reisedauer:** so weit die Füße tragen

DAUERCAMPER: WOHNEN STATT CAMPEN

Der Wohnwagen und das Vorzelt werden bei dieser Campingvariante zur Ersatzwohnung. Im Sommer wird auf der Dauercampingplatz-Parzelle sogar mehr Zeit verbracht als im eigenen Zuhause. Selbst im Winter schaut man hin und wieder vorbei, um nach dem Rechten zu sehen – sofern der Campingplatz geöffnet ist. Die eigene Parzelle ist stets gepflegt, Gehwegplatten führen durch den Garten, und ein kleiner Geräteschuppen beherbergt den Rasenmäher. Dauercamper

Minimalistisch reisen im Einklang mit der Natur: Camping ist besonders praktisch, wenn man permanent unterwegs sein und mit leichtem Gepäck die Welt entdecken will.

Reinhängen beim Abhängen: Digitale Nomaden arbeiten ortsunabhängig und brauchen weder Schreibtisch noch Büro – nur ein stabiles Internet.

kennen jeden und alles auf dem Platz. Mit dem Wohnwagen herumreisen? Ach nee, das war vielleicht früher mal – jetzt bleibt man lieber auf dem eigenen Platz, ganz ohne Stress und das mühsame Auf- und Abbauen von Vorzelt und Wohnwagen. Mit den liebgewonnenen Parzellennachbarn wird abends gegrillt, Neuankömmlinge werden neugierig beäugt. Und mit dem Wirt des Platzlokals ist man per Du, schließlich werden hier seit Jahren die Geburtstage gefeiert. Für Dauercamper ist die Zeit auf dem Campingplatz längst nicht mehr nur Urlaub, sondern ein Lebensmodell, das leidenschaftlich gepflegt wird.

- **Unterkunft:** Wohnwagen mit geräumigem Vorzelt, Mobilheim
- **Campingutensilien:** Waschmaschine, großer Kühlschrank und Sofalandschaft
- **Reisedauer:** Ohne Zeitdruck, die Post wird auch schon nachgesendet

DIGITALE NOMADEN: AUSSTEIGER MIT INTERNETANSCHLUSS

Schluss mit Bürojob und festen Arbeitszeiten! Viel besser arbeitet es sich doch im ausgebauten Campervan von unterwegs. Für Ein-Personen-Unternehmen bilden Computer und Smartphone das Tor zur Arbeitswelt, die Kommunikation erfolgt per Cam, Chat und E-Mail. Und das geht dank schneller

mobiler Internetverbindungen inzwischen von überall aus. Was vor ein paar Jahren noch undenkbar war, ist inzwischen viel mehr als ein Trend unter jungen Leuten. Das Leben im Campervan verspricht Freiheit – und wird entsprechend zelebriert, gerne auch mit Fotos in Szene gesetzt und bei Instagram für alle Welt sichtbar gemacht. Auch wenn die Realität nicht immer so toll aussieht wie auf den Hochglanzbildern und manchmal etwas komplizierter und weniger aufregend ist. Denn unterwegs müssen genauso wie daheim Termine eingehalten werden – selbst wenn das rollende Büro gerade mal einen Motorschaden hat oder ein Unwetter für eine kurze Nacht sorgte. Dennoch ist diese Art des Campings für viele junge Menschen die neue Blaupause für ein freies Leben voller Abenteuer und Abwechslung. Infos zu den Kosten und Herausforderungen eines digitalen Nomadenlebens siehe S. 278.

- **Unterkunft:** ausgebauter Campervan
- **Typische Campingutensilien:** Smartphone, Notebook und viel Internetvolumen

CAMPINGSPORTLER: VIEL PLATZ FÜR VIEL ACTION

Wohnmobile und Campervans bieten nicht nur Platz zum Sitzen, Schlafen und Kochen. Mit ihnen lässt sich auch das Equipment für den Outdoor-Sport bequem dorthin transportieren, wo es gebraucht wird: Kitesurfer stapeln ihre Rucksäcke neben die Bretter für jede Wasserbedingung in ihre Mobile, während die Neoprenanzüge zum Trocknen am Außenspiegel hängen. Windsurfer platzieren ihre Bretter an speziellen Vorrichtungen an der Wagenseite. Kanuten befestigen ihre Boote auf dem Dach oder lagern ihr Luft- und Faltboot in großen Taschen im Wageninneren. Biker schätzen den Platz im Wohnmobil für Räder und Ersatzteile, damit es auf Touren nicht zu bösen Überraschungen kommt. Camper mit Bewegungsdrang suchen ihren Stellplatz nach den besten Bedingungen für ihren Sport aus. Sie haben stets einen Blick auf die Wetter-App und können jederzeit ihre Sachen packen und den Ort wechseln. Das Campingfahrzeug muss nicht gemütlich sein, sondern in erster Linie ausreichend Platz bieten. Wertvolle Tipps für Camper mit Sportambitionen stehen auf S. 207.

- **Unterkunft:** Campervans oder Wohnmobile mit großer Heckgarage
- **Typische Campingutensilien:** Außendusche, Gepäckträger, Dachboxen
- **Reisedauer:** Optimale Bedingungen? Dann reicht manchmal auch ein Tagestrip.

ANTI-CAMPER: UNTERWEGS MIT WIDERSTÄNDEN

Ja, und auch dieser Camper-Typ muss erwähnt werden, denn er ist gar nicht so selten anzutreffen. Camping ist nicht jedermanns Sache, so viel steht fest. Und es lässt sich auch nicht jede Tour schönreden: Ein Wochenende auf einer kalten, schlammigen Wiese ist selbst für hartgesottene Camper eine Herausforderung. Der klassische Anti-Camper fährt nicht freiwillig, sondern aus praktischen Gründen – oder weil es der Beziehung dient. Er käme nicht von selbst auf den Gedanken, sich aus Spaß ein Zelt zu schnappen oder einen Campingwagen zu leihen. Er versteht nicht, was daran schön sein soll, auf einem Campingplatz die Waschräume mit anderen Menschen zu teilen. Doch bei gemeinsamen Reisen entscheidet eben nicht nur ein Teilnehmer, wie und wohin man unterwegs ist. So kann es also passieren, dass manch einer voller Enthusiasmus an den nächsten Campingtrip denkt, während diese Vorstellung beim Partner oder bei anderen Mitfahrenden Stressgefühle auslöst. Darum gilt es, Rücksicht zu nehmen, gemäßigt unterwegs zu sein und nicht automatisch in den Extremmodus zu verfallen. Denn man will ja auch Neulinge von den schönen Seiten des Campings begeistern. Häufig ist für den Anfang ein Platz mit viel Komfort, Schwimmbad und Sportmöglichkeiten die bessere Wahl.

- **Unterkunft:** am liebsten im Hotel
- **Campingutensilien:** Smartphone, Kopfhörer und andere Dinge zur Ablenkung
- **Reisedauer:** so kurz wie möglich

DER VON-ALLEM-ETWAS-CAMPER: DAS BESTE AUS ALLEN WELTEN

Unsere Reihe der Campingtypen ist bei Weitem nicht vollständig und ließe sich unendlich fortsetzten. Auf jedem Campingplatz wird man neben diesen noch viele weitere kennenlernen. Doch der am häufigsten anzutreffende Camper ist ein Mischwesen, der Von-allem-etwas-Camper. Er ist der lebende Beweis dafür, dass es keine festen Regeln fürs Unterwegssein in Wohnmobil, Caravan oder Zelt gibt. Jeder kann und darf sich beim

Beim Camping macht jeder sein eigenes Ding – der Stress darf zu Hause bleiben.

Camping entfalten, wie er möchte, nach Herzenslust kombinieren und dabei sein ganz persönliches stimmiges Konzept kreieren. Auch wenn sich in unsere Liste ein paar Klischees eingeschlichen haben, zeigt sie doch, wie groß die Bandbreite beim Campen ist. Und wie, womit und wo man in der bunten Campingwelt seinen eigenen Traum vom Unterwegssein verwirklichen kann, sollen die folgenden Seiten zeigen.

UNTERWEGS

Die Reiseplanung: So gelingt der nächste Campingtrip ▶ 60
Tourentipps in Deutschland und Europa ▶ 72
Camping global: in aller Welt zu Hause ▶ 133
Der richtige Platz – von klassisch bis alternativ ▶ 146

DIE REISEPLANUNG: SO GELINGT DER NÄCHSTE CAMPINGTRIP

Ins Netz gegangen: Campinginfos im Internet ▸ *62* | *Wir packen unseren Camper ...* ▸ *65* | *Auf die Ohren: Camping zum Reinhören* ▸ *70*

Eine gute Vorbereitung erspart unangenehme Überraschungen während der Reise.

Einsteigen, losfahren und entspannen – so sollte es auf Reisen sein. Aber das klingt einfacher, als es sich in der Realität oftmals darstellt. Denn damit auch auf spontanen Ausfahrten wichtiges Zubehör, Papiere und andere unverzichtbare Dinge nicht vermisst werden, sollten ein paar Vorkehrungen getroffen werden. Jede Tour will ausreichend geplant sein. Besonders bei längeren Campingreisen gilt: Eine gute Vorbereitung ist alles.

ALLES IM BLICK: DAS RICHTIGE SETUP

Vor der ersten oder nächsten Campingreise steht man häufig vor Detailfragen – ganz gleich, ob es sich nur um einen Kurztrip an die See handelt oder um einen längeren Urlaub. Damit man beim Camping den Alltag möglichst unkompliziert hinter sich lassen kann, bedarf es daher einer gewissen Voraussicht. Eine detaillierte Planung sorgt nicht nur dafür, dass bereits im Vorfeld über mögliche Hürden während der Reise nachgedacht wird. Auch steigert die Beschäftigung mit der bevorstehenden Reiseroute die Vorfreude. Bei der Vorbereitung hilft es, sich ein paar grundsätzliche W-Fragen zu stellen:

CAMPINGART UND ANREISE: WIE KOMME ICH ZUM ZIEL?

Diese Frage ist vor allem für Zelt-Camper relevant, denn von der Antwort hängt auch ab, wie viel Ausrüstung mitgenommen werden kann. Ist beispielsweise eine Wander- oder Fahrradtour geplant, gibt der Rucksack die Mitnahmemenge vor. Dann muss man sich wohl oder übel dazu durchringen, ein paar Dinge daheim zu lassen. Geht es dagegen mit dem Auto auf Campingtour, ist mangelnder Platz weniger ein Problem. Wohnmobilfahrer und Besitzer eines Wohnwagens haben in der Regel die Standardausrüstung für den Urlaub bereits an Bord.

DIE MITREISENDEN: WER KOMMT MIT?

Selbstredend macht es einen großen Unterschied, ob man alleine oder in Begleitung unterwegs ist. Die Bedürfnisse aller Beteiligten sind unterschiedlich – das fängt bei der Ernährung an und hört bei der persönlichen Wohlfühltemperatur noch lange nicht auf. Sind Kinder dabei, wird die Liste der Dinge, die man dabeihaben sollte, umso länger. Wer schon etwas erfahrener ist und mit Campinganfängern reist, sollte bei der Planung helfen. Oft werden beim ersten Campingtrip wichtige Details übersehen. Wer beispielsweise noch nie im Zelt übernachtet hat, braucht Unterstützung bei der Wahl der Ausrüstung.

DAS ZIEL: WOHIN SOLL ES GEHEN?

Mit dem Camper die Welt entdecken macht Spaß. Aber man sollte nicht erwarten, dass überall die gleichen Regeln gelten. Vor der Reise sollte man sich daher über die Besonderheiten des jeweiligen Ziellandes erkundigen, etwa über Verkehrsregeln oder örtliche Campingstandards für Gasversorgung oder Stromanschlüsse.

ADAC APPS FÜR DIE CAMPINGREISE

ADAC Camping- und Stellplatzführer
Der umfangreiche Camping- und Stellplatzführer im digitalen Taschenformat umfasst mehr als 17 000 Campingplätze und Stellplätze in Deutschland und ganz Europa.

ADAC Trips
Der ideale Begleiter für Freizeit und Urlaub gibt individuelle Tipps und nennt mögliche Aktivitäten in der Umgebung. Zudem hilft die App bei der Planung der nächsten Urlaubsreise.

ADAC Pannenhilfe
Mit dieser App können Nutzer im Falle einer Panne oder eines Unfalls einfach und schnell Hilfe anfordern.

ADAC Maps
Die App mit integriertem Routenplaner bietet vielfältige Informationen zu Verkehr, Baustellen, Kraftstoffpreisen und Wetter.

ADAC Spritpreise
Aktuelle Kraftstoffpreise für ganz Deutschland im Überblick

Weitere Apps und Blogs für die Reiseplanung auf S. 62.

INS NETZ GEGANGEN: CAMPINGINFOS IM INTERNET

Camping liegt im Trend, und das Internet ist voll von guten Ratschlägen für Einsteiger und Profis. Es ist aber gar nicht so leicht, dabei den Überblick zu behalten. Wir haben ein paar Surftipps rund ums Aussteigen auf Zeit zusammengetragen.

Ein schneller Blick ins Netz beantwortet viele Fragen.

Camperstyle
Die engagierten Betreiber von Camperstyle verraten in diesem Blog ihre besten Camping-Hacks, geben praktische Hinweise für den Camper-Alltag, versorgen mit aktuellen Infos von Campingmessen und anderen Events und stellen interessante Camper-Typen und ihre ganz persönlichen Geschichten vor. camperstyle.de

Happy Camping
Tests stehen bei diesem Blog im Vordergrund. Darüber hinaus gibt es Urlaubsberichte, viele Tipps rund ums Thema Wohnwagen und Vergünstigungen für Mitglieder des Happy-Camping-Clubs. happycamping.info

Camper Journal
Vom Zugfahrzeug bis zum Luxuswohnmobil: Das Camper Journal bietet zahlreiche Infos zu den wichtigsten Gefährten. Daneben findet man hier allerhand Wissenswertes zu Politik, Recht und Verkehr. camperjournal.com

KidsAway
Mit vielen Tipps und Erfahrungsberichten möchte die Webseite junge Eltern ermutigen, Campingreisen mit dem Nachwuchs zu unternehmen – ganz gleich ob innerhalb Deutschlands, Europas oder bis ans andere Ende der Welt. Man findet bei KidsAway Hunderte Artikel, Interviews und eine moderierte Gruppe für interessierte Eltern-Camper. kidsaway.de

Wohnmobil- und Wohnwagen-Forum
Es gibt keine dummen Fragen – und das gilt besonders beim Camping. In diesen Foren können sich Camper austauschen und gegenseitig Hilfestellungen geben. Manchmal findet man hier einfach nur ein paar gute Tipps fürs nächste Reiseziel. wohnwagen-forum.de wohnmobilforum.de

Facebook-Gruppen
Es gibt jede Menge Facebook-Gruppen zum Thema Camping, in denen sich die Mitglieder mit Rat und Tat zur Seite stehen. Die beiden größten Gruppen sind „Camping, Wohnwagen, Wohnmobile und Campingplätze" mit weit über 100 000 Mitgliedern und „Camping – aus & mit Leidenschaft" mit knapp 50 000 Mitgliedern.

DIE PACKLISTE: WAS NEHME ICH MIT?

Wer in den sommerlichen Süden fährt, benötigt andere Campingutensilien als ein Wintercamper. Auch die Dauer der Reise ist entscheidend für den Umfang des Gepäcks. All jene, die gerne spontan zu einer Tour starten, können sich die Planung mit vorgepackten Kisten oder Faltboxen erleichtern. So könnte die „Sommerkiste" neben der „Winterkiste" schon fix und fertig gepackt zu Hause bereitstehen. Eine weitere Variante: Jeder Mitfahrer bekommt eine eigene Kiste, in die er seine persönlichen Mitnahme-Lieblinge packt. Was nicht hineinpasst, bleibt daheim. Besonders sinnvoll ist diese Art zu packen, wenn man ein Wohnmobil mieten möchte. Mehr zum Thema Packliste siehe S. 65.

DIE TOURENPLANUNG: WELCHE ROUTE NEHME ICH?

Natürlich macht es Spaß, immer der Nase nachzufahren. Doch gerade in der Ferienzeit findet man spontan nicht immer den optimalen Campingplatz. Vor allem bei längeren Touren ist es sinnvoll, zumindest die grundlegende Route und einige Zwischenstopps zu planen. So kann man Etappen mit ein paar Reisehighlights zusammenstellen und Plätze an der Strecke reservieren. Bei so einer Planung verschafft man sich auch einen ersten Überblick über die bevorstehenden Entfernungen, ungefähre Fahrtzeiten und die damit verbundenen Kosten für Sprit und Mautgebühren. Einige Tourenvorschläge haben wir auf S. 72 zusammengestellt.

DER ZEITRAHMEN: WANN WILL ICH WIEDER ZURÜCK?

Kurz zum Strand oder doch lieber auf Weltreise? Die Dauer des geplanten Campingtrips gibt nicht nur Auskunft darüber, was man unterwegs braucht. Hat man vor, länger auf Tour zu gehen, müssen zuvor entsprechende Vorkehrungen getroffen werden. Bei einem mehrwöchigen Aufenthalt im Ausland kann es z. B. nötig sein, eine spezielle Krankenversicherung abzuschließen.

DAS BUDGET: WIEVIEL KOSTET DER SPASS?

Durchschnittlich geben die Deutschen knapp 100 Euro pro Tag für einen Urlaub aus, wie Umfragen ergeben haben. In diesem Wert enthalten sind alle Kosten für Anreise und Aufenthalt. Und auch beim Camping ist dieses Tagesbudget durchaus realistisch, wenn wirklich alle Faktoren zusammengerechnet werden. Denn natürlich schlagen auch die Anschaffung oder Anmietung des Fahrzeugs zu Buche, außerdem Spritkosten und Platzgebühren sowie Verpflegung und Ausflüge. Camping geht sehr günstig – aber eben auch richtig teuer. Damit der finanzielle Rahmen nicht gesprengt wird, sollte man das Budget gut planen. Bei der Berechnung hilft ein Blick auf folgende Faktoren (s. auch S. 231):

- **Tankkosten** und **Mautgebühren**
- **Kosten für die Gasversorgung** (Flaschen füllen, tauschen, kaufen)
- **Kosten für Extras** wie Frischwasser, Strom, Internet, Waschhäuser, Haustiere
- **Preise der Camping- oder Stellplätze** entlang der Route und am Ziel
- **Budget für Ausflüge und Eintrittspreise** von Sehenswürdigkeiten
- **Verpflegungskosten** (Ersteinkauf, Einkäufe vor Ort und Restaurantbesuche)

WEITERE TIPPS FÜR DEN EINSTIEG ZUM AUSSTIEG

Wenn Zelt und Fahrzeug neu sind, sollte man vor der großen Reise erst einmal lernen, damit umzugehen. Also, am besten das Zelt einmal aufbauen und wieder einpacken. Auch mit dem Camper sollte man vor der Abreise

REISECHECKLISTE

Mit einer guten Vorbereitung können Camper ganz entspannt in den Urlaub starten. Unsere Checkliste hilft dabei, den Überblick zu behalten.

Allgemeine Vorbereitung
- ✔ Zeit nehmen für die Routenplanung
- ✔ Hilfsmittel für die Planung recherchieren (Straßenkarten/Navigationsgerät)
- ✔ Mautkarten und Vignetten frühzeitig kaufen/beantragen
- ✔ Den aktuellen ADAC Camping- und Stellplatzführer besorgen

Dokumente
- ✔ Ausweisdokumente beantragen: Personalausweis oder Reisepass und ggf. Kinderreisepass
- ✔ Internationaler Führerschein
- ✔ Sicherheitskopien wichtiger Dokumente
- ✔ Visa (je nach Reiseziel)
- ✔ Gültige Fahrzeugpapiere, Servicekarte und -heft sowie Werkstattverzeichnis
- ✔ Mitgliedsausweise und Ermäßigungskarten (ADAC) beantragen
- ✔ Fährtickets frühzeitig buchen; Reservierungsbestätigung ausdrucken!

Versicherungen
- ✔ Bestätigungen für Schutzbriefe, Reiseversicherung, Auslandskrankenversicherung, ggf. Reiserücktrittsversicherung und Verkehrsrechtsschutz
- ✔ Nachweis für die Fahrzeugversicherung („Grüne Versicherungskarte")

Zahlungsmittel
- ✔ Zur Sicherheit mehrere Karten (Kredit und EC) für elektronische Zahlungen
- ✔ Auch ein wenig Bargeld gehört in die Reisebrieftasche (evtl. auch Währung des Ziellands)

Medizinisches
- ✔ Benötigte Medikamente (z. B. Allergiemedikamente) in ausreichender Menge
- ✔ Impfungen auffrischen (Impfhinweise für das Zielland beachten!); Impfausweise einstecken!
- ✔ Insekten- und Sonnenschutz mitnehmen (in Urlaubsorten oft überteuert!)

---

bereits ein paar Runden gedreht haben, um ein Gefühl für die Abmessungen zu bekommen. Und wer noch nie mit einem Anhänger oder Wohnwagen unterwegs war, sollte mit einem solchen Gespann erst einmal üben. Wer in seiner unmittelbaren Umgebung keinen Platz für eine Testfahrt findet oder sich nicht alleine zutraut, im Straßenverkehr die ersten Versuche zu unternehmen, kann sich auf Verkehrsübungsplätzen fachliche Unterstützung holen. Der ADAC bietet bundesweit entsprechende Fahrsicherheitstrainings an.

Reiseführer und Webseiten sind bestens dazu geeignet, erste Informationen über den Urlaubsort einzuholen. Die Bewertungen und Erfahrungsberichte anderer Camper helfen bei der Routenplanung und bei der Wahl des richtigen Platzes. Darüber hinaus gibt es viele Apps, mit denen das Smartphone zum digitalen Navigator wird.

WIR PACKEN UNSEREN CAMPER ...

Das Reisen im eigenen Mobil hat viele Vorteile. Einer davon: Im Gegensatz zum Hotelurlaub per Flugzeug oder Bahn hat man im Auto, Wohnmobil oder Caravan jede Menge Platz für die Dinge, die unterwegs benötigt werden, und man kann deutlich mehr mitnehmen, als wäre man nur mit Koffer oder Rucksack unterwegs.

Viele Camper schöpfen deshalb aus dem Vollen: Die Sportausrüstung wird aufs Dach montiert, Fahrräder kommen auf die Träger am Heck, und Outdoor-Küchen werden mit Grill, Kochstellen und Schränken perfekt ausgestattet. Und auch das Spielzeug für die Kinder muss mit, für jedes Wetter, jede Situation und Umgebung. Klar, es ist herrlich,

Was muss mit und was darf zu Hause bleiben? Beim Packen müssen das Ziel und die Bedürfnisse der Mitreisenden im Blick behalten werden.

auch unterwegs die Lieblingsdinge dabeizuhaben und auf nichts verzichten zu müssen. Andere Camper wollen jedoch genau das nicht. Für sie hat die Fülle an Alltagsgegenständen, die man von zu Hause gewohnt ist, nichts mit ihren Vorstellungen eines perfekten Outdoor-Erlebnisses zu tun. Es geht ihnen beim Reisen gerade darum, möglichst wenige Dinge dabeizuhaben, sie packen nur das Nötigste ein und verzichten lieber auf einen gewissen Komfort.

Doch was muss nun mit in den Campingurlaub? Je nachdem, wen man fragt, fällt die Antwort höchst unterschiedlich aus. Dennoch gibt es ein paar grundlegende Dinge, auf die die meisten Camper unterwegs nicht verzichten können oder wollen. Wir haben ein paar dieser Camping-Essentials auf den folgenden Seiten zusammengestellt.

MITNAHME-ABC

Ganz gleich, ob der Wagen bereits gut gefüllt ist oder nur mit leichtem Gepäck gereist wird: Ein paar Utensilien leisten beim Camping praktische Dienste, andere sind sogar unverzichtbar. Vom richtigen Stecker für die Stromversorgung über die Grundausstattung für die Küche bis hin zum Zubehör für Sicherheit und Komfort: Es gibt sie, die essentiellen Camping-Gadgets.

❶ Kabeltrommel
Da Stromsäulen nicht immer direkt an der Parzelle liegen, sollte man stets eine Kabeltrommel dabeihaben. Laut VDE-Norm: maximal 25 m lang, mit einem Durchmesser von 2,5 mm und mit dreipoligem CEE-Stecker.

❷ Adapterkabel
Trotz der Pflicht zu CEE-Anschlüssen gibt es noch Plätze, bei denen Schuko-Anschlüsse genutzt werden. Eine Adapterleitung von Schuko (Stecker) auf CEE (Buchse) bringt das Mobil ans Stromnetz.

❸ Heringe
Zur Befestigung von Vorzelten, Markisen oder Sonnensegeln – Heringe sind beim Campen unentbehrlich.

❹ Sturmband
Wer in windigen Gegenden nächtigt, sollte sein Zelt oder Vorzelt mit Sturmbändern und zusätzlichen Abspannsets sichern.

❺ Wasserkanister
Ob als Trinkwasserspender, für die Außendusche oder zum Sammeln des Grauwassers: Ein robuster Wasserkanister sollte bei keinem Campingtrip fehlen.

❻ Sonnensegel/Markise
Bester Schutz vor Sonne und leichtem Regen.

❼ Wasserschlauch mit Gardena-Aufsatz

An den Versorgungsstationen ist nicht immer ein (sauberer) Wasserschlauch vorhanden. Mit einem eigenen Schlauch an Bord ist man auf der sicheren Seite.

❽ Werkzeugkasten

Irgendwas ist ja immer: Für kleinere und größere Reparaturen sollte eine Auswahl an Werkzeugen an Bord sein.

❾ Gewebeband

Ob Riss im Zelt oder Bruch einer Vorzeltstange: Das „Panzertape" ist die schnelle Hilfe für jede Gelegenheit.

❿ Spülwanne und -bürste

Faltbare Wannen mit Tragegriff sind leicht und für den Abwasch unterwegs die optimale Lösung. Auch zum Wäschewaschen geeignet!

⓫ Sprühflasche

Camping-Hack für die flotte Reinigung von Geschirr und Oberflächen: eine Sprühflasche gefüllt mit Wasser und etwas Spüli.

⓬ Stuhl und Tisch

Der richtige Stuhl muss mit – ob zum Klappen oder Falten, mit Fußteil oder Getränkehalter. Auch Campingtische gibt es in vielen Bauweisen. Besonders platzsparend ist ein Tisch zum Aufrollen.

⑬ Grill

Praktisch sind solche Grills, die mit Gas aus Flaschen oder Kartuschen befeuert werden. Holzkohlegrills sind auf einigen Campingplätzen nicht erlaubt.

⑭ Feuerlöscher

Wo Gas zum Kochen oder Heizen genutzt oder mit offenem Feuer hantiert wird, sollte immer ein Feuerlöscher in der Nähe sein.

⑮ Klappspaten

Ein Spaten hilft beim Freischaufeln, wenn man sich mal festgefahren hat. Zur Not lassen sich damit auch organische Abfälle vergraben.

⑯ Taschenlampe

In der Natur und auf Campingplätzen kann es nachts stockfinster werden. Eine Taschenlampe sollte daher bei jeder Fahrt dabei sein.

⑰ Geschirr

Geschirr aus Melamin, Emaille oder Bambus ist leicht und robust. Auch beim Kochgeschirr empfehlen sich leichte Materialien. Stapelbare Sets nehmen wenig Platz weg.

⑱ Wasserkessel

Perfekt für Heißgetränke sowie Wärmflaschen. Robuste Kessel können auf dem Herd oder auf dem offenen Feuer genutzt werden.

⑲ Auffahrkeile
Viele neuere Wohnmobile benötigen diese Nivellierhilfen nicht mehr. Für alle anderen sind sie ideal, um Unebenheiten auszugleichen.

⑳ Schlafsack
Ein Schlafsack muss ins Gepäck, selbst wenn die eigene Bettwäsche mitfährt. Damit hält man es abends auch draußen länger aus.

㉑ Spannungswandler
Wer ohne Landstrom den Computer mit der Bordbatterie aufladen will, benötigt einen Wandler. Die gibt es als Festeinbau oder für den Betrieb am Zigarettenanzünder.

㉒ Handfeger und Schaufel
Für die schnelle Reinigung ist das kleine Handfeger-Set die beste Wahl.

㉓ Teppich
Mit einem robusten Teppich aus PVC sieht es vor dem Camper gleich viel wohnlicher aus. Außerdem lässt sich damit Dreck im Wagen oder Zelt vermeiden. Im Vorzelt reduziert er zudem die Bodenkälte.

㉔ Mückenschutz
Für Mobile und Zelte gibt es Netze für Eingänge und Fenster. Glutspiralen oder Kerzen vertreiben die Plagegeister mit giftfreien Aromen.

AUF DIE OHREN: CAMPING ZUM REINHÖREN

Einige Camper können ihre Reiseerfahrungen, Lieblingsplätze und Geheimtipps einfach nicht für sich behalten und veröffentlichen informative Podcasts zum Thema: ideale Reisebegleiter zum Nachhören, mit denen man ganz nebenbei viel Praxiswissen vermittelt bekommt.

Um auf Plattformen wie Spotify oder Apple Music Podcasts hören zu können, bedarf es einer stabilen mobilen Internetverbindung.

PODCASTS

Camper on Tour
In dem Podcast von Dominic geht es in erster Linie um die richtige Technik. Egal ob Campingprofi oder Einsteiger, hier wird jeder fündig und kann sich über die notwendige Ausstattung von Wohnmobil oder Wohnwagen informieren.
camperontour.net

CCP – Camping Caravan Podcast
Die Folgen dieser Serie sind etwas ausführlicher und gerne mal zwei Stunden lang. Egal ob Technik, Campingplatzbericht oder Reise-Story, CCP bleibt immer „privat, unabhängig und nicht kommerziell", wie die Macher stolz betonen.
campingcaravanpodcast.de

Heimat-Verliebt
Die sympathischen Camper Susi und Frank berichten in Heimat-Verliebt von ihren Reisen mit ihrem „Bussle". Wer Interesse an einem Campingtrip in heimischen Gefilden hat, wird in diesem Podcast ganz sicher ein paar nützliche Empfehlungen zu hören bekommen.
heimat-verliebt.de

4bayernaufreisen
Stefan und seine Familie kennen sich in Deutschland, aber auch in anderen europäischen Ländern hervorragend aus. Bei 4bayernaufreisen kommen alle auf ihre Kosten, die sich für Campinggeschichten, mitten aus dem Leben gegriffen, interessieren.
4bayernaufreisen.de

IsasWomo Podcast
Der dazugehörige Blog ist schon lange ein Dauerbrenner. Seit 2019 gibt es Isa auch zum Hören. Hier redet sie über Wintercamping, Wohnmobiltests, Stellplatzsuche und vieles mehr.
isaswomo.de

Campermen
In diesem Podcast unterhält sich der Autor der Camping-Bibel mit seinem Beifahrer Henning Pommée über Reisen, Ausrüstung und Plätze. Außerdem gibt's in jeder Folge Musik für den Roadtrip.
campermen.de

SONGS FÜR UNTERWEGS

Und wem nach so vielen Infos der Kopf raucht, der schaltet nicht ab, sondern um: Mit der richtigen Musik wird jede Autofahrt zum entspannten Roadtrip. Es gibt Songs, die sind wie fürs Camping geschrieben, denn sie entführen schon beim Hören auf die Straße und sorgen dafür, dass man mit einem breiten Grinsen zum Lieblingsplatz fährt. Mit dieser Playlist beginnt die Tour bereits im Kopf:

Steppenwolf, Born to be wild
Red Hot Chilli Peppers, Road trippin'
The Cardigans, My favourite game
The Beatles, Drive my car
Ray Charles, Hit the Road Jack
The Rembrands, I'll be there for you

The Proclaimers, I'm gonna be (500 miles)
Kansas, Carry on wayward son
Oasis, Wonderwall
Tracy Chapman, Fast car
U2, Where the streets have no name
Iggy Pop, Passenger
Talking Heads, Road to nowhere

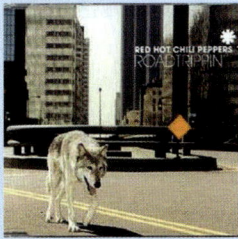

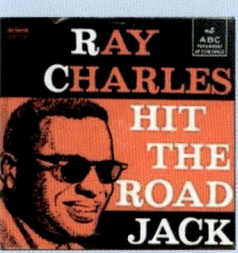
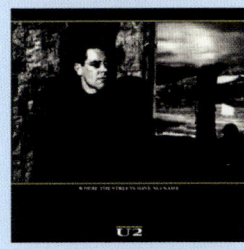

WEITERE TIPPS
Bei Spotify gibt es eine Vielzahl von individuell zusammengestellten Musiksammlungen, die ideal sind für den Roadtrip. So finden sich dort Playlists für Asphalt-Cowboys, Kinder, Hörbuch-Junkies und alle anderen erdenklichen Zielgruppen.
Weitere Playlist-Tipps gibt es auf pincamp.de/playlists zum Nachlesen.

TOURENTIPPS IN DEUTSCHLAND UND EUROPA

Die große Deutschlandreise ▸ 76 | *Skandinavien: Der Norden ruft* ▸ 88 | *Der Westen: alte Pfade neu entdeckt* ▸ 102 | *Südwesteuropa: Strand und kulturelle Highlights* ▸ 110 | *Der Südosten: Wälder und blaues Mittelmeer* ▸ 120 | *Der Osten: unbekanntes Baltikum* ▸ 128

1 Das Land der Feen und Vulkane: Tosende Wasserfälle, Gletscher, Vulkane und Geysire – eine Campingtour durch Islands Landschaften ist wie eine Reise zum Anfang der Welt. S. 98

2 Von Helsinki ins Seenland: Mit mehr als 40 Nationalparks, endlosen Wäldern und Seen bietet Finnland unzählige Gründe für einen Besuch. S. 97

3 Immer der Seeluft hinterher: Norwegens majestätische Fjorde sind zu jeder Zeit einen Besuch wert, und Oslo im Sommer bietet fast schon mediterranes Flair. S. 94

4 Rundtour zwischen Nord- und Ostsee: Dänemark begeistert mit Dünen, endlosen Stränden und Attraktionen für die ganze Familie. S. 89

5 Tour durch Småland: Der Süden Schwedens mit idyllischen Dörfern und seiner unvergleichlichen Naturkulisse ist ein Paradies für Camper. S. 92

6 Natur pur entlang der Ostsee: Von der Kurischen Nehrung bis zur russischen Exklave – in Polen und Litauen werden Ruhesuchende fündig. S. 128

7 Auf den Spuren von Frau Antje: In den Niederlanden ist Camping besonders beliebt, entsprechend viele und schöne Plätze gibt es hier. S. 103

8 Camping auf englische Art: Die britischen Straßen nehmen Camper mit links. Eine Tour im Süden der Insel führt vorbei an Steilküsten, hochherrschaftlichen Gärten und römischen Ruinen. S. 107

9 Antwerpen, Brügge und ein Stückchen Meer: Eine Tour durch Belgien ist wie eine Zeitreise ins 17. Jahrhundert, inklusive Strandbesuch. S. 105

10 Europas versteckte Naturschätze: Bezaubernde Bergwelten in Österreich und Slowenien. S. 121

11 XXL-Tour über die Iberische Halbinsel: Die spanische Mittelmeerküste und die Algarve in Portugal gehören zu den beliebtesten Urlaubsregionen der Welt – und das hat gute Gründe. S. 114

12 Vom Mittelmeer zum Atlantik: Campingtour durch Frankreich mit historischen Schauplätzen und betörender Natur an der Atlantikküste. S. 111

13 Von Genua nach Rom und zurück: In Italien ist Weltgeschichte an jeder Ecke zu spüren. Bildschöne Strände, bestes Essen und la Dolce Vita machen das Reiseglück perfekt. S. 117

14 Die Perle an der Adria: Entlang der türkisblauen Adria bis zur himmlischen Inselwelt entfaltet sich in Kroatien ein traumhaftes Campingrevier. S. 125

Nikosia

Es hat einen Grund, warum Campingfahrzeuge mit Rädern ausgestattet sind: Man soll damit unterwegs sein und die Welt entdecken – und wenn es „nur" die unerforschte Welt im eigenen Land ist. Manchmal warten direkt vor der eigenen Haustür die großen Abenteuer, und so steigen manche Camper einfach ein, fahren los und lassen sich überraschen. Andere haben wenig Zeit und wollen ihre Tour lieber planen. Doch für eine gute Planung braucht es Inspiration. Aus diesem Grund haben wir uns auf den Weg gemacht und einige Tourenideen in Deutschland und im europäischen Umland für Sie schon mal ausprobiert.

Auf den folgenden Seiten geht es zunächst zu Zielen in Deutschland, das als Reiseland immer beliebter wird. Kein Wunder, denn es hat viel zu bieten. Ob Badeurlaub, Wanderreise oder Kulinariktrip: Hier wird es eigentlich nie langweilig. Und warum in die Ferne schweifen, wenn das Campingglück doch so nah liegt? Unterwegs machen wir Halt an all den Ausflugszielen, die Deutschland so vielfältig machen.

Und wer die Gegenden vor der Haustür schon kennt oder ganz einfach Lust auf mehr Kilometer hat, lässt sich vielleicht von unseren Routen in alle Himmelsrichtungen Europas begeistern. Im Norden warten schier unendliche Weiten, einsame Strände und die fantastische Natur Skandinaviens. Im Süden fahren wir über Frankreich bis nach Spanien und touren durchs sonnenverwöhnte Italien. Im Osten erkunden wir Litauen und erforschen die wunderbaren Naturschutzgebiete von Slowenien und Kroatien. Im Westen erleben wir hautnah, warum sich Camper auf den Britischen Inseln oder in den Niederlanden so wohlfühlen. Der europäische Kontinent hat so viele Facetten zu bieten, dass ein Camper-Leben dafür kaum ausreicht – und fast jeder Winkel ist unkompliziert zu bereisen.

1 Cooler Norden: Die Kraft der Gezeiten prägt diese Gegend. Nicht nur das Land ist flach, auch die Menschen sprechen hier noch Platt. Wassersportler zieht es in die Surf- und Kite-Hochburgen Fehmarn und St. Peter-Ording, zum Segeln geht es nach Kiel, zum Baden nach Timmendorf und zum Schlendern nach Heiligenhafen und Husum. S. 77

3 Genussvolles Moseltal: In der an Sehenswürdigkeiten reichen Moselgegend wird die große Zahl der Burgen nur von den Weinbergen übertroffen – wovon wir uns bei einer Tour durch die Region ein Bild machen können. Es wird historisch, es wird lecker, und es geht hoch hinaus – vor allem wird es unvergesslich. S. 85

Düsseldorf

Saarbrücken

4 Hochschwarzwald: Bei unserer Schwarzwald-Tour geht es nicht um große Entfernungen in kurzer Zeit, sondern um Genuss, Entspannung, Bewegung und viele Pausen in herrlicher Natur. Von gesunden Thermalbädern geht es zu Wasserfällen, und nach dem Besuch in den Automuseen direkt auf die Bobbahn. S. 82

2 Wilder Osten: Man könnte fast denken, dass ganz Mecklenburg-Vorpommern aus Wasser besteht. Fakt ist, dass die Seenplatte und die Ostsee im Sommer zu den beliebtesten Reisezielen Deutschlands zählen. Bei unserer Tour baden wir in der Müritz, besuchen das Schweriner Schloss, schlendern durch die Hansestadt Rostock und machen einen Ausflug nach Rügen. S. 78

5 Kurviger Süden: Durch historische Städtchen geht es hier vorbei an Märchenschlössern. Die Camper-Tour durch den Süden und über die Alpenstraße liefert hinter jeder der 100 Kurven auf einer herrlichen Panoramastrecke perfekte Postkartenmotive. S. 80

DIE GROSSE DEUTSCHLAND-REISE

Steife Brise, Sand und Sonne: Egal bei welchem Wetter, die Landstriche an der deutschen Nord- und Ostseeküste sind für Camper zu jeder Jahreszeit eine Reise wert.

Kurvige Landstraßen, malerische Natur und faszinierende Sehenswürdigkeiten – klingt verlockend? Oder wie wäre es mit Bergpanorama, Seen und Meeresrauschen? Kein Problem: Wer all das von einem Campingtrip erwartet, muss gar nicht so weit fahren. Eine Reise durch Deutschland bietet viel mehr, als mancher denkt. Von Nord- und Ostsee hoch im Norden geht es bis zu den Alpen im Süden: Wir haben hier ein paar lohnende und außergewöhnliche Touren durch die Heimat zusammengestellt.

Für Campingeinsteiger ist Deutschland ein optimales Revier, um diese Reiseform kennenzulernen und auszuprobieren. Aber auch erfahrende Camper entdecken immer wieder neue Wege und Plätze. Kein Wunder, schließlich ist das Angebot an traumhaften Routen groß und lässt garantiert keine Wünsche offen. Die Palette reicht vom Badeurlaub am Meer über genussvolle Touren entlang der Weinstraßen bis zum malerischen Alpenpanorama. Jede einzelne Etappe unserer Touren ist es wert, dass man mehrere Tage oder vielleicht sogar den ganzen Urlaub dort verbringt.

COOLER NORDEN: VON HAMBURG ANS MEER

Gesamtlänge: ca. 600 km
Fahrtzeit: ca. 9 Stunden

Hamburg → 65 km bis **Lauenburgische Seen** → 31 km bis **Lübeck** → 19 km bis **Travemünde** → 67 km bis **Heiligenhafen** → 21 km bis **Fehmarn** → 87 km bis **Kiel** → 49 km bis **Damp/Brodersby** → 74 km bis **Husum** → 43 km bis **St. Peter-Ording** → 37 km bis **Büsum** → 44 km bis **Friedrichskoog** → 107 km bis **Hamburg**

Der Norden Deutschlands ist eines der vielseitigsten und vielleicht sogar sympathischsten Reiseziele in Deutschland. Und von wegen norddeutsche Zurückhaltung: Auf den Campingplätzen entlang der Küste wird man stets mit einem freundlichen „Moin" begrüßt. Nordlichter wissen, „watt Watt is" – und das hat nichts mit Strom zu tun: An der Nordseeküste befindet sich das Weltnaturerbe Wattenmeer. Durch das Wechselspiel der Gezeiten kann man bei Ebbe und guten Bedingungen durchs Watt wandern und sich dabei den manchmal recht stürmischen Nordseewind durch die Haare wehen lassen. Aber auch die Ostsee mit der abwechslungsreichen Küste und den großen Inseln ist ein wahres Fest für Camper.

Die Tour startet in Hamburg und führt erst einmal an die Lauenburgischen Seen. Für Tagesausflüge lohnen die Städte Mölln und Ratzeburg. Für Naturliebhaber sind dagegen der Ratzeburger See, das Salemer Moor oder der Schaalsee echte Highlights. Es macht Sinn, mit ein bisschen Zeit im Gepäck hier ein wenig zu verweilen, bevor es dann weiter in Richtung Ostsee geht. Auf dem Weg gehört ein Besuch in der Hansestadt Lübeck und im nahen Travemünde auf jeden Fall zum Programm. Von hier führt nun die Route an Heiligenhafen vorbei bis hoch auf die Insel Fehmarn, wo man auch gut und gerne seinen ganzen Urlaub verbringen könnte, da

DIE GROSSE DEUTSCHLANDREISE

es so viel zu entdecken gibt. Doch wir wollen weiter an die Nordsee: Über das Fischerstädtchen Husum geht es nach St. Peter-Ording, zur größten Sandkiste Deutschlands, wo man mit dem Camper tagsüber direkt auf dem Strand parken darf. Hier hängen hoch am Himmel stets zahlreiche Flugdrachen und Kite-Schirme. Und wie fast überall an der Nordsee wird es hier auch nach mehreren Tagen Aufenthalt nicht langweilig, aus dem Strandkorb heraus mit einem Fischbrötchen oder einem Eis in der Hand den Gezeiten zuzuschauen. Bevor es schließlich am Ende unserer Rundreise zurück nach Hamburg geht, machen wir noch einen lohnenden Abstecher nach Friedrichskoog und unternehmen entlang der Küste einen ganz entspannten Wattspaziergang.

DER WILDE OSTEN: DIESE SEEN MUSS MAN SEH'N

Gesamtlänge: ca. 900 km
Fahrtzeit: ca. 12 Stunden

Berlin → 145 km bis **Mecklenburgische Seenplatte** → 124 km bis **Schwerin** → 92 km bis **Rostock** → 27 km bis **Kühlungsborn** → 30 km bis **Warnemünde** → 65 km bis **Darß** → 80 km bis **Insel Rügen** → 283 km bis **Berlin**

Bei den schönsten Camper-Touren Deutschlands darf Mecklenburg-Vorpommern nicht fehlen. Hier gibt es so viel zu entdecken, dass ein Urlaub dafür nicht ausreicht. Die Rundreise beginnt in Berlin. Erste Station ist die Mecklenburgische Seenplatte mit ihren Hun-

CAMPINGPLÄTZE ENTLANG DER ROUTE

❶ Rosenfelder Strand Ostsee Camping
★★★★★
Der sehr gepflegte Platz liegt direkt am Ostseestrand und bietet alle Annehmlichkeiten und ein umfangreiches Freizeitangebot. Es gibt ein separates Areal für Campinggäste mit Hund.
▶ Rosenfelder Strand 1, 23749 Grube, Schleswig-Holstein
■ pincamp.de/SL6790

❷ Campingpark Wulfener Hals
★★★★★
ADAC Superplatz mit vielseitigem Sportprogramm: u. a. Surfen, Golfspielen und Tauchen. Abkühlung bietet der lange Ostseestrand sowie ein Outdoorpool. Der Platz ist auch für Camping mit Hund bestens geeignet.
▶ Wulfener Hals Weg 100, 23769 Wulfen, Schleswig-Holstein
■ pincamp.de/SL6350

❸ MeerGrün – Campingpark Olsdorf
★★★★☆
Der Park ist bei Ruhe suchenden Paaren, Kurgästen und Familien mit Kindern gleichermaßen beliebt. Kostenloser Ortsbus zu wohltuenden Schwefelquellen.
▶ Bövergeest 56, 25826 St. Peter-Ording, Schleswig-Holstein
■ pincamp.de/SL1100

derten kleinen und großen Wasserflächen, von denen viele miteinander verbunden sind. Die Region ist ein Paradies für Wanderer, aber auch für Wassersportler, die im eigenen oder geliehenen Boot immer wieder neue Blickwinkel erleben wollen. Auf dem Programm sollte unbedingt ein Besuch des Städtchens Waren stehen und vielleicht sogar von hier aus eine Seentour mit dem Ausflugsdampfer. Und ganz in der Nähe befindet sich in Klink der Müritzer Bauernmarkt, ein idealer Ort, um sich mit regionalen Produkten, Spezialitäten und Souvenirs einzudecken. Anschließend geht es weiter nach Schwerin mit dem wunderschönen Stadtschloss, dessen Geschichte mehr als 1000 Jahre zurückreicht. Dagegen ist die architektonisch spektakuläre Orangerie gleich nebenan fast ein Neubau, sie entstand 1853.

Als wäre das nicht genug Attraktion, setzt die Ostseeküste noch einen drauf: Über die Hansestadt Rostock, Kühlungsborn

Der Campingpark Kamerun (S. 80) ist die ideale Basis für Ausflüge in die herrliche Natur der Mecklenburgischen Seenplatte.

DIE GROSSE DEUTSCHLANDREISE 79

CAMPINGPLÄTZE ENTLANG DER ROUTE

❶ Campingpark Kamerun
★★★★★

Kleines Paradies am Nordufer der Müritz inmitten der Mecklenburgischen Seenplatte. Neben der traumhaften Landschaft bietet das Heilbad Waren (Müritz) viele Sehenswürdigkeiten und ein umfassendes Freizeitangebot.
▸ Zur Stillen Bucht 3, 17192 Waren (Müritz), Mecklenburg-Vorpommern
▪ pincamp.de/MK7000

❷ Campingpark Ostseebad Kühlungsborn
★★★★★

Der gepflegte Platz mit Freizeitangebot und tollem Service verfügt über mehr als 500 bestens ausgestattete Standplätze, teilweise sogar direkt am Ostseestrand.
▸ Waldstr. 1b, 18225 Kühlungsborn, Mecklenburg-Vorpommern
▪ pincamp.de/MK400

❸ Camping am Freesenbruch
★★★★★

Familiäres Ambiente mitten im Nationalpark Vorpommersche Boddenlandschaft. Nur rund 2 km ist der gepflegte Platz vom Ostseebad Zingst entfernt. Weitläufige Anlage in herrlicher Naturlandschaft.
▸ Am Bahndamm 1, 18374 Zingst, Mecklenburg-Vorpommern
▪ pincamp.de/MK1250

und Warnemünde geht es auf die Halbinsel Darß. Hier wartet an der Küste weißer Sand, der gedanklich in südliche Gefilde entführt. Es wäre verständlich, die Tour hier zu beenden und die herrliche Landschaft ein paar Tage länger zu genießen. Aber wir wollen weiter zur Insel Rügen, immerhin die größte Insel Deutschlands, auf der sich die Sehenswürdigkeiten wie Perlen an einer Kette aneinanderreihen. Die Insel ist so groß, und es gibt so viel zu sehen, dass man hier ruhig ein paar Tage mehr für den Besuch einplanen sollte. Am bekanntesten sind die Kreidefelsen, aber auch die Städte Binz und Sellin sind einen Besuch wert – nicht nur wegen der herrlichen Seebrücken. Ein Tipp ist ganz sicher auch ein Besuch der Nachbarinsel Hiddensee, die nur per Boot zu erreichen ist. Autofahren ist hier nicht erlaubt, stattdessen wird die Insel zu Fuß, per Fahrrad oder ganz bequem mit der Kutsche erkundet. Oder man bleibt einfach am Hafen, genießt ein regionales Fischgericht und lässt dort den Abend mit herrlichem Ausblick und einem Glas Wein ausklingen. Das Urlaubsgefühl muss jetzt aber noch nicht enden: Wer noch etwas Zeit hat, sollte auf dem Rückweg Zwischenstation an den Uckermärkischen Seen machen.

DER KURVIGE SÜDEN: REISEN WIE EIN KÖNIG

Gesamtlänge: ca. 450 km
Fahrtzeit: ca. 8 Stunden

Lindau am Bodensee → 3 km bis **Scheidegg** → 55 km bis **Bad Hindelang** → 22 km bis **Pfronten** → 15 km bis **Füssen und Schloss Neuschwanstein** → 47 km bis **Oberammergau** → 20 km bis **Garmisch-Partenkirchen** → 30 km bis **Walchensee** → 36 km bis **Bad Tölz** → 24 km bis **Rottach-Egern** → 61 km bis **Aschau im Chiemgau** → 32 km bis **Reit im Winkl** → 64 km bis **Berchtesgaden**

Abstecher zum Walchensee: Eine Fahrt über die Brücke des Sylvensteinspeichers eröffnet ungeahnte Perspektiven.

Die Bayerischen Alpen sind zu jeder Jahreszeit eine Reise wert, an jeder Ecke lauern Fotomotive. Und nach jedem Ausblick auf endlose Natur, mittelalterliche Städtchen und Märchenschlösser fragt man sich: „Kann es noch schöner werden?" Nur um sich nach der nächsten Kurve selbst die Antwort zu geben: „Ja, es kann!" Die Tour der hundert Kurven beginnt am Bodensee, genauer gesagt in Lindau, wo im Hafen noch immer der Mangturm aus dem 12. Jahrhundert mit seinem spitzen Ziegeldach die Umgebung überragt und im Zentrum das gotische Rathaus ein wunderbares Fotomotiv hergibt.

Von hier geht es weiter auf die Deutsche Alpenstraße, die umgangssprachlich auch Queralpenstraße genannt wird. Sie führt fast ausschließlich durch die Bayerischen Alpen und ist die älteste Ferienstraße Deutschlands. Die Landschaft an dieser Route ist sehr abwechslungsreich: Die Strecke verläuft entlang satter Almwiesen, sanftem Hügelland und steilen Berggipfeln, romantischen Tälern und glitzernden Seen. Ein wahrlich traumhaftes Panorama, für das man sich

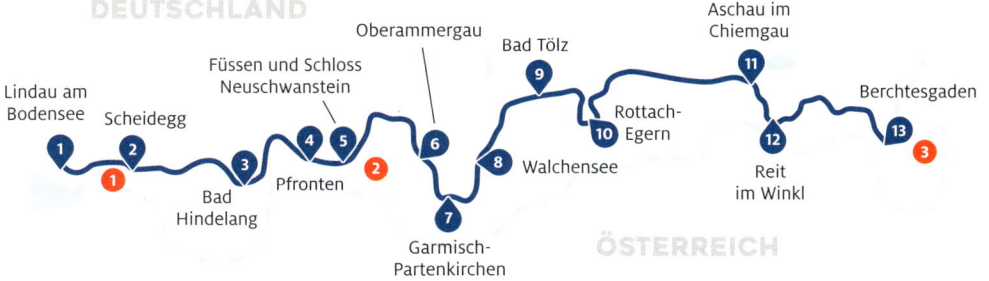

DIE GROSSE DEUTSCHLANDREISE   **81**

CAMPINGPLÄTZE ENTLANG DER ROUTE

❶ Park-Camping Lindau am See
★★★★★

Der Platz bietet eine flache Bucht zum Baden, außerdem besteht die Möglichkeit zum Bootssport. Direkt vor der Anlage steigen Aktive in den 210 km langen Bodenseeradweg ein.
▸ Fraunhoferstr. 20, 88131 Lindau, Bayern
▪ pincamp.de/SB3550

❷ Camping Hopfensee
★★★★★

Der perfekte Ausgangspunkt für Ausflüge jeder Art: Schloss Neuschwanstein ist nur 20 Minuten Fahrtzeit entfernt. Das nahe gelegene Füssen, der Kurort Hopfen am See oder das Allgäu sind weitere Highlights. Der als Freizeitsee geschätzte Hopfensee lockt mit Wassersport.
▸ Fischerbichl 17, 87629 Hopfen am See, Bayern
▪ pincamp.de/SB4550

❸ Camping-Resort Allweglehen
★★★★★

Resort im Berchtesgadener Land ganz in der Nähe des Königssees, prachtvolle Bergkulisse inklusive. Zu den Highlights des Campingplatzes zählen der beheizte Outdoor-Pool und eine Wellnessoase.
▸ Allweggasse 4, 83471 Berchtesgaden, Bayern
▪ pincamp.de/SB9800

Zeit nehmen sollte an den 13 Etappen unserer Tour. Und weil man sich hier garantiert königlich fühlt, sollte man unbedingt auch einen Abstecher zum Schloss Neuschwanstein machen. König Ludwig II. hat es in Auftrag gegeben. Und auch wenn er die Fertigstellung nicht mehr erlebte, liegt hier noch der Duft des „Kini" in der Luft. Vom Märchenschloss geht es über den Pfaffenwinkel zwischen Lech und Loisach weiter bis zum Nationalpark Berchtesgaden, dem einzigen deutschen Nationalpark in den Alpen. Tolle Ziele sind hier der Königssee und der Watzmann, mit 2713 m der höchste Berg der Region.

HOCHSCHWARZWALD: WALD, WELLNESS, WUNDERBAR

Gesamtlänge: ca. 280 km
Fahrtzeit: ca. 4 Stunden

Stuttgart → 110 km bis **Baden-Baden** → 9 km bis **Geroldsauer Wasserfälle** → 13 km bis **Mehliskopf** → 25 km bis **Ottenhöfen** → 8 km bis **Allerheiligen-Wasserfälle** → 24 km bis **Kniebis** → 95 km bis **Stuttgart**

Im Südwesten Deutschlands breitet sich der herrliche Schwarzwald mit seinen immergrünen Wäldern und malerischen Ortschaften aus. Wenn vom Schwarzwald die Rede ist, denken die meisten gleich an Kuckucksuhren, möglicherweise an die vielen Heilbäder und vielleicht auch an Spezialitäten aus der Region wie Torten, Wein, Schinken oder Gin. Doch die Gegend bietet noch so viel mehr, wie eine in Stuttgart startende Tour durch Täler, über Hügel und durch schier unendliche Wälder beweist. Es sind zwar nicht viele Kilometer, die man hier zu fahren hat, aber das hat auch einen Grund: Man verweilt in

Naturbelassene Bachläufe und Wasserfälle durchziehen den Nationalpark Schwarzwald.

CAMPINGPLÄTZE ENTLANG DER ROUTE

❶ Ferienpark und Campingplatz Adam
★★★★☆
Zwischen Schwarzwald und Vogesen, ganz in der Nähe von Baden-Baden, befindet sich dieses ebene Wiesengelände mit rund 180 Stellplätzen. Der Clou ist hier der 2 ha große See. Im Winter geht es zum Skifahren in die Berge.
▶ Campingstr. 1, 77815 Bühl, Baden-Württemberg
▪ pincamp.de/WB100

❷ Camping Schüttehof
★★★★☆
Idealer Ausgangspunkt für Tagesausflüge in den Schwarzwald und die Schwäbische Alb. Der Platz ganz in der Nähe von Freudenstadt ist klein, gerade einmal 50 Urlauber finden hier einen Platz.
▶ Schütteberg 7, 72160 Horb, Baden-Württemberg
▪ pincamp.de/WB5450

❸ Campingplatz Cannstatter Wasen
★★☆☆☆
Platz im Stuttgarter Stadtbezirk Cannstadt. Perfekt für Stadterkundungen, es fährt sogar eine U-Bahn zum Platz. Wer Ruhe sucht, wird hier aber nicht fündig.
▶ Mercedesstr. 40, 70372 Stuttgart, Baden-Württemberg
▪ pincamp.de/WN5000

dieser Gegend einfach länger an den einzelnen Etappen, die viel zu bieten haben.

Doch vor der Natur kommt erst einmal die Technik zum Zug: In Stuttgart, der Hauptstadt Baden-Württembergs, betreiben die Autohersteller Mercedes-Benz und Porsche Museen, in denen man sich die ruhmreiche deutsche Fahrzeuggeschichte anschauen kann. Danach geht es mit dem eigenen Wagen durchs idyllische Umland bis nach Baden-Baden. Wie wäre es nun mit ein bisschen Wellness? Die Stadt ent-

84   UNTERWEGS

wickelte sich im 19. Jahrhundert dank seiner Thermalbäder zu einer mondänen Bäderstadt – und das sollte man ausnutzen. Südlich von Baden-Baden befindet sich mit dem etwa 6 m hohen Geroldsauer Wasserfall ein beliebtes Ausflugsziel in der Gegend. Ab hier wird es kurvig, über Serpentinen geht es bis 1000 m hinauf zum Berg Mehliskopf – es ist eine Fahrt wie durch eine Natur-Doku. Doch nicht nur der Ausblick ist grandios, auch an Unterhaltung wird hier einiges geboten: Im Sommer locken Bobbahn und Klettergarten, im Winter öffnet hier ein Skigebiet für die ganze Familie. Über Ottenhöfen geht die Tour weiter zu den Allerheiligen-Wasserfällen, den mit 66 m größten natürlichen Wasserfällen des Nordschwarzwaldes. Eine Wanderung auf den fast 1000 m hohen Kniebis rundet die Tour ab. Dort steht auch eine 33 m lange Aussichtsplattform aus Douglasienholz; der Blick von hier oben ist gigantisch.

GENUSSVOLLES MOSELTAL: DAS LAND DER BURGEN

Gesamtlänge: 340 km
Fahrtzeit: ca. 5 Stunden

Koblenz → 26 km bis **Burg Thurant** → 14 km bis **Burg Eltz** → 39 km bis **Reichsburg Cochem** → 11 km bis **Burg Metternich** → 17 km bis **Hängeseilbrücke Geierlay** → 68 km bis **Bingen am Rhein** → 78 km bis **Koblenz**

Das Moseltal bei Koblenz zählt zu den schönsten Ecken Deutschlands, und auch europaweit braucht diese Region Vergleiche nicht zu scheuen. Dabei fühlt man sich in dem mediterranen Flair, das diese Gegend ausstrahlt, manchmal gar nicht so, als wäre man nördlich der Alpen unterwegs. Gleichzeitig begibt man sich mit einer Tour durch das Moseltal auf eine Zeitreise, denn an gefühlt jeder Ecke

CAMPINGPLÄTZE ENTLANG DER ROUTE

❶ Campingplatz Gülser Moselbogen
★★★★☆

Campingplatz am Moselufer, nahe der Stadt Koblenz. Direkt vor der Tür liegt eine einmalige Natur- und Kulturlandschaft, mit Weinbergen, malerischen Dörfern, Wäldern und Burgen. Große Liegewiese mit eigener Badebucht.
▸ Am Gülser Moselbogen 20, 56072 Güls, Rheinland-Pfalz
■ pincamp.de/RP4050

❷ Mosel Islands Camping
★★★★☆

Zwischen grünen Bergen und Mosel – ideal gelegen für Individualurlauber, die sich in der Natur wohlfühlen. Beruhigend rauscht die Mosel rund um das Campingareal auf der Insel Pommerer Werth. Eigener Jachthafen.
▸ Am Laach, 56253 Treis-Karden, Rheinland-Pfalz
■ pincamp.de/RP4400

❸ Campingplatz am Rhein
★★★★☆

Weinfässer, Reben und Leiterwagen sorgen auf dem familiengeführten Platz für Ambiente. Bereits seit 1949 existiert diese Anlage, direkt am Rhein etwa 800 m vom Zentrum Rüdesheims. Über 180 Stellplätze.
▸ Auf der Lach, 65385 Rüdesheim, Hessen
■ pincamp.de/HS6230

Weinberge so weit das Auge reicht: Weinbau hat in der Moselregion eine lange Tradition.

wartet eine altehrwürdige Burg darauf, ihre Geschichte zu erzählen.

Die Rundtour beginnt in Koblenz, wo der Rhein und die Mosel zusammenfließen. Aus dem ursprünglich lateinischen Namen „Confluentes" (die Zusammenfließenden) wurde im Laufe der Zeit Koblenz. Mehr als 2000 Jahre hat die Stadt inzwischen auf dem Buckel, damit ist sie eine der ältesten Städte Deutschlands – und daran wird man durch die imposanten Bauwerke aus alter Zeit auch überall erinnert. Es lohnt sich, mehr als nur ein paar Stunden in Koblenz zu bleiben, denn es ist ein Besuch in der eigenen Geschichte.

WEITERE TOURENTIPPS IN DEUTSCHLAND

**Die Deutsche Märchenstraße –
Auf den Spuren der Gebrüder Grimm**
- pincamp.de/tour-maerchenstrasse

**Unterwegs im Sauerland – Entlang
fünf traumhafter Seen**
- pincamp.de/tour-sauerland

**Von Rügen bis Rheinsberg –
Campingroute entlang der nördlichen
Alleenstraße**
- pincamp.de/tour-alleenstrasse

**Auf Achse mit dem Wohnmobil –
Oberschwäbische Barockstraße**
- pincamp.de/tour-barockstrasse

**Auf Achse mit dem Wohnmobil –
Der Rennsteig**
- pincamp.de/tour-rennsteig

**Von Emmerich nach Duisburg –
Unterwegs am idyllischen
Niederrhein**
- pincamp.de/tour-niederrhein

Gleiches gilt für die nächste Etappe: Hoch über der Stadt Alken steht auf einem breiten Bergsporn die Burg Thurant – oder zumindest die Reste davon. Eine Besonderheit sind die Weingärten auf der Sonnenseite der steilen Talschulter. Weiter geht es zur Burg Eltz bei Wierschem: Die imposante Höhenburg aus dem 12. Jahrhundert gehört zu den bekanntesten Burgen Deutschlands. An Burgen mangelt es hier generell nicht, deren Zahl wird lediglich von den Weinbergen in dieser Region übertroffen. Nach zwei weiteren Burgen (Reichsburg Cochem und Burg Metternich) ist Zeit für eine kleine Mutprobe auf der spektakulären Hängeseilbrücke Geierlay im Hunsrück. Schwindelfrei sollte man schon sein: Die Fußgängerseilbrücke überquert das Mörsdorfer Bachtal und ist mit einer Länge von 360 m eine der längsten Hängeseilbrücken Deutschlands. Nach dem Balanceakt wird es noch einmal historisch mit einer Stippvisite in Bingen am Rhein. Auch die Geschichte dieser Stadt reicht bis in die Antike zurück.

Es empfiehlt sich, bei dieser Tour ausreichend freien Stauraum im Wohnmobil einzuplanen, der unterwegs garantiert mit dem einen oder anderen Karton Wein gefüllt wird. Die köstlichen Mitbringsel helfen zu Hause dabei, sich noch besser an einen der schönsten Landstriche Deutschlands zu erinnern.

SKANDINAVIEN: DER NORDEN RUFT

Skandinavien dürfte zu den Traumzielen zahlreicher Camper gehören. Beeindruckende Ziele gibt es hier viele, Gründe für einen Trip noch viel mehr. Besonders Naturliebhaber kommen voll auf ihre Kosten: Die beeindruckende Fjordlandschaft in Norwegen, die Wälder und idyllischen Seen Schwedens, die Einsamkeit und die unendliche Weite in Finnland und die Ostseeküste Dänemarks – alle Länder im Norden Europas haben ihre natürlichen Reize, die einen Urlaub so unvergesslich machen.

In Skandinavien sind nicht nur Natur und Landschaften einzigartig, Camper finden hier auch so viele Freiheiten wie sonst nirgends in Europa.

Camping ist ideal, um Skandinavien und seine wilde Schönheit zu entdecken. So ist z. B. in Dänemark fast jedes Reiseziel eng mit der Ost- oder Nordsee verbunden. Daher findet man entlang der Westküste nicht nur unzählige Ferienhäuser, sondern auch zahlreiche Campingplätze. Die schönen Sandstrände sind gerade in den Sommermonaten beliebte Ziele, an denen Badespaß und Aktivurlaub im Vordergrund stehen. Norwegen verfügt vermutlich über die abwechslungsreichste Landschaft in Skandinavien. Die Fjorde sind einfach traumhaft und bieten atemberaubende Ausblicke. Hier mit dem Reisemobil zu stehen oder eine Nacht im Zelt zu verbringen zählt zu den Campingträumen schlechthin. Während der dünn besiedelte Norden mit dem berühmten Nordkap und in den Wintermonaten mit dem Polarlicht verzaubert, ist der Süden des Landes mit dem Oslofjord und der Hauptstadt Oslo kulturell äußerst facettenreich.

Schweden ist dagegen vor allem bekannt für seine Wälder, Seen und schönen Metropolen. Die prächtige Naturlandschaft mit Seen und riesigen Waldgebieten, die Ostseeküste mit ihren kleinen Felsinseln, den Schären, oder der kühle Norden Lapplands: Schweden bietet so viele wunderbare Eindrücke, dass man süchtig danach wird.

Finnland ist das Land der 1000 Seen, für Camper präsentiert es sich so abwechslungsreich wie kaum ein anderes Ziel. Hier können Naturliebhaber die Einsamkeit so richtig auskosten und finden mit Sicherheit einen Ort, an dem sie am liebsten auf ewig bleiben möchten. Und auch Island soll hier nicht unerwähnt bleiben, obwohl der Transport des eigenen Campers dorthin nur umständlich mit einer langen und teuren Fährfahrt möglich ist. Doch ist man erst einmal dort, erlebt man eine unvergleichliche Natur mit Vulkanen, Gletschern, Wasserfällen und heißen Quellen. Und mit etwas Glück lässt sich vielleicht auch die eine oder andere Elfe blicken.

DÄNEMARK: RUNDTOUR ZWISCHEN NORD- UND OSTSEE

Gesamtlänge: 730 km
Fahrtzeit: 10,5 Stunden

Aarhus → 45 km bis **Mols Bjerge** → 14 km bis **Ebeltoft** → 130 km bis **Aalborg** → 66 km bis **Frederikshaven** → 41 km bis **Skagen** → 49 km bis **Hirtshals** → 106 km bis **Løgstør** → 56 km bis **Hanstholm** → 21 km bis **Thisted** → 59 km bis **Skive** → 24 km bis **Hjarbæk** → 50 km bis **Silkeborg** → 45 km bis **Aarhus**

JEDERMANNSRECHT

Auch wenn in Skandinavien jede Menge Campingplätze mit Einrichtungen vorhanden sind, gibt es doch immer wieder Orte, an denen man augenblicklich und einfach so verweilen möchte. In Norwegen, Schweden und Finnland ist das **für Zelt-Camper** kein Problem, dem Jedermannsrecht sei Dank! Es erlaubt grundsätzlich, das Zelt für eine Übernachtung im Wald, am Seeufer oder auf Weiden aufzuschlagen. Die einzige Bedingung: Es darf keinesfalls zu Schäden oder Störungen kommen! Weitere Infos zum Thema Wildcamping stehen auf S. 159.

Dänemark hat mehr als 400 Inseln zu bieten, die einzige Festlandsgrenze teilt es mit Deutschland. Direkt nördlich von Schleswig-Holstein schließt sich die Halbinsel Jütland an. Es ist eine wunderbare Landschaft, die mit Weiden, Feldern und Wäldern, aber vor allem mit langen Stränden an der Nord- und Ostsee auftrumpfen kann. Die gemütlichen Dörfer und Städte präsentieren sich klein und beschaulich, gehalten wird hier zum Einkaufen oder für einen Restaurantbesuch. Kulturell lohnen vor allem Aarhus und Aalborg. Am Limfjord oder im Nationalpark Thy lockt dagegen Erholung pur. Hoch im Norden bildet die Landzunge Skagens Grenen buchstäblich den Höhepunkt der Tour.

Unsere Reise beginnt in Aarhus, der nach Kopenhagen zweitgrößten Stadt Dänemarks. Hier sollte man unbedingt die Altstadt mit dem Marktplatz Store Torv ansteuern, wo

auch der mächtige Dom und das schöne Theater zu finden sind. Nach einem Vormittag mit Shopping und Kultur sollte man sich unbedingt auf zur Halbinsel Djursland machen, denn dort befindet sich der Nationalpark Mols Bjerge mit einer ungewöhnlichen Hügellandschaft. Im Küstenstädtchen Ebeltoft, einem der schönsten Orte Dänemarks, liegt der Dreimaster „Fregatte Jylland", der 1860 vom Stapel lief. Von hier geht es dann über die E45 weiter nach Aalborg. Die Stadt glänzt mit einem makellosen Zentrum und vielen architektonischen Attraktionen, aber auch Geselligkeit: Abends reihen sich die Kneipen in der Gasse Jomfru Ane Gade zur „längsten Theke des Landes" aneinander. Nach dem Ausschlafen geht es weiter in den Norden. In der großen Hafenstadt Fredrikshavn starten

CAMPINGPLÄTZE ENTLANG DER ROUTE

❶ DCU-Camping Blommehaven
★★★★☆☆

Ruhiger Platz an einem naturbelassenen Waldgelände, zweigeteilt von einer Uferstraße. Der meerseitige Platzteil ist gestuft, es gibt mittelhohe Hecken, Laubbäume sowie einen kleinen Bach.
▸ Højbjerg, Ørneredevej 35, 8270 Aarhus, Mitteljütland, Dänemark
■ pincamp.de/JM1800

❷ Frederikshavn Nordstrand Camping
★★★★☆

Der Platz in Nordjütland in der Nähe des Fährhafens begeistert mit vielseitigen Angeboten für Familien, darunter ein Hallenbad und schöne Spielmöglichkeiten. Durch seine Nähe zum Meer eignet er sich besonders für Strandliebhaber.
▸ Apholmenvej 40, 9900 Frederikshavn, Nordjütland, Dänemark
■ pincamp.de/JN6900

❸ Camping Krik Vig
★★★☆☆

Familienfreundliches Areal umgeben vom herrlichen Nationalpark Thy. Nur ein kurzer Spaziergang trennt das Gelände von der Nordsee. Perfekt zum Surfen.
▸ Krik Strandvej 112, 7770 Vestervig, Nordjütland, Dänemark
■ pincamp.de/JN1850

Die weiten Strände in Dänemark sind ein Paradies für Outdoor-Enthusiasten.

die Fähren nach Schweden und Norwegen. Aber unser Ziel ist Skagen, die nördlichste Stadt Dänemarks. Weil das Licht hier so besonders ist, ließen sich in Skagen viele Maler nieder. Aber vielleicht lockte sie auch die Natur: Rund um das Fischerstädtchen sollte man sich Attraktionen wie die Wanderdüne Råbjerg Mile, den Leuchtturm oder die versandete Kirche nicht entgehen lassen. Weiter geht's in Richtung Süden, allerdings auf der Nordseeseite, zunächst nach Hirtshals, dann über die Landstraßen 55, 11 und 29 zum Städtchen Løgstør am Limfjord. In dem Hafenstädtchen kann man sich in dem Limfjord Museum über die besondere Gegend informieren, bevor es dann weiter nach Thisted geht. Von hier ist es auch nur ein Katzensprung nach Klitmøller – oder „Cold Hawaii", wie viele Surfer die Gegend wegen der guten Wellen nennen. Weiter im Süden liegt der Nationalpark Thy, der sich auf einer Länge von 55 km zwischen Agger Tange und Hanstholm erstreckt, die Strand- und Dünenlandschaft steht unter Naturschutz. Die letzte Etappe der Rundreise führt an netten Städtchen wie Skive, Hjarbæk und Silkeborg vorbei, die allesamt einen kurzen Besuch wert sind. Die Tour endet wieder in Aarhus.

REISEFACTS DÄNEMARK

- **Tempolimit:** innerorts 50 km/h, außerorts 80 km/h (70 km/h für Wohnmobile über 3,5 t), auf Autobahnen 130 km/h (80 km/h für Wohnmobile über 3,5 t)
- **Promillegrenze:** 0,5
- **Maut:** Die Gebühr für die Øresund-Brücke (zwischen Kopenhagen und Malmö) richtet sich nach der Länge des Fahrzeugs, Online-Tickets sind etwas günstiger. Die Storebaelt-Brücke verbindet die Insel Fünen mit der Insel Seeland, die Gebühr errechnet sich ebenfalls aus der Länge des Fahrzeugs.
- **Sonstiges:** Autobahnabfahrten verlaufen, anders als in Deutschland, nur über wenige Meter parallel zur Autobahn. Schulbusse mit Warnblinker darf man nicht passieren. Weiße Dreiecke auf dem Asphalt signalisieren, dass man Vorfahrt gewähren muss.

SCHWEDEN: TOUR DURCH SMÅLAND

Gesamtlänge: 700 km
Fahrtzeit: 10 Stunden

Älmhult → 44 km bis **Ryd** → 38 km bis **Åsnen** → 96 km bis **Karlskrona** → 84 km bis **Kalmar** → 32 km bis **Öland** → 163 km bis **Vimmerby** → 26 km bis **Lönneberga** → 71 km bis **Jönköping** → 67 km bis **Store Mosse** → 97 km bis **Älmhult**

Schweden ist bei Campern äußerst beliebt, und Naturfreunde sind vor allem von Småland im Süden des Landes begeistert. „Småland" bedeutet so viel wie kleines Land und ist nicht nur die Heimat von Astrid Lindgren, sondern auch die des IKEA-Gründers Ingvar Kamprad – was auch den Namen für das Bälleparadies im Möbelhaus erklärt. Es ist ein wunderbarer Landstrich, herrliche Wald- und Seenlandschaften wechseln sich mit erholsamen Küstenabschnitten ab. Man fühlt sich fast wie in Bullerbü, wenn man an idyllischen Dörfern mit ihren roten Holzhäusern vorbeifährt. Städte wie Kalmar oder Jönköping lohnen ebenfalls.

Die Rundreise beginnt in Älmhult, wo sich ein Besuch des IKEA-Museums empfiehlt. Und wer sich für alte Autos interessiert, kann außerdem einen Abstecher zum kultigen Autofriedhof in Ryd unternehmen – dort steht auch der ehemalige Tourbus der Kult-Band ABBA. Durchatmen kann man dann im 2018 eingerichteten Nationalpark rund um den See Åsnen mit Blick auf viele kleine Inseln. Am besten erkundet man den herrlichen See in Eigenregie per Kanu.

Nach ein paar Tagen Entspannung in der Natur geht es nach Karlskrona an der Schärenküste. Zu den Highlights der Stadt zählen die imposanten Festungsbauten, die

Sommerglück auf Schwedisch: Der nächste Badesee ist in Småland nirgends weit entfernt.

CAMPINGPLÄTZE ENTLANG DER ROUTE

❶ Getnö Gård Naturcamping
★★★☆☆
Tipp für Naturfreunde: Getnö Gård liegt in einem großen privaten Naturschutzgebiet, in dem man viele Seevögel und Elche beobachten kann. Naturbelassenes Gelände, das von Laubbaumgruppen und Böschungen unterteilt wird.
150 große Standplätze, teilweise mit eigenen Lagerfeuerstellen.
▸ 36010 Ryd, Südschweden
▪ pincamp.de/SS4800

❷ Kronocamping Saxnäs
★★★★★
Komfortabler Urlaubsplatz für Ruhesuchende und Aktive auf der Insel Öland mit rund 450 Stellplätzen. Der Platz bietet zahlreiche Freizeitangebote und Badegelegenheiten im Meer, außerdem ein Freibad mit Sandstrand, Badesteg und einer großen Badeplattform.
▸ 38695 Färjestaden, Ostschweden
▪ pincamp.de/SO2420

❸ Värnamo Camping Prostsjön
★★★☆☆
Der Platz bietet sowohl Natur pur als auch Stadtkultur, keine 500 m vom Zentrum der idyllischen Kleinstadt Värnamo entfernt. In der näheren Umgebung wartet der Nationalpark Store Mosse mit einem einzigartigen Moorgebiet.
▸ Prostgårdsvägen, 33131 Värnamo, Südschweden
▪ pincamp.de/SS3500

Frederikskirche und das Marinemuseum. Die nächste Etappe ist Kalmar, der Weg dorthin führt über die E22 an Seen und Wäldern vorbei. Für den Besuch der Stadt sollte man Zeit einplanen – vielleicht will man sogar nie wieder weg! Auf jeden Fall sollte das Stadtschloss aus dem 12. Jahrhundert angeschaut werden, denn hier wurde skandinavische Geschichte geschrieben: Die Königreiche Schweden, Norwegen und Dänemark besiegelten hier im Jahre 1397 die Kalmarer Union, ein Zusammenschluss der drei Länder.

Über die 6060 m lange Brücke Ölandsbron geht es auf die Insel Öland. Sie ist 140 km lang, aber lediglich bis zu 16 km breit. Weil es auf der Ostseeinsel so viel zu entdecken gibt, sollte man schon ein paar Tage Aufenthalt einplanen. Bei sommerlichen Temperaturen

SKANDINAVIEN: DER NORDEN RUFT

ist hier ein Badeurlaub durchaus möglich. Von der Ferieninsel geht es dann – hoffentlich gut erholt – ins Glasreich (Glasriket), das sich westlich von Kalmar ausbreitet. Der Name kommt nicht von ungefähr: Im gläsernen Herz Schwedens befinden sich 15 Glashütten, seit Ende des 18. Jahrhunderts wird hier Glas produziert.

Weiter geht es in Richtung Norden. Aber Achtung: In den Wäldern kann es auch schon mal zu einer Begegnung mit einem Elch kommen. In Vimmerby, der Heimat von Astrid Lindgren (1907–2002), dreht sich natürlich alles um die Kinderbuchautorin. Ganz in der Nähe von Vimmerby liegt übrigens auch Michels Heimat, das Dörfchen Lönneberga. Jönköping ist die Hauptstadt der Provinz und liegt am südlichen Ende des Vättersees.

Im Städtchen Värnamo kann man dann anschließend noch ein paar Möbel und Alltagsgegenstände des Designers Bruno Mathsson bewundern, bevor es dann mit Wanderschuhen zum Abschluss der Tour in den Nationalpark Store Mosse geht, dem größten Moorgebiet südlich von Lappland.

Das riesige Moorgebiet Store Mosse in Südschweden lockt mit zahlreichen Wanderwegen.

REISEFACTS SCHWEDEN
- **Tempolimit:** innerorts 30 bis 50 km/h, außerorts 70 bis 90 km/h, auf Autobahnen 110 bis 120 km/h
- **Promillegrenze:** 0,2
- **Sonstiges:** Das Abblendlicht muss beim Fahren immer eingeschaltet sein, unabhängig von der Tageszeit.

NORWEGEN: IMMER DER SEELUFT HINTERHER

Gesamtlänge: 760 km
Fahrtzeit: 12,5 Stunden

Oslo → 73 km bis **Holmestrand** → 22 km bis **Åsgårdstrand** → 13 km bis **Tønsberg** → 20 km bis **Tjøme** → 49 km bis **Sandefjord** → 20 km bis **Larvik** → 25 km bis **Porsgrunn** → 51 km bis **Kragerø** → 51 km bis **Risør** → 21 km bis **Lyngør** → 17 km bis **Tvedestrand** → 27 km bis **Arendal** → 22 km bis **Grimstad** → 21 km bis **Lillesand** → 28 km bis **Kristiansand** → 46 km bis **Mandal** → 137 km bis **Egersund** → 74 km bis **Stavanger** → 39 km bis **Preikestolen**

Wenn man an Norwegen denkt, kommen einem zuerst Fjorde, idyllische Küstenorte und malerische Buchten in den Sinn. Eine Tour mit dem Camper entlang der Küste beweist, dass es sich dabei nicht nur um Wunschvorstellungen handelt. Bevor es in die Natur geht, wollen wir aber in Oslo erst einmal Hauptstadt-Flair atmen. Vom Campingplatz geht es dort mit dem Rad oder mit öffentlichen Verkehrsmitteln ins reizvolle Zentrum der rund 680 000 Einwohner zählenden Stadt. Am besten bleibt man zwei bis drei Tage in Oslo. Hat man schließlich genug gesehen, wird die Route auf der E18 am Westufer des Oslofjords fortgesetzt.

In Holmestrand ist Entspannung angesagt – oder bei sommerlichen Temperatu-

Auch Wohnmobilstellplätze bieten in Norwegen zum Teil spektakuläre Aussichten.

ren auch eine Erfrischung im Fjord. Ein paar Kilometer weiter befindet sich das Küstenstädtchen Åsgårdstrand, das von weißen Holzhäusern geprägt wird. In dem bezaubernden Städtchen lebte einst der berühmte Maler Edvard Munch. Ganz in der Nähe liegt Tønsberg: Die älteste Stadt Norwegens wurde im Jahr 872 gegründet. Wer genügend Zeit eingeplant hat, sollte auch unbedingt die Insel Tjøme besuchen, an deren südlichen Zipfel der Færder Nationalpark eingerichtet wurde. Auf der weiteren Route befinden sich die Städtchen Sandefjord und Larvik, perfekte Orte für einen Zwischen-

SKANDINAVIEN: DER NORDEN RUFT   95

CAMPINGPLÄTZE ENTLANG DER ROUTE

❶ Camping Ekeberg
★★★★★

Unspektakulärer, stark frequentierter Campingplatz mit rund 700 Plätzen, aber die perfekte Basis für einen Oslo-Besuch. Eine Bushaltestelle befindet sich in Gehweite. Der Platz bietet einen tollen Blick auf die Stadt.
▸ Ekebergveien 65, 1181 Oslo, Norwegen
▪ pincamp.de/OF2100

❷ Hornnes Camping
★★★★★

Der idyllische Campingplatz mit gepflegten sanitären Einrichtungen liegt auf einer naturbelassenen Halbinsel im Breiflå-See inmitten eines immergrünen Kiefernwaldes.
▸ 4737 Hornnes, Südnorwegen
▪ pincamp.de/SG3100

❸ Camping Landa Park
★★★★★

Gelände einer prähistorischen Wikingersiedlung inklusive Freilichtmuseum. Abends gibt es selbst gebrautes „Wikingerbier" zum Lammbraten.
▸ Haukalivegen 4110 Forsand, Fjord-Norwegen
▪ pincamp.de/FG1630

---

stopp und Spaziergänge durch die Altstädte. Über die R18 geht es dann zur Porzellanstadt Porsgrunn und weiter nach Kragerø. Der Küstenort mit bunten Holzhäusern gilt als „Perle unter den Küstenorten". Über die Orte Risør, Lyngør, Tvedestrand führt die Route anschließend nach Arendal.

Das idyllische Küstenstädtchen Grimstad mit seinen weißen Holzhäusern ist vor allem als Wohnort des jungen Henrik Ibsen bekannt. Nach einem erfrischenden Bad und einem Zwischenstopp in Lillesand geht es nach Kristiansand, die immerhin sechstgrößte Stadt Norwegens. Beim Spaziergang zum Dom oder zur Festung Christanholm bloß nicht die Sonnencreme vergessen, denn kaum eine andere Stadt des Landes hat mehr Sonnenstunden. Entlang der „Norwegischen Riviera" geht es nach Mandal und zum Kap Lindesnes, dem südlichsten Punkt des Landes. Über Flekkefjord und die Küstenstraße 44 führt unsere Tour weiter nach Egersund. Die Landschaft wird nun von langen Sandstränden und Dünen geprägt. Ziel der Norwegentour ist die Ölmetropole Stavanger mit vielen Sehenswürdigkeiten wie dem Dom, der hübschen Altstadt und einem Ölmuseum. Und sollte das Zeitbudget am Ende noch etwas Luft bieten, empfiehlt sich eine Wanderung auf den legendären Preikestolen in der Nähe.

REISEFACTS NORWEGEN

▪ **Tempolimit:** innerorts 50 km/h, außerorts 100 km/h, auf Autobahnen 100 km/h (80 km/h für Wohnmobile über 3,5 t)
▪ **Promillegrenze:** 0,2
▪ **Maut:** Einige Straßen, Brücken und Tunnel sind mautpflichtig.
▪ **Sonstiges:** Das Abblendlicht muss beim Fahren immer eingeschaltet sein, unabhängig von der Tageszeit.

FINNLAND: VON HELSINKI INS SEENLAND

Gesamtlänge: 1200 km
Fahrtzeit: 14 Stunden

Helsinki → 101 km bis **Hämeenlinna** → 79 km bis **Tampere** → 178 km bis **Ruuhimäki/Jyväskylä** → 129 km bis **Kuopio** → 137 km bis **Joensuu** → 219 km bis **Anttola/Mikkeli** → 121 km bis **Lappeenranta** → 174 km bis **Porvoo** → 52 km bis **Helsinki**

Ob ein lauer Sommerabend an einem der unzähligen Seen oder ein warmer Tag am Strand: Ein Campingurlaub in Finnland verspricht unterschiedlichste Erlebnisse. Gerade in den warmen Sommermonaten sind die Campingplätze an der Küste und an den Seen beliebt. Und da es im Land 40 Nationalparks gibt, lässt sich Natururlaub und Camping am Wasser perfekt kombinieren. Der Süden des Landes besticht durch riesige Wald- und Wasserlandschaften mit über 180 000 Seen. Und an der Küste befindet sich die größte Schärenregion der Welt. Neben der atemberaubenden Natur locken Städte wie Helsinki, Tampere oder Turku mit einem ausgezeichneten Kulturangebot.

Aus diesem Grund beginnt unsere Tour auch in Helsinki. Auf dem Senatsplatz steht der klassizistische Dom, das Wahrzeichen der Stadt. Ideal zum Spazierengehen ist auch Suomenlinna, die imposante Festungsanlage aus dem 18. Jahrhundert wurde auf sechs Inseln errichtet. Weiter geht es nach Hämeenlinna mit seinen beeindruckenden Burgen und großen Parks. Im Glasmuseum kann man die Werke berühmter Glasdesigner

Die roten Holzhäuschen im Hafen von Poorvo sind die Wahrzeichen der zweitältesten Stadt Finnlands, 50 km von Helsinki.

SKANDINAVIEN: DER NORDEN RUFT

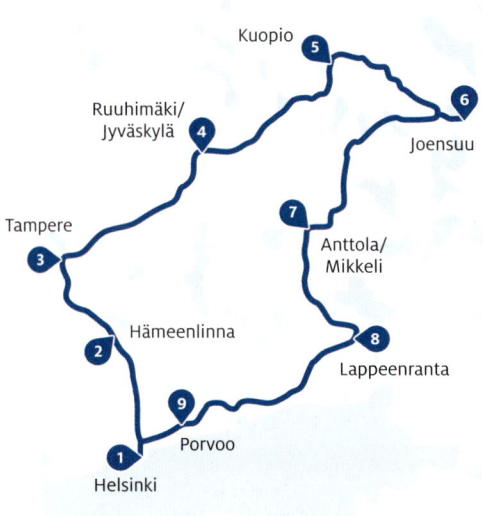

bestaunen. Tampere ist wiederum eine alte Industriestadt, die sich in jüngster Zeit komplett neu erfunden hat. In den alten Fabrikgebäuden befinden sich jetzt Cafés, Restaurants, Galerien und Museen.

Der nächste Halt ist Jyväskylä, eine Gegend, die von Wäldern, Seen und Architektur geprägt ist. So kann man hier zahlreiche Gebäude des international bedeutenden finnischen Architekten Alvar Aalto bestaunen. Am See Ruokonen lockt eine waschechte finnische Sauna, oder man rudert ganz entspannt zu einer kleinen Insel. Ein Stück hoch im Norden liegt am Ufer des Kallavesi-Sees Kuopio, das zu den größten Städten der Seenplatte zählt. Vom Puijo-Turm lässt sich eines der schönsten Panoramen Finnlands genießen. Wer noch mehr neue Blickwinkel haben möchte, nimmt eine der Aussichtsfähren, die vom Hafen über die Seen fahren.

Nächster Stopp unserer Tour ist das verträumte Örtchen Joensuu. Hier ist ein Besuch der schön restaurierten Pfarrei Kenkävero ein Muss. Auch eine Wanderung auf den Neitvuori ist toll, wenn auch anstrengend. Fast schon an der russischen Grenze spielt die Natur wieder die Hauptrolle. Über Anttola und Lappeenranta geht es zur letzten Station: die kleine und charmante Stadt Porvoo. Ihre hübsche Altstadt direkt am Meer ist ein perfekter Abschluss, denn hier kann man prima ein paar typisch finnische Souvenirs einkaufen, bevor es wieder nach Helsinki geht.

Ein genereller Hinweis noch für Verkehrsteilnehmer: Reisen in die ursprünglichen Naturlandschaften Finnlands bringen auch besondere Begegnungen mit sich. In den Monaten Mai, Juni, Oktober und November sollte man sehr vorsichtig mit dem Camper unterwegs sein, da dann besonders häufig Wildtiere die Fahrbahn überqueren.

REISEFACTS FINNLAND
- **Tempolimit:** innerorts 50 km/h, außerorts 80 km/h, teilweise bis zu 100 km/h (für Gespanne und Lkw bis 3,5 t generell 80 km/h, über 3,5 t 60 km/h), auf Schnellstraßen 100 km/h (für Lkw 80 km/h)
- **Promillegrenze:** 0,5

ISLAND: DAS LAND DER FEEN UND VULKANE

Gesamtlänge: 1650 km
Fahrtzeit: 21 Stunden

Seyðisfjörður → 278 km bis **Höfn** → 136 km bis **Nationalpark Skaftafell** → 326 km bis **Reykjavík** → 327 km bis **Hofsós** → 132 km bis **Akureyri** → 76 km bis **Húsavík** → 56 km bis **Mývatn** → 90 km bis **Ásbyrgi** → 220 km bis **Seyðisfjörður**

Island ist ein Traum für Reisende, nur in wenigen Landstrichen auf der Welt gibt es Orte, die so unfassbar leer und ursprünglich wirken. So muss es vor Millionen Jahren überall ausgesehen haben, denkt man sich: Vulkane, Gletscher, schroffes Land, Geysire und Wasserfälle

Unzählige Wasserfälle und atemberaubende Naturlandschaften säumen Islands Ringstraße.

an jeder Ecke. Hin und wieder entdeckt man auf dem Weg kleine Elfenhäuser, denn auch die Fabelwesen gehören zu Island. Für Camper ist es allerdings gar nicht so leicht, mit dem eigenen Fahrzeug herumzureisen, und eine Fährfahrt ist nicht ganz billig. Lohnend ist der Transfer des eigenen Fahrzeugs eigentlich erst, wenn man längere Zeit unterwegs sein will. Für einen Kurztrip sollte man dagegen besser vor Ort ein Mobil leihen. Aber letztlich ist es egal, auf welche Weise man das wunderbare und prall mit Wundern gefüllte Land entdecken will – Hauptsache ist, man macht sich auf den Weg. Für Einsteiger empfiehlt es sich, auf der berühmten Ringstraße einmal komplett um die Insel zu fahren und auf den vielen Zwischenstopps die beeindruckendsten Sehenswürdigkeiten Islands zu entdecken.

Die Tour beginnt im malerischen Seyðisfjörður, denn wer per Fähre nach Island reist,

Eisiger Blick in die Unterwelt: Gletscherhöhle unter dem Vatnajökull

hat hier seinen Erstkontakt mit der Insel. Holzhäuser aus dem 19. Jahrhundert und ein paar Museen bilden das Empfangskomitee. Weiter geht es in die Kleinstadt Höfn am Fuße des Vatnajökull, dem größten Gletscher Islands. Im Gletschermuseum kann man sich Filme über den „eisigen Riesen" anschauen. Auf dem Weg zum Nationalpark Skaftafell folgt ein kurzer Stopp am Gletschersee Jökulsárlón, mit fast 250 m der tiefste See Islands. Im Nationalpark sollte man sich dann unbedingt den Svartifoss-Wasserfall mit seinen schwarzen Basaltsäulen hinter der schäumenden Fontäne anschauen.

Die nächste Etappe ist die Hauptstadt Reykjavík. Dabei passiert man den berühmtberüchtigten Vulkan Eyjafjallajökull, dessen Ausbruch 2010 den europäischen Flugverkehr lahmlegte. Und natürlich sollte man noch beim Skógafoss halten, einem spektakulären Wasserfall, bei dem sich das Wasser 60 m in die Tiefe ergießt. Der Sage nach haben Wikinger dort einen Schatz versteckt. Wer mag, kann hinter dem prasselnden Wasservorhang danach suchen – allerdings nur mit guter Regenkleidung. In Reykjavík darf natürlich das obligatorische Foto an der be-

GELD SPAREN IN ISLAND

Mit der isländischen **Campingcard** kann man bis zu 28 Nächte lang auf teilnehmenden Campingplätzen günstiger übernachten. Der im Voraus bezahlte Preis gilt für ein Zelt oder Fahrzeug und zwei Personen. Es kommen pro Nacht lediglich geringe Tagesgebühren hinzu.
- utilegukortid.is.

rühmten Wikingerschiffskulptur nicht fehlen. Auch das futuristische Opern- und Konzerthaus Harpa ist einen Besuch wert. Auch wenn oder gerade weil es hier im Sommer kaum dunkel wird, ist das Nachtleben der Hauptstadt fantastisch, gute Restaurants und noch bessere Bars lassen keine Wünsche offen. Zur Erholung geht es dann am nächsten Tag in die Blaue Lagune: Neben dem riesigen Thermalsee gibt es hier auch Saunen, Dampfbäder und Massageanwendungen. Ganz tiefenentspannt geht es dann weiter nach Akureyri, mit knapp 20 000 Einwohnern Islands zweitgrößte Stadt. Húsavík ist wiederum weltweit bekannt für Wal- und Delfinbeobachtungen. Auf dem Weg dorthin kommt man am riesigen Goðafoss-Wasserfall vorbei. Rund um den Mývatn gibt es schöne Wanderstrecken, danach kann man sich im Naturbad von den Strapazen erholen.

Weitere Wasserfälle (Dettifoss, Selfoss sowie Hafragilsfoss) liegen in relativer Nähe zur Ásbyrgi-Schlucht. Die hufeisenförmige Schlucht im Jökulsárgljúfur-Nationalpark entstand laut der nordischen Mythologie durch einen Hufeisenabdruck von Odins achtbeinigem Pferd. Außerdem ist Ásbyrgi Elfenhauptstadt – also bitte nicht über die kleinen Elfenhäuser am Wegesrand wundern. Isländer glauben tatsächlich an diese magischen Wesen. Damit endet die zauberhafte Tour wieder in Seyðisfjörður.

> ## MIT DEM EIGENEN MOBIL NACH ISLAND
>
> Von Hirtshals in Dänemark fährt die Fähre „MS Norröna" der **Smyril Line** in zwei bis drei Tagen über die Färoerinseln bis nach Island. Hin- und Rückfahrt mit eigenem Wohnmobil und zwei Personen inklusive Kabine und Verpflegung können durchaus mehr als 4000 Euro kosten. Je nach Dauer des Aufenthalts ist es günstiger, vor Ort ein Mobil zu mieten.

REISEFACTS ISLAND
- **Tempolimit:** innerorts 50 km/h, außerorts 90 km/h auf asphaltierten und 80 km/h auf Schotterstraßen
- **Promillegrenze:** 0,5
- **Sonstiges:** Abblendlicht ist auch tagsüber Pflicht. Offroad-Fahrten sind verboten.

SKANDINAVIEN: DER NORDEN RUFT

Nicht nur die Nordsee ist nah: In den Niederlanden führt die Reiseroute hin und wieder durch fotogene Blumenmeere.

DER WESTEN: ALTE PFADE NEU ENTDECKT

Der Tank ist gefüllt, im Radio läuft „Go West" von den Petshop Boys – und wir nehmen das Duo beim Wort: Es geht in die Niederlande, wir huschen durch Belgien und fahren über den Kanal bis nach Großbritannien. Denn auch im europäischen Westen warten noch große Campingabenteuer.

Unsere erste Tour führt in die Niederlande – wahrscheinlich eines der wenigen Länder in Europa, das es bei der Liebe zum Camping mit den Deutschen aufnehmen kann. Die holländische Campingmanie hat den großen Vorteil, dass die meisten Campingplätze hier sehr gut ausgebaut sind. Entsprechend entspannt geht es los – doch Entspannung trifft es vielleicht nicht ganz, denn viele Camper legen noch vor der ersten Etappe kurz hinter der Grenze in Winterswijk einen Zwischenstopp ein. In dem Ort befindet sich der Freizeitmarkt Obelink, ein Shopping-Paradies für Camper, in dem alles zu haben ist, was man zum Camping braucht – oder auch nur gebrauchen könnte.

NIEDERLANDE: AUF DEN SPUREN VON FRAU ANTJE

Gesamtlänge: 250 km
Fahrtzeit: 6 Stunden

Rotterdam → 24 km bis **Kinderdijk Molens** → 41 km bis **Delft** → 11 km bis **Den Haag** → 5 km bis **Scheveningen** → 21 km bis **Katwijk aan Zee** → 57 km bis **Amsterdam** → 30 km bis **Haarlem** → 32 km bis **Alkmaar** → 59 km bis **De Koog**

Die Tour beginnt in der Hafenstadt Rotterdam. Die zweitgrößte Stadt des Landes liegt größtenteils unterhalb des Meeresspiegels und hat neben gigantischen Hafenanlagen vor allem architektonische Meisterleistungen zu bieten. Die Skyline Rotterdams gilt mit ihrem charakteristischen asymmetrischen Design als Wahrzeichen der Stadt. Vom 185 m hohen Euromast Tower mit Panoramarestaurant bietet sich eine kilometerweite Aussicht auf die Umgebung. Auch der Zoo mit seinem Ozeaneum ist einen Besuch wert. Und den Hunger stillt man dann am besten in einer der beiden Markthallen, die unterschiedlicher kaum sein könnten: Im sogenannten „Horn des Überflusses" gibt es unter farbenfrohen Deckengemälden holländische Spezialitäten wie Stroopwaffeln, in der „Fenix Food Factory" mit ihrem Industrial-Charme warten dagegen Streetfood und Craftbeer. Am nächsten Tag lohnt ein Ausflug in die rund 15 km entfernte Polderlandschaft von Kinderdijk Molens. Die zum Unesco-Weltkulturerbe zählenden Mühlen bilden den perfekten Hintergrund für typisch holländische Erinnerungsfotos.

Von der Vermeer-Stadt Delft ist der Palast Noordeinde in Den Haag nur eine Stunde entfernt. Der im 16. Jahrhundert erbaute Königspalast dient heute vor allem repräsentativen Zwecken. Und mit ein bisschen Zeit im Gepäck sollte man sich in Den Haag gleich das Parlamentsgebäude und den Friedenspalast, in dem der internationale Gerichtshof seinen Sitz hat, ansehen. Lust auf Kunst? Kein Problem: In der Gemäldegalerie des Mauritshuis hängen die Werke flämischer Maler aus dem 15. bis 18. Jahrhundert.

Der Nordseestrand am Molecaten Park Noordduinen (S. 104) sorgt für Urlaubsstimmung.

CAMPINGPLÄTZE ENTLANG DER ROUTE

❶ Molecaten Park Noordduinen
★★★★☆

Nur eine Dünenreihe trennt den Platz vom Nordseestrand. Dazu gibt es ein Hallen- oder Freibad sowie ein hölzernes Piratenschiff und eine Kletterwand für Kinder. Auch im Angebot: luxuriöse Ferienwohnungen mit Veranda.
▸ Campingweg 1, 2221 EW Katwijk aan Zee, Niederlande
■ pincamp.de/WH3250

❷ Camping De Shelter
★★★★☆

Der perfekte Platz für Ruhesuchende und Naturliebhaber. Die Lage ist ideal, um die Insel zu erkunden. Über einen Pfad durch die Dünen geht es direkt zum Strand. Gleich nebenan: der Nationalpark Duinen mit wunderbaren Wander- und Radwegen.
▸ Boodtlaan 43, 1796 BD De Koog, Niederlande
■ pincamp.de/WH300

Camping in Amsterdam

Die Campingplätze der Grachtenstadt sind gut an das Verkehrsnetz der City angebunden. Egal ob mit Bus oder Tram, Metro oder Fähre – von den umliegenden Plätzen ist das Zentrum meist in wenigen Fahrminuten zu erreichen.
■ pincamp.de/tour-amsterdam

Nun ist Zeit fürs Meer, in 15 Minuten erreicht man mit der Straßenbahn direkt vom Stadtzentrum aus die langen Sandstrände und weiten Dünen von Scheveningen, wo man entspannt über den Pier schlendern kann. Im dortigen Aquarium der Sea-Life-Gruppe ziehen Haie und Rochen über die Köpfe der Besucher im Unterwassertunnel hinweg. Im Familienbadeort Katwijk aan Zee ist dann erst einmal Entspannung direkt am Wasser angesagt.

Ein weiteres Highlight der Tour ist natürlich ein Besuch in Amsterdam, wo man sich in den Fußgängerzonen rund um die Kalverstraat durch die Antiquitätenläden der Spiegelgracht schlendernd bis zum Museumsquartier treiben lassen kann. Sightseeing-Tipps sind das Van-Gogh-Museum und das Rembrandthuis. Und im abendlichen Dämmerlicht lädt das Viertel Jordaan zu einem Spaziergang entlang der Grachten ein. So richtig beschaulich wird es im nur 20 km entfernten Haarlem mit Giebelhäusern, dem Grote Markt und der St.-Bavo-Kirche.

Über das historische Gebiet De Zaanse Schans geht es weiter in die Käsestadt Alkmaar mit ihren farbenfrohen Giebelhäusern, wo in der Saison jeden Freitagmorgen der beliebte Käsemarkt stattfindet. Der Badeort De Koog auf der Nordseeinsel Texel bildet schließlich den Schlusspunkt der Tour. In der idyllischen Naturlandschaft mit den herrlichen Dünen kann man dann auch sehr gut ein paar Tage bleiben und Seehunde, Schweinswale und andere Bewohner des Wattenmeeres beobachten.

REISEFACTS NIEDERLANDE
■ **Tempolimit:** innerorts 50 km/h, außerorts 80 km/h, Schnellstraßen 100 km/h, Autobahnen 100 km/h (von 19–6 Uhr 130 km/h)
■ **Promillegrenze:** 0,5 (für Fahranfänger 0,2)

Belgiens historische Perle: Das Stadtzentrum Brügges lockt mit unzähligen Baudenkmälern.

BELGIEN: ANTWERPEN, BRÜGGE UND EIN STÜCKCHEN MEER

Gesamtlänge: 300 km
Fahrtzeit: 3 Stunden

Antwerpen → 60 km bis **Gent** → 22 km bis **Eeklo** → 26 km bis **Brügge** → 11 km bis **Lissewege** → 8 km bis **Blankenberge**

Auch das kleine Belgien bietet für Camper viel Abwechslung. Rund 11 Mio. Menschen leben in dem kleinen Land, offizielle Amtssprachen sind Französisch und Niederländisch. Die meisten Belgier leben in großen Städten, und so beginnt auch unsere Tour in der zweigrößten Stadt des Landes, in Antwerpen. Fantastische Architektur, lebendige Plätze und vor allem viel Kultur ziehen die Besucher hier in den Bann. Aber Antwerpen ist auch die zweitgrößte Hafenstadt Europas und ein Zentrum der Diamantenindustrie. Maler wie Rubens, Van Dyck, Jordaens, Brueghel und der Verleger Plantin waren ebenfalls hier zu Hause. Der Grote Markt bildet das Herz der Stadt, die Zunfthäuser und das Rathaus versprühen den Glanz des 17. Jahrhunderts.

Gent liegt zwar nur eine Autostunde südwestlich von Antwerpen, aber wer hier ankommt, fühlt sich, als wäre er ein paar Jahrhunderte in die Vergangenheit gereist. In keiner anderen belgischen Stadt stehen mehr Häuser unter Denkmalschutz. Die vielen Museen der Stadt zeigen Kunst aus den vergangenen Jahrhunderten.

DER WESTEN: ALTE PFADE NEU ENTDECKT 105

CAMPINGPLÄTZE ENTLANG DER ROUTE

❶ Camping Floreal Het Veen
★★★✯☆

Kinderfreundlicher Campingplatz in der Nähe von Antwerpen, von Wäldern und Heide umgeben. Über 305 Stellplätze für Wohnwagen, Zelte und Wohnmobile an einem Schiffskanal. Im Winter sind die Sanitäranlagen beheizt, und der Campingpark bietet kostenloses WLAN.
▸ Eekhoornlaan 1, 2960 St. Job in 't Goor, Flandern, Belgien
▪ pincamp.de/BF3100

❷ Camping Memling
★★★☆☆

Der schöne Platz mit Wald- und Hallenbad ist ganzjährig geöffnet. Die sanitären Einrichtungen sind gepflegt, Zugang zum WLAN auf dem ganzen Platz vorhanden. Idealer Ausgangspunkt für den Brügge-Besuch.
▸ Veltemweg 109, 8310 Brügge, Flandern, Belgien
▪ pincamp.de/BF1150

❸ Camping Jamboree
★★✯☆☆

Entspannung am Meer und Ausflüge in die Umgebung: Das Sea Life liegt nur 200 m entfernt, der Strand 600 m. Auch zehn Mietunterkünfte stehen zur Verfügung.
▸ Polderlaan 52, 8370 Blankenberge, Flandern, Belgien
▪ pincamp.de/BF270

Nach Gent bildet Eeklo den nächsten Stopp der Tour. Dort kann man sich mit dem bekannten Wacholderbrand eindecken, der hier abgefüllt wird. Danach geht es dann nach Brügge, eine der schönsten Städte Europas. Viele der gotischen Bauwerke der Stadt wurden in die Unesco-Welterbeliste aufgenommen. Besonders prächtig zeigt sich der Markt mit seinen schönen Treppengiebelhäusern. Allerdings kommt man mit dem Wohnmobil nicht überall hin: Ein Teil des Zentrums ist autofrei, hier verkehren lediglich Kutschen. Einen anderen Blickwinkel bietet die Fahrt mit dem Boot durch die Grachten oder eben eine Fahrt mit der Pferdekutsche. Bis zur Nordsee sind es von hier nur 15 km, dabei kommt man auch an der Hafenstadt Zeebrugge und dem Dorf Lissewege vorbei.

Die belgische Nordseeküste ist keine 70 km lang. Einen Besuch wert sind vor allem die Seebäder Knokke-Heist, Blankenberge, De Haan und Oostende. Nach Spaziergängen am breiten Sandstrand oder auf den Strandpromenaden kann man seinen Hunger in einem der vielen Restaurants stillen. Natürlich gibt es fast überall die in Belgien erfundenen Pommes frites, aber auch Fischgerichte sind empfehlenswert. Eine der bekanntesten Spezialitäten des Landes ist die belgische Waffel, die warm serviert wird. Die ursprüngliche Variante, die zuckersüße Lütticher Waffel, stammt aus dem 18. Jahrhundert und ist aus Hefeteig. Aber auch die Brüsseler Waffel aus Rührteig ist lecker, kalorienreich sind beide Varianten.

REISEFACTS BELGIEN
- **Tempolimit:** innerorts 50 km/h, außerorts 90 km/h, auf Autobahnen 120 km/h
- **Promillegrenze:** 0,5
- **Maut:** Für Fahrzeuge mit einem Gesamtgewicht über 3,5 t (inkl. Anhänger) werden auf allen Straßen Mautgebühren fällig.

GROSSBRITANNIEN: CAMPING AUF ENGLISCHE ART

Gesamtlänge: 1500 km
Fahrtzeit: 21 Stunden

Dover → 312 km bis **Bristol** → 20 km bis **Elborough** → 174 km bis **Worm's Head** → 129 km bis **Nationalpark Pembrokeshire Coast** → 156 km bis **Hay-on-Wye** → 237 km bis **Exmoor** → 130 km bis **Abbotsbury** → 44 km bis **Durdle Door** → 222 km bis **Seven Sisters**

Bei einer Campertour durch den Süden Englands ist die schroffe Küste nie sehr weit entfernt.

Jetzt geht es auf die Insel: Großbritannien ist ein herrlicher Camping-Spot. Und wenn man die Insel in allen Facetten erleben möchte, bietet sich eine Rundreise an. Allerdings ist es nicht ganz so leicht, sich für eine Richtung zu entscheiden. Aber ganz gleich, in welche Teile Großbritanniens die Reise geht: Man sollte genügend Zeit mitbringen, so auch für unsere Tour, die durch den Süden des Landes bis nach Wales führt.

DER WESTEN: ALTE PFADE NEU ENTDECKT

WEITERE TOUREN DURCH DEN WESTEN

Schottland – Camping an der North Coast 500
- pincamp.de/tour-schottland

Irland – Die Südküste
- pincamp.de/tour-irland

Camping auf der Isle of Skye
- pincamp.de/tour-isle-of-skye

Wir starten in Dover und gönnen uns in der Hafenstadt erst einmal einen Tee mit Milch – bevor es über die Autobahn M4 an London vorbei nach Bristol im Südwesten Englands geht. Das Stadtzentrum im ehemaligen Hafen bildet jetzt das Kulturzentrum Harbourside. Das M Shed Museum zeichnet hier das soziale und industrielle Erbe der Region nach. Im Hafenspeicher aus dem 19. Jahrhundert befinden sich Restaurants, Geschäfte und viele kulturelle Einrichtungen. Ein paar Kilometer weiter liegt in der Grafschaft Somerset die Cheddar Gorge, die größte Schlucht Englands mit 140 m hoch aufragenden Felsen.

Über Elborough geht es dann weiter nach Wales. Erster Halt ist Worm's Head mit einer fantastischen Aussicht auf den Strand der Rhossili Bay. Weiter die Küste entlang führt unsere Tour in den Nationalpark Pembrokeshire Coast – mit einem Abstecher zum Carew Castle. Vorbei am Brecon-Beacon-Nationalpark führt die Route nach Hay-on-Wye. Die kleine Ortschaft ist im Prinzip eine große Bibliothek: Ganze Häuser sind vom Keller bis zum Dach vollgepackt mit Büchern, daher wird das Örtchen auch als „erstes und einziges Bücherdorf der Welt" bezeichnet.

Über die M5 verläuft die Route dann nach Exmoor, wo man in den Hügeln die berühmten Exmoor-Ponys in halbwilden Herden entdecken kann, die hier für die Landschaftspflege zuständig sind. Die nächste Etappe führt zur Jurassic Coast an der Südküste und zur kleinen Ortschaft Abbotsbury. Hier sollte man die Ruinen der St. Catherines Chapel besuchen und den Sonnenuntergang genießen.

Von Durdle Door bietet sich eine Wanderung auf dem South West Coast Path in Richtung Westen an. Hinter dem Man o' War Beach mit schneeweißen Sandstränden erhebt sich der Felsbogen Durdle Door aus dem türkisfarbenen Meer. Den letzten Tag der Tour kann man gut bei den Seven Sisters in East Sussex verbringen, einer imposanten Kliffküste, wo bei gutem Wetter auch der Leuchtturm Beachy Head zu sehen ist.

CAMPINGPLÄTZE ENTLANG DER ROUTE

❶ Broadhembury Caravan and Camping Park
★★★★☆

Komfortabler Campingplatz in perfekter Lage, um Kent und seine Umgebung zu erkunden. Küste, Schlösser, Gärten und Weinberge sind von hier aus leicht zu erreichen.
▶ Steeds Lane, Kingsnorth, TN26 1NQ Ashford, Südengland, Großbritannien
■ pincamp.de/SE1600

❷ Erwlon Caravan & Camping Park
Familiengeführter Platz mit ausgezeichneten Einrichtungen. Gute Basis für ausgedehnte Touren, Wanderungen, Mountainbiking oder Radfahren in Südwest-Wales. Viele lohnende Ausflugsziele liegen in der Nähe.
▶ Brecon Rd, SA20 0RD Llandovery, Wales, Großbritannien
■ pincamp.de/WL_76278

❸ Dornafield Touring Park
★★★★☆

Der luxuriöse und mehrfach preisgekrönte Campingpark liegt im Süden von Devon. Von hier kommt man schnell an die Strände der englischen Riviera, nach Dartmoor oder zu den Buchten der South Hams. Abenteuerspielplätze und ein Waldspielfort für Kinder bieten beste Voraussetzungen für Familien.
▶ Two Mile Oak, TQ12 6DD Newton Abbot, Südengland, Großbritannien
■ pincamp.de/SE5100

Camping in London
Hat man auch einen Abstecher nach London vor, ist das auch mit dem Camper möglich, denn mehrere Plätze bieten gute Bedingungen für den City-Besuch und sind ganz entspannt mit Bus oder Bahn zu erreichen.
■ pincamp.de/tour-london

Aufgepasst: Seit dem Brexit ist Großbritannien nicht mehr Mitglied der Europäischen Union. Aus diesem Grund benötigen EU-Bürger ab Oktober 2021 einen Reisepass, um nach Großbritannien einzureisen. Bis 2025 will die britische Regierung das System Electronic Travel Authorisation (ETA) einführen. Damit muss dann eine Einreiseerlaubnis beantragt werden.

REISEFACTS GROSSBRITANNIEN
- **Tempolimit:** innerorts 30 mph (ca. 48 km/h), außerorts 60 mph (ca. 96 km/h), Wohnmobile ab 3,5 t außerorts 50 mph (ca. 80 km/h), auf Schnellstraßen und Autobahnen 70 mph (ca. 112 km/h)
- **Promillegrenze:** in England, Wales und Nordirland 0,8; in Schottland 0,5
- **Maut:** Die Autobahn M6 sowie zahlreiche Brücken und Tunnel sind mautpflichtig. Achtung: Die Region Greater London ist für alle Fahrzeuge mautpflichtig. Wenn dort das Wohnmobil die festgelegte Abgasnorm nicht erfüllt, kostet das pro Tag ca. 100 GBP.
- **Sonstiges:** Auf den Britischen Inseln herrscht Linksverkehr, das Überholen ist nur rechts erlaubt.

SÜDWEST-EUROPA: STRAND UND KULTURELLE HIGHLIGHTS

Duftendes Farbenmeer im Sommer: Wer die einzigartige Lavendelblüte in der Provence erleben möchte, sollte zwischen Juni und August auf Frankreich-Tour gehen.

Fragt man erfahrene Camper nach ihren Traumzielen im Süden, werden gerne Länder wie Italien, Portugal oder Spanien genannt. Ganz oben auf der Beliebtheitsskala steht aber Frankreich. Unser Nachbarland bietet auch unzählige Gründe dafür – und das zu jeder Jahreszeit. Im Winter locken die Französischen Alpen mit fantastischen Skigebieten, im Frühling zeigt sich die Provence als perfektes Wohlfühlziel, und im Sommer lädt die Côte d'Azur zum entspannten Badeurlaub am blauen Mittelmeer ein.

Auch wenn die Mittelmeerregion generell einfach zu bereisen ist, sollten Camper ein paar Dinge beachten. Zum Beispiel ist es sinnvoll, wenn man die Routen im Voraus gut plant, da viele Strecken mautpflichtig sind. Zur Ausrüstung in Frankreich gehört zudem neben Warndreieck und Warnweste ein Alkoholtester, den man an Raststätten oder in Apotheken kaufen kann. Auch einen Adapter für Gasflaschen sollte mit an Bord sein, da die deutschen Anschlüsse in Frankreich und Spanien nicht passen.

FRANKREICH: VOM MITTELMEER ZUM ATLANTIK

Gesamtlänge: 1100 km
Fahrtzeit: ca. 13 Stunden

Valence → 104 km bis **Vallon-Pont-d'Arc** → 79 km bis **Avignon** → 97 km bis **Montpellier** → 152 km bis **Carcassonne** → 102 km bis **Toulouse** → 297 km bis **Arcachon** → 251 km bis **La Rochelle**

Unsere Frankreich-Tour verläuft etwas abseits der viel befahrenen Routen. Es geht von den Hügeln der Ardèche über die Weinberge bei Bordeaux bis an die Atlantikküste mit ihren riesigen Dünen.

Ausgangspunkt der Route ist das charmante Valence im Rhonetal. Bevor es zur ersten Etappe geht, sollte man hier ganz entspannt durch die Altstadt schlendern und z. B. das „Haus der Köpfe" in der Grand Rue 57 ansteuern. Das Gebäude aus dem 16. Jahrhundert erhielt seinen Namen aufgrund der vielen gemeißelten Köpfe an der Fassade und im Innenhof. Und nach einem Spaziergang durch die historische Avenue Gambetta zum Parc Jouvet schmeckt der Café au lait gleich noch viel besser. Als Nächstes geht es nach Vallon-Pont-d'Arc am Naturpark Monts d'Ardèche. Der Pont d'Arc ist eine natürliche Steinbrücke, die über den Fluss Ardèche führt. Dort gibt es auch einen kleinen Strand, der sich perfekt für ein Picknick eignet. Ganz in der Nähe befindet sich die Grotte Chauvet 2, in der 30 000 Jahre alte Höhlenmalereien nachgebildet wurden. Aber für die meisten wird ein Ausflug zu den strahlend violetten Lavendelfeldern des Naturparks Baronnies Provençales wohl interessanter sein. Allerdings sollte man mit diesem Schatz der Natur achtsam umgehen und nicht für ein Foto durch die Felder trampeln.

Der nächste Stopp ist Avignon, ein Ort, der nicht zuletzt durch das Chanson „Sur le Pont d'Avignon" weltberühmt geworden ist. Doch der Titel täuscht. Die Bewohner von Avignon tanzten nie auf ihrer Brücke, da sie dafür einfach zu schmal war. Die Altstadt von Avignon und auch der berühmte Papstpalast aus dem 14. Jahrhundert zählen zum Unesco-Weltkulturerbe. Übrigens: Weinliebhaber sollten noch ein paar Tage in den nahen Weinbauregionen Côtes-du-Rhône und Châteauneuf-du-Pape verbringen – aber beim Einkauf bitte auf die maximale Zuladung des Wohnmobils achten!

Bei einem Abstecher nach Nîmes warten historische Sehenswürdigkeiten, etwa das römische Amphitheater. Aber das nächste Ziel liegt noch ein Stück weiter südlich: Montpellier. Die Universitätsstadt ist nicht nur bei jungen Leuten sehr beliebt, die schönen Parkanlagen und vielen historischen Prachtbauten locken Besucher jeden Alters. Auf jeden Fall sollte man den imposanten und 880 m langen Aqueduc Saint-Clément an der Porte du Peyrou besuchen. Unsere Tour führt jetzt weiter nach Carcassonne, schon von Weitem sieht man die mittelalterlichen Festungstürme der Altstadt in den blauen Himel ragen. Über enge Gassen mit pittoreskem Kopfsteinpflaster, vorbei an urigen Häuschen mit überhängenden Balkonen, geht es zur Stärkung in eines der vielen Restaurants. Wer sich bei

SÜDWESTEUROPA: STRAND UND KULTURELLE HIGHLIGHTS

CAMPINGPLÄTZE ENTLANG DER ROUTE

❶ Camping Le Soleil Fruité
★★★★⯪

Stellplätze, Mietunterkünfte und vier Schwimmbäder nur zehn Minuten von Valence entfernt. Der Platz ist perfekt für einen Zwischenstopp: Autobahn, Bahnlinie und Flughafen sind nah, was man jedoch auch hört.
▸ Chemin des communaux 480, 26300 Châteauneuf-sur-Isère, Auvergne-Rhône-Alpes, Frankreich
■ pincamp.de/RA6200

❷ Camping Nature Parc L'Ardéchois
★★★★★

Gepflegter Platz in traumhafter Lage direkt an der Ardèche. Einige der 218 Standplätze haben sogar eine Hängematte, eine überdachte Sitzgruppe und Kühlschrank. Eine kleine Badelandschaft gibt es auch.
▸ Route des Gorges, 07150 Vallon-Pont-d'Arc, Auvergne-Rhône-Alpes, Frankreich
■ pincamp.de/RA8240

❸ Camping Eden Villages L'Océan & Spa
★★★★⯪

Relativ kleiner und gut überschaubarer Platz, umgeben von Wiesen und Feldern. Ideale Lage zwischen Strand und Meerwasser-Fischteichen.
Route d'Ars 50, 17670 La Couarde-sur-Mer, Nouvelle Aquitaine, Frankreich
■ pincamp.de/NA3880

einem Spaziergang nicht in diese wunderbare Stadt verliebt, hat ein Herz aus Stein.

Und auch bei der nächsten Etappe sollte die Kamera aufgeladen sein. Es geht nach Toulouse, das wegen der vielen rosaroten Ziegel auch „Ville Rose" genannt wird. Vorbei an prunkvollen Residenzen führt ein Spaziergang zur Kirche am Jakobinerkloster, wo die Reliquien des Hl. Thomas von Aquin aufbewahrt werden. Die Basilique Saint-Sernin ist wiederum einer der größten romanischen Bauten des Abendlandes. Weiter geht es anschließend durch Südfrankreich in Richtung Atlantikküste nach Bordeaux. Wer schon bei dem Namen Lust auf ein Glas Wein hat, sollte dort das Musée du Vin et du Négoce und die Cité du Vin besuchen.

Nach einem Abstecher nach Arcachon geht es dann über Royan ins Hafenstädtchen La Rochelle. Seine alten Wachtürme haben einst den Hafen vor Eindringlingen beschützt, heute sind sie beliebte Fotomotive. Hier befindet sich auch ein abwechslungsreiches Marinemuseum inklusive historischer Flotte. Zum Ausklang kann man noch ein paar Tage auf der Île de Ré verbringen. Zu der Insel führt eine mautpflichtige Straße. Ganz in der Nähe befindet sich übrigens die künstliche Insel Fort Boyard, die bereits in Filmen und TV-Shows eine wichtige Rolle spielte.

Wenn man schon mal in Frankreich ist, kann man natürlich auch gleich Paris einen Besuch abstatten. Aber Achtung: Will man den Stadtautobahn-Ring befahren, wird die Plakette „Crit'Air" benötigt, die rechtzeitig vor der Reise online beantragt werden sollte.

REISEFACTS FRANKREICH
- **Tempolimit:** innerorts 50 km/h, außerorts 80 km/h, auf Schnellstraßen 110 km/h (ab 3,5 t 100 km/h), auf Autobahnen 130 km/h (ab 3,5 t 110 km/h)
- **Promillegrenze:** 0,5 (für Fahranfänger 0,2)

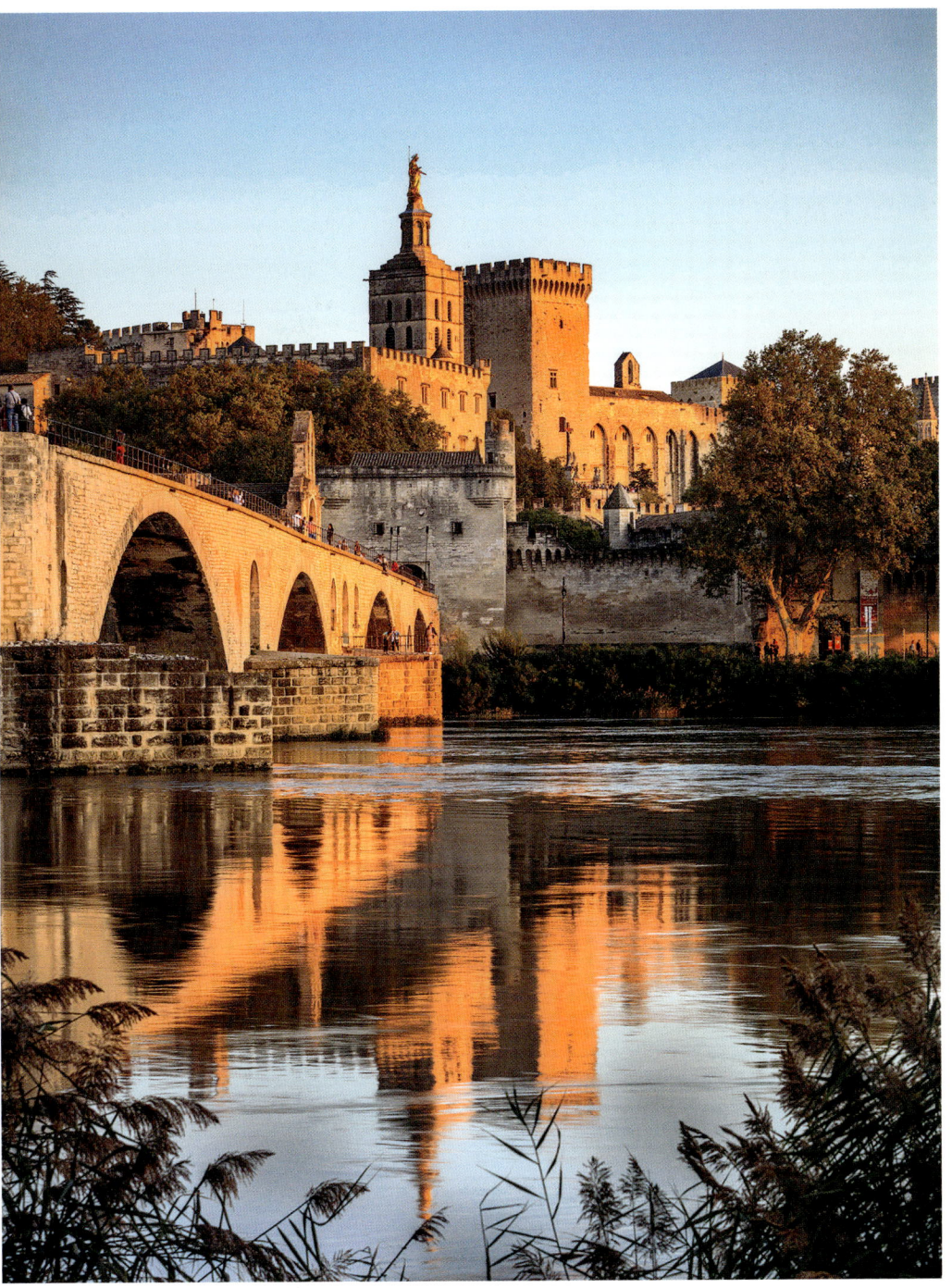

Stadt der Päpste in der französischen Provence: Die fotogene Altstadt von Avignon blickt auf eine bewegte Geschichte zurück.

SPANIEN UND PORTUGAL: XXL-TOUR ÜBER DIE IBERISCHE HALBINSEL

Gesamtlänge: 2800 km
Fahrtzeit: ca. 34 Stunden

Navarra → 200 km bis **Gaztelugatxe** → 35 km bis **Bilbao** → 216 km bis **Picos de Europa** → 58 km bis **Covadonga** → 213 km bis **Praia de Augas Santas** → 171 km bis **Las Medulas** → 300 km bis **Porto** → 214 km bis **Nazaré** → 122 km bis **Lissabon** → 327 km bis **Sagres** → 33 km bis **Ponta da Piedade** → 45 km bis **Praia da Marinha** → 244 km bis **Sevilla** → 121 km bis **Cadiz** → 120 km bis **Gibraltar** → 113 km bis **Ronda** → 180 km bis **Granada** → 141 km bis **Tabernas**

Soll es im Urlaub nach Spanien gehen? Oder doch lieber nach Portugal? Man muss sich nicht entscheiden, wenn man genügend Zeit im Gepäck hat. Wir haben eine Tour zusammengestellt, die Highlights beider Länder verbindet. Und wer Lust hat, kann vorher die Tour durch Frankreich (S. 111) einplanen – denn dort muss man ja sowieso vorbei auf dem Weg zur Iberischen Halbinsel.

Die Tour startet in Navarra und bei der Wüste Bardenas Reales. In dem 40 000 Hektar großen Naturpark wurden zahlreiche internationale Filme und Serien gedreht. Der von der Unesco zum Biosphärenreservat ernannte Park darf mit dem Wohnmobil befahren werden, die entsprechende Strecke ist ausgeschildert. Nachdem man sich hier ein

Hinter jeder Kurve wartet ein Augenschmaus: Die autonome spanische Region Andalusien wird von sonnenverwöhnten Hügeln und viel Landwirtschaft bestimmt.

paar Tage akklimatisiert hat, geht es direkt an die Küste. Auf einer kleinen Insel befindet sich das Kloster Gaztelugatxe, das angeblich einst ein Rückzugsort der Tempelritter war. Bevor es weitergeht, steht natürlich ein Besuch in Bilbao auf dem Programm. Die eigentliche Hauptstadt des Baskenlandes mit zahlreichen Wolkenkratzern ist auch für das von Frank O. Gehry entworfene Guggenheim-Museum bekannt.

Von hier geht es nun westwärts die Küste entlang, vorbei an den Picos de Europa („Gipfel Europas"), einem riesigen Kalksteinmassiv innerhalb des Kantabrischen Gebirges. Auch die Kathedrale in Covadonga verdient einen Zwischenstopp. Ab hier ist die Serpentinenstrecke recht anspruchsvoll, aber ein bisschen Aufregung gehört schließlich auch zu so einem Roadtrip. Wer Lust hat, fährt zu den Gletscherseen Lago Enol und Lago de la Ercina auf ca. 1000 m Höhe.

Wieder unten angekommen, präsentiert sich der „Strand des heiligen Wassers" (Praia de Augas Santas) als Wunderwerk der Natur. Die beeindruckenden Felshöhen und großen Steinbögen erinnern an die gotische Architektur des Mittelalters. Achtung: In der Sommersaison darf man nur nach Reservierung an den Strand. Ein Stück von der Küste entfernt befindet sich die einzigartige Landschaft Las Medulas, wo rote Lehmberge majestätisch in den Himmel ragen.

Nun ist Zeit für den Sprung über die Grenze: Die Tour geht in Portugal weiter, immer entlang der Küste. Auf dem Weg kommt man an der Hafenstadt Porto vorbei, aber uns geht es vor allem ums Naturerlebnis. Erster Halt ist daher Nazaré. Der kleine Ort ist aufgrund der sensationell hohen Wellen ein Surferparadies. Auch Lissabon lassen wir links liegen, stattdessen fahren wir bis ganz in den Süden nach Sagres an der Algarve. Hier am südwestlichsten Punkt Por-

CAMPINGPLÄTZE ENTLANG DER ROUTE

❶ Camping Las Hortensias
★★★☆☆

Großes Areal mit über 200 Stellplätzen. 100 m vom Strand entfernt, eignet sich der Platz gut für Familien.
▸ Playa de la Franca, 33590 Ribadedeva, Asturien, Spanien
▪ pincamp.de/AS1100

❷ Yelloh! Village Algarve-Turiscampo
★★★★★

237 Stellplätze mit Stromanschluss. Die luxuriösen Sanitäranlagen sind speziell auf Familien ausgerichtet. Anlage mit vielen Extras.
▸ Estrada Nacional 125, 8600-109 Lagos, Algarve, Portugal
▪ pincamp.de/PG3500

❸ Camping El Sur
★★★★☆

Campingplatz mit Charme nur 1 km von der Altstadt von Ronda entfernt, inmitten von Olivenbäumen.
▸ Ctra. Ronda-Algeciras A369, Km 2,8, 29400 Ronda, Andalusien, Spanien
▪ pincamp.de/AD6800

tugals staunt man über das tosende Meer, gewaltige Klippen und weitläufige Strände. An der wunderbaren Kalksteinküste der Ponta da Piedade ragen Steinsäulen und Bögen aus dem Meer heraus. Bei der Vielzahl an wunderbaren Stränden der Algarve ist es kaum möglich, nur einen hervorzuheben. Dennoch ein Tipp: Von der Praia da Marinha ist der Blick auf die Steilklippen fast perfekt.

Zurück in Spanien geht es über Sevilla in Richtung Cadiz. Von hier fahren die Fähren auf die Kanarischen Inseln. Und wer mag, schaut noch kurz in Gibraltar vorbei, allerdings sollte man dann das Wohnmobil vor der Grenze auf spanischer Seite abstellen, da Parkplätze rar sind. Oder man fährt direkt nach Ronda, wo eine tiefe Schlucht die beiden Teile der Stadt trennt, lediglich eine imposante Brücke stellt die Verbindung her. Nächster Stopp ist Granada – und wenn man schon einmal hier ist, kann man auch gleich die Alhambra besuchen. Allerdings empfiehlt es sich, das Ticket dafür schon vorher zu reservieren.

Eine Prise Wilder Westen wartet dann in der Wüste von Tabernas: In den 1960er- und 1970er-Jahren wurden hier zahlreiche Filme gedreht, einige der damaligen Westernstädte sind noch erhalten. Achtung: Die Wüste ist die heißeste und trockenste Region auf dem Kontinent. Damit ist der filmreife Abschluss unserer Tour erreicht. Unser Tipp für die Rückreise: einfach der Küstenlinie weiter folgen und dabei Abstecher in Valencia und Barcelona einplanen. Übrigens: Von Barcelona fährt eine Fähre nach Mallorca – für den Fall, dass man den Urlaub auf den Balearen verlängern möchte. Die Überfahrt nach Palma dauert etwa acht Stunden.

Ganz klar: Auch wenn Spanien und Portugal nicht um die Ecke liegen, lohnt sich die Fahrt dorthin. In der Hauptsaison sollten Campingplätze an der Küste jedoch reserviert werden. In Portugal gibt es mit den Camping-Municipal-Stellplätzen örtlicher Gemeinden günstigere Alternativen.

REISEFACTS SPANIEN

- **Tempolimit:** innerorts 50 km/h, auf Schnellstraßen 90 km/h (für Wohnmobile über 3,5 t 80 km/h), auf Autobahnen 120 km/h (für Wohnmobile über 3,5 t 90 km/h)
- **Promillegrenze:** 0,5 (für Fahranfänger 0,3)
- **Maut:** Autopistas sind mautpflichtig.
- **Sonstiges:** Tagsüber besteht Lichtpflicht.

REISEFACTS PORTUGAL

- **Tempolimit:** innerorts 50 km/h, außerorts 90–100 km/h (mit Anhänger und ab 3,5 t 70–80 km/h), auf Schnellstraßen 100 km/h (mit Anhänger 80 km/h, ab 3,5 t 90 km/h), auf Autobahnen 120 km/h (mit Anhänger 100 km/h, ab 3,5 t 110 km/h)
- **Promillegrenze:** 0,5 (für Fahranfänger 0,2)
- **Maut:** Mautpflicht für Wohnmobile auf Autobahnen

ITALIEN: VON GENUA NACH ROM UND ZURÜCK

Gesamtlänge: 1500 km
Fahrtzeit: ca. 19 Stunden

Genua → 163 km bis **Pisa** → 90 km bis **Florenz** → 78 km bis **Siena** → 113 km bis **Saturnia** → 158 km bis **Rom** → 208 km bis **Pescara** → 268 km bis **San Marino** → 131 km bis **Bologna** → 294 km bis **Genua**

Italien ist eines der spektakulärsten Reiseziele für Camper, ganz gleich ob es ganz hinunter in den Süden geht oder mit der Fähre nach Sardinien oder Sizilien. Wir haben uns für eine Tour mit vielen Highlights entschieden, die eine gute Mischung aus Badespaß, Kultur und Geschichte bietet.

Die rund 1500 km lange Reise beginnt in der Hafenstadt Genua. Die historischen Sehenswürdigkeiten sind spektakulär. Schließlich war der ehemalige Stadtstaat einst die

Bei einer Tour durch den Norden Italiens darf ein Abstecher nach Florenz nicht fehlen.

Heimat von Christoph Kolumbus. Heute säumen Jachten, Segelboote, Kreuzfahrt- und Containerschiffe die Hafendocks. Ganz in der Nähe des Hafens befindet sich auch das größte Aquarium Europas – und ob Prachtbauten aus Renaissance und Barock, die Villa del Principe mit ihren farbenfrohen Fresken oder das bunte Treiben in der malerischen Altstadt: Man benötigt mehrere Tage, um Genua mit all seinen Facetten kennenzulernen. Irgendwann geht es dann aber doch weiter in Richtung Toskana mit der nächsten Etappe Pisa. Dort steht natürlich der Schiefe Turm auf dem Ausflugsprogramm, aber auch viele weitere Bauten aus prächtigem Carrara-Marmor wie der kreuzförmige Dom Santa Maria Assunta oder das zylindrische Baptisterium sind einen Besuch wert.

Noch mehr Kultur findet man im 80 km entfernten Florenz (Firenze). Die Stadt kann

WEITERE TOUREN DURCH DEN SÜDWESTEN

Von Rom zur Amalfiküste – Traumurlaub an der italienischen Küste
■ pincamp.de/tour-amalfikueste

Mit dem Mobil durch die Bretagne – Atlantikluft schnuppern
■ pincamp.de/tour-bretagne

Flamenco, Tapas und Meer – Roadtrip durch Andalusien
■ pincamp.de/tour-andalusien

man getrost als die Wiege der Renaissance bezeichnen. Hier gehört der Besuch der Piazza del Duomo mit der namensgebenden Kathedrale aus dreifarbigem Marmor zum Pflichtprogramm. Wer Kunst mag, kommt in den Uffizien auf seine Kosten, wo man die einmalige Chance hat, Werke von Leonardo da Vinci, Michelangelo, Raffael und Caravaggio zu begutachten. Und natürlich muss man einmal über die Steinbrücke Ponte Vecchio spazieren, wenn man schon hier ist. Früher verkauften auf der Brücke vor allem Schlachter und Gerber ihre Waren, heute findet man hier Schmuck und Souvenirs.

Eine Fahrt durch die Toskana ist erst mit einem Besuch von Siena komplett. Hier treten beim beliebten Pferderennen Palio di Siena bereits seit dem Mittelalter alle Stadtteile gegeneinander an. Unser Tipp: einfach ein paar Tage in der Region bleiben, um den herrlichen Landstrich länger genießen zu können. Anschließend machen wir noch einmal halt in Saturnia. Die Thermalquellen wurden bereits in Dantes „Göttlicher Komödie" erwähnt, und noch heute lässt es sich darin herrlich entspannen.

Der Höhepunkt der Tour ist natürlich Rom, die Ewige Stadt. Es macht keinen Sinn, hier sämtliche Sehenswürdigkeiten aufzuführen, darüber wurden bereits ganze Bücher geschrieben. Es ist also klar, dass für diese geschichtsträchtige Stadt ein Tag nicht genügt. Nach der Ankunft könnte ein erster Spaziergang zum Kolosseum führen, wo einst blutige Gladiatorenkämpfe stattfanden. Gleich nebenan befindet sich das Forum Romanum, der Lebensmittelpunkt des antiken Roms. Natürlich gehört auch der Trevi-Brunnen auf die Liste der Must-see-Orte, bevor es weiter zum Pantheon und zur barocken Piazza Navona geht. Ein Spaziergang auf die Westseite des Tiber führt zur imposanten Engelsburg, und von dort ist es nicht weit zum Vatikan, dem kleinsten Stadtstaat weltweit. Dort gehört die Sixtinische Kapelle zu den meistbesuchten Sehenswürdigkeiten der Welt. Weitere Tipps sind die Terrazza del Pincio, der Stadtpark Villa Borghese, die Villa Medici und die berühmte Spanische Treppe in der Altstadt.

CAMPINGPLÄTZE ENTLANG DER ROUTE

❶ Camping Villa Doria
★★★☆☆

Ein idealer Ausgangspunkt, um Genuas Zentrum zu erkunden – oder um die Zeit bis zur Fährfahrt zu überbrücken. Die Strandpromenade Lungomare di Pegli ist nur 800 m entfernt. Familiär geführter Platz mit 50 Stellplätzen.
▶ Via al Campeggio Villa Doria 15, 16156 Pegli, Ligurien, Italien
■ pincamp.de/LG3100

❷ Camping Colleverde
★★★☆☆

235 Standplätze, ideal für all jene, die von hier aus Siena und seine Sehenswürdigkeiten entdecken möchten. Toller Panoramablick auf die vielen Türme der Stadt. Gute Busverbindung zur historischen Altstadt und zum Bahnhof.
▶ Strada di Scacciapensieri 47, 53100 Siena, Toskana, Italien
■ pincamp.de/TO9300

❸ Camping Europe Garden
★★★★☆

Platz im Schatten jahrhundertealter Olivenbäume. Die Ausstattung ist mit zwei Pools, einem Whirlpool und großem Privatstrand sehr gut. Zum Meer sind es fünf Autominuten, kostenloser Pendelbus.
▶ C. da Vallescura 11, 64028 Silvi Marina, Abruzzen-Molise, Italien
■ pincamp.de/AB3900

Nach dem Großstadttrubel geht es nun nach Pescara an der Adriaküste. Hier kann man sich am geschützten Sandstrand ganz dem italienischen Dolce Vita hingeben – schließlich wird die nächste Etappe erst in 240 km erreicht. Wir verlassen unterwegs kurz Italien und besuchen San Marino, den nur 60 km² kleinen Ministaat. Er ist so überschaubar, dass nach dem Besuch des Palazzo Pubblico sogar noch Zeit für einen kleinen Ausflug nach Rimini bleibt.

Vom Strand fährt man dann weiter nach Bologna. Praktisch: Hier gruppieren sich fast alle Sehenswürdigkeiten wie der Neptunbrunnen oder der Palazzo dell'Archiginnasio rund um die Piazza Maggiore mit der gotischen Basilika San Petronio. Bevor es anschließend zurück nach Genua geht, lohnen sich noch ein paar kulinarische Stopps: In Modena kann man sich z. B. mit Balsamico-Essig eindecken, in Parma steht der berühmte Schinken auf der Einkaufsliste.

REISEFACTS ITALIEN
- **Tempolimit:** innerorts 50 km/h, außerorts 90 km/h (für Wohnmobile über 3,5 t 80 km/h), auf Schnellstraßen 110 km/h (für Wohnmobile über 3,5 t 80 km/h), auf Autobahnen 130 km/h (für Wohnmobile über 3,5 t 100 km/h)
- **Promillegrenze:** 0,5 (für Fahranfänger 0,0)
- **Maut:** Fast alle Autobahnen sowie einige Pässe und Tunnel sind mautpflichtig.
- **Sonstiges:** Tagsüber besteht Lichtpflicht. Wer in Italien mit ausladenden Dachlasten (z. B. Surfbretter) oder Ladungen auf dem Heckträger (z. B. Fahrräder) fährt, muss eine reflektierende Warntafel anbringen.

SÜDOSTEUROPA: WÄLDER UND BLAUES MITTELMEER

Es muss nicht immer Spanien oder Italien sein, wenn es in den Süden gehen soll. Denn auch auf der östlichen Seite Europas gibt es Sonne satt und Natur pur. Da wir bei unserer Tour nach Slowenien durch Österreich fahren, gibt es auf der Strecke einiges zu sehen. Und in Kroatien wird die Ausdauer bei der Anfahrt mit einem Sprung ins blaue Mittelmeer belohnt.

Unberührte Bergwelten mitten in Europa? Wer sich auf die Suche macht, kann sie finden, z. B. am Jasna-See im slowenischen Triglav-Nationalpark.

Campingurlaub im Südosten Europas ist längst kein Geheimtipp mehr. Im Gegenteil, viele Camper haben die Vorteile dieser Region für sich entedeckt: Die Preise sind relativ günstig, die Infrastruktur für Camper hervorragend. Vor allem aber haben Kroatien und Slowenien unglaublich viel zu bieten. Bei einer Tour passiert man zahllose einsame Plätze in der Natur. Das Zelt einfach irgendwo aufzubauen oder den Camper für eine Nacht abzustellen ist jedoch keine gute Idee: Wildcamping ist in beiden Ländern nicht erlaubt. Strafen bei Verstößen können besonders in Nationalparks saftig ausfallen.

ÖSTERREICH UND SLOWENIEN: EUROPAS VERSTECKTE NATURSCHÄTZE

Gesamtlänge: 500 km
Fahrtzeit: 9 Stunden

Kufstein → 32 km bis **Kitzbühel** → 29 km bis **Mittersill** → 19 km bis **Felbertauerntunnel** → 19 km bis **Matrei** → 30 km bis **Großglockner** → 41 km bis **Lienz** → 110 km bis **Villach** → 22 km bis **Zelenci** → 65 km bis **Wasserfall Kozjak** → 118 km bis **Ljubljana** → 54 km bis **Bled** → 6 km bis **Triglav-Nationalpark**

Für unseren Campingtrip durch Österreich wählen wir die Route über die Felbertauernstraße. Die 64 km lange Straße bietet eine relativ kurze und günstige Möglichkeit zur Überquerung des Hochalpenkamms. Doch in dieser Gegend lohnt sich auch ein kurzer Stopp oder sogar ein längerer Aufenthalt – denn hier findet man einige der beliebtesten Sehenswürdigkeiten Österreichs. Die Grenze überqueren wir bei Kufstein – beim Anblick des Ortsschilds werden so manch einem die Zeilen des berühmten Kufstein-Lieds in den Sinn kommen: „Kennst Du die Perle, die Perle Tirols, das Städtchen Kufstein, das kennst du wohl." Na, wenn das keine Einladung zu einem Bummel durch die Stadt ist, vor allem zur mittelalterlichen Festung und durch die enge Römerhofgasse. Nach einer Stärkung geht es weiter am edlen Skiort Kitzbühel vorbei bis nach Mittersill. Hier bietet sich vor allem eine Wanderung zum malerischen Hintersee im Felbertal an, der zu Recht als Naturdenkmal unter Schutz steht.

Weiter geht es durch den 1967 fertiggestellten Felbertauerntunnel bis Matrei. Die Stadt ist zwar vom Wintersport geprägt, aber auch im Sommer lässt es sich hier gut aushalten. Außerdem ist sie eine gute Ausgangsposition für einen Ausflug zum Großglockner, dem mit 3798 m höchsten Berg Österreichs. Für Wanderer und Mountainbiker ist diese Gegend ein Traum, aber auch Reisende, die einfach nur den Blick auf die Berge genießen wollen, werden hier für ein paar Tage glücklich. Die nächste Etappe führt nach Lienz, durch eine Gegend mit zahlreichen Aussichtspunkten, charmanten Dörfchen und Kirchen. Die Stadt begeistert mit ihrem mediterran anmutenden Flair und einer historischen Kulisse. Das atemberaubende Bergpanorama der umliegenden Osttiroler Dolomiten lässt sich hervorragend bei ausgiebigen Wanderungen erkunden. Villach ist schließlich unser letzter Halt in Österreich. Die Stadt liegt nah an den Grenzen zu Slowenien und Italien. Kein Wunder, dass hier bereits eine Portion Dolce Vita und die mediterrane Lebensart zum Alltag gehören. Nach ein oder zwei Tagen Stadtluft ist es Zeit für die grandiose Natur Sloweniens, wo wir den Triglav-Nationalpark umrunden wollen.

SÜDOSTEUROPA: WÄLDER UND BLAUES MITTELMEER

CAMPINGPLÄTZE ENTLANG DER ROUTE

❶ Nationalpark-Camping
★★★☆☆

Ganzjährig geöffneter Campingplatz in ruhiger und sonniger Lage in 1450 m Höhe auf der Südseite des Großglockners. Auch für Wintersportler geeignet.
▸ Burg 22, 9981 Kals, Österreich
▪ pincamp.de/OT370

❷ Camp Špik
★★★☆☆

Campingplatz inmitten der unberührten Natur im Norden Sloweniens. 200 Standplätze am Rand des Triglav-Nationalparks. Imbiss und Lebensmittelladen auf dem Gelände.
▸ Jezerci 15, 4282 Gozd Martuljek, Slowenien
▪ pincamp.de/SV300

❸ Camping Bled
★★★★☆

Platz in einer Bilderbuchlandschaft von bewaldeten Felshängen umgeben, mit Stellplätzen und Mietunterkünften. Der große Badesee eignet sich auch für Bootstouren.
▸ Kidričeva 10-C, 4260 Bled, Slowenien
▪ pincamp.de/SV350

Die erste Etappe führt zum Naturreservat Zelenci. Etwas versteckt im Wald liegt dort die türkisfarbene Quelle der Save. Vor allem aber erlaubt das Gebiet einen fantastischen Einblick in die Bergwelt Sloweniens. Auch die Skisprungschanze Kranjska Gora ist nicht weit entfernt, hier wird das ganze Jahr über trainiert, und Besucher dürfen zuschauen. Über die Passstraße weiter Richtung Süden erreicht man den Kozjak-Wasserfall. Der Wanderweg dorthin führt durch eine dicht bewachsene Schlucht. Am Ende wartet eine Höhle, in die sich der Wasserfall ergießt. Doch auch wenn es sich um den wohl bekanntesten Wasserfall Sloweniens handelt, ist er nicht der alleinige Grund, warum man hier einen Tag verbringen kann – in jeder Blickrichtung warten fantastische Fotomotive.

Von hier führt der schnellste Weg nach Ljubljana über die Schnellstraße 102. Doch wir nehmen bei Most na Soči die 103 und machen noch einen kleinen Umweg über die italienische Grenzstadt Görz (Gorizia), um dann die Route entlang des Ternowaner Waldes in Angriff zu nehmen. Über Adelsberg geht es dann schließlich in die Hauptstadt Ljubljana. Hier herrschten einst Römer und Habsburger, die Stadt gehörte zu den Königreichen der Serben, Kroaten und Slowenen und eine Zeitlang auch zu Italien und zum ehemaligen Jugoslawien – bis 1991 die Republik Slowenien gegründet wurde. Die wechselhafte Geschichte lässt sich hier an vielen Stationen eindrucksvoll nachvollziehen.

Die Tour endet in Bled ganz in der Nähe des Triglav-Nationalparks. Der Luftkurort Bled mit dem wunderbaren Bleder See ist im Sommer vor allem bei Wanderern und Wassersportlern beliebt. Die umliegenden Berge schützen den Alpenort vor den kalten Nordwinden und ermöglichen so eine lange Badesaison. Er ist auch ein perfekter Ausgangspunkt für Tagesausflüge in den Nationalpark, wo einzigartige Ausblicke von eindrucksvollen Bergriesen, grüne Alpentäler, plätschernde Bäche, kristallklare Seen und eine vielfältige Tier- und Pflanzenwelt zu ausführlichen Erkundungen einladen.

In Slowenien finden Camper rund um den Triglav-Nationalpark viele gut ausgestattete Stell- und Campingplätze, so z. B. am traumhaft gelegenen See Bohinjsko jezero.

Grüne Wiesen und Bergpanorama: In Österreich kann man Urlaub wie aus dem Bilderbuch machen.

REISEFACTS ÖSTERREICH

- **Tempolimit:** innerorts 50 km/h, außerorts 100 km/h, auf Autobahnen 130 km/h (für Wohnmobile bis 3,5 t 100 km/h)
- **Promillegrenze:** 0,5 (Fahranfänger 0,1)
- **Maut:** In Österreich wird bei Fahrten auf Autobahnen und Schnellstraßen für alle Fahrzeuge eine Mautgebühr fällig. Im Angebot sind Vignetten für zehn Tage, zwei Monate oder ein Jahr.
- **Sonstiges:** Ein Ersatzlampenset muss mitgeführt werden. Es besteht eine ganzjährige Lichtpflicht.

REISEFACTS SLOWENIEN

- **Tempolimit:** innerorts 50 km/h, außerorts 90 km/h, auf Schnellstraßen 100 km/h, auf Autobahnen 130 km/h (für Wohnmobile bis 3,5 t 100 km/h)
- **Promillegrenze:** 0,5 (Fahranfänger 0,0)
- **Maut:** Für Fahrten auf Autobahnen und Schnellstraßen wird eine Mautgebühr fällig. Wohnmobile bis 3,5 t benötigen die Vignette für die Mautklasse 2A.
- **Sonstiges:** Ein Ersatzlampenset muss mitgeführt werden. Es besteht eine ganzjährige Lichtpflicht.

KROATIEN: DIE PERLE AN DER ADRIA

Gesamtlänge: 750 km
Fahrtzeit: 10 Stunden

Umag → 84 km bis **Pula** → 102 km bis **Opatija** → 13 km bis **Rijeka** → 117 km bis **Karlovac** → 77 km bis **Plitvicer Seen** → 118 km bis **Zadar** → 29 km bis **Biograd** → 48 km bis **Šibenik** → 13 km bis **Nationalpark Krka** → 85 km bis **Split**

Relaxen an der Adria: Im Camping Resort Solaris (S. 126) bei Šibenik lässt sich Badeurlaub mit Spaziergängen durch die nahe Altstadt verbinden.

Vom türkisblauen Meer über pittoreske Altstädte bis hin zu dichten Pinienwäldern, von antiken Ausgrabungsstätten über karge Berglandschaften bis zur idyllischen Inselwelt: Kroatien bietet all das, was einen perfekten Urlaub ausmacht. Eines der beliebtesten Ziele im Land ist natürlich die Adriaküste, wo glasklares Wasser zum Baden und Schnorcheln einlädt. Und genau dorthin führt uns diese Route – mit einigen Abstechern in herrliche Nationalparks.

Los geht's in Umag im äußersten Nordwesten Kroatiens. Die venezianischen Häuser im Stadtzentrum zeugen vom Prunk vergangener Tage. Das Städtchen selbst bietet viele Shoppingmöglichkeiten, kulinarische Genüsse und ausgezeichnete Stadtstrände fürs Sonnenbad zwischendurch. 70 km weiter südlich liegt Pula, die älteste und größte Stadt Istriens. Hier regierten einst Römer, Ostgoten, Venezianer und in der jüngeren Geschichte die Alliierten – und alle haben der Stadt ihren Stempel aufgedrückt. Einige historische Bauten erinnern heute noch an Rom, etwa die Arena, der Augustus-Tempel oder der Sergierbogen.

Weiter geht es nach Opatija, auch bekannt als „Nizza von Kroatien" und bereits seit dem 19. Jahrhundert ein beliebter Winterkurort. Doch vor allem im Sommer zeigt sich die Stadt in voller Pracht, hier herrscht ganzjährig ein besonders mildes Klima. Ausflugstipps sind der zweigeteilte Stadtpark mit der 1840 erbauten Villa Angiolina oder die 12 km lange Uferpromenade Lungomare.

Rijeka, nur 20 Minuten weiter östlich, gilt als „Tor zu den kroatischen Inseln". Denn von hier geht es z. B. auf die 400 km² große Insel Krk in der Kvarner Bucht. Aber auch die Stadt selbst hat viel zu bieten. In der Burg Trsat finden im Sommer Konzerte und Theateraufführungen statt, die barocke St.-Vitus-

CAMPINGPLÄTZE ENTLANG DER ROUTE

❶ Brioni Sunny Camping
★★★☆☆

Direkte Strandlage und ein familienfreundlicher Service – dies macht den Platz zu einem attraktiven Urlaubsort für die Individualreise mit Kindern. Ferienanlage in Istrien nahe dem Örtchen Puntizela mit umfassendem Sportangebot.
▸ Puntižela 155, 52107 Pula, Kroatien
▪ pincamp.de/HR1300

❷ Big Bear Plitvice Nature Resort
★★★★☆

Schön gelegener Campingplatz mit 75 Stellplätzen und Mietunterkünften am Rand des Nationalparks Plitvicer Seen. Im hinteren Platzbereich gibt es auch Miet-Mobilheime.
▸ Donji Babin Potok 107b,
53223 Donji Babin Potok, Kroatien
▪ pincamp.de/HR9045

❸ Camping Beach Resort Solaris
★★★★★

Die weitläufige Anlage liegt nur wenige Kilometer außerhalb des Küstenortes Šibenik direkt am Strand. Der besondere Höhepunkt des Platzes ist ein schönes Ethno-Dorf, in dem einheimische Spezialitäten gereicht und Einblicke in traditionelle Lebensweisen eröffnet werden.
▸ Hotelsko naselje Solaris bb,
22000 Šibenik, Kroatien
▪ pincamp.de/HR6250

Kathedrale mit ihrem imposanten Rundbau ist wiederum einzigartig im ganzen Land. Nachdem wir uns hier sattgesehen haben, geht es in die „Vier-Flüsse-Stadt" Karlovac, die mit ihren kristallklaren Flussufern und Seen vor allem eine perfekte Basis für Aktivurlauber ist. Von hier ist es nur ein Katzensprung zu den Plitvicer Seen, die im ältesten Nationalpark Kroatiens liegen und zu den ersten Naturdenkmälern überhaupt zählten, die von der Unesco zum Weltnaturerbe erklärt wurden. Wenn man das Landesinnere von Kroatien besucht, führt kein Weg an diesem magischen Ort vorbei!

Weiter im Süden wartet mit Zadar eine sehenswerte Stadt, die einige faszinierende historische Bauwerke zu bieten hat. Kein Wunder, dass hier im Sommer viele Kreuzfahrtschiffe anlegen. Von Zadar aus kann man mit der Fähre zur Insel Dugi Otok übersetzen, deren südöstlicher Teil zum Nationalpark Kornaten zählt. Besonders Wassersportler schätzen diese Gegend. Auch in der Hafenstadt Biograd sollte auf dieser Route unbedingt ein Stopp eingelegt werden – und sei es nur, um dort abends in einem der vielen Fischrestaurants die regionalen Köstlichkeiten zu probieren.

Der nächste Halt ist Šibenik. Die geschichtsträchtige Stadt breitet sich an einer großen Bucht aus und wird von einer imposanten Festungsruine überragt. Nach ausgiebigen Spaziergängen durch die Altstadt geht es am nächsten Tag zum Krka-Nationalpark, einem Highlight für Naturliebhaber. Von Skradin geht die Wanderung zum Eingang durch das Flusstal, etwas einfacher ist die Anreise per Schiff. In dem spektakulären Park mit seinen vielen Wasserfällen erfährt man viel Wisenswertes über die Gegend, die übrigens auch filmreif ist: Hier wurden 1968 einige Szenen des Films „Winnetou und Shatterhand im Tal der Toten" gedreht.

Wohlverdiente Pause nach einer langen Kroatien-Rundfahrt: Die rauschenden Wasserfälle im Krka-Nationalpark laden zum erfrischenden Bad im kristallklaren Wasser ein.

Auch für die letzte Etappe sollte genügend Zeit eingeplant werden, denn es geht nach Split. Immerhin 170 000 Menschen leben in dieser Küstenmetropole. Im Zentrum lassen sich Spuren aus der Römerzeit und dem Mittelalter entdecken, die sich harmonisch ins Gesamtbild mit moderneren Bauten einfügen. Den kolossalen Palast aus dem 4. Jahrhundert sollte man gesehen haben. Und die vielen Palmen sind der offensichtliche Beleg für das hier vorherrschende subtropische Klima.

REISEFACTS KROATIEN
- **Tempolimit:** innerorts 50 km/h, außerorts 90 km/h (für Wohnmobile bis 3,5 t 80 km/h), auf Schnellstraßen 110 km/h und auf Autobahnen 130 km/h (für Wohnmobile bis 3,5 t 90 km/h)
- **Promillegrenze:** 0,5 (Fahranfänger 0,0)
- **Maut:** Mautpflicht auf Autobahnen

WEITERE TOUREN DURCH DEN SÜDOSTEN

Urlaub in Albanien – Von Skhoder über Tirana zur Farma Sotira
- pincamp.de/tour-albanien

Mit dem Bulli durch Tschechien: Von der Böhmischen Schweiz bis nach Brünn
- pincamp.de/tour-tschechien

Wolin ist die größte Insel Polens. Besonders die kilometerlangen Ostseestrände, die Seebäder und der Woliner Nationalpark sind bei Reisenden beliebt.

DER OSTEN: UNBEKANNTES BALTIKUM

Ostsee-Camping? Da fallen einem schnell malerische Plätze an der deutschen Küste von Flensburg bis Usedom und auf den Inseln Fehmarn und Rügen ein. Doch wer ein bisschen mehr Zeit im Gepäck hat, sollte an der deutsch-polnischen Grenze nicht haltmachen: Die Ostseeküste Polens entpuppt sich als eine oft überraschend unberührte Alternative zu den bekannten Stränden und Seebädern Deutschlands.

Unsere Tour führt durch Polen bis ins kaum bekannte Reiseland Litauen – mit jeweils einigen lohnenden Zielen an der Küste und im Landesinneren.

POLEN UND LITAUEN: NATUR PUR ENTLANG DER OSTSEE

Gesamtlänge: 1250 km
Fahrtzeit: 18 Stunden

Swinemünde → 21 km bis **Nationalpark Wolin** → 105 km bis **Kolberg** → 231 km bis **Danzig** → 166 km bis **Kaliningrad** → 218 km bis **Klaipėda** → 31 km bis **Palanga** → 147 km bis **Šiauliai** → 212 km bis **Vilnius** → 27 km bis **Trakai** → 87 km bis **Kaunas**

Grundsätzlich gibt es zwei Möglichkeiten, mit dem Fahrzeug nach Litauen zu reisen. Der bequemste Weg ist wohl die Fährroute von Travemünde nach Liepāja bzw. von Kiel nach Klaipėda. Diese Varianten umgehen viele Fahrkilometer, und man spart sich die Fahrt durch das Kaliningrader Gebiet, eine

Exklave Russlands, die nur mit einem Visum bereist werden darf. Ein solches Visum gilt für acht Tage und erlaubt die einmalige Einreise. Auf der Rückfahrt wird also ein zweites Visum benötigt. Litauen ist zwar auch direkt über Polen zu erreichen, allerdings muss man durchs Landesinnere fahren, um zu den Grenzübergängen zu gelangen. Für unsere Tour wählen wir die Route entlang der polnischen Ostseeküste und fahren dann etwa zwei Stunden durch russisches Staatsgebiet. Weitere Informationen zu Kaliningrad (Einreise oder Durchreise) sind auf der deutschsprachigen Webseite kaliningra.de zusammengetragen.

Wir beginnen die Tour im polnischen Swinemünde. Zur Einstimmung kann man zuvor ein paar Tage auf der deutschen Seite der Insel Usedem verbringen, wo ein Spaziergang über die längste Strandpromenade Europas lockt, die von Peenemünde bis eben nach Swinemünde reicht. Von dem geschichtsträchtigen Ostseebad auf polnischer Seite lohnt sich unbedingt ein Tagesausflug zum Nationalpark Wolin, der 18 km entfernt direkt an der Odermündung liegt. Die Landschaft hier ist ausgesprochen abwechslungsreich, charakteristisch für die Gegend ist das bis zu 95 m hohe Kliff.

Entlang der Ostsee geht es an beschaulichen Badeorten wie Dziwnów, Pobierowo und Rewal vorbei. Hier finden sich fast überall wunderbare Plätze zum Rasten, wo man ein paar Sonnenstunden am Strand genießen kann. Über das Städtchen Trzebiatów führt die Route dann bis nach Kolberg (Kołobrzeg). Das schöne Ostseebad ist nicht nur für seine Solequellen bekannt, sondern auch für die gotische Marienbasilika oder für das an ein Schloss erinnernde Rathaus. Aber vor allem die Seebrücke sollte man gesehen haben: Diese reicht weit ins Meer hinaus und bietet einen unglaublichen Blick auf die Uferpromenade.

Weiter geht es in Richtung Danziger Bucht in die Metropolregion Dreistadt mit den Städten Gdynia, Danzig (Gdańsk) und Sopot (Zoppot). Die Mischung aus Großstadtflair und Natur macht die Region zu einer lohnenden Etappe. Die Bucht selbst wird im Osten durch die Steilküste der russischen Halbinsel Samland und im Süden von der Frischen Nehrung eingegrenzt. Im Nordwesten liegen die Halbinsel Hel und das Hügelland Pommerellen. Fahrradtouren, Wanderungen oder Ausflüge mit dem Boot lassen hier selbst nach mehreren Tagen keine Langeweile aufkommen.

DER OSTEN: UNBEKANNTES BALTIKUM

CAMPINGPLÄTZE ENTLANG DER ROUTE

❶ Camp Morski (Nr. 21)
★★★★★

Ostsee-Urlaubsplatz mitten in einem Küstenwald, nur einen kurzen Spaziergang vom kilometerlangen Sandstrand entfernt. Auf dem Platz gibt es einen Kiosk, Bäcker und Imbiss.
▶ Ul. Turystyczna 3, 84-360 Łeba, Polen
■ pincamp.de/PN2080

❷ Camping Obuolių Sala/ Apfelinsel
★★★★★

Die herrliche Lage am Grabuostas-See macht den Platz perfekt für einen Zwischenstopp. Eine Sauna auf dem Platz sorgt auch an kälteren Tagen für ein bisschen Wärme.
▶ 33028 Žalvariai, Litauen
■ pincamp.de/LT800

❸ Kaunas Campinn
★★★★★

17 betonierte Standplätze, verkehrsgünstig gelegen, der Strand ist nicht weit. Allerdings liegt der Platz nahe der Autobahn. Ein guter Ort für einen Zwischenstopp.
▶ Raudondvario pl. 161A,
47168 Kaunas, Litauen
■ pincamp.de/LT700

Um von Dreistadt aus nach Litauen zu kommen, bietet sich die Durchfahrt durch die russische Oblast Kaliningrad an. Auf dieser Strecke fallen zwar Visagebühren an, dafür erspart man sich einen Umweg durch das Landesinnere und damit Zeit und Sprit. Und wenn man schon einmal hier ist, kann man sich auch gleich die Stadt Kaliningrad anschauen, die bis 1946 noch Königsberg hieß. Auch wenn von den alten Prachtbauten kaum etwas übrig geblieben ist, lässt sich noch an vielen Stellen im Zentrum die wechselhafte Geschichte der Stadt erleben.

Nach dem historischen Stadtrundgang ist endlich Zeit für Litauen: Nächster Halt ist die Hafenstadt Klaipėda, wo sofort die vielen Fachwerkhäuser ins Auge fallen. Aber vor allem ist die Stadt eine ideale Basis für Wanderungen an der Kurischen Nehrung. Für die schmale Landzunge mit ihren langen Stränden und riesigen Dünen sollte man sich ausreichend Zeit nehmen, denn zwischen Klaipėda und dem Städtchen Nida gibt es jede Menge zu entdecken. Auch der Kurort Palanga weiter nördlich lädt mit seinem endlos erscheinenden Strand zum Entspannen ein. Die 470 m lange Seebrücke und der botanische Garten sind ebenfalls einen Besuch wert.

Ein Abstecher landeinwärts führt nach Šiauliai zum „Berg der Kreuze": Litauer stellen hier seit dem 19. Jahrhundert Kreuze auf und erinnern damit an Gefangene und Opfer von Straflagern in Sibirien. Heute ist der Berg der Kreuze eine Pilgerstätte, an der auch Besucher ihre Kreuze aufstellen können. Nach diesem Ausflug in die bewegte Geschichte des Landes geht es nach Panevėžys, eine Großstadt mit großem Freiheitsplatz, stattlichen Bauwerken aus dem 19. und 20. Jahrhundert sowie einer reizvollen Uferpromenade. Wahlweise kann es ab Šiauliai auch direkt weiter in die litauische Hauptstadt gehen. Vilnius ist eine Stadt voller Gegensätze mit mittelalterlichen Bauwerken im Zentrum und modernen Bauten in den Vorstädten. Ein Muss ist hier ein Besuch im einstigen

Ein Glockenturm aus dem 13. Jahrhundert schmückt den Domplatz von Vilnius.

Armenviertel Užupis, das sich zur selbst ernannten „Republik für Künstler" gemausert hat. Auch die historischen Bauten der Stadt wie der achteckige Gediminas-Turm, der Palast des Großfürsten oder die Kathedrale gehören zum Sightseeing-Pflichtprogramm.

Eine halbe Stunde von der Hauptstadt entfernt liegt das bekannte Dorf Trakai. Hier sollte man unbedingt die gleichnamige Inselburg aus dem 14. Jahrhundert besichtigen, die inmitten des herrlichen Galvé-Sees thront. Auch Wassersportler kommen voll auf ihre Kosten. Weiter geht es nach Kaunas, einem wichtigen Industrie- und Wissenschaftsstandort des Landes. Zwischen den Flüssen Neris und Nemunas (Memel) erstreckt sich die sehenswerte Altstadt mit dem 53 m hohen Rathausturm. Ein Highlight der Stadt ist auch eine Fahrt mit der historischen Standseilbahn zum Aleksotas-Hügel. Etwas östlich von Kaunas befindet sich das Kaunasser Meer, das durch das Aufstauen der Memel entstand.

In Kaunas endet unsere Tour. Hier muss man sich entscheiden, ob man für den Rückweg wieder die Ostsee-Route wählt oder auf der E67 über Marijampolė direkt zur polnischen Grenze fährt und dann quer durchs Land in Richtung Deutschland.

REISEFACTS POLEN
- **Tempolimit:** innerorts 50 km/h, außerorts 90 km/h, auf Kraftstraßen 120 km/h, auf Autobahnen 140 km/h
- **Promille:** 0,2
- **Maut:** Auf bestimmten Autobahnabschnitten werden Mautgebühren fällig.

REISEFACTS LITAUEN
- **Tempolimit:** innerorts 50 km/h, außerorts 90 km/h, auf Autobahnen November–März 110 km/h, April–Oktober 130 km/h
- **Promille:** 0,3 (Fahranfänger 0,0)
- **Sonstiges:** Tagsüber muss das Abblendlicht eingeschaltet werden.

CAMPING GLOBAL: IN ALLER WELT ZU HAUSE

Down Under: unterwegs am Ende der Welt ▸ 135 | *Nordamerika: into the wild* ▸ 139 | *Afrika: Abenteuer für Campingspezialisten* ▸ 143 | *Asien: geführte Reisen ins Camper-Neuland* ▸ 145

Camping ist viel mehr als nur die Suche nach dem schönsten Rastplatz in der Nähe. Für Camping-Enthusiasten ist das mobile Reisen auch eine Möglichkeit, den persönlichen Entdeckerdrang zu stillen. Landesgrenzen spielen dabei meist nur eine untergeordnete Rolle. Ob mit dem eigenen Fahrzeug oder mit gemietetem Zelt, Wohnmobil oder Anhänger: Jeder Teil dieser Erde ist ein potenzielles Campingrevier. Also einsteigen, zurücklehnen und genießen – jetzt wird die Welt erobert.

Der Traum von der Weltreise, immer der Nase nach oder der Sonne hinterher. Schon die Planung eines solchen Projekts verändert das Leben. Und ist man dann schließlich unterwegs, verliert der Alltag mit jedem Kilometer an Gewicht. Doch während es kein Problem ist, in Deutschland und Europa mit dem eigenen Camper unterwegs zu sein, stellen sich bei anderen Zielen völlig neue Probleme. Da ist natürlich erst mal die Entfernung: Je weiter das Ziel entfernt ist, desto mehr Zeit kostet es, überhaupt dorthin zu gelangen. Fahrtzeit lässt sich häufig einsparen, indem man eine gewisse Strecke per Schiff zurücklegt, doch die Kosten für den Transport des eigenen Fahrzeugs sind immens. Eine Alternative ist daher in vielen Ländern die Anmietung eines Mobils, mit dem sich das große Campingabenteuer ohne viel Aufwand realisieren lässt. Noch einfacher ist die Buchung einer All-inclusive-Tour: Damit steht dann nicht nur das Fahrzeug am Urlaubsort bereit, auch die Tour mit allen Stationen und den entsprechenden Platzreservierungen sind in solchen Paketen enthalten.

Die weiten Landschaften Nordamerikas bieten perfekte Strecken für große Campingmobile, die man sich am besten vor Ort ausleiht.

AUF WELTREISE IM NETZ

Mögliche Strapazen, lange Wege und Papierkram sollten kein Grund sein, auf den großen Traum zu verzichten. Wie schön, aufregend und abwechslungsreich es sein kann, mit dem eigenen Wagen die Welt zu entdecken, zeigt der Webblog **die-ausreiser.de** von Manfred Leyendecker-Döring und seiner Frau Karin Döring. Das Paar ist bereits seit 2013 unterwegs und berichtet über Begegnungen und Erlebnisse aus aller Welt.

WELTREISE IM EIGENEN MOBIL: DRAN GEDACHT?

- **Ersatzteile** von exotischen oder älteren Fahrzeugen sind nicht überall verfügbar. Idealerweise sollten einfache Reparaturen selbst durchgeführt werden können.
- **Spritverbrauch** spielt bei langen Strecken eine große Rolle: Je größer und schwerer der Wagen ist, desto höher der Verbrauch und damit die Kosten.
- **AdBlue-Kraftstoff**, der für die meisten Euro-6-Motoren benötigt wird, ist nicht überall verfügbar. Da hilft nur: entweder einen eigenen Vorrat mitnehmen – oder schon von vornherein ein älteres Fahrzeug wählen.
- Das benötigte **Budget** realistisch planen. Grundsätzlich gilt: Je länger man an einem Ort verweilt, desto günstiger wird es. Je entwickelter ein Reiseland ist, desto teurer wird es.
- **Geld** sollte über mehrere Quellen verfügbar sein, da nicht überall alle Kredit- bzw. EC-Karten funktionieren.
- Vor der Reise sollte man sich unbedingt über **Klimabedingungen** (z. B. Regenzeiten oder Hitzeperioden) und **Sicherheitsaspekte** (Kriminalität oder politische Krisenherde) im Zielland informieren.
- Ein gültiger **Reisepass** ist essenziell. Wichtige Dokumente sollten als Scan in einer Internet-Cloud abgelegt werden, damit man schnell Ersatz beschaffen kann.
- Die **Einreisebestimmungen** der jeweiligen Länder prüfen und gegebenenfalls Visa beantragen.
- Fahrer sollten einen **internationalen Führerschein** mitführen. Es empfiehlt sich auch eine Übersetzung des Dokuments in der jeweiligen Landessprache des besuchten Landes.
- Alle **Papiere des Fahrzeugs** inklusive der grünen Versicherungskarte sollten an Bord sein.
- Einige Länder verlangen ein **Carnet de Passages**, wenn man mit dem eigenen Wagen einreist (s. S. 137).
- Vor der Reise ist ein gründlicher **Gesundheits-Check** ratsam. Benötigte Medikamente (z. B. Allergiemittel) müssen in ausreichender Menge mitgeführt, erforderliche Impfungen vor Antritt aufgefrischt werden.
- Geht die Reise in tropische Gegenden, sollten mit einem Arzt notwendige **Impfungen** besprochen werden.
- Eine **Auslandskrankenversicherung**, welche die geplante Reisedauer abdeckt, sollte abgeschlossen werden.
- Ausreichend Wasserkanister für **Trinkwasser** mitnehmen, außerdem Filter und/oder Reinigungstabletten, um Leitungswasser vor Ort zu reinigen.
- Falls man die **Sprache des Ziellands** nicht beherrscht, hilft in Notsituationen ein Buch, in dem Begriffe verständlich per Bild dargestellt werden.
- Um sich nicht zu verirren oder um Umwege zu vermeiden, sollte ein **Navigationsgerät mit weltweitem Kartenmaterial** dabei sein, das auch Tankstellen, Krankenhäuser oder Einkaufsmöglichkeiten anzeigt.

DOWN UNDER: UNTERWEGS AM ENDE DER WELT

Der Traum eines jeden Outdoor-Fans: am Lagerfeuer sitzen und den weiten Sternenhimmel beobachten. Es lockt der Ruf der Wildnis und die Lust aufs Abenteuer. Natürlich kann man auch vor der eigenen Haustür Orte finden, die diese Gefühle hervorrufen. Aber mal ehrlich: Kann man sich Ziele vorstellen, die noch mehr Campingromantik vermitteln als Neuseeland oder das Outback in Australien?

Diese Länder sind Sehnsuchtsziele. Der Weg dorthin ist weit, aber wenn man erst einmal dort ist, wird man gar nicht wieder wegwollen. Es macht also Sinn, ein bisschen Zeit einzuplanen, wenn man nach „Down Under" reisen möchte. Es ist sogar möglich, das eigene Fahrzeug nach Neuseeland oder Australien verfrachten zu lassen. Finanziell ist der Transport per Schiff allerdings – vorsichtig ausgedrückt – eine Herausforderung. Die Investition lohnt sich eigentlich nur, wenn man mehrere Monate unterwegs sein will oder sich gerade sowieso auf einer Weltreise rund um den Globus befindet. Darüber hinaus müssen für die Einfuhr eines Fahrzeugs eine Reihe von Formalitäten geregelt werden, z. B. muss ein sogenanntes Carnet de Passages (S. 137) vorliegen, ein Dokument, das bescheinigt, dass das Fahrzeug nach der Reise auch wieder ausgeführt wird.

So schön es also sein mag, mit dem eigenen Mobil Neuseeland und Australien zu entdecken: Mit einem Miet-Camper fährt man in der Regel günstiger, und man bekommt ihn bei unzähligen Anbietern in verschiedenen Größen, Ausstattungen und Motorisierungen. Bei der Reservierung sollte man daher schon genau wissen, was man vorhat. Will man z. B. hin und wieder abseits der Straßen fahren oder lediglich die im Vorfeld gebuchten Campingplätze anfahren? Im ersten Fall macht ein Allradmobil mit großem Wassertank und Solaranlage Sinn. Im zweiten Fall könnte sogar ein Pkw genügen, geschlafen wird dann in den Mietunterkünften der Campingplätze.

NEUSEELAND

Besonders für Naturliebhaber, Abenteurer und Wanderer ist Neuseeland das perfekte Urlaubsziel – auch wenn man selbst hier inzwischen eine Weile suchen muss, um unberührte Landschaften zu finden. Dafür bietet das Land eine sehr gut ausgebaute Infrastruktur und ein fast schon überwältigend großes Angebot an Campingplätzen. Reisende haben die Wahl zwischen drei unterschiedlichen Platzarten. Rund 200 Plätze werden vom staatlichen DOC (Department of Conservation) betrieben, die Bandbreite reicht dabei von rudimentären Plätzen ohne besondere Ausstattung bis zu den „Scenic Campsites" mit allem Komfort. Darüber hinaus gibt es eine Vielzahl privater Campingplätze, ebenfalls von spartanisch bis luxuriös. Und beim sogenannten „Freedom Camping" können Camper auf ausgewiesenen freien Plätzen übernachten, sofern sie sich respektvoll verhalten und keinen Müll hinterlassen. Dabei ist es natürlich von Vorteil, wenn der Wagen über Toilette und Abwassertank verfügt. Dann weist eine blaue Plakette darauf hin, dass es sich beim Camper um ein „Self-Contained Vehicle" handelt. Aber Achtung: Wildcamping an nicht extra dafür ausgewiesenen Orten ist auch in Neuseeland nicht erlaubt und wird teilweise mit saftigen Geldbußen geahndet.

Ganz Neuseeland bietet sich für atemberaubende Touren an. Auf der Südinsel ist etwa der Fiordland National Park ein schönes und vor allem farbenprächtiges Ziel: Moosgrüner

Für einen Roadtrip durch Neuseeland sollte man viel Zeit einplanen. Optimale Fahrzeuge für jeden Geschmack und in allen Größen gibt es bei verschiedenen Verleihern.

Bewuchs wechselt sich dort mit dem kristallschimmernden Blau der Fjorde und Seen ab. Die wilden Küstenlandschaften und weit ins Land hineinragende Fjorde begeistern jeden Besucher. Ebenfalls auf der Südinsel befindet sich der Nelson Lakes National Park, wahrscheinlich eine der schönsten Gegenden des Landes. Im Norden lockt dagegen der Tongariro National Park, eines der wichtigsten Skigebiete Neuseelands mit mächtigen Vulkankratern und Maori-Malereien. Und wer sich wie ein Hobbit fühlen möchte, sollte durch die Region Waikato nach Matamata fahren, wo die Auenland-Szenen der „Herr der Ringe"-Trilogie gedreht wurden.

REISEFACTS NEUSEELAND
- **Tempolimit:** innerorts 50 km/h, außerorts 100 km/h
- **Promillegrenze:** 0,5 (Fahranfänger 0,0)
- **Sonstiges:** In Neuseeland gilt Linksverkehr. Tagsüber muss mit Abblendlicht oder Tagfahrleuchten gefahren werden.

AUSTRALIEN

Will man Australien wirklich kennenlernen, erkundet man Land und Kontinent mit dem Camper. Reisenden wird ein Leben lang in Erinnerung bleiben, wenn sie einmal einen makellosen Sternenhimmel im Outback bestaunt haben. Unvergesslich sind abendliche Lagerfeuer an traumhaften Orten, wo man gemeinsam mit anderen Travellern ins Schwärmen kommt. Australien, das ist für viele Reisende gleichbedeutend mit Freiheit und Ungebundenheit. Und auch wenn man weiß, dass die Reise irgendwann zu Ende sein wird, unterwegs sammelt man täglich fantastische Erlebnisse auf Vorrat.

Zwei Faustregeln sollten Australien-Camper stets beachten: Bei der Wahl des Fahrzeugs sollte man unbedingt auf einen Allradantrieb setzen. Und wenn eine Tankstelle in Sicht ist, gilt: Man tankt, wenn man kann – und nicht, wenn man muss! In Australien gibt es ein großes Angebot an regulären und meist sehr gepflegten Campingplätzen und Caravan Parks. Fast alle sind mit Küche und Kühlschrank, Duschen mit heißem Wasser, schattigen Plätzen und manchmal sogar mit Pool ausgestattet. Darüber hinaus gibt es eine Vielzahl an Rastplätzen („Rest Areas"), etwa in Nationalparks oder außerhalb von Städten, auf denen man kostengünstig oder sogar frei übernachten kann – sofern dies nicht ausdrücklich verboten ist. Allerdings muss man hier meist auf Komfort verzichten. Generell ist wildes Campen verboten, bei Verstößen drohen saftige Strafen.

CARNET DE PASSAGES

Das vom ADAC ausgestellte Carnet de Passages ist ein **Zoll- und Grenzdokument**, das für die vorübergehende zollfreie Einfuhr eines Fahrzeuges in vielen Ländern außerhalb Europas und in Übersee verlangt wird. Es ersetzt häufig eine Kautionshinterlegung für das Fahrzeug bei Grenzübertritt. Es garantiert, dass das Fahrzeug bei Reiseende wieder ausgeführt wird, und kann für die Einreise in mehreren Ländern genutzt werden. Allerdings gilt das Carnet nur für ein Jahr: Ist man länger unterwegs, muss es erneuert werden. Es enthält zudem keinen Versicherungsschutz für das Fahrzeug, dieser muss separat beim gewünschten Anbieter abgeschlossen werden.

Wer nicht am Uluru (Ayers Rock) war, war auch nicht in Australien. Der gewaltige Sandsteinmonolith steht inmitten des trockenen Red Centre im australischen Bundesstaat Northern Territory. Auch Besuche im Valley of the Winds, bei den riesigen Felsdomen und beim Kings Canyon sollten auf dem Programm stehen. Aber Achtung: unbedingt darauf achten, dass immer genügend Wasser und Sprit an Bord ist. Die nächste größere Stadt Alice Springs ist Hunderte Kilometer entfernt. Eine abwechslungsreiche Tour abseits ausgetretener Pfade verläuft entlang der Küste von Perth bis Darwin – oder umgekehrt. Kaum eine Route bietet so viele Kontraste und einzigartige Erlebnisse: Bei jedem Halt glaubt man, dass es jetzt nicht schöner werden kann – und dann kommt das nächste Highlight. Wie wäre es z. B., bei Monkey Mia im Südwesten Delfine zu füttern oder bei Coral Bay zu schnorcheln? Auch eine Tour von Darwin bis Broome durch die Kimberleys ist ein unvergessliches Erlebnis.

REISEFACTS AUSTRALIEN

- **Tempolimit:** Innerorts 50–60 km/h, außerorts 100–110 km/h (je nach Bundesstaat unterschiedlich)
- **Promillegrenze:** 0,5 (Fahranfänger 0,0)
- **Sonstiges:** In Australien gilt Linksverkehr. Tagsüber muss mit Abblendlicht oder Tagfahrleuchten gefahren werden.

Im Outback Australiens ist man mit einem geländegängigen Mobil am sichersten unterwegs.

NORDAMERIKA: INTO THE WILD

Mit seiner attraktiven Mischung aus faszinierenden Metropolen und abwechslungsreichen Landschaften ist der Norden Amerikas wie geschaffen für ausgiebige Campingtouren. Breite Straßen und großzügige Campingplätze kommen besonders bei Europäern gut an und ermöglichen bequemes Reisen. Für den Roadtrip durch die USA oder Kanada im eigenen oder geliehenen Camper sollte man sich dennoch gut vorbereiten.

Auch in Nordamerika ist das Reisen mit dem Camper außerordentlich beliebt. Doch auch hier gilt: Je weiter das Fernweh reicht, desto schwieriger wird es, die Reise mit dem eigenen Fahrzeug zu unternehmen. Soll es in die USA gehen, muss das Mobil aufwendig verschifft werden, und das hat seinen Preis: Die Frachtkosten können je nach Größe des Mobils mehrere Tausend Euro betragen – one way. Das mag nach viel klingen, doch wenn man plant, mehrere Monate unterwegs zu sein, könnte es sich als kluge Investition erweisen. So ist etwa der Spritverbrauch europäischer Mobile im Vergleich zu amerikanischen Modellen häufig geringer – was sich günstig auf das Tankbudget auswirkt. Zudem spart man die Kosten für ein Mietmobil, die sich bei längeren Touren ganz schön summieren können.

Hinsichtlich der Ausrüstung sollten folgende Besonderheiten bei einer Reise mit dem eigenen Camper beachtet werden: Das Stromnetz in den USA verfügt über eine andere Spannung. Hier kommen 110 Volt aus der Steckdose. Für den Anschluss an den Landstrom wird daher ein Transformator benötigt. Alternativ sind Solaranlagen oder Generatoren empfehlenswert. Zum Füllen des Gastanks oder der Gastankflasche an LPG-Tankstellen sollte man einen Betankungsfilter und einen Adapter dabeihaben. Und wichtig für Touren in die Berge: Auf vielen höher gelegenen Strecken besteht in den USA Schneekettenpflicht.

In den USA und Kanada ist – ähnlich wie in Australien und Neuseeland – das Angebot an Mietwohnmobilen riesig. Allerdings sollte man wissen, dass die Fahrzeuge auf der anderen Seite des großen Teichs größer als europäische Modelle sind, da sie an die Straßenverhältnisse und Entfernungen vor Ort angepasst sind. Auch die Versorgung und Entsorgung wird häufig anders als hierzulande gehandhabt. Viele Verleiher betreiben in größeren Städten, meist in der Nähe von Flughäfen, Abholstationen. Einige Anbieter erlauben gegen eine zusätzliche Gebühr auch die Abgabe an verschiedenen Orten. Ein Rundum-sorglos-Paket, bei dem nicht nur das Fahrzeug, sondern auch gleich die fertig ausgearbeitete Route gebucht wird, ist wohl auch hier die bequemste Art des Reisens. Alle Plätze auf der Strecke sind

TRANSPORT PER SCHIFF

Verschiedene Anbieter schicken Wohnmobile als Frachtgut auf die Reise um die Welt: Zu den wichtigsten zählen **GTG Seefracht** (gtg-seefracht.com), **Trans Global** (transglobal-ils.de) oder **SeaBridge** (seabridge-tours.de). Es lohnt sich, die Preise zu vergleichen. Die Kosten berechnen sich anhand des benötigten Stauraums.

REGELN IN ÜBERSEE

Die deutsche Haftpflicht- und Kasko-**Versicherung** gilt nicht automatisch in den USA und in Kanada, da dort grundsätzlich nicht das Fahrzeug, sondern der Fahrer versichert wird. Dagegen wird in den USA und Kanada der **EU-Führerschein** in den meisten Fällen akzeptiert. Dennoch empfiehlt es sich, einen internationalen Führerschein dabeizuhaben.

bei dieser Variante bereits verbindlich reserviert. Nur noch fahren und genießen muss man selbst.

USA

Im Südwesten der USA locken vor allem die Nationalparks – und mit dem Camper lassen sich diese wunderbar erkunden. Eine atemberaubende Tour verläuft entlang der Pazifikküste über die California State Route 1, die auch Highway 1 genannt wird. Die Straße passiert auf einer Länge von etwa 1000 km eine fantastische Küstenlandschaft und sehenswerte Städte wie San Francisco oder Los Angeles. Gigantische Parks in der Umgebung laden zu lohnenden Abstechern ein. Im Norden breitet sich der Yosemite National Park aus, von den Rocky Mountains geht es in den Sequoia National Park und in die Wüstenlandschaft im Death Valley, vom Grand Canyon im Osten geht es bis hinunter zum Joshua Tree National Park mit seinen markanten Kakteen.

Ein ganz anderes Flair versprüht eine Tour entlang der Ostküste, z. B. auf der Route von New York bis in den Süden nach Florida – eine Traumtour für jeden Camper-Fahrer. Neben einem Besuch in der Hauptstadt Washington D.C. ist hier auch ein Abstecher durch den Shenandoah National Park möglich: über den Blue Ridge Parkway in den Appalachen vom Shenandoah zum Great Smoky Mountains National Park, wo einer der ältesten Wälder der Welt zu bestaunen ist. Weitere Highlights auf der Route sind St. Augustine, die älteste Stadt der USA, sowie Orlando mit seinen traumhaften Stränden und Vergnügungsparks. Mehr als 3000 km hat man zurückgelegt, wenn man es bis nach Miami Beach geschafft hat.

REISEFACTS USA
- **Tempolimit:** von Bundesstaat zu Bundesstaat verschieden; in Kalifornien: innerorts 25–30 mph, auf Interstates 65–75 mph; in Florida: innerorts 20–30 mph, außerorts 50–70 mph
- **Promillegrenze:** 0,5–0,8 (je nach Bundesstaat)
- **Sonstiges:** Zu schnelles Fahren wird streng geahndet, zu langsames Fahren ist ebenfalls verboten.

KANADA

Eine Reise durch Kanada? Das ist für viele gleichbedeutend mit unendlichen Wäldern, idyllischen Seen und Bergen, so weit das Auge reicht. Und genau das bekommen Camper in diesem Land auch geboten, das mit einmaligen Naturschönheiten gesegnet ist.

Eine beliebte Tour führt etwa zum Banff National Park, wo man ein paar unvergessliche Tage in der Wildnis verbringen kann. Von Seattle in den USA sind es etwa zehn Stunden Fahrtzeit bis zu diesem grünen Paradies in der kanadischen Provinz Alberta. Auf dem Weg passiert man Vancouver mit Vancouver Island, einer vorgelagerten Insel, die etwa so groß ist wie Nordrhein-Westfalen. Hier sollte

Die Route 66 zählt zu den berühmtesten Straßen der Welt und ist ein Traumziel vieler Reisender auf der Suche nach dem ultimativen Roadtrip. Entlang der Strecke laden Nationalparks und zahlreiche Campingplätze zum Verweilen ein.

Endlose Straßen durch wilde Naturlandschaften: Kanadas Wälder sind ein Traum für Gerne-Fahrer.

man ruhig eine Weile bleiben und die prächtige Natur genießen – der perfekte Ausgleich zum nahen Großstadtflair. Am Ziel der Tour thront der 2451 m hohe Sulphur Mountain über der Gemeinde Banff. Eine Wanderung zum Gipfel mag anstrengend sein, aber dafür wird man mit einem Blick belohnt, der ganz sicher zu den spektakulärsten Panoramen in Kanada zählt. Auch Thermalquellen gibt es in der Nähe – und die können bis in die Abendstunden besucht werden. Im Johnston Canyon sollte man sich die Wasserfälle Lower Falls und Upper Falls nicht entgehen lassen. Auch der Lake Louise mit seinem türkisfarbenen Wasser lädt in der Nähe zum Verweilen ein. Hier kann man dann auch gleich ein weiteres Kanada-Idealbild abhaken: eine frühmorgendliche Kanutour durch einmalige Seenlandschaften.

REISEFACTS KANADA

- **Tempolimit:** innerorts 50 km/h, außerorts 80 km/h, Autobahnen 100 km/h
- **Promillegrenze:** 0,5–0,8 (je nach Provinz unterschiedlich), Fahranfänger 0,0
- **Sonstiges:** Schulbusse mit leuchtender Warnanlage dürfen auch vom Gegenverkehr nicht passiert werden.

AFRIKA: ABENTEUER FÜR CAMPING-SPEZIALISTEN

Viele Länder auf dem afrikanischen Kontinent laden nicht gerade dazu ein, mit Wohnmobilen oder Wohnwagen unterwegs zu sein, die für europäische Straßen ausgelegt sind. Bei den allermeisten Touren auf dem Kontinent sollte man daher auf ein Allrad-Fahrzeug setzen. Zudem muss man bei Grenzübertritten mit komplizierten Visaverfahren und anderen Formalitäten rechnen. Einfacher wird es deshalb in den meisten Fällen, eine organisierte Campingtour zu buchen. So erhält man ein für das jeweilige Ziel optimal ausgestattetes Fahrzeug und kann bei Bedarf sogar einen Fahrer buchen. Letzteres macht vor allem dann Sinn, wenn man mit den örtlichen Straßenverhältnissen und anderen Eigenarten des Reiselands nicht vertraut ist. Außerdem kennen professionelle Fahrer häufig die besten Foto-Spots und andere Highlights der Region. In vielen Ländern werden zudem Safaritouren angeboten, geschlafen wird dann in Camps mit luxuriösen Zelten.

REISETIPP: SÜDAFRIKA

Ein Traumziel für Camper ist auf jeden Fall die Garden Route in Südafrika. Das milde Klima und die üppige Pflanzen- und Tierwelt locken Urlauber aus aller Welt zu dem Küstenabschnitt zwischen Mossel Bay in der Provinz Westkap und Port Elizabeth in der benachbarten Provinz Ostkap. Nach dem Start in Kapstadt kommt man auch an zahlreichen Nationalparks vorbei, wo Großwildtiere beobachtet werden können – ein Reiseerlebnis, das bei den meisten Afrikaurlaubern ganz oben auf der To-do-Liste steht. An der Küste tummeln sich Wale und Pinguine, und die Weinbaugebiete in den Bergen laden zu ausgedehnten Spaziergängen ein. Mehr Abwechslung geht nicht.

REISETIPP: MAROKKO

Für Camper bietet sich außerdem das reisefreundliche und relativ nahe Marokko als Reiseziel an. Das Land hat eine attraktive Mischung zu bieten: mit Wüstenabschnitten, atemberaubenden Bergwelten im Atlasgebirge, sonnigen Küsten und Palmenoasen. Von Genua in Italien, Sète in Frankreich und Barcelona, Almería, Algeciras und Tarifa in Spanien fahren regelmäßig Fähren nach Tanger, Nador oder zur spanischen Enklave Ceuta. Entsprechend variieren auch die Fahrtzeiten von nicht einmal einer Stunde bis zu gut zwei Tagen. Für die Einreise nach Marokko und einen visumsfreien Aufenthalt von bis zu 90 Tagen muss der Reisepass eine Gültigkeit von mindestens sechs Monaten haben.

Begegnungen mit Wohnmobilen sind hier selten: Großwild im Kruger-Nationalpark in Südafrika.

In Marokko kann man auch in den Wintermonaten Sonne und Wärme tanken.

REISETIPP: KANAREN

Auch wenn die Kanarischen Inseln zu Spanien gehören, liegt die westafrikanische Küste doch viel näher. Die Inseln zählen zu den beliebtesten Winterzielen deutscher Camper, entsprechend gut ist hier die Camping-Infrastruktur. Hin kommt man per Fähre von den südspanischen Städten Huelva oder Cádiz, rund zwei Tage dauert die Fahrtzeit. Das Schlafen im Wohnmobil ist an Bord nicht gestattet. Wer also ausgeruht auf den Inseln ankommen möchte, sollte sich eine Kabine buchen. Auch geimpfte Hunde dürfen mit, wenn alle nötigen Papiere vorliegen.

ASIEN: GEFÜHRTE REISEN INS CAMPER-NEULAND

Das Thema Camping ist in Asien nicht sehr verbreitet, entsprechend dünn sieht es in vielen Ländern mit dem Angebot an Campingplätzen sowie mit Ver- und Entsorgungsstationen aus. In vielen asiatischen Ländern gilt man als Exot, wenn man mit dem Camper reist. Wer sich dennoch für einen Trip in Richtung Osten entscheidet, ist mit einem Offroad-Fahrzeug am besten gewappnet. Auch sollte man sich ganz genau über die Routen informieren, damit man unterwegs nicht versehentlich in einem politischen Krisenherd landet. In den meisten Ländern besteht eine Visumspflicht, bei der Einreise mit dem eigenen Wagen müssen zudem eine Reihe von Formalitäten erledigt werden, häufig wird für den Zoll das „Carnet de Passages" (S. 137) benötigt. Darüber hinaus kommt es immer wieder vor, dass Staaten ihre Einreiseregeln verändern. So durften in Thailand zuletzt offiziell keine privaten ausländischen Fahrzeuge einreisen, die mehr als 3,5 t wiegen. Und will man dort auf der Durchreise an unterschiedlichen Grenzübergängen ein- bzw. ausreisen, bedeutet das eine Menge Papierkram in Bangkok, den meist eine Agentur für teure Gebühren erledigt.

Es gibt auch Anbieter, die sämtliche Reiseformalitäten übernehmen und ihre Kunden auf ausgearbeiteten Reiserouten begleiten. Ganz entspannt geht es dann im eigenen Reisemobil durch Länder, die man ansonsten wohl nicht so ohne Weiteres durchfahren hätte. Auf diese Weise eröffnen sich völlig neue Möglichkeiten. Wie wäre es etwa mit einer Camper-Tour von Berlin durch Russland nach Peking entlang der Seidenstraße?

GLAMPING-TRÄUME

Weitaus bequemer als eine herkömmliche Campingreise ist eine gebuchte Glamping-Tour. Dabei übernachtet man in bereits aufgebauten und teilweise luxuriös eingerichteten Unterkünften professioneller Resorts. Diese Art des Campings hat allerdings nur noch wenig zu tun mit Übernachtungen im Igluzelt mit Isomatte. Wände aus Stoffbahnen oder komfortable Safarizelte vermitteln aber auch hier ein Gefühl der Ungebundenheit – und natürlich die unmittelbare Nähe zur Natur. Beispiele für solche Camping-Resorts gibt es mittlerweile zuhauf, das Rosewood Luang Prabang (rosewoodhotels.com) in Laos mit seinen 75 m² großen Zeltvillen gehört dazu, ebenso wie das Camp Shinta Mani Wild (wild.bensleycollection.com) mitten im kambodschanischen Urwald, um nur zwei von vielen zu nennen. Ähnliche Konzepte gibt es auch in Thailand oder Vietnam. Der Trend zum komfortablen Camping ermöglicht in vielen asiatischen Ländern völlig neuartige Urlaubserlebnisse.

Anders campen: Glamping-Resort Lakeside Rancabali in Indonesien

DER RICHTIGE PLATZ – VON KLASSISCH BIS ALTERNATIV

―――

Ein Klassiker im neuen Gewand: der Campingplatz ▸ 148 | Hilfe, wie finde ich den optimalen Platz? ▸ 151 | Campingführer ▸ 155 | Etappenziel erreicht: der Wohnmobilstellplatz ▸ 156 | Wildcampen: Grenzen der Freiheit ▸ 159 | Alternative Plätze: Es geht auch anders ▸ 164 | Kleine Häuser und große Fässer ▸ 166

Idylle pur: Wer den richtigen Stellplatz mitten in der Natur gefunden hat, bekommt häufig als Bonus eine tierisch gute Nachbarschaft.

Wohin soll es gehen? Auf einen gut ausgestatteten Campingplatz mit allem Drum und Dran oder lieber auf einen Stellplatz ohne viel Extras? Doch worin unterscheiden sich die einzelnen Platztypen eigentlich voneinander – und was macht sie so besonders?

Wer zum ersten Mal mit dem Wohnmobil unterwegs ist, wird in der Regel Campingplätze oder Wohnmobilstellplätze ansteuern. Für Wohnwagen stellt sich die Frage nicht, für sie führt der Weg fast immer auf einen Campingplatz. Zelt-Camper nehmen dagegen auch schon mal eine private Wiese ins Visier. Und dann gibt es noch all jene, die am liebsten ganz ohne Regeln unterwegs sind und die grenzenlose Freiheit suchen. Doch ist das überhaupt erlaubt? Auf den folgenden Seiten erklären wir, was die unterschiedlichen Platzarten auszeichnet und wie man sie findet.

WILD CAMPEN

In Deutschland ist Wildcamping mit Wohnmobil oder Wohnwagen grundsätzlich nicht gestattet. Wer mit dem Zelt oder einem Tarp wandert, hat aber hier und da die Möglichkeit, für eine Nacht sein Lager aufzuschlagen – sofern weder Mensch noch Natur gestört werden. Im Ausland wird das wilde Campen ganz unterschiedlich behandelt, daher sollte man sich spätestens vor Ort über die jeweilige Situation erkundigen.

CAMPINGPLATZ

In den meisten Fällen handelt es sich bei einem Campingplatz um ein eingezäuntes und bewachtes Gelände mit parzellierten oder dafür ausgewiesenen Standflächen. In der Saison ist es vielerorts nicht möglich, spontan zu übernachten, eine Reservierung ist dann oftmals notwendig.

ALTERNATIVEN

Immer häufiger werden private Grundstücke für Camper zur Verfügung gestellt. Egal ob eine Wiese direkt am See oder einfach ein Stück eines Gartens: Vermittelt werden diese individuellen Plätze über spezielle Plattformen im Netz.

WOHNMOBILSTELLPLATZ

Die Stellplätze für Reisemobile eignen sich vor allem für spontane Besuche für nur wenige Nächte. Der Komfort ist nicht sonderlich groß, oftmals sind keine sanitären Einrichtungen vorhanden – weshalb auch nur Wohnmobile mit entsprechenden Einrichtungen auf diesen Plätzen erlaubt sind. Wenn die Übernachtung überhaupt etwas kostet, wird lediglich eine geringe Pauschale pro Fahrzeug verlangt.

EIN KLASSIKER IM NEUEN GEWAND: DER CAMPINGPLATZ

Was die Beliebtheit von Campingplätzen betrifft, darf in den letzten Jahren getrost von einem Boom gesprochen werden: Derzeit gibt es mehr als 3000 Plätze in Deutschland, insgesamt stehen dort weit über 200 000 Standplätze für Wohnmobile oder Wohnwagen zur Verfügung. Zum Teil sind sie luxuriös ausgestattet und bieten vor allem in der Hauptsaison ein vielfältiges Rahmenprogramm. Doch das sind nicht die einzigen Gründe für ihren großen Erfolg.

An dieser Stelle müssen wir mit einem Klischee aufräumen: Man fährt heute nicht mehr auf einen Campingplatz, weil man sich sonst keinen anderen Urlaub leisten kann. Auch wenn nach wie vor ein einfacher Campingurlaub mit einem extrem kleinen Budget möglich ist, gilt das sicher nicht für längere Aufenthalte auf Plätzen mit Komfort. Gerade in der Hochsaison zahlt man hier mittlerweile fast ebenso viel wie für eine Mittelklasse-Hotelübernachtung. Um hohe Preise zu rechtfertigen, legen sich die Betreiber vieler Plätze aber auch mächtig ins Zeug.

Bei der Wahl eines Campingplatzes steht natürlich erst einmal die Lage im Vordergrund. Während Naturliebhaber die Nähe zum Meer, Wald oder Gebirge bevorzugen, schätzen andere eher ein urbanes Umfeld mit Möglichkeiten für Ausflüge zu nahe gelegenen Sehenswürdigkeiten. Je näher ein Campingplatz an einer touristischen Attraktion liegt, desto mehr kostet allerdings der Spaß. Und steht dann noch ein direkter Strandzugang oder ein Shuttle zur nächsten Skipiste zur Verfügung, hat das halt seinen Preis. Dafür stimmt oft das Angebot und beinhaltet alles, was man für den Urlaub benötigt.

BUCHUNG UND ANKUNFT

Bei den meisten Campingplätzen handelt es sich um eingezäunte und bewachte Areale mit parzellierten oder ausgewiesenen Standflächen für Tagesgäste, Urlauber und Dauercamper. Viele Campingplätze bieten zudem Zeltwiesen und spezielle Bereiche für Wohnmobile. Die Preise für einen Standplatz errechnen sich in der Regel aus der Anzahl der Gäste und dem Fahrzeugtyp. Hinzu kommen Kosten für Strom und weitere Serviceleistungen. Viele Plätze bieten auch Rundum-sorg-

Ein guter Platz: Auf Campingplätzen genießt man viel Komfort bei größtmöglicher Freiheit.

Einige Plätze bieten ganz besondere Blickwinkel: Campingplatz Geiranger (Norwegen, pincamp.de/FG8150)

los-Tarife an, die alle anfallenden Kosten während des Aufenthalts enthalten.

Größere Campinganlagen sind für längere Aufenthalte konzipiert, die Betreiber gehen in der Regel von drei Übernachtungen aus. In der Hauptsaison ist es manchmal nicht leicht, seinen Wunschplatz für den gewählten Zeitraum zu bekommen, gerade in der Ferienzeit sollte man rechtzeitig buchen und mit dem Betreiber die An- und Abreisedaten festgelegen. Bei der Anmeldung sind wie in einem Hotel ein paar Formalitäten zu klären. Ist der Platz beschrankt, bekommt man dafür einen (elektronischen) Schlüssel. Für die Waschhäuser stehen häufig Chip-Systeme zur Verfügung, die mit einem Geldbetrag aufgeladen werden. Aber auch Münzsysteme für Duschen oder Waschmaschinen sind noch weit verbreitet.

DER IDEALE CAMPINGPLATZ

Zur Infrastruktur eines typischen Campingplatzes gehören Ver- und Entsorgungsstationen, an denen man Frischwasser tanken und Grauwasser ablassen kann. Auch für die Entsorgung von Toiletten ist gesorgt. Einige komfortable Plätze bieten auch einen Wasserhahn am Standplatz, der für Frischwasser sorgt. Die Stromversorgung wird häufig mit einem Anschluss direkt am eigenen Platz gewährleistet oder mit einem Sammelanschluss nur wenige Meter entfernt.

SANITÄRBEREICH, KÜCHE UND WASCHHAUS

Viele Campingmobile oder Wohnwagen haben eine eigene kleine Nasszelle und ein WC an Bord. Doch gerade bei längeren Aufenthalten an einem Ort nutzen viele Camper lieber die Sanitärbereiche des Campingplatzes. Denn wer hat schon Lust, Tanks mit Schwarz- und Grauwasser zu leeren, wenn großzügige Hygienebereiche zur Verfügung stehen? Neben Einzelduschen und -toiletten gibt es häufig geräumige Familienkabinen, auch Wickeltische sollten inzwischen zum Standard gehören. Immer mehr Campingplätze bieten – natürlich gegen Aufpreis –

private Waschhäuser, die sich teilweise sogar direkt neben der eigenen Parzelle befinden. Gute Campingplätze erkennt man übrigens auch daran, wie häufig die Waschhäuser gereinigt werden.

Für längere Aufenthalte ist außerdem das Vorhandensein von Waschmaschinen und Trockner von Vorteil. Und einige Plätze bieten ihren Gästen mittlerweile auch gut ausgestattete Küchen mit Kochfeldern, Backofen und Mikrowelle, in denen man selbst aufwendige Gerichte gut hinbekommt.

DER ADAC SUPERPLATZ
SUPER 2021

Der ADAC veröffentlicht jedes Jahr eine Liste mit Campingplätzen, die die strengen Kriterien für den „ADAC Superplatz" erfüllen. Dazu werden Inspektoren durch ganz Deutschland und Europa geschickt, die sich vor Ort auf den jeweiligen Plätzen ein genaues Bild machen. Die Bewertung erfolgt **nach festen Kriterien**: Berücksichtigt werden unter anderem die Anzahl und Qualität der Sanitäranlagen, Ausstattung und Pflege des Geländes, Einkaufsmöglichkeiten und Gastronomie sowie Freizeitangebote und Bademöglichkeiten. Insgesamt hat der ADAC bisher rund 130 europäische Campingplätze zu Superplätzen erklärt, die alle direkt auf pincamp.de gebucht werden können.
- pincamp.de/superplatz-d
- pincamp.de/superplatz-eu

GASTRONOMIE UND EINKAUF
Nicht jeder hat im Urlaub Lust, täglich zu kochen. Das wissen auch die Campingplatz-Betreiber, und so gibt es auf den meisten Plätzen mindestens einen Imbiss, der Snacks und Getränke verkauft. Oft ist auch ein echtes Restaurant vorhanden, das nicht selten ein zentraler Treffpunkt ist. Damit es Selbstversorgern an nichts fehlt, gibt es meist auch einen Kiosk oder einen kleinen Supermarkt. Dort findet man dann neben den wichtigsten Lebensmitteln auch Haushaltswaren und Campingzubehör. Auch die Versorgung mit Gasflaschen wird hier sichergestellt. Und wer morgens gerne Brötchen zum Frühstück isst, bekommt sie hier meist ofenfrisch.

SPIEL, SPORT UND UNTERHALTUNG
Für Unterhaltung muss gesorgt sein. Denn heute reicht es nicht mehr aus, einfach nur Zelt- und Stellplätze zur Verfügung zu stellen. Besonders Kindern wird auf Campingplätzen viel Abwechslung geboten, die Bandbreite reicht vom klassischen Spielplatz mit Rutsche und Schaukel über Hüpfburgen und Trampolinen bis hin zur Seilbahn. Pools, teilweise mit Wasserrutschen, sind heute keine Seltenheit mehr. Auch Fahrrad- und Bootsverleih oder Surf-Unterricht gehören heute zun Standard. Einige Campingplätze am Wasser bieten ihren Gästen auch die Möglichkeit, ihr eigenes Boot ins Wasser zu lassen – und gegebenenfalls an einem Anleger zu vertäuen. Wintersport-Plätze stellen beheizte Räume für die Ausrüstung und Wellness-Bereiche mit Saunalandschaft zur Verfügung.

Ähnlich wie in großen Hotelanlagen wird auf großen Urlauber-Campingplätzen Entertainment großgeschrieben, etwa mit einem Animationsprogramm für Groß und Klein, Konzerten und Vorführungen. Darüber hinaus organisieren viele Plätze Ausflüge in die Umgebung.

HILFE, WIE FINDE ICH DEN OPTIMALEN PLATZ?

Es ist gar nicht so leicht, den perfekten Campingplatz zu finden. Und vor allem: Was bedeutet überhaupt perfekt? Die Antwort wird für jeden Camper anders lauten. Um Enttäuschungen zu vermeiden, kann man sich aber bestmöglich vorbereiten.

Erfahrene Camper fragen: Unter Campern gilt häufig die Regel, dass man seinen Lieblingsplatz eigentlich nicht verrät, sonst läuft man ja Gefahr, wegen Überfüllung selbst keinen Platz mehr zu finden. Doch engen Freunden gibt man gerne einen Tipp.

Suchen aus der Vogelperspektive: Wer schon weiß, in welche Region die Reise gehen soll, kann bei der ersten Recherche auch die Satellitenbilder von Google Maps nutzen. Will man z. B. einen Urlaub am Ostsee-Strand verbringen, kann man am Bildschirm die Küste entlangfahren. Dabei findet man auch Campingplätze!

Internet-Bewertungen: Viele Urlauber bewerten besuchte Campingplätze auf Internet-Portalen. Doch individuelle Eindrücke müssen nicht immer den eigenen Maßstäben entsprechen. Hier hilft eine unabhängige Bewertung von Prüfern und Testern. Bei den Campingplätzen auf pincamp.de erhält man beides: eine Nutzerbewertung und eine Einschätzung der Profis.

Reservieren: Gerade in der Hochsaison ist die Nachfrage nach tollen Campingplätzen riesig, die Zahl der Standplätze ist allerdings begrenzt. Wer seinen Reisezeitpunkt kennt, sollte den Wunschplatz rechtzeitig reservieren.

Rundgang vor Ort: Tipps von Freunden oder Platzbewertungen ersetzen nicht die eigenen Eindrücke. So sehen einige Standplätze auf den Lageplänen gut aus, vor Ort entpuppen sie sich aber als unpraktisch. Viele Platzbetreiber erlauben es, vor der Buchung das Gelände und die Einrichtungen anzuschauen, damit man nicht die Katze im Sack buchen muss.

Den Standplatz optimal einrichten: Ist der richtige Ort gefunden, muss das Campingmobil oder das

Zelt platziert werden. Schwierig wird es, wenn der Untergrund schief ist oder wenn es fürs Rangieren sehr eng wird. Auf vielen Plätzen wird vorgegeben, in welcher Richtung Wohnmobile oder Caravans stehen müssen. Doch manchmal hat man die freie Wahl – und die sollte man nutzen. Wer z. B. in der Sonne steht, sollte das Mobil entsprechend ausrichten. Wenn der Boden des ansonsten optimalen Platzes uneben ist und sich die Schieflage nicht mit Auffahrkeilen ausgleichen lässt, kann man immer noch die Position des Bettes verändern.

Für eine entspannte Zeit auf dem Campingplatz gilt es, ein paar Regeln zu beachten.

DAUERCAMPINGPLÄTZE

Ob es die Lage ist, das umfangreiche Angebot oder die optimale Infrastruktur: Viele Camper kommen immer wieder, sobald sie einmal ihren Lieblingsplatz gefunden haben. Und manche entscheiden sich sogar für eine eigene Dauerparzelle, die für eine Saison oder das ganze Jahr gemietet oder gepachtet wird. Solche Parzellen liegen häufig in einem eigens dafür vorgesehenen Bereich eines Campingareals und dürfen von den Mietern im Rahmen der individuellen Platzregeln nach Herzenslust gestaltet und verschönert werden. Da wird dann auch schon mal ein Gartenzaun an der Parzellengrenze aufgestellt, häufig steht im festen Vorzelt ein großer Kühlschrank oder eine bequeme Sitzlandschaft, und ein kleiner Schuppen dient als Abstellraum für Equipment und Fahrräder. Oft wirken diese Bereiche auf den Campingplätzen wie improvisierte Ferienhaussiedlungen. Hier lässt man sich häuslich nieder, man macht es sich hübsch – ganz so, wie es einem gefällt.

DIE REGELN DER FREIHEIT

Auch wenn Camping die große Freiheit verspricht, ist es natürlich wie im wahren Leben: Freiheit unter vielen gibt es nur, wenn man sich an ein paar Regeln hält. Dazu zählen auch die individuellen Hausregeln, die in der Rezeption oder auf dem Platz für alle einsehbar ausgehängt sind. Aber es gibt auch ein paar ungeschriebene Campingplatzgesetze. Im Prinzip gelten auf Campingplätzen die üblichen Regeln für ein gesundes Zusammenleben, die man normalerweise auch im Alltag befolgt. Sie lassen sich mit einem Grundsatz zusammenfassen: Rücksichtnahme. Beherzigt man ihn, ist die Freiheit auf dem Campingplatz (fast) grenzenlos.

RUHEZEITEN

Was den Lautstärkepegel angeht, gelten im Grunde die gleichen Regeln wie in einem Mietshaus – auch wenn Zimmerlautstärke auf dem Campingplatz nicht immer einzuhalten ist. Natürlich erwartet niemand, dass man die ganze Zeit mucksmäuschenstill vorm Zelt oder Camper sitzt. Doch schon aufgrund der Nähe zur nächsten Parzelle sollte jeder im Hinterkopf behalten, dass nebenan jedes Wort oder jede Note mitgehört wird. Damit die Nachbarn gut schlafen können, beginnt die Nachtruhe auf Campingplätzen grundsätzlich um 22 Uhr. Aus diesem Grund sollte man wenn möglich auch auf späte Anreisen verzichten.

MÜLL UND SAUBERKEIT

Beim Campen ist Sauberkeit ein wichtiges Gebot. Es gehört sich einfach nicht, draußen Müll und Essensreste liegenzulassen. Gerade im Sommer locken unsaubere Stellen Ungeziefer und andere Tiere an. Außerdem möchte wohl niemand neben einem Müllplatz seinen Urlaub verbringen. Das Gleiche gilt für die Waschhäuser: Nach dem Abspülen des Geschirrs sollten die Becken gereinigt und ausgewischt werden. Nach dem Duschen gehört es zum guten Ton, mit dem

Wischer kurz den Boden zu reinigen. Und ja, es stimmt, manchmal ist der Weg zum Sanitärbereich ganz schön weit. Dennoch ist es keine Option, sich „ausnahmsweise" in einem Gebüsch zu erleichtern. Eigentlich eine Selbstverständlichkeit – aber wir würden es nicht erwähnen, wenn es nicht immer wieder vorkommen würde.

CAMPINGPLÄTZE AUF PINCAMP.DE

Zahlreiche Plätze werden im ADAC Campingführer (S. 155) mit individueller Bewertung aufgeführt. Zusätzlich gibt es wertvolle Informationen online auf pincamp.de, wo ein Großteil der Plätze auch direkt gebucht werden kann. Alle Campingplätze sind auf der Webseite mit einem aussagekräftigen Profil und einer **Sternebewertung** gelistet. Gelbe Sterne zeigen die ADAC Bewertung an, eine Klassifizierung, für die alle relevanten Ausstattungsmerkmale berücksichtigt werden. Rote Sterne geben die durchschnittliche Nutzerwertung an. Die Kombination beider Bewertungen ermöglicht einen neutralen Blick auf den jeweiligen Platz. Für alle vorgestellten Campingplätze werden aktuelle Daten wie Öffnungszeiten, Preise, Ausstattung, Kontaktinfos und eine Platzbeschreibung angezeigt. Viele der gelisteten Plätze gewähren Rabatte mit der ADAC Campcard (s. S. 352).

MÖBEL UND AUSRÜSTUNG

Nicht jeder Standplatz ist gut beleuchtet. Damit keine Stolperfallen entstehen, sollte man Camping-Equipment nachts beiseite räumen oder zusammenzuklappen. Auch Stromkabel kann man so verlegen, dass niemand Gefahr läuft zu stürzen. Und ein Blick auf die Wetter- und Windvorhersage verrät, ob Markise und Ausrüstung gesichert werden müssen, damit keine Gefahr durch herumfliegendes Equipment entsteht.

GRENZEN

Ein Campingplatz mit Parzellen ist keine freie Wiese, auf der man sich nach Belieben ausbreiten darf. Die Standplatzmarkierung ist die gegebene Grenze des eigenen zur Verfügung stehenden Raums. Wer diese Grenze mit Ausrüstung, Spielsachen oder Sportgerät überschreitet, macht sich bei den Nachbarn in den meisten Fällen nicht beliebt.

GRILLEN

Camping und Grillabende gehören einfach zusammen. Allerdings sollte man auf einem Campingplatz nicht einfach irgendwo seinen Grill aufbauen und loslegen. Vor allem die Windrichtung sollte man im Auge haben, damit Qualm und Gerüche den Nachbarn nicht stören. Auf einigen Plätzen ist zudem offenes Feuer nicht erlaubt, insbesondere in Gebieten mit erhöhter Waldbrandgefahr.

HAUSTIERE

Für Hundebesitzer sollte es bei jeder Gassi-Runde dazugehören, Hinterlassenschaften mit einem Beutel aufzusammeln. Auf vielen Campingplätzen gibt es dafür sogar Beutelspender. Und nicht das Anleinen vergessen, denn das wird auf fast allen Campingplätzen vorausgesetzt. Darüber hinaus sollte man zumindest versuchen, das Gebell des vierbeinigen Campingbegleiters in Grenzen zu halten.

CAMPINGFÜHRER

Mit den passenden Ratgebern bekommt man schon Lust aufs Campen, bevor es überhaupt losgeht. Reisetipps für Deutschland und Europa von erfahrenen Reiseprofis helfen dabei, die eigene Route zu planen, und liefern Ideen für das nächste Campingabenteuer.

YES WE CAMP! DIE SCHÖNSTEN CAMPINGPLÄTZE FÜR FAMILIEN

Wo kann man mit den Kids essen gehen, welche kindgerechten Attraktionen gibt es in der Umgebung? Die beiden Bände der Reihe „Yes we camp! – Familie auf Tour" zeigen, wo es die besten Familienplätze gibt. Dazu werden jede Menge Inspirationen und Tipps geliefert. Der erste Band führt in den Norden Deutschlands, der zweite Band macht Lust auf Camper-Touren durch Süddeutschland, Österreich und durch die Schweiz.
ADAC Reiseführer, Gräfe und Unzer Verlag 2020,
ISBN: 978-3-95689-855-6 und
ISBN: 978-3-95689-854-9

CITY CAMPING: DEUTSCHLANDS SCHÖNSTE STÄDTE NEU ERLEBEN

Die große Campingfreiheit und pralles Stadtleben in einem? Ja, das funktioniert erstaunlich gut! Der City Camping-Führer bietet inspirierende Tipps und empfiehlt die besten Stell- und Campingplätze in Sightseeing-Lage. Für alle, die beim Stadtbummel auf die Vorteile des Campens nicht verzichten wollen. 60 Städte, von den großen Metropolen bis hin zu kleineren Stadtzielen, werden detailliert beschrieben und warten auf ihre Entdeckung.
ADAC Reiseführer, Gräfe und Unzer Verlag 2020,
ISBN: 978-3-95689-933-1

ADAC CAMPINGFÜHRER

Der ADAC Campingführer ist ein echter Klassiker. Kein Wunder, denn kein anderes Werk bietet so viele gebündelte Informationen zu den Campingplätzen Europas. In den beiden Ausgaben „Deutschland und Nordeuropa" und „Südeuropa" werden zusammen fast 6000 Campingplätze aus 37 Ländern beschrieben – mit umfassendem Überblick zu Ausstattung und Angebot. Gesamtbewertungen und die bewährte ADAC Campingplatz-Klassifikation nach verschiedenen Kategorien helfen bei der Auswahl des Urlaubsziels.
Gräfe und Unzer Verlag 2021,
ISBN: 978-3-95689-900-3 und
ISBN: 978-3-95689-899-0

ETAPPENZIEL ERREICHT: DER WOHNMOBIL-STELLPLATZ

Für eine Übernachtung muss es nicht immer ein Campingplatz mit allem Komfort sein. Manchmal genügt auch nur ein ebener Platz, vielleicht noch mit Blick in die Natur oder mit guter Lage in der Nähe von Sehenswürdigkeiten. Wenn es dann noch Strom, sanitäre Einrichtungen sowie Ver- und Entsorgungsmöglichkeiten gibt, ist das Glück des durchreisenden Campers komplett. Allerdings sind solche Plätze nicht für alle Campingarten geeignet.

Der Name Wohnmobilstellplatz sagt es schon: Hier haben Wohnwagen oder Zelte keine Lobby, nur Reisemobile dürfen hier stehen – auch wenn in Einzelfällen Ausnahmen gemacht werden. Ein Wohnmobilstellplatz ist im Prinzip ein Parkplatz für Reisemobile. Die Ausstattung solcher Plätze reicht von „nichts vorhanden" bis „das Nötigste". Stellplätze sind meist in privater Hand oder gehören einer Gemeinde. Für die Nutzung wird eine geringe Pauschale pro Fahrzeug erhoben, an vielen Orten ist die Nutzung sogar kostenfrei. An zusätzlichen Kosten fallen dann nur noch Gebühren für Strom und Wasser an, sofern angeboten. Wenn sanitäre Einrichtungen vorhanden sind, ist deren Ausstattung häufig auf das Nötigste reduziert. Die Toiletten können in der Regel kostenlos genutzt werden, Duschen sind kostenpflichtig. Die meisten Stellplätze haben weder Klo noch Dusche, es wird erwartet, dass die Einrichtungen des Mobils genutzt werden.

Vielerorts verschwimmen jedoch die Grenzen zum Campingplatz. So kommt es vor, dass ein luxuriöser Stellplatz in Norddeutschland besser ausgestattet ist als ein einfacher Campingplatz in Südeuropa. Al-

Wer außerhalb der Saison reist, kann häufig die schönsten Stellplätze ganz ohne Nachbarn genießen.

DER STELLPLATZ-FÜHRER NR. 1

Der ADAC veröffentlicht für Wohnmobilreisende einen **Stellplatzführer** in Buchform, der jedes Jahr aktualisiert wird. Für die internationale Stellplatzsuche per Smartphone gibt es die passende App.

staut wird. Mit etwas Glück und genügend Platz darf auch die Markise genutzt werden, der Aufbau von Vorzelten ist allerdings nicht erlaubt. Generell sind die Plätze nicht dafür geeignet, dass sich Camper großflächig ausbreiten und gemütlich einrichten. Auch Rauchfahnen vom Grill werden meistens nicht gerne gesehen – bzw. gerochen.

VORTEILE UND NACHTEILE

Trotz aller Einschränkungen haben Stellplätze viele Vorteile gegenüber klassischen Campingplätzen – vor allem auf einer Wohn-

lerdings spiegelt sich das dann auch im Preis wider. Doch ganz gleich, wie gut die Ausstattung ist: Stellplätze sind für kurze Aufenthalte konzipiert. Feste An- und Abreisezeiten gibt es nicht, genauso wenig wie einen permanenten Ansprechpartner vor Ort. Sie sind perfekt für einen spontanen Stopp, da eine Platzreservierung meist nicht möglich ist. „First come, first serve", lautet die Devise.

Sofern Platzgebühren erhoben werden, kann man diese häufig ganz bequem an einem Automaten bezahlen, auch Kartenzahlung ist in vielen Fällen möglich. Oft erfolgt die Bezahlung aber über ältere Automaten mit Münzeinwurf. Daher sollte man bei der Anreise immer genügend Bargeld dabeihaben. Die Automatenzahlung hat den Vorteil, dass Reisende nicht auf feste Öffnungszeiten einer Rezeption angewiesen sind. Auf manchen Plätzen kommt einmal am Tag eine Kontaktperson zur Kontrolle oder zum Kassieren der Gebühren vorbei.

Im Vergleich zum Campingplatz stehen die Mobile auf einem Stellplatz dichter beieinander. Auch vor dem Mobil reicht der Platz – wenn überhaupt – meist nur für ein paar Stühle und einen Tisch. Die Nutzung der knappen Freiflächen wird geduldet, wenn das Mobiliar anschließend sofort wieder ver-

MÜLLVERMEIDUNG UNTERWEGS

Eigentlich ist es ganz einfach: Die beste Art Müll zu vermeiden ist, keinen Müll zu produzieren. Und auch unterwegs kann man sich daran problemlos versuchen:

- Speisen zu Hause vorbereiten und in **Vorratsdosen** füllen
- Haltbare Lebensmittel in Gefäße abfüllen und frische Zutaten vor Ort **ohne Verpackung** kaufen
- Keine Wasserflaschen aus Plastik verwenden, stattdessen Trinkwasser in **Kanister** abfüllen
- Reinigungsmittel in **wiederverwendbare Flaschen** abfüllen
- Kaffeezubereitung per „French Press" oder **Espressokanne** vermeidet Kapseln oder Papierfilter
- **Akkus** statt Batterien nutzen

STELLPLATZREGELN AUF EINEN BLICK

Für jeden Wohnmobilstellplatz gibt es individuelle Regeln. Doch es gilt nicht nur die Hausordnung, auch ungeschriebene **Verhaltensweisen** tragen zum Platzfrieden bei. Die folgenden goldenen Regeln sollten eigentlich selbstverständlich sein:

Regel Nr. 1: Ruhe
Stellplätze liegen manchmal sehr zentral oder in der Nähe von Naherholungsgebieten. Klar, dass man hier die eigene Lautstärke möglichst zügeln sollte. Unnötige Motorengeräusche, Generatoren oder laute Musik werden nicht gerne gehört – und schon gar nicht vom unmittelbaren Nachbarn.

Regel Nr. 2: Abstand
Auch bei der Platzierung des Mobils ist Rücksicht oberstes Gebot: Wer zu dicht auffährt, macht sich keine Freunde. Tipp: Wer vom Fahrer- oder Beifahrersitz durchs Fenster das andere Fahrzeug berühren kann, steht zu dicht und darf getrost als „Kuschel-Camper" bezeichnet werden. Am besten richtet man sich nach den Parkmarkierungen. So verhindert man auch, dass zwei Plätze blockiert werden. Und sind die Stellplätze nebeneinander angeordnet, fährt man vorwärts in die Parkbucht, damit man nicht Tür an Tür mit dem Nachbarn steht und so etwas Privatsphäre gewährleistet bleibt.

Regel Nr. 3: Sauberkeit
Im Prinzip gilt – wie auf normalen Campingplätzen – die Regel, dass Camper ihren Platz sauberer verlassen, als sie ihn vorgefunden haben. Auf beengten Stellplätzen ist das besonders wichtig. Auch die Entsorgungsstationen und sanitären Einrichtungen sollten entsprechend den Vorgaben genutzt werden – zumal diese meist seltener gereinigt werden als auf Campingplätzen. Wenn keine Entsorgungsstation vorhanden ist, sollte die WC-Kassette nicht am Frischwasserhahn gereinigt oder im Gulli entleert werden. Und nicht vergessen: immer den Ablasshahn fürs Grauwasser zudrehen!

---

mobiltour, wenn man nur für kurze Zeit an einem Ort bleiben möchte. Die flexible An- und Abreise erlaubt spontane Entscheidungen, und für Strom und Wasser fallen lediglich geringe Kosten an – und nur bei Bedarf. Die Übernachtung auf einem Stellplatz belastet daher kaum das Urlaubsbudget. Und da Reisemobilplätze sich oftmals am Stadtrand, direkt in der City oder in der Nähe von Naherholungsgebieten befinden, ist es nicht weit zur nächsten Attraktion in der Umgebung.

Andererseits lässt sich der Aufenthalt nicht so gut planen, da Reservierungen nicht möglich sind. Das heißt: In der Saison sind die beliebten Plätze schnell voll. Und während Campingplätze mit ihren Zugangskontrollen relativ sicher sind, werden Stellplätze nur selten überwacht. Das hat nicht nur Auswirkung auf das persönliche Sicherheitsgefühl, sondern manchmal auch auf die Sauberkeit: Leider macht sich nicht jeder Gedanken darüber, wie er seinen Stellplatz hinterlässt.

WILDCAMPEN: GRENZEN DER FREIHEIT

Welcher Camper kennt das nicht? Während einer Tour kommt man an einem schönen Platz mit herrlichem Blick in der schönsten Natureinsamkeit vorbei, und am liebsten möchte man gleich ein paar Nächte hierbleiben. Doch: Wildcampen ist in Deutschland generell nicht erlaubt. Und damit könnte dieses Thema bereits zu Ende erzählt sein – wenn es da nicht ein paar Ausnahmen gäbe.

STRENGE REGELN FÜR WOHNMOBILE

Mit dem eigenen Mobil irgendwo in der Einsamkeit stehen und morgens beim Frühstück völlig ungestört die Natur genießen – wahrscheinlich hatte jeder schon einmal solche oder ähnliche romantische Bilder im Kopf, wenn er sich den eigenen Campingtraum ausgemalt hat. Doch auch wenn es tagsüber kein Problem ist, an solchen Orten das ganz persönliche „Vanlife" zu genießen, darf man dort die Nacht nicht verbringen: In Deutschland ist Wildcamping im Fahrzeug nicht gestattet – auch wenn man mancherorts einen anderen Eindruck bekommt. Weil sich einige Camper nicht an die Regeln halten, stellen viele Gemeinden an besonders beliebten Plätzen sogar entsprechende Verbotsschilder auf.

Das Argument dieser Frei-Camper lautet meist: Ich habe ja in meinem Wohnmobil alles an Bord, und so werde ich sicher niemanden stören. Aber das ist leider oft nicht der Fall. Deutschland ist ein dicht besiedeltes Land, und es ist nicht immer ersichtlich, ob man sich gerade auf einem Privatgelände befindet oder nicht. Und in einsamen Naturschutzgebieten stört man eben doch – in diesem Fall schützenswerte Pflanzen und Tiere. Es gibt zwar Plätze, auf denen eine Übernachtung geduldet wird, doch dort nimmt das wilde Campen oft schnell überhand – und wird dann ausdrücklich untersagt. Grundsätzlich gilt: Wer sich nicht an die Regeln hält, muss mit Bußgeldern rechnen. Und je nach Standort kann die Strafe saftig ausfallen.

In einigen Ländern Europas darf man für eine Nacht sein Zelt an schönen Plätzen aufbauen – solange man dies im Einklang mit der Natur macht, niemanden stört und den Ort sauber hinterlässt.

SONDERFALL: BIWAKIEREN STATT CAMPEN

Etwas anders sieht es aus, wenn man ohne Fahrzeug unterwegs ist. Generell ist zwar auch das Zelten in Naturschutzgebieten sowie auf Privatgrund und in Privatwäldern ohne Zustimmung des Eigentümers verboten. Allerdings gilt in Deutschland das sogenannte Betretungsrecht, welches jedem das eigene Recht auf Erholung in der freien Landschaft einräumt. Damit sind theoretisch auch Übernachtungen gemeint, die allerdings nicht mit Campen gleichzusetzen sind. Das Biwakieren, also die Übernachtung ohne Zelt, ist eine rechtliche Grauzone und nicht direkt verboten. Allerdings hat jedes Bundesland eigene Naturschutz- und Waldgesetze, es ist daher unbedingt anzuraten, sich vor einer Tour mit den örtlichen Regeln vertraut zu machen.

DIE AUSNAHME VON DER REGEL

In Deutschland ist eine einmalige **Übernachtung im Fahrzeug** „zur Wiederherstellung der Fahrtüchtigkeit" gestattet – sofern man mit dem Mobil auf einem öffentlichen Parkplatz steht. Achtung: Damit daraus kein verbotenes Camping wird, sollte man keine Möbel aufstellen, grillen oder die Markise ausfahren. Bad und Küche dürfen aber genutzt werden.

WILDES EUROPA? JA. NEIN. ES IST KOMPLIZIERT ...

Generell gibt es in Europa kaum allgemeingültige Gesetze, die ein freies Stehen reglementieren. Die Gemeinden und Kommunen bestimmen die individuellen Vorschriften meist vor Ort. In den skandinavischen Ländern Schweden, Finnland und Norwegen gilt das sogenannte Jedermannsrecht (S. 89), das allen Menschen die Nutzung von unkultiviertem Land ermöglicht, selbst wenn es sich um Privateigentum handelt. Wenn man bei seinen Aktivitäten weder anderen Menschen noch der Natur Schaden zufügt, wird das Übernachten dort toleriert. Allerdings gilt diese Regel auch hier nicht für Caravans oder Reisemobile, lediglich für Zelt-Camper. In der Schweiz gibt es dagegen das Jedermannszutrittsrecht, das auch für motorisierte Camper und Wohnwagen zutrifft. Allerdings gilt es nicht für die gesamte Schweiz. Und in den Niederlanden herrscht ein striktes Freistehverbot, eine Übernachtung am Straßenrand ist damit generell untersagt (anders als z. B. in Deutschland, s. oben). Wer bei der Zuwiderhandlung erwischt wird, muss nicht nur umgehend den Platz verlassen, sondern auch mit einem hohen Bußgeld rechnen. In einigen Regionen Belgiens wird wiederum eine einmalige Übernachtung geduldet, sofern kein Verbotsschild das Gegenteil aussagt. Doch Achtung: Entlang der Küste ist auch hier außerhalb ausgewiesener Stell- und Campingplätze die Übernachtung im Wohnwagen untersagt.

Man sollte es sich also zweimal überlegen, ob man sich in Deutschland oder anderen Ländern einen nicht dafür vorgesehenen Platz für die Nacht wählt. Mitten in der Nacht geweckt und vertrieben zu werden ist das kleinste Problem, hohe Bußgelder schlagen schon mehr ins Gewicht. Um möglichen Ärger zu vermeiden, sollte man sich im Vorfeld einer Reise erkundigen, was vor Ort möglich ist – oder lieber gleich zu einem Stell- oder Campingplatz fahren.

WILDCAMPING MIT DEM WOHNMOBIL: LÄNDER IM VERGLEICH

Fast überall in Europa ist Wildcampen mit dem Wohnmobil verboten. Das schützt die Natur und verhindert Ärger mit Anwohnern. Generell ist beim freien Stehen Rücksichtnahme oberstes Gebot. Hält man sich daran, gibt es regional ein paar Ausnahmen. Ein Überblick zeigt, wo und wie in Einzelfällen eine Übernachtung im Freien geduldet wird.

1 Norwegen Entlang von Straßen darf nur auf Parkplätzen übernachtet werden, wenn zu umliegenden Gebäuden ein Mindestabstand von 150 m eingehalten wird. Darüber hinaus gibt es örtliche Verbote.

2 Schweden Auf Privatgrundstücken ist das Einverständnis des Besitzers einzuholen. Achtung: Das Jedermannsrecht gilt nur für unmotorisierte Reisende. Es gibt aber häufig kostenfreie Naturstellplätze, die auch gut ausgeschildert sind.

3 Dänemark Außerhalb von Campingplätzen ist das mobile Übernachten generell nicht erlaubt.

4 Großbritannien und Irland Camping ist entlang von Straßen und Brücken nicht erlaubt. Auf Parkplätzen ist eine örtliche Genehmigung erforderlich. In Schottland wird das freie Übernachten weitestgehend gestattet, sofern man sich und sein Verhalten am „Scottish Outdoor Access Code" orientiert. In Irland ist Übernachten nur auf ausgewiesenen Plätzen erlaubt.

5 Belgien Auf Straßen und Parkplätzen darf man für maximal 24 Stunden stehen. Auch mit Einverständnis des Grundstückseigentümers ist es verboten, in der Nähe bestimmter Sehenswürdigkeiten länger als eine Nacht zu kampieren.

6 Niederlande Wildcampen ist strikt verboten. Wer es dennoch versucht, muss mit empfindlichen Strafen rechnen.

7 Deutschland Zur Wiederherstellung der Fahrtüchtigkeit darf man für eine Nacht überall dort stehen, wo das Parken nicht ausdrücklich durch die StVO oder Verkehrszeichen verboten ist.

8 Polen In Naturschutzgebieten und an der Küste ist das Nächtigen außerhalb von Campingplätzen verboten. Es gelten lokale Vorschriften.

9 Frankreich Für Übernachtungen auf öffentlichen Plätzen sind Genehmigungen örtlicher Behörden erforderlich. Wohnmobile dürfen maximal sieben Tage auf einem Parkplatz stehen, wenn sie den Verkehr nicht behindern.

10 Österreich Außerhalb von Campingplätzen sind Übernachtungen nur mit Genehmigung erlaubt. Einige Landesteile haben regionale Sondervorschriften.

11 Slowenien Abseits von Camping- und Stellplätzen ist Camping verboten. Das gilt auch für Privatgrundstücke.

12 Spanien In der Nähe von Camping- und Stellplätzen sowie in Wohngebieten ist das Übernachten nicht gestattet. Andernorts wird es örtlich geregelt und meist für drei Nächte geduldet. Vorher erkundigen!

13 Portugal Außerhalb von Campingplätzen sind Übernachtungen grundsätzlich verboten.

14 Italien In Italien sind lokale Vorschriften zu beachten. Unerlaubtes Wildcamping wird mit hohen Bußgeldern bestraft. In Nationalparks und staatlichen Wäldern ist eine Übernachtung generell verboten.

15 Kroatien Übernachten außerhalb von ausgewiesenen Camping- und Stellplätzen ist generell verboten.

ALTERNATIVE PLÄTZE: ES GEHT AUCH ANDERS

Wenn Campingplätze nicht zur eigenen Idee vom Camper-Glück passen, Wohnmobilstellplätze auch nicht infrage kommen und wildes Campen nicht erlaubt ist, werden die Möglichkeiten für einen Campingurlaub knapp. Doch es gibt Alternativen – und die werden immer beliebter. Die Rede ist von privaten Plätzen, auf denen man sich nach Herzenslust einrichten kann und die ab und zu mit ganz besonderen Extras punkten.

Freiheitsliebende Camper müssen an solchen Standorten allerdings häufig auf den Komfort verzichten, den man von traditionellen Campingplätzen gewohnt ist. Nur in Ausnahmefällen gibt es sanitäre Anlagen, Frischwasser, Entsorgungsstationen oder einen Stromanschluss. Freizeiteinrichtungen wie Sportanlagen oder Pools sollte man hier ebenfalls nicht erwarten. Aber für autarke Camper können solche einfachen Plätze die perfekten Urlaubsorte sein. Einzigartig sind sie auf jeden Fall.

Es gibt eine einfache und bewährte Möglichkeit, ganz legal auf privaten Plätzen oder Grundstücken zu übernachten: einfach fragen! Oft haben Grundstücksbesitzer nichts dagegen, wenn man auf ihrem Gelände, das ansonsten gerade nicht genutzt wird, sein Zelt aufschlägt oder das Wohnmobil abstellt – solange man bestimmte Verhaltensregeln einhält, keinen Müll und keine Unordnung hinterlässt.

AB AUFS LAND

Eine beliebte und bequeme Art der Platzsuche bietet der individuelle Stellplatzführer Landvergnügen (landvergnuegen.com). Camper haben bei diesem Anbieter die Qual der Wahl: Mehrere Hundert Stellplätze in ganz Deutschland hat Landvergnügen im Angebot. Vor allem landwirtschaftliche Betriebe, die ihr Gelände für Wohnmobile zur Verfügung stellen, finden sich in dem Buch dieses Netzwerks, außerdem genaue Angaben zur Ausstattung des jeweiligen Areals. Einige Plätze bieten auch Waschmöglichkeiten, Toiletten sowie Stromversorgung. Im Preis des Buchs sind die Übernachtungskosten grundsätzlich enthalten, es wird jedoch gern gesehen, wenn Gäste im jeweiligen Hofladen eine Kleinigkeit einkaufen.

Im europäischen Ausland gibt es ähnliche Angebote, z. B. Pintrip (pintrip.eu) in Dänemark, France Passion (france-passion.com) in Frankreich, Swiss Terroir (swisterroir.ch) in der Schweiz, Britstops (britstops.com) in Großbritannien oder España Discovery (espana-discovery.es) in Spanien.

Vom Bauernhof bis zur Streuobstwiese: Auch außerhalb von Campingplätzen gibt es legale Übernachtungsmöglichkeiten für Mobilisten.

KLEINE HÄUSER UND GROSSE FÄSSER

Campingplätze sind längst nicht mehr Orte, wo man nur mit eigenem Zelt, Wohnmobil oder Caravan eine Parzelle findet. Auch ohne Ausrüstung kann man mittlerweile auf vielen Plätzen einen tollen Urlaub verbringen – zum Teil in sehr skurrilen Unterkünften.

Echte Wände statt Zeltbahnen: Immer mehr Campingplätze bieten komfortable Tiny Houses an.

Es ist manchmal gar nicht so einfach, Nicht-Camper davon zu überzeugen, auf einem Campingplatz zu übernachten. Viele können es sich beim besten Willen nicht vorstellen, in einem Caravan oder – noch schlimmer – in einem Zelt zu schlafen. Doch das müssen sie auch gar nicht, denn das Angebot an alternativen Übernachtungsmöglichkeiten auf Campingplätzen wird immer größer. Und die Grenzen zwischen Camping und traditioneller Beherbergung verschwimmen immer mehr. Für die Betreiber der Plätze haben sich solche Unterkünfte zu einer verlässlichen zusätzlichen

Einnahmequelle entwickelt. In der Hauptsaison findet man kaum noch freie Unterkünfte dieser Art – und das aus gutem Grund. Urlauber können hier die Vorteile eines eigenen Apartments oder eines Campingfahrzeugs genießen, ohne an irgendwelche Anschaffungskosten oder zusätzliche Gebühren denken zu müssen. Man genießt großen Komfort und ist doch ganz nah dran am großen Abenteuer Camping. Man nutzt die umfangreiche Infrastruktur eines Campingplatzes und hat dennoch Privatsphäre. Und man muss für möglichst viel Campingkomfort nicht in ein eigenes Mobil investieren. Für die Verwirklichung des individuellen Glamping-Traums stehen nicht mehr nur leer stehende Wohnwagen oder „normale" Ferienhäuser zur Verfügung. Drei Beispiele zeigen, dass es auch außergewöhnlicher geht.

TINY HOUSES: IM KLEINEN LIEGT DAS GROSSE GLÜCK

Im Trend liegen Übernachtungen in sogenannten Tiny Houses. Diese Kleinsthäuser verfügen trotz kleiner Grundfläche über eine komplette Ausstattung: Es gibt ein kleines Bad und eine Küche, der Wohnbereich ist geräumig, und häufig befindet sich das

Von wegen winzig: Tiny Houses bieten sogar Familien genügend Platz.

Schlafzimmer in einem separaten Raum oder auf einer Galerie. Viele dieser kleinen Häuschen haben als Unterbau ein Chassis mit Bereifung, wodurch sie mit einem leistungsstarken Zugfahrzeug auch bewegt werden können. Es kann also durchaus sein, dass das Lieblingsdomizil aus dem letzten Urlaub im nächsten Jahr an ganz anderer Stelle steht. Tiny Houses gibt es inzwischen in

FASS MIT SEEBLICK

Campingplatz Pilsensee
★★★★☆

Südwestlich von München befindet sich in idyllischer Lage dieser Campingplatz mit rund 200 Stellplätzen für Wohnwagen und Wohnmobile. Neben Mobilheimen und kleinen Jagdhütten können Urlauber auch große Schlaffässer für bis zu vier Personen mieten. Deren Ausstattung ist spartanisch, dafür befinden sie sich direkt am See, und es gibt einen Kühlschrank für die mitgebrachten Lebensmittel und Getränke.
▶ Am Pilsensee 2, 82229 Seefeld, Bayern
■ pincamp.de/SB6150

allen erdenklichen Formen und Arten: vom Bungalow mit Flachdach über ausgebaute Schiffscontainer bis hin zum kleinen Traum aus Holz – inklusive Spitzdach und Schornstein. Gemeinsamer Nenner bei all diesen Konzepten ist der bauliche Minimalismus, der aber nicht bedeutet, dass man auf wichtige Dinge verzichten muss. Viele Urlauber wissen diese Wohnform auf Campingplätzen mittlerweile zu schätzen. Manche kommen auch auf den Geschmack und wollen danach selbst ein solches Objekt kaufen. Es ist ein bezahlbarer Traum: Tiny Houses kosten inklusive Grundstück häufig weniger als eine kleine Wohnung in zentraler Großstadtlage.

SCHLAFFÄSSER: ÜBERNACHTEN WIE DIOGENES

Es ist wirklich keine ganz neue Idee, ein Fass als Schlafplatz zu nutzen – das zeigt schon die Anekdote vom genügsamen griechischen Philosophen. Doch trotz des historischen Vorbilds ist es noch immer etwas Besonderes, ein paar Nächte in einer solchen Behausung zu verbringen. Ein Fass ist gemütlich und für Paare eine romantische Abwechslung. Innen riecht es nach Holz, der Klang und die Atmosphäre sind einzigartig. Viele Campingplätze sind dem Trend gefolgt und bieten mittlerweile Schlaffässer auf ihrem Gelände, die je nach Größe von spartanisch bis komfortabel ausgestattet sind. In die kleinere Variante passen gerade einmal ein Bett und das Gepäck der Gäste. Das Urlauberleben findet dann vor dem Fass statt, ganz so, wie es Camper schließlich gewohnt sind. Größere Fässer können auch schon mal über eigene sanitäre Einrichtungen und eine kleine, voll ausgestattete Küchenzeile verfügen und ausreichend Platz für mehr als nur zwei Personen bieten.

BAUMHÄUSER: SCHLAFEN IN LUFTIGER HÖHE

Ein eigenes Baumhaus anzufertigen und darin zu übernachten ist ein weitverbreiteter Kindheitstraum. Doch für die Verwirklichung fehlt es häufig schlicht am passenden Baum im eigenen Garten, der in der Lage ist, ein solches Haus samt Insassen zu tragen. Und auch wenn sich so ein lang gehegter Wunschtraum nie erfüllen wollte, bleibt der Reiz doch insgeheim bestehen, auch bei Erwachsenen. Auf manchen Campingplätzen bietet sich heutzutage die Gelegenheit, den alten Traum aus der Kindheit doch noch Wirklichkeit werden zu lassen, und sei es nur für ein paar abenteuerliche Tage im Urlaub. Doch wie das so mit romantischen Vorstellungen von einst ist: Auf einen

NATURCAMPING IM EIGENEN HAUS

Naturcampingplatz Salemer See
★★★☆☆

Auf dem naturbelassenen Gelände ist nicht nur jede Menge Platz für Wohnwagen und Wohnmobile. In der Zeit von April bis Oktober steht dort auch direkt am See das moderne Green Tiny House mit großen Panoramascheiben zur Verfügung. Bis zu vier Personen finden dort ausreichend auf 22 m² genügend Platz.
▶ Seestr. 33, 23911 Salem, Schleswig-Holstein
■ pincamp.de/SL9650

Wer beim Camping hoch hinaus will, ist in einem Baumhaus gut untergebracht.

gewissen Komfort möchten die meisten Gäste im Erwachsenenalter dann doch lieber nicht verzichten. Deshalb nächtigt man bei diesen Angeboten nicht in einem einfachen Bretterverschlag auf einer Astgabel, sondern in mal mehr, mal weniger komfortablen Minihäusern auf Bäumen oder Stelzen. In einigen Baumhäusern ist gerade genug Platz, um ein Bett unterzubringen, manchmal ist nicht einmal Strom verfügbar. In anderen Häusern gibt es sogar Kühlschränke und einen eigenen sanitären Bereich – und genug Platz, um dort mit mehreren Personen bequem zu übernachten. Manchmal verfügen diese Baumhäuser sogar über eine kleine Veranda, auf der man entspannt sitzen und das Treiben in den Baumwipfeln beobachten kann. Hinauf geht es über Leitern oder Treppen. Doch damit nicht genug: Es gibt sogar ganze Baumhaus-Hotels, die luftige Unterkünfte in der Glamping-Luxusklasse anbieten! Das ist dann zwar kein Camping mehr im herkömmlichen Sinne, es macht aber dennoch abenteuerlichen Spaß.

GLAMPING FÜR SCHWINDELFREIE

Kennemer Duincamping Geversduin
★★★★☆
In den Niederlanden liegt nördlich von Amsterdam der Campingplatz Geversduin. Neben einer großen Zahl an Stellplätzen für Wohnmobile, Caravans und Zelte können Urlauber unterschiedliche Mietunterkünfte buchen. Beim Baumhaus gibt es Luxus pur, der Blick geht direkt aufs Meer.
▶ Beverwijkerstraatweg 205, 1901 NH Castricum Niederlande
■ pincamp.de/WH1750

ANKOMMEN

Camping für jeden Geschmack: So gut ist die Campingküche ▸ 172
Camping für alle Bedürfnisse: Alles geht, nichts muss ▸ 189
Nachhaltig campen: unterwegs mit Köpfchen ▸ 224

CAMPING FÜR JEDEN GESCHMACK: SO GUT IST DIE CAMPINGKÜCHE

Kulinarisches Equipment: Alles für die Camper-Küche ▸ 176 | *Camping-Kochbücher* ▸ 177 | *Rezeptideen für mobile Köche* ▸ 180

Es gibt sie noch, die Camper, die vor ihrem Zelt sitzen und auf kleinem Gasbrenner eine Dose Ravioli aufwärmen. Und auch wenn das mit kulinarischem Genuss recht wenig zu tun hat, zeigt es doch, dass beim Camping nach wie vor alles erlaubt ist, was gefällt und schmeckt. Der Trend weist aber ganz klar in eine andere Richtung: Die Kochgelegenheiten in vielen Wohnmobilen und Caravans müssen sich nicht mehr hinter den Ausstattungen heimischer Küchen verstecken, sogar Backöfen oder Mikrowellen sind keine Seltenheit mehr. Und da beim Campen ein Großteil der Zeit draußen verbracht wird, gehören natürlich auch Grill und Lagerfeuer zum Küchen-Einmaleins. So eröffnen sich völlig neue Möglichkeiten, an die zu Hause in den eigenen vier Wänden gar nicht zu denken wäre.

Mit dem richtigen Equipment ist die Zubereitung von Speisen auch im kleinsten Campingmobil problemlos machbar.

GENUSS MIT HINDERNISSEN

Eine Reihe von Kochbüchern zum Thema Campingküche (s. auch S. 177) demonstrieren eindrucksvoll, was mit dem mobilen Equipment auf den Teller gezaubert werden kann – und das sieht meist nicht nur lecker aus. Vieles lässt sich auch mit begrenzter Ausstattung sehr gut nachkochen. Doch es lässt sich nicht alles schönreden: Die mobile Küche hat auch ein paar Nachteile – besonders bei schlechtem Wetter. Da ist zunächst einmal der Mangel an Arbeitsflächen zu nennen, mit dem man sich beim Kochen irgendwie arrangieren muss. Nur selten steht im Fahrzeug eine große Arbeitsplatte zur Verfügung. Deshalb sollten Campingköche bei der Zubereitung sehr gut organisiert vorgehen. Andernfalls sieht das Mobil schnell aus wie ein Küchenschlachtfeld. Außerdem sorgt der enge Raum dafür, dass sich Essensdüfte und Dämpfe nicht so leicht verflüchtigen können – eine gute Lüftung ist daher enorm wichtig. Schließlich möchte niemand den Essensgeruch vom Vortag in der Kleidung oder in den Polstern haben. Besitzer eines Vorzelts sind beim Thema Kochen klar im Vorteil, besonders bei längeren Aufenthalten. Damit kann einfach ein Teil des Küchenequipments nach draußen verlagert werden, und der Wagen bleibt frei von Gerüchen und Küchenchaos.

Nach dem Essen macht sich schnell ein weiterer Nachteil der Campingküche bemerkbar: die Spülsituation. Nur wenige Camper haben eine Geschirrspülmaschine an Bord – und wenn, reicht diese meist nur aus für zwei Geschirrsets. Außerdem kann eine Spülmaschine nur an Plätzen mit Stromanschluss genutzt werden, da die Bordbatterie dafür meist zu wenig Power hat. Es hilft also nichts: Es muss per Hand gespült werden. Im Wagen ist das Becken sehr klein, das Wasser aus dem Frischwassertank muss

KÜCHENKNIFFE FÜR CAMPER

- Wird im Fahrzeug gekocht, sollte man von einigen Rezepten besser die Finger lassen – besonders **Gerichte mit intensiven Aromen** und bleibenden Gerüchen sind mit Vorsicht zu genießen. Ideal sind Rezepte, die maximal zwei Gasflammen gleichzeitig benötigen. Auch von Gerichten, die lange Garzeiten voraussetzen, ist abzuraten.
- Das vorhandene **Kochequipment lässt sich zweckentfremden**: Ein Salat lässt sich statt in einer Schüssel auch im Kochtopf anrichten. Und Kaffeetassen sind hervorragende Behältnisse für Dips und Soßen.
- Eine Sprühflasche, die mit einem **Wasser-Spülmittel-Gemisch** gefüllt ist, kann zur Vorreinigung von Geschirr verwendet werden.
- Wer seinen Gasgrill unter dem Brenner mit **Alufolie** auskleidet, schützt ihn vor Fett und Einbrennungen, die Reinigung geht schneller. Sobald sich die Folie verfärbt, sollte sie getauscht werden.
- Ein elektrischer **Wasserkocher** sollte dazu genutzt werden, das Nudelwasser vorzuheizen. Auf diese Weise wird Gas gespart.
- **Pfannkuchenteig** kann man gut vorbereiten. Füllt man ihn in ausgewaschene Plastikflaschen, nimmt er im Kühlschrank wenig Platz ein und lässt sich hervorragend portionieren.

energieaufwendig mit einem Boiler erhitzt werden. Und nach dem Spülen landet das verschmutzte Wasser schließlich im Grauwassertank, der regelmäßig geleert werden muss. Beim Campen kommt das Wasser eben nicht einfach so aus der Wand, und das Abwasser verschwindet nicht auf Nimmerwiedersehen im Abfluss. Hinzu kommt, dass sich Kochnischen im Camper aufgrund ihrer geringen Größe schnell zum Eldorado für Insekten entwickeln können, weshalb sie nach jeder Benutzung gründlich aufgeräumt und gereinigt werden sollten. Geübte Camper haben mit diesen Widrigkeiten keine Probleme, weil sie den geringen Platz optimal ausnutzen und für sich ein paar individuelle Küchenkniffe entwickelt haben. Und auch auf dem Campingplatz gilt: Gutes Equipment ist der erste Schritt zum Küchenglück.

DAS ZUVIEL VON HEUTE IST DAS ESSEN VON MORGEN

Es gelingt nur selten, die Menge des zubereiteten Essens auf den Punkt genau zu dosieren – häufig bleibt noch etwas übrig. Das ist auch beim Camping so. Zu Hause lassen sich Reste bequem einfrieren und lagern. Dafür fehlen auf dem Campingplatz normalerweise der Platz und die technischen Voraussetzungen. Dennoch sollte man die Reste nicht einfach entsorgen. Wer ein paar luftdicht verschließbare Behältnisse an Bord hat, kann die Überbleibsel der Camper-Mahlzeit gut verstauen. Auch benutzte und ausgewaschene Gläser eignen sich sehr gut zur Aufbewahrung. In den meisten Fällen halten die so geretteten Speisen locker einen Tag auch ohne perfekte Kühlung.

Zum perfekten Campingerlebnis gehört auch das Kochen der eigenen Mahlzeit im Freien. Ein Campingkocher und ein wenig Improvisation – mehr braucht es nicht zum kulinarischen Glück.

RASTPLATZKÜCHE

Auch wenn es vielleicht technisch kein Problem darstellt: Die **Essenszubereitung während der Fahrt** sollte man sich unbedingt verkneifen. Ein abruptes Bremsmanöver kann schnell dazu führen, dass Töpfe und Pfannen – mitsamt dem heißen Inhalt – ins Rutschen geraten. Wenn bei längeren Touren der Hunger anklopft, sollte man also besser auf den nächsten Rastplatz fahren und dort etwas zubereiten.

Erfahrene Campingköche erkennt man auch daran, dass sie ein breites Arsenal an Wiederverwertungsrezepten parat haben: So werden aus alten Brötchen am Tag darauf „arme Ritter". Gekochte Kartoffeln werden zu Bratkartoffeln. Und Nudeln können sehr gut zu einem Salat verarbeitet werden. Reis, Couscous oder Bulgur eignen sich ebenfalls als Grundlage für schmackhafte Salate. Reis vom Vortag lässt sich zudem wunderbar mit Kokosmilch verlängern oder für ein Currygericht nutzen. Und Pfannkuchen – ein beliebter Dauerbrenner der Campingküche – können jederzeit kalt mit Banane und Nougatcreme als Snack gereicht werden.

Am Ende soll es schmecken, ganz gleich, welches Rezept gekocht wird. Denn stimmt das Essen, sind alle zufrieden und der Campingurlaub ist gleich noch etwas entspannter. Und damit das Kochen auf engem Raum gelingt, haben wir nicht nur ein paar Campingrezepte zusammengestellt, sondern verraten auch, welche Ausrüstung sich beim Camping bewährt hat. Guten Appetit!

KULINARISCHES EQUIPMENT: ALLES FÜR DIE CAMPER-KÜCHE

Auch unterwegs wird geschlemmt – wenn auch etwas anders als zu Hause. Gekocht wird auf Gaskocher und Grill, im Camper-Mobil oder in der Küche des Campingplatzes. Mit dem richtigen Zubehör und den passenden Immer-dabei-Zutaten gelingen trotzdem herrliche Gerichte.

Beim Camping kann die kulinarische Versorgung meist auch ohne eigene Kochambitionen gewährleistet werden. Auf Dauer kann der Besuch bei Restaurant, Imbiss und Kiosk aber erheblich ins Geld gehen. Eine eigene Campingküche, die sich auf das Wichtigste beschränkt, spart Zeit und Geld. Eine Alternative ist die überdachte Kochgelegenheit, die auf vielen Campingplätzen mittlerweile Standard ist. Hier wird oftmals sogar das passende Kochgeschirr zur Verfügung gestellt. Dabei sollte man allerdings stets im Hinterkopf behalten, dass man nicht der einzige Camper ist, der dieses Equipment nutzen möchte.

DER GESCHIRRKASTEN

Campinggeschirr sollte vor allem robust, einfach zu reinigen und leicht sein. Verschiedene Varianten haben ihre Vor- und Nachteile. **Kunststoffgeschirr** ist praktisch, allerdings fehlt bei der Nutzung die Sinnlichkeit. Geschirr aus bruchfestem **Melamin** oder **Bambus** ist sehr populär, aber aufgrund von Schadstoffen sollte man es nicht bei hohen Temperaturen nutzen. Eine Alternative ist Geschirr aus **Stahlblech** oder **Emaille**, das jedoch Verbrennungsgefahr für Finger und Lippen birgt. Bruchfestes Geschirr, das aus **drei Schichten Glas** besteht, wird daher immer beliebter, z. B. vom Hersteller Corelle, auch Ikea hat eine entsprechende Serie im Programm.

GAREN IM UND AM CAMPER

Der klassische Campingkocher besteht aus einer kleinen Gasflasche und einem Gestell für den Topf. Die Kocher sind meist handlich und lassen sich platzsparend transportieren. Die fest verbauten Gasherde im Wohnwagen oder Wohnmobil bieten dagegen zwei bis drei Kochfelder und werden mit einer großen Gasflasche betrieben. Damit kann man dann schon fast wie zu Hause kochen. Zur perfekten Campingküche gehört selbstredend auch ein Grill, der entweder mit Gas oder mit Holzkohle betrieben wird. Zu den Gasflammen kommen so weitere Möglichkeiten zum Garen der Speisen: Grill oder sogar Lagerfeuer. Eigentlich fehlt es also an nichts. Doch Vorsicht: Im Sommer ist das Grillen aufgrund der erhöhten Brandgefahr nicht auf jedem Campingplatz erlaubt.

Die Küche eines Camper-Mobils oder Wohnwagens mag zwar klein sein. Doch bei Bedarf wird der Kochbereich einfach nach draußen verlagert. Und selbst wer nur einen Gaskocher dabeihat, muss sich nicht mit einer Dose begnügen. Es gibt jede Menge leckere Gerichte (S. 180), die sich mit nur einer Flamme hervorragend zubereiten lassen.

CAMPING-KOCHBÜCHER:

Kochbücher gibt es wie Sand am Meer. Doch häufig sind die darin aufgeführten Rezepte so umfangreich und erfordern so viel Zubehör und Zutaten, dass man die Gerichte kaum im Wohnmobil oder Caravan nachkochen kann. Doch es gibt ein paar Ausnahmen, die jede Bordküche bereichern.

DIE FAMILIEN-CAMPINGKÜCHE

Es gibt kaum etwas Schöneres, als im Campingurlaub unter freiem Himmel im Kreise der ganzen Familie zu essen. Dabei sollte das Kochen natürlich mindestens so unkompliziert sein wie das Campingleben selbst. Kein Problem: Dieses mit viel Herzblut zusammengestellte Kochbuch voller Lieblingsgerichte sorgt dafür, dass die Ideen für gutes Essen während der Reise nicht so schnell ausgehen. Alles, was man dafür braucht, sind ein Gaskocher oder zwei Herdplatten, ein bisschen Equipment und natürlich Lust am Kochen!
Gräfe und Unzer Verlag 2019,
ISBN: 978-3-8338-6848-1

CAMPINGKÜCHE MIT 5 ZUTATEN

Im Camper ist die Küche klein, und auch der Platz für die Zutaten ist begrenzt. Doch das ist keine Entschuldigung für fantasielose Küche oder Fertiggerichte. Die Autorin Sonja Stötzel ist selbst mit Campingurlauben groß geworden und weiß, dass man unterwegs nicht immer ein Fünf-Sterne-Menü zaubern kann. In ihrem Buch stellt sie leckere Gerichte vor, die auch ohne großen Aufwand gelingen. Es gibt Rezeptideen für kalte und warme Gerichte, aber natürlich kommen auch Naschkatzen nicht zu kurz. Außerdem wird verraten, welche Grundausstattung man dabeihaben muss, wenn es mit der Campingküche klappen soll.
GU Küchenratgeber, Gräfe und Unzer Verlag 2021,
ISBN: 978-3-8338-7847-3

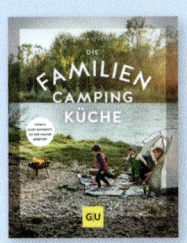

NOCH MEHR KOCHIDEEN

Mehr Essen zum Lesen? Auf pincamp.de gibt es Tipps für die perfekte Campingküche und leckere Gerichte zum Nachkochen: pincamp.de/campingkueche.

DIE WICHTIGSTEN KÜCHEN-GADGETS

*Gutes Equipment macht Spaß und sorgt für weniger Stress in der Campingküche.
Mit diesen Küchenutensilien ist man für alle Kochabenteuer bestens gerüstet.*

Espressokocher
für den Herd

Gaskocher
(falls keine Kochstelle
an Bord ist)

Schere

Omnia-Backofen
(für fortgeschrittene
Campingköche)

Dosenöffner

Wäscheklammern
(zum Verschließen offener
Packungen)

Teller, Tassen, Schüsseln
(möglichst leicht
und robust)

Geschirrtücher

Lunchboxen oder
Einmachgläser mit Deckel

Schneidebrett

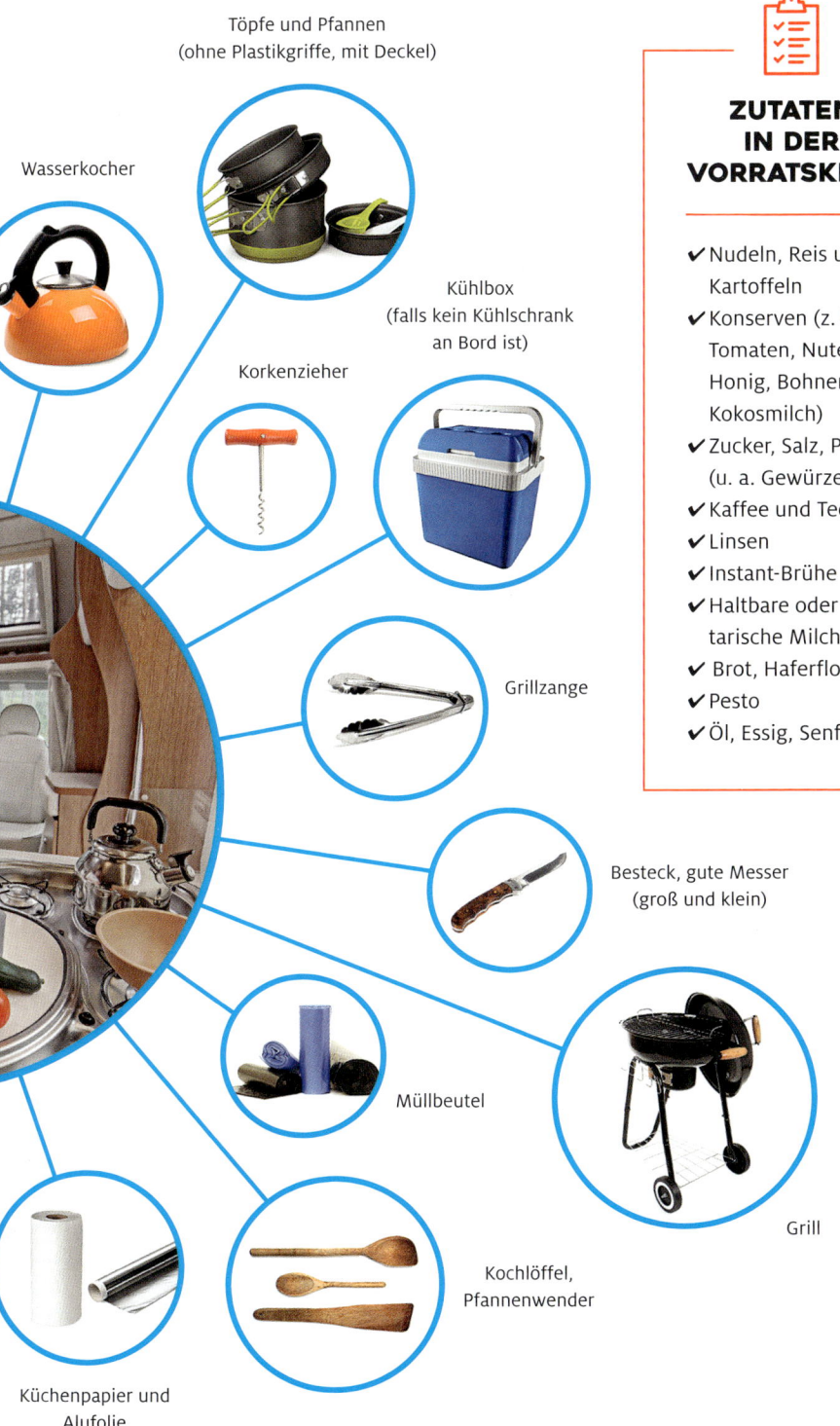

Wasserkocher

Töpfe und Pfannen
(ohne Plastikgriffe, mit Deckel)

Korkenzieher

Kühlbox
(falls kein Kühlschrank an Bord ist)

Grillzange

Besteck, gute Messer
(groß und klein)

Müllbeutel

Grill

Kochlöffel, Pfannenwender

Küchenpapier und Alufolie

ZUTATEN IN DER VORRATSKISTE

- ✔ Nudeln, Reis und Kartoffeln
- ✔ Konserven (z. B. Tomaten, Nutella, Honig, Bohnen, Kokosmilch)
- ✔ Zucker, Salz, Pfeffer (u. a. Gewürze)
- ✔ Kaffee und Tee
- ✔ Linsen
- ✔ Instant-Brühe
- ✔ Haltbare oder vegetarische Milch
- ✔ Brot, Haferflocken
- ✔ Pesto
- ✔ Öl, Essig, Senf

Küchenjongleure müssen beim Camping nicht zum Fertiggericht greifen.

REZEPTIDEEN FÜR MOBILE KÖCHE

Keine Lust auf Nudeln mit Pesto aus dem Supermarkt oder einen Besuch im Campingplatz-Restaurant? Kein Problem, denn auch beim Camping muss man nicht auf selbst gemachte Leckereien verzichten. Garantiert hat jeder Camper seine eigenen Lieblingsrezepte für unterwegs, doch ab und zu freut sich jeder über Anregungen und etwas Abwechslung auf dem Speiseplan. Vom selbst gebackenen Apfelkuchen über stärkende Hauptgänge bis zum raffinierten Dessert: Wir haben ein paar Rezepte zusammengestellt, die selbst in der kleinsten Camper-Küche gelingen.

FÜRS LAGERFEUER: STOCKBROT MIT BRATWÜRSTCHEN

Zutaten:
1/2 Päckchen Trockenhefe
250 g Mehl
1 Prise Zucker, (grobes) Meersalz
1 TL kalte Butter
4 Bratwürste
2 EL Olivenöl

Zubehör: kleine und große Schüssel, Esslöffel, Kochlöffel, Grill, Schneidebrett, Schneidemesser, 4 Stöcke (lang, dünn und möglichst glatt, z. B. Weidenstöcke)

Zubereitung: Die Hefe mit 150 ml warmem Wasser in die kleine Schüssel geben und unter Rühren in der Flüssigkeit auflösen, dann ca. fünf Minuten stehen lassen. Inzwischen in der großen Schüssel das Mehl mit Zucker und einer Prise Meersalz vermischen. Das Hefewasser zum Mehl gießen und alles zunächst mit dem Kochlöffel vermischen, dann mit den Händen zu einem Teig verkneten. Zum Schluss noch die Butter unter den Teig kneten, bis dieser schön glatt ist. Abgedeckt an einem warmen Ort eine Stunde gehen lassen. Den Grill anheizen (oder auch ein Lagerfeuer vorbereiten). Den Teig auf dem bemehlten Schneidebrett noch einmal kurz durchkneten, dann in vier gleich große Stücke teilen. Jedes Teigstück zu einer ca. 20 cm langen Rolle formen. Jede Bratwurst dritteln und die Wurststücke mit 2 cm Abstand auf einen Stock spießen. Je eine Teigrolle um jeden Stock zwischen die Würstchenstücke wickeln. Den Teig mit Olivenöl bestreichen.

Die Stockbrote auf den Rost legen und ca. zehn Minuten grillen, bis sie vollständig durchgegart und knusprig sind. Dabei den Stock immer wieder drehen, damit Brot und Würstchen nicht auf einer Seite verbrennen.

STATT POMMES: KARTOFFELN AM SPIESS

Zutaten für 2 Portionen:
8 festkochende Kartoffeln
4 Zweige Rosmarin oder Thymian
grobes Meersalz
4 EL Olivenöl

Zubehör: Grill, Sparschäler, großes Schneidebrett, Schneidemesser, 4 lange Holzspieße, Grillzange

Zubereitung: Den Grill anheizen. Die Kartoffeln schälen und waschen. Dann jede Kartoffel quer so in dünne Scheiben schneiden, dass diese unten noch gut zusammenhängen und eine Art Fächer entsteht. Den Rosmarin abbrausen und trocken schütteln, die Blättchen abzupfen. Die Kartoffelfächer vorsichtig auseinanderbiegen und die Rosmarinblättchen zwischen die Scheiben stecken. Mit Meersalz bestreuen und mit dem Olivenöl beträufeln.

Immer zwei Kartoffeln der Länge nach auf einen Holzspieß stecken. Die Spieße auf den Rost legen und die Kartoffeln ca. 25 Minuten grillen, bis sie gar und goldbraun sind. Dabei immer wieder mal wenden.

**TRADITIONSGERICHT FÜR ANGLER:
STECKERLFISCH**

Zutaten für 4 Personen:
4 Forellen (à ca. 300 g)
Meersalz
1 Bio-Zitrone

Zubehör: Schneidebrett, Messer, Teller, Frischhaltefolie, Grill, 4 Stöcke (ca. 40 cm, dünn und möglichst glatt, z. B. Weidenstöcke)

Zubereitung: Die Forellen ausnehmen, putzen, gründlich kalt abbrausen und trocken tupfen. Die Forellen auf beiden Seiten im Abstand von ca. 2 cm mehrmals mit dem Messer einritzen. Die Fische innen und außen mit Meersalz einreiben, auf einen Teller legen und mit Frischhaltefolie abdecken. Das Salz ca. 30 Minuten einwirken lassen. Den Grill anheizen. Die Forellen der Länge nach auf die Spieße stecken. Die Steckerlfische auf den Rost legen und je nach Größe und Dicke der Fische in 20 bis 30 Minuten knusprig braun grillen, dabei immer wieder wenden. Die Zitrone heiß waschen, in Scheiben schneiden und zu den Steckerlfischen servieren.

**SNACKS ZUM ROLLEN:
AVOCADO-MANGO-WRAP**

Zutaten für 4 Personen:
1 Avocado
1 TL Zitronensaft
Meersalz, Pfeffer
50 g Rucola
1 Mango
125 g Mozzarella
4 Tortillas (Teigfladen aus Weizenmehl)

Zubehör: großes Schneidebrett, Messer, Esslöffel, kleine Schüssel, Gabel, Frischhaltefolie

Zubereitung: Die Avocado längs halbieren und entkernen. Das Fruchtfleisch mit einem Esslöffel aus der Schale lösen, in die Schüssel geben und mit der Gabel zerdrücken. Den Zitronensaft unterrühren, mit Salz und Pfeffer würzen. Den Rucola waschen, dicke Stiele abschneiden. Das Mangofruchtfleisch und den Mozzarella klein würfeln. Die Tortillas mit der Avocadocreme bestreichen und mit Rucola, Mango und Mozzarella belegen. Mit Salz und Pfeffer würzen. Die Teigfladen eng aufrollen und quer halbieren.

FÜR MOBILE BÄCKERMEISTER: APFELKUCHEN AUS DER PFANNE

Zutaten für 4 Personen:
70 g Butter
3 kleine Äpfel
120 g Joghurt
3 Eier
100 g Zucker
240 g Mehl
1 1/2 TL Backpulver
4 EL Zitronensaft
2 EL Mandelblättchen
2 EL Puderzucker

Zubehör: kleiner Topf, Schneidebrett, Messer, große Schüssel, Schneebesen, große Pfanne, Backpapier, großer Teller

Zubereitung: 50 g Butter in dem Topf schmelzen, dann ein wenig abkühlen lassen. Die Äpfel schälen, vierteln, entkernen und sorgfältig in dünne Spalten schneiden. In der großen Schüssel Joghurt, Eier und Zucker mit dem Schneebesen kräftig zu einer cremigen Masse schlagen. Die flüssige Butter anschließend unterrühren. Mehl und Backpulver gleichmäßig über die Masse streuen, Zitronensaft dazugeben. Alles nur kurz verrühren, bis sich die Zutaten gerade so miteinander verbunden haben. Die Pfanne bis über den Rand mit Backpapier auslegen. Teig in die Pfanne geben und glatt verstreichen. Die Apfelspalten auf dem Teig verteilen und nach Wunsch auch die Mandelblättchen darüberstreuen.

Den Deckel auf die Pfanne legen und den Kuchen auf dem Herd bei kleinster Hitze ca. 30 Minuten backen. Wenn der Kuchen unten fest, oben aber noch leicht flüssig ist, den Kuchen samt Backpapier von der Pfanne auf den Teller ziehen. Nun die übrige Butter (etwa 20 g) in der Pfanne schmelzen lassen und den Puderzucker darüber stäuben. Jetzt wird es etwas knifflig: Den gesamten Kuchen mithilfe des Tellers in die Pfanne stürzen. Deckel auflegen und den Kuchen für weitere zehn Minuten backen, bis auch die jetzige Unterseite fest geworden ist. Anschließend die Pfanne vom Herd nehmen und den Kuchen auf den Teller stürzen, sodass die Seite mit den Äpfeln wieder oben ist. Den Kuchen gut abkühlen lassen, vierteln und servieren, z. B. mit Vanilleeis.

FÜR NASCHKATZEN: GEGRILLTE BANANEN

Zutaten für 4 Personen:
50 g Schokolade (z. B. Vollmilch oder Zartbitter)
2 EL Nusskerne (z. B. Erdnüsse, Haselnüsse, Walnüsse, Mandeln)
4 EL Mini-Marshmallows
4 Bananen

Zubehör: Grill, Schneidebrett, Schneidemesser, kleine Schüssel, Alufolie

Zubereitung: Den Grill anheizen. Die Schokolade grob hacken, die Nüsse nicht zu fein hacken. Beides mit den Marshmallows in die Schüssel geben, mischen. Die Bananen ungeschält mit dem Messer der Länge nach ein-, aber nicht durchschneiden. Die Bananen vorsichtig etwas auseinanderklappen und mit der Schoko-Marshmallow-Mischung befüllen, dann wieder zusammendrücken. Jede Banane in ein Stück Alufolie wickeln und auf den Rost legen. Die Bananen ca. zehn Minuten grillen, bis sie heiß sind und die Schokolade geschmolzen ist.

EIN BETT FÜR DEN SCHAFSKÄSE: KICHERERBSEN-TOMATEN-SALAT

Zutaten für 4 Personen:
2 Dosen Kichererbsen (à 400 g Abtropfgewicht)
400 g Kirschtomaten
100 g Schafskäse (Feta)
1/2 Bund glatte Petersilie
3 EL Olivenöl
Salz, Pfeffer

Zubehör: Sieb, Schneidebrett, Messer, Schüssel

Zubereitung: Kichererbsen in einem Sieb unter fließend kaltem Wasser gründlich abbrausen. Gut abtropfen lassen und in eine Schüssel geben. Die Tomaten waschen und halbieren. Den Schafskäse in kleine Würfel schneiden und mit den Tomaten zu den Kichererbsen geben. Die Petersilie waschen und trocken schütteln, die Blätter von den Stängeln zupfen und fein hacken. Mit dem Öl vorsichtig unter den Salat mischen und diesen kräftig mit Salz und Pfeffer abschmecken.

FÜR SUPPENKASPER: TORTELLINI-TOMATENCREMESUPPE

Zutaten für 4 Personen:
2 Dosen gehackte Tomaten (à 400 g)
200 g Sahne
Salz, Pfeffer
400 g Tortellini (aus dem Kühlregal)
1/2 Bund Basilikum
30 g Parmesan (im Stück)

Zubehör: Topf, Schneidebrett, Messer, Käsereibe, Rührlöffel

Zubereitung: Tomaten und Sahne in den Topf geben und aufkochen. Dann die Hitze reduzieren und die Suppe ca. fünf Minuten offen köcheln lassen. Kräftig mit Salz und Pfeffer würzen. Die Tortellini aus der Packung direkt in die Suppe geben. Bei kleiner Hitze ca. fünf Minuten mit Deckel ziehen lassen. Inzwischen Basilikumblätter grob hacken, Parmesan reiben. Basilikum unter die Suppe rühren, den Parmesan darüber streuen. Die Suppe bei ausgeschaltetem Kocher zwei bis drei Minuten mit Deckel stehen lassen, bis der Käse leicht geschmolzen ist.

LEICHTER FITNESS-SNACK: BUNTE GEMÜSESPIESSE

Zutaten für 4 Personen:
2 Maiskolben (vorgegart und vakuumiert)
2 rote Paprika
250 g Champignons
100 ml Olivenöl
1 gehäufter TL Kräuter der Provence
Salz, Pfeffer

Zubehör: Messer, Schneidebrett, Schale, Teller, 8 Grillspieße aus Metall, große Pfanne

Zubereitung: Maiskolben mit einem scharfen Messer quer in 2 cm dicke Scheiben schneiden. Die Paprika säubern und in ca. 2 cm große Stücke schneiden. Champignons putzen. Das Öl in einer Schale mit den getrockneten Kräutern verrühren. Das vorbereitete Gemüse abwechselnd auf die Spieße stecken, mit dem Kräuteröl bestreichen und auf einen Teller geben. Die Gemüsespieße 30 Minuten marinieren. Anschließend das restliche Öl in der Pfanne erhitzen und die Spieße darin rundum ca. zehn Minuten anbraten. Kräftig mit Salz und Pfeffer würzen.

OB KOHLE, GAS ODER STROM: DER GRILL MUSS MIT

Der Camper und sein Grill. An dieser Stelle könnte man sicher ein paar Klischees bemühen. Stattdessen wollen wir uns mit den harten Fakten rund um die beliebteste Art der Speisenzubereitung im Sommer beschäftigen.

Mit Vorsicht genießen: Grillen über dem offenen Feuer ist nicht überall erlaubt.

Wichtig ist vor allem die Frage nach dem richtigen Brennmaterial, an der sich wahre Glaubenskriege entzünden. Während die Verfechter der klassischen Methode auf Holzkohle setzen, bevorzugen andere Gas. Und dann gibt es da noch jene Grillmeister, die auf Elektrogeräte schwören – eine Grillart, die beim Camping jedoch seltener zum Einsatz kommt. Naturfreaks wiederum benötigen nur die Glut eines Lagerfeuers und ein einfaches Rost für perfekte Grillergebnisse. Jede Variante hat ihre Vor- und Nachteile, und besonders für Mobilisten sind die Unterschiede von Bedeutung. Denn die gewählte Grillart hat nicht nur Auswirkungen auf die Auswahl der Rezepte, sondern auch auf den Platzbedarf des Equipments und auf das Gewicht des Fahrzeugs.

ÜBER OFFENEM FEUER

Wenn am Abend das Lagerfeuer herunterbrennt, bietet es sich an, die Glut zum Grillen zu verwenden. Dafür kann man z. B. ein festes Rost über der Glut platzieren, auch ein Schwenkgrill leistet hervorragende Dienste. Ein offenes Feuer eignet sich auch gut für die Verwendung eines sogenannten „Dutch Ovens". Dabei handelt es sich um einen schweren Topf aus Gusseisen mit Deckel, der direkt in die Glut gestellt wird. Auf vielen Campingplätzen ist offenes Feuer wegen der hohen Brandgefahr jedoch nicht gestattet, manchmal nur in einem geschützten Bereich mit Feuerstellen. Auch außerhalb von Campingplätzen sollte man ein Lagerfeuer nur dort entzünden, wo es ausdrücklich erlaubt ist. Dabei muss unbedingt darauf geachtet werden, dass das Feuer zu jeder Zeit unter Kontrolle bleibt.

MIT HOLZKOHLE

Der Klassiker unter den Grills und so beliebt, dass man einfache Modelle im Sommer an jeder Tankstelle kaufen kann: Beim Holzkohlegrill handelt es sich fast immer um eine Kohleschale in einem Stahlgestell, in das ein Grillrost eingehängt wird. Doch wer sich mit einem Grillprofi unterhält, erfährt schnell, dass es auf die Feinheiten ankommt. Die Rede ist dann von der richtigen Kohle oder von Dufthölzern für den besten Rauchgeschmack, vom optimalen Deckel für indirektes Grillen oder von der perfekten Temperatur. Der große Vorteil des Holzkohlegrills ist, dass man überall Kohle und Anzünder kaufen kann. Aber es gibt auch Nachteile, die besonders beim Camping stören, so z. B. die Rauchentwicklung. Nach dem Grillen muss zudem nicht nur die Asche entsorgt werden, der verschmutzte Grill muss auch wieder verstaut werden.

MIT GAS

Der Gasgrill scheint für Camper wie gemacht zu sein: Er ermöglicht das Zubereiten von Speisen über einer Flamme, ist dennoch schnell startklar und produziert dabei weniger Dreck und Rauch als ein Holzkohlegrill. Traditionalisten behaupten zwar, dass auf Kohle gegrilltes Fleisch besser schmeckt. Doch Blindverkostungen belegen, dass – wenn überhaupt – nur ein marginaler Unterschied besteht. Ein entscheidender Vorteil des Gasgrills ist, dass fast jeder Camper das Brennmaterial bereits an Bord hat. Die meisten Grills können mit Kartuschengas oder mit Gas aus den großen Gasflaschen betrieben werden. Zur Funktionsweise: Unterhalb des Rosts verläuft ein Rohr mit winzigen Löchern, aus denen das Gas ausströmt. Die Flammen sind dadurch relativ klein, die Gesamttemperatur ist meist niedriger als bei einem Holzkohlegrill. Mittels eines Deckels kann jedoch ein Garraum wie in einem Backofen geschaffen werden. Größere Grills ermöglichen es, dass mehrere Gasrohre getrennt geregelt werden können, wodurch indirektes Grillen möglich wird – ein Effekt, der bei Holzkohlegrills durch Verteilung der Kohle erzielt wird.

MIT STROM

Wer weder Holzkohle noch Gas nutzen kann, sollte auf einen Elektrogrill zurückgreifen. Ein solches Gerät verfügt über eine große Platte mit Rippen, die das typische Grillmuster auf den Nahrungsmitteln produzieren. Im Prinzip handelt es sich jedoch eher um eine Bratfläche. Diese Art der Zubereitung ist für Innenräume konzipiert und benötigt einen Stromanschluss. Ideal für Dauercamper, die eine Grillmöglichkeit im Vorzelt benötigen.

TISCHGRILL

Eine praktische Alternative zum herkömmlichen Grillen bieten rauchfreie Tischgrills, die häufig sogar über einen eingebauten Lüfter verfügen. Durch die relativ kleinen Konstruktionen wird nur wenig Kohle oder Brennpaste benötigt, um den Grill auf Betriebstemperatur zu bringen. Für die Belüftung wird ein Akku benötigt, der regelmäßig aufgeladen wird. Aufgrund der geringen Größe eignet sich diese Art des Grillens vor allem für Alleinreisende und Paare.

CAMPING FÜR ALLE BEDÜRFNISSE: ALLES GEHT, NICHTS MUSS

Familiencamping: die große Freiheit ▸ 190 | *Spielideen für draußen und drinnen* ▸ 198 | *Mobil mit Hund: Camping frei nach Schnauze* ▸ 202 | *Aktivcamping: sportlich unterwegs* ▸ 207 | *DIY-Fitness-Ausrüstung* ▸ 212 | *Festival-Camping: Kurztrip ins Sommerlager* ▸ 214 | *Festivals für Camper in Deutschland* ▸ 218 | *Wintercamping: Outdoor im Schnee?* 220

Es klingt ein wenig wie eine Phrase, wenn gesagt wird, dass Camping eine Reiseform für jedermann ist. Und es stimmt auch nicht, denn trotz des Booms kann sich eben nicht jeder vorstellen, die Nacht in Zelt, Wohnmobil oder Caravan zu verbringen. Vielleicht ist das auch ganz gut so, denn sonst wären die Plätze noch voller und die Fahrzeuge noch teurer. Andererseits sind die Möglichkeiten wirklich so vielfältig, dass jeder Campingtyp glücklich werden kann.

In der Tat wird die Gruppe der Campingverweigerer kleiner. Immer mehr Menschen wird klar, dass man sich einen Campingurlaub so gestalten kann, wie man es gerne möchte. All inclusive? Nur, was den Spaß angeht! Der Rest wird ganz nach Wunsch zusammengestellt. Wer viel Komfort braucht, reist in einem Mobil mit allem Schnick und Schnack. Soll es möglichst minimalistisch sein, wählt man ein Zelt oder Tarp. Das autarke Reisen, besonders im eigenen Mobil, hat viele Vorteile gegenüber einem Hotelurlaub. Wer mit Kindern verreist, weiß das zu schätzen: Der Urlaub beginnt mit dem Einsteigen,

Urlaub im Bulli gilt für viele als der romantische Inbegriff des mobilen Campings – dabei ist es nur eine von unzähligen Möglichkeiten.

bereits der Weg zum Ziel kann individuell gestaltet werden. Die Familie rückt zusammen und genießt dennoch mehr Freiheiten, als jede Hotelanlage bieten kann.

Egal, ob man von Platz zu Platz fährt oder seinen ganzen Urlaub an einem Spot verbringt – das eigene Equipment ist immer dabei, und man fühlt sich überall wie zu Hause. Man muss sich bei Ausflügen keine Gedanken machen, ob die Kleidung zum Wetter passt – alles Wichtige ist bereits an Bord. Auch die Sportausrüstung hat noch Platz. Kein Wunder also, dass auch Skigebiete, Surfstrände und Fahrradpisten von Campingfahrzeugen erobert werden.

Camping bietet die ideale Möglichkeit, den Ausstieg auf Zeit zu wagen. Es ist gerade dieses Extra an Lebensqualität ohne Kompromisse, das einen Campingurlaub für viele so spannend macht – ohne dabei auf ein sicheres Umfeld und nette Nachbarn verzichten zu müssen. Ein Blick auf eine Campingwiese zeigt: Camper helfen sich gegenseitig und sie passen aufeinander auf. Und stets im Blick: der nachfolgende Camper, der den gleichen Platz genauso sauber vorfinden möchte wie ich. Ja, vielleicht ist Camping doch die ideale Reiseform für alle – manche wissen es nur noch nicht.

FAMILIEN-CAMPING: DIE GROSSE FREIHEIT

Für Kinder bedeutet ein Campingurlaub Abenteuer pur. Sie treffen neue und alte Freunde auf Campingplätzen, spielen den ganzen Tag unter freiem Himmel und schlafen im Zelt oder im gemütlichen Alkoven. Damit die jüngsten Mitfahrer möglichst viel Spaß und Freiheit haben, muss aber nicht nur die Ausrüstung stimmen, auch bei der Wahl eines familienfreundlichen Platzes gibt es einiges zu bedenken.

Die meisten Kinder lieben es, abwechslungsreich unterwegs zu sein – und Camping ist dafür die optimale Reiseform. Aber manchmal kann es auch anstrengend werden, vor allem wenn die Fahrt zu lange dauert oder mal nicht alles nach Plan läuft. Hier gilt es, auf die Bedürfnisse der Kinder einzugehen, denn sonst wird auch für die Eltern die Fahrt schnell zur Qual. Aber jede Anstrengung lohnt sich. Denn auch wenn ein Urlaub im All-inclusive-Hotel natürlich einfacher ist, bietet Camping viel mehr Flexibilität. Wenn das Wetter schlechter wird oder der Platz nicht allen gefällt, fährt man einfach weiter zum nächsten schönen Ort. Man verbringt viel Zeit draußen, die Kinder haben Raum zum Toben, und der Campingplatz wird zum großen Abenteuerspielplatz. Frei nach dem Motto: Familien-Camper haben lieber 1000 Sterne am Himmel als fünf an der Hoteltür.

DER KINDERSITZ

Doch bevor es mit Kindern auf die Reise geht, sind einige Vorkehrungen zu treffen. Grundsätzlich gilt, dass Kinder, die jünger als zwölf Jahre oder kleiner als 150 cm sind, in einem

DARAUF SOLLTEN ELTERN UNBEDINGT ACHTEN

- Kinder sollten immer gut vor zu viel Sonneneinstrahlung geschützt werden. Daher sollte man schon bei der Wahl des Platzes darauf achtgeben, dass das Zelt oder das Campingfahrzeug nicht den ganzen Tag in der Sonne steht. Gestaute Hitze im Innenraum sorgt auch für Einschlafprobleme bei Kindern, sowohl abends als auch tagsüber.
- Eltern sollten bei der Buchung Ausschau halten nach autofreien Campingplätzen: Kinder vergessen beim Spielen ihre Umgebung und übersehen schnell, dass sie Autofahrern im Weg stehen. Bei der Wahl des Platzes sollte daher darauf geachtet werden, dass möglichst wenige und bestenfalls gar keine Autos auf dem Campingplatz fahren.
- Wäschewaschen ist nie ein Vergnügen. Doch wer mit Kindern unterwegs ist, kommt meist nicht darum herum. Aus diesem Grund sollte der Platz über Waschmaschinen und bestenfalls auch über Trockner verfügen. So muss weniger Kleidung mitgenommen werden, und man spart wertvollen Stauraum.

Ein Wohnmobil, ein familienfreundliches Reiseziel und viel Zeit mit den Eltern: Auch für Kinder ist Camping eine tolle Abwechslung zum Alltag.

geeigneten Kindersitz mitfahren müssen. Babyschale und Kindersitz können dabei an verschiedenen Stellen im Wohnmobil genutzt werden. Allerdings müssen sie auf Sitzen befestigt werden, die mit einem Dreipunkt- oder Zweipunktgurt für die jeweilige Montage zugelassen sind. In der Regel ist das lediglich bei den vorwärtsgerichteten Sitzen des Fahrzeugs der Fall.

Worüber man sich beim Kauf außerdem informieren sollte: Mit welchen Sitzplätzen sind die Kindersicherungen und -sitze im Camper kompatibel? Eine Babyschale wird rückwärts auf den Sitz gestellt und mit dem Gurt gesichert. Wenn das Baby vorne mitfahren soll, muss sich der Beifahrer-Airbag ausschalten lassen – ein Problem, das sich bei älteren Fahrzeugen jedoch nicht stellt, denn dort ist meist kein Airbag vorhanden. Wenn es eine Sitzgruppe gibt, dann verfügt diese in der Regel über Anschnallgurte, sodass auf der Bank in Fahrtrichtung Kindersitze angeschnallt werden können.

DIE ANFAHRT

So eine Fahrt kann ganz schön lange dauern – viel zu lange, wenn es nach den mitreisenden Kindern geht. „Wann sind wir endlich da?" Es ist diese eine Frage, die irgendwann nerven kann. Doch wenn man die Reiseroute vernünftig plant und in Etappen fährt, müssen die einzelnen Strecken für die Kleinen gar nicht so lang oder langweilig werden. Und während der Fahrt hilft es, ein Hörspiel einzulegen, mit der Lieblingsmusik zum Mitsingen anzuregen oder ein lustiges Ratespiel (S. 201) zu starten, das über Durststrecken hinweghilft. Ist das Ziel weiter entfernt, macht es gerade mit jüngeren Kindern Sinn, häufigere Zwischenstopps mit Übernachtung einzuplanen. Auch einfache Stellplätze bieten meist einen Kinderspielplatz, oder es gibt andere kindgerechte Einrichtungen, z. B. ein Schwimmbad nebenan. Manchmal reicht es auch schon, wenn eine Eisdiele in der Nähe ist oder sich am Abend etwas Interessantes in der Umgebung beobachten lässt, z. B. ein Fluss mit Schiffsverkehr. Wer überschaubare Tagesetappen wählt, kann außerdem auf der Route kindgerechte Unternehmungen einplanen wie einen Besuch im Wildpark, auf einem Abenteuerspielplatz oder in einem Kindermuseum. Das verlängert zwar die Anreise, aber der zeitliche Mehraufwand lohnt sich. Denn so wird bereits der Urlaubsbeginn zu einem ganz entspannten Abenteuer für alle Reisenden. Vor allem aber werden die Nerven der Eltern geschont.

DIE PLATZWAHL

Nicht jeder Campingplatz bietet die besten Voraussetzungen für einen Urlaub mit Kindern. Damit die Reise gelingt und der Spaß nicht zu kurz kommt, sollte der Platz mit Bedacht gewählt werden. Ein Spielplatz mit viel Abwechslung bietet sich an. Ist ein Gewässer in der Nähe, ist ein gesicherter Badebereich ein Muss, und gerne darf es auch ein Rahmenprogramm geben, das perfekt auf die jüngsten Besucher zugeschnitten ist.

Vor der Buchung lohnt auch ein gründlicher Blick auf die Lage und Umgebung des Campingplatzes. Dabei geht es nicht nur um Versorgungsmöglichkeiten auf dem Platz selbst, sondern auch darum, ob kindgerechte Ausflüge in die nähere Umgebung möglich sind. Kinder haben ganz andere Vorlieben als Erwachsene, wenn es um Urlaubsaktivitäten geht. Während die Großen sich manchmal selbst genug sind und keine großen Entdeckungstouren planen wollen, sieht die Sache beim Nachwuchs ganz anders aus.

Und auch bei der Art der Ausflüge gibt es unterschiedliche Interessen: Während erwachsene Camper gerne in den nächsten Ort fahren, um dort einzukaufen oder in einem Restaurant zu essen, reicht Kindern in den meisten Fällen ein Schwimmbad, ein See oder ein Spielplatz als Ziel. Damit keine Langeweile aufkommt, muss jedoch einiges stimmen. Kann man z. B. vom Standplatz aus auch zu Fuß spannende Ausflüge machen oder gibt es die Möglichkeit, sicher mit dem Fahrrad unterwegs zu sein? Je mehr die Umgebung zu bieten hat, desto stressfreier wird der Urlaub mit Kind.

CAMPINGPLÄTZE FÜR WASSERRATTEN

Südsee-Camp
★ ★ ★ ★ ★

Im Südsee-Camp im niedersächsischen Wietzendorf kann selbst bei Regenwetter gebadet werden. Denn neben einem Strandbad gibt es auch ein gut ausgestattetes Erlebnishallenbad mit tropischem Flair, Wellenbecken, Wildwasserkanal und sogar einem Piratenschiff!
▸ Südsee-Camp 1, 29649 Wietzendorf, Niedersachsen, Deutschland
▪ pincamp.de/NS4600

Camping Nature Parc L'Ardéchois
★ ★ ★ ★ ★

Entspannung pur in Südfrankreich: Familien können hier Urlaubs-Feeling inmitten der Natur genießen, inklusive Schwimmbad. Zur Ausstattung gehören eine Badelandschaft mit Wasserfall, Insel und Whirlpool.
▸ Route des Gorges, 07150 Vallon-Pont-d'Arc, Auvergne-Rhône-Alpes, Frankreich
▪ pincamp.de/RA8240

Zaton Holiday Resort
★ ★ ★ ★ ★

Der große Familien-Campingplatz in Kroatien bietet Wasserrutschen, Babybecken, Hydromassage und Whirlpool. Neben einem großen Aquapark werden hier auch Tauch- und Windsurfing-Kurse angeboten. Ein langer Sandstrand liegt direkt an der Ferienanlage.
▸ Dražnikova 76 t, 23232 Zaton, Kroatien
▪ pincamp.de/HR5200

Camping TerSpegelt
★ ★ ★ ★ ★

Badespaß der Extraklasse mit Hallenbad im niederländischen Eersel: Highlights des Platzes sind ein Streichelzoo und ein 3200 m² großer Indoor-Wasserspielplatz mit Kletterwand, Labyrinth und Spielboot.
▸ Postelseweg 88, 5521 RD Eersel, Nordbrabant, Niederlande
▪ pincamp.de/ZH3370

Marjal Resorts Costa Blanca
★ ★ ★ ★ ★

Der Campingplatz punktet mit einer Saunalandschaft, einem Hamam und der großen Badelandschaft mit Rutschen.
▸ Alannia Costa Blanca, 03330 Crevillente, Valencia, Spanien
▪ pincamp.de/VA6550

Camping Piani di Clodia
★ ★ ★ ★ ★

Ganze 14 Wasserrutschen sorgen hier für jede Menge Action, außerdem Wasserfälle und ein Wasserspielplatz für Kinder. Wer Lust auf Entspannung hat, macht es sich am Ufer des Sees gemütlich.
▸ Via Fossalta 42, 37017 Lazise, Gardasee, Italien
▪ pincamp.de/GS4900

Weitere Familienfreundliche Plätze
In Deutschland gibt es eine große Auswahl an kinderfreundlichen Campingplätzen. Eine tolle Auswahl gibt es hier:
▪ pincamp.de/mitkindern

Das Abenteuer Camping ist für Familien wie gemacht: Mit spannenden Ausflügen lässt sich die Natur hautnah erleben, und bei der Tourenplanung dürfen alle mitmachen.

DIE RICHTIGE AUSSTATTUNG VOR ORT

Ob ganz einfach und naturnah oder voll ausgestattet mit Badelandschaft und Wasserrutsche – für jeden Geschmack gibt es im breit gefächerten Angebot für Familien-Camper den richtigen Platz. Je nachdem, wie alt die mitreisenden Kinder sind und welche Vorlieben in der Familie vorherrschen, findet sich garantiert irgendwo der ideale Ort für den Campingurlaub. Fragt man Kinder, was ein Campingplatz bieten sollte, wird garantiert ein Spielplatz gefordert. Es muss nicht immer ein riesiger Abenteuerspielplatz sein. Mit einer Schaukel, einer Rutsche und einem Trampolin sind die meisten Kinder absolut zufrieden. Die Hauptsache ist, dass es Spielgefährten gibt.

Gerade wenn der Nachwuchs noch sehr jung ist, sind saubere Sanitärhäuser besonders wichtig, bestenfalls sogar separate Familienbäder. Die meisten Campingplätze bieten darüber hinaus Wickelräume an, Waschmaschinen und Trockner sind ebenfalls praktisch. Besonders beliebt bei Eltern sind auch gut ausgestattete Küchen vor Ort.

Je größer der Platz, desto umfangreicher ist meistens auch das Unterhaltungsangebot für Erwachsene und Kinder. Die Palette reicht vom Spaßbad über Abenteuerspielplätze bis hin zu Minigolfanlagen. Und falls die Eltern zwischendurch auch mal kinderfrei sein wollen, bieten professionell geführte Plätze – besonders während der Ferienzeit – ein Animationsprogramm für ihre kleinsten Besucher. Aber selbst auf einfachen Campingplätzen muss keine Langeweile aufkommen, besonders wenn es in der Nähe Attraktionen wie Tiere gibt. Campingferien auf einem Bauernhof sind durchaus eine Option (s. S. 164). Im Sommer sind es aber vor allem Campingplätze an Gewässern, auf denen sich Kinder besonders wohlfühlen. Bestenfalls liegt der Platz direkt an einem See oder am Meeresstrand mit Badeaufsicht, wenigstens ein Schwimmbad sollte vorhanden sein (S. 193). Für den winterlichen Familienurlaub sollten dagegen die Skipisten mit Anfängerhügeln nicht weit entfernt liegen.

Und wer sich unsicher ist, ob ein Campingplatz für den nächsten Familienurlaub gut geeignet ist: Einen ersten Eindruck von

VORSCHLAG FÜR EINE PACKLISTE MIT KINDERKRAM

- ✓ **Regen- und Sonnenschutz**
- ✓ **Kinderschlafsack**
- ✓ **Bademantel** mit Kapuze
- ✓ **Thermoskanne**
- ✓ **Rausfallschutz fürs Bett**
- ✓ **Spiele**, **Malbücher** und **Bastelmaterial**, für die Beschäftigung während der Fahrt
- ✓ **Bücher und Hörspiele**
- ✓ **Spielzeug-Auswahl**
- ✓ **Spiele für die ganze Familie**
- ✓ **Je nach Alter:** Buggy, Kinderwagen, Kinderfahrrad, Trage oder Roller. All das, was sich im Alltag bewährt hat, ist auch im Urlaub praktisch.
- ✓ **Für Kleinkinder:** Babyphone, mehrere Lätzchen, Waschlappen, Fläschchen, Schnuller, Windelvorrat für mehrere Tage und eine wasserdichte Unterlage für Bett und Polster, falls mal etwas danebengeht.

den örtlichen Gegebenheiten für Kinder bekommt man häufig auch über die Bewertungen anderer Nutzer im Netz.

GUT GESCHLAFEN?

Nur selten geht die ganze Familie beim Camping zur selben Zeit ins Bett, Kinder sind in der Regel früher dran. Das sollte man auch bei der Verteilung der Schlafplätze beachten, vor allem in kleinen Wohnmobilen und Caravans, schließlich soll der schlafende Nachwuchs nicht unnötig gestört werden. Verfügt das Fahrzeug über einen Alkoven, bietet sich dieser als Schlafplatz für Kinder an. Ein Rausfallschutz sollte aber installiert sein. Dabei handelt es sich um ein Netz oder ein Tuch, welches von Wand zu Wand am Bett gespannt wird. Viele Alkoven-Wohnmobile haben bereits ab Werk so eine Vorrichtung. Der Schutz lässt sich allerdings auch einfach nachrüsten. Schlummert das Kind auf einer Sitzbank im Wohnbereich, lässt sich auch hier ein Fallschutz anbringen, z. B. ein Türschutzgitter oder -netz, das auch in den heimischen vier Wänden eingesetzt wird. Für Campervans gibt es praktische Hängebetten, die an Rücksitzen und Haltegriffen im Fahrerhaus befestigt werden. So wird zusätzlicher Platz zum Schlafen geschaffen.

CAMPING MIT BABY

Vor allem für einen Campingurlaub mit Säugling sollte man sich ein paar Dinge anschaffen, die den Urlaub erleichtern. Vor Ort sind natürlich Familienwaschräume und Wickeltische von großem Vorteil. Aber auch die eigene Ausrüstung lässt sich für eine Reise mit Baby optimieren:

- Ob **Babytrage oder Tragetuch** – für die Reise haben sich verschiedene Systeme bewährt, die den körpernahen Transport bei Ausflügen oder Wanderungen erleichtern.
- Für die Fahrt sind **Lanyards** praktisch, kleine Anhänger, die Kuscheltier, Spielzeug und Schnuller fixieren. So muss man nicht anhalten, um die Babysachen aus den Sitzritzen zu fischen.
- Wenn es dunkel wird, ist ein **batteriebetriebenes Nachtlicht** praktisch. Damit ist man nicht auf das flackernde Deckenlicht oder eine grelle Taschenlampe angewiesen.
- Ob auf einer Wiese, am Strand oder als Picknickdecke während einer Wanderung: Eine ausreichend große **Campingdecke** mit einer wasserabweisenden Beschichtung auf

SCHLECHTES WETTER, GUTE STIMMUNG

Auch wenn man es gerne anders hätte: Auch im Sommerurlaub kann das Wetter mal schlechter sein. Während sich Erwachsene mit einer solchen Situation arrangieren können, fällt Kindern schnell die Decke auf den Kopf: Drinnen bleiben ist keine Option. Daher müssen **Regenklamotten** unbedingt mit, dann macht das Spielen am Strand auch bei Schmuddelwetter Spaß. Und damit Dreck und nasse Klamotten nicht im Wagen oder Zelt verteilt werden, hilft eine große Tüte, wie es sie etwa in schwedischen Möbelhäusern gibt: Einfach reinsteigen, die nassen Sachen darin ausziehen und die Tasche dann beiseitestellen. Sobald es aufgehört hat zu regnen, kann man die Klamotten draußen aufhängen.

einer Seite ist die perfekte Unterlage für das Baby – und die Eltern.

- Auf Reisen ist eine handliche und wiederverwendbare **Wickelunterlage** ein praktischer Begleiter. Einmal-Wickelunterlagen verursachen außerdem unnötigen Plastikmüll.

Auch beim Campen gilt: Ist das Kind entspannt, ist es die Mama auch.

- Mit einer **Faltschüssel** ist man bei der Babyhygiene unabhängig von Sanitäranlagen oder engen Wohnmobilduschen. Und im Sommer kann der Nachwuchs in der Schüssel zur Abkühlung planschen.

SPIELIDEEN FÜR DRAUSSEN UND DRINNEN

Im Campingurlaub wird es eigentlich nie langweilig. Doch manchmal ist ganz einfach Zeit für Spiele, und noch mehr Spaß macht es, wenn man sich das benötigte Equipment selber bastelt. Wir haben ein paar Do-it-yourself-Spiele zusammengestellt, für die man die meisten Zutaten bereits an Bord hat.

Spikeball ist eine Volleyball-Variante mit Trampolin, die auch für den Strand geeignet ist.

LEITERGOLF ODER BOLAS

Für das beliebte Wurfspiel werden zunächst pro Spieler drei Seile benötigt, an deren Enden jeweils ein kleiner Ball befestigt ist. Spieler versuchen nun diese drei „Bolas" so zu werfen, dass sie an einer von drei Leitersprossen hängen bleiben. Laut Regel zählt die oberste Sprosse drei Punkte, die mittlere zwei, und bei der unteren Sprosse gibt es immerhin noch einen Punkt. Hängen nach dem Durchgang alle drei Bolas an der Leiter, gibt es einen Extrapunkt. Gewonnen hat, wer zuerst die vorher besprochene Punktzahl erreicht hat.

Campingvariante: Für unsere selbst gebaute Version nutzen wir als Ziel die Leiter oder den Fahrradständer des Wohnmobils, auch ein Zaun oder eine stramm gespannte Wäscheleine könnten funktionieren. Für die Bolas füllen wir ein Paar Socken mit Reis, trockenen Bohnen oder Sand, knoten sie zu und binden sie ans Ende eines kurzen Seils.

PONG

Auf Partys sieht man häufig Pong-Spieler, die vor einem Tisch mit gefüllten Pappbechern stehen und versuchen, Tischtennisbälle in Pappbecher zu werfen. Das klingt, einfach, die Regeln haben es aber in sich: Jedes Team stellt auf seiner Tischseite zehn Trinkbecher in einem Dreieck auf. Trifft ein Spieler in einen gefüllten Becher des Gegners, muss dieser den Inhalt austrinken. Es gibt eine Vielzahl an Sonderregeln, es werden mittlerweile sogar Meisterschaften veranstaltet.

Campingvariante: Der Campingtisch dient als Spielfeld, auf dem Trinkbecher oder Gläser platziert werden. Jede Mannschaft bekommt die gleiche Anzahl an Bechern. Ist kein Tischtennisball zur Hand, können auch andere leichte Dinge geworfen werden, z. B. ein Lego-Stein oder trockene Nudeln. Während Erwachsene die Becher häufig mit Bier füllen, macht Kindern die Apfelsaft-Variante großen Spaß. Extra-Tipp für den Sommer: Becher mit Wasser füllen. Nach einem eingefangenen Treffer muss man sich damit übergießen lassen.

SACKLOCH-SPIEL

Das Wurfspiel erinnert ein wenig an Torwandschießen. Allerdings wird kein Ball geschossen, sondern die Spieler müssen versuchen, mit Reis gefüllte Säcke in das Loch eines Brettes zu werfen. Gemäß der internationalen Sackloch-Statuten benötigt man zwei Bretter, die jeweils über ein Loch mit 15 cm Durchmesser verfügen und leicht schräg aufgestellt werden. Jedes Team bekommt vier Säckchen. Landet ein Sack im Loch, gibt es drei Punkte. Einen erhält man, wenn er auf dem Brett landet. Wer zuerst 21 Punkte erzielt, hat das Spiel gewonnen.

Campingvariante: Anstatt eines Holzbretts kann man sehr gut eine große Pappe verwenden und ein Loch hineinschneiden. Oder man steckt einen Bereich mit einem Band ab und nimmt einen kleinen Topf als Zielobjekt. Für die Wurfsäcke werden Socken mit Sand oder Reis gefüllt. Oder man stellt einfach ein paar Pappteller auf und beschriftet diese mit Punktzahlen. Und damit die Teller bei einer Böe nicht davonfliegen, lassen sie sich gut mit Heringen fixieren.

SPIKEBALL ODER ROUNDNET

Spikeball folgt weitgehend den Volleyball-Regeln – aber der Ball wird hier nicht über ein Netz gespielt, sondern auf ein kleines Trampolin. Das Spielfeld rund ums Trampolin wird von beiden Teams genutzt. Während eines Spielzugs darf ein Team den Ball dreimal berühren, bevor er aufs Netz gelenkt wird. Ziel ist es, dass die Gegner den Ball danach nicht erreichen. Wer zuerst 21 Punkte hat, gewinnt das Match.

Campingvariante: Das Set mit Trampolin und Ball gibt es relativ günstig im Handel. Wer an Bord keinen Platz für das Trampolin hat, sollte einen möglichst leichten Ball nutzen, der gut auf festem Boden springt. Mit einem Seil lässt sich ein Kreis mit einem Durchmesser von etwa 1 m abstecken, in den der Ball gelenkt werden muss.

BECHERRENNEN

Becherrennen ist ein lustiges Sommerspiel, bei dem man ganz schön nass werden kann. Die Rennstrecke ist eine Schnur, das Fahrzeug ein Pappbecher, und als Antrieb wird eine Wasserpistole oder viel Puste benötigt. Dafür werden zwei Becher am Bodenrand mit einem kleinen Loch versehen. Durch die Löcher hindurch wird jeweils eine längere Schnur gefädelt. Die beiden Bänder werden dann parallel zueinander gespannt. Die Öffnungen der Becher müssen dabei in eine Richtung zeigen. Die Spieler platzieren sich hinter ihren Bechern, und nach dem Startsignal versuchen sie, irgendwie zuerst ans Ziel zu kommen. Entweder durch Pusten – oder mithilfe von Wasserpistolen.

Je mehr Spieler, desto größer das Durcheinander: Beim Twister geht es schnell drunter und rüber.

Campingvariante: Dieses Spiel ist auch ohne größere Modifikationen campingplatztauglich. Die Schnüre können z. B. zwischen einem Zaun und dem Fahrradgepäckträger des Wohnmobils gespannt werden.

TWISTER

Das verrückte Partyspiel ist bei Kindern sehr beliebt. Auf einer großen Matte befinden sich 24 Punkte in vier unterschiedlichen Farben. Mit einem Drehrad müssen die Spieler ermitteln, welcher Körperteil welche Farbe berühren muss. Es wird schnell eng auf dem Spielfeld, wenn die Spieler zu einem Knäuel werden, weil sie Hände und Füße auf den Feldern platzieren müssen.

Campingvariante: Das Spielfeld lässt sich mit Lebensmittelfarben oder bunter Kreide selbst herstellen. Als Schablone für die Kreise dient eine Schüssel oder ein Eimer. Als Drehscheibe dient eine bemalte Pappe, für den Zeiger kann ein Stück Holz, ein Eisstil oder ein Bleistift genutzt werden.

KEGELN

Wahrscheinlich verfügen nur die wenigsten Campingplätze über eine Kegelbahn. Kein Problem, denn die kann man mit wenigen Handgriffen selbst bauen.

Campingvariante: Neun bis zehn leere Plastikflaschen mit Wasser füllen und verschließen. Ganz kreative Bastler bemalen die Flaschen oder färben das Wasser. Die Flaschen können dann wie beim Kegeln oder Bowling aufgestellt werden. Je nach Untergrund wählt man die Kugel: Auf dem Rasen oder am Strand wird man eher werfen müssen, dafür kann man z. B. ein Reissäckchen nutzen. Auf ebenem Boden lässt sich auch ein Ball rollen. Extra-Tipp: Wer im Dunkeln kegeln möchte, kann in die Flaschen Knicklichter stecken.

TIC TAC TOE

Hier gehört das Basteln zum Spielspaß. Normalerweise spielt man Tic Tac Toe auf einem Blatt Papier. Mit schneller Hand wird dafür mit vier Strichen das rautenförmige Spielfeld gemalt, die Kontrahenten zeichnen dann abwechselnd Kreise und Kreuze. Wer zuerst drei gleiche Zeichen in eine Reihe bringt, hat gewonnen.

Campingvariante: Statt Stift und Papier kann man auch Fundstücke für das Spiel verwenden. Dafür werden zehn etwa gleich große Steine, Klebestreifen und etwas Farbe benötigt. Auf fünf Steine wird z. B. mit Nagellack ein Kreuz gemalt, auf die restlichen ein Kreis. Mit vier Streifen dünnen Klebebands wird das Spielfeld markiert.

COOLE KARTEN

Zuletzt ein Tipp, für den man viel Eis am Stiel schlemmen darf. Statt die Eisstiele wegzuwerfen, kann man diese auch sammeln – und daraus ein Kartenspiel basteln. Dafür werden die 32 Stiele auf einer Seite beschriftet und mit Kartensymbolen bemalt (König, Dame etc.). Danach kommen die „Karten" in eine leere Dose. Das dient nicht nur zur Aufbewahrung: Sie können darin durch Schütteln auch gemischt werden.

FÜR DIE FAHRT

Auf langen Strecken kann selbst die schönste Fahrt für Kinder langweilig werden. Spätestens, wenn man im Stau steckt, ist es Zeit für ein paar Reisespiele.

Kennzeichen-Bingo

Kennzeichen raten kann jeder, diese Version ist für Fortgeschrittene: Jeder Teilnehmer überlegt sich ein Wort mit fünf Buchstaben und schreibt es auf einen Zettel. Nun gilt es, möglichst schnell Kennzeichen zu entdecken, die einen der Buchstaben enthalten. Wer als Erster alle Buchstaben findet, gewinnt.

Farben-Bingo

Statt Buchstaben zu suchen, geht es hier um Farben. Wer zuerst eine festgelegte Anzahl von Autos mit der ausgesuchten Farbe findet, bekommt den Punkt.

Ich packe mein Campingfahrzeug …

Gedächtnistraining für die ganze Familie: In jeder Erinnerungsrunde wird der Camper ein bisschen voller geladen mit Dingen für die Reise. Eine noch größere Herausforderung ist es, wenn nur Dinge genannt werden dürfen, die sich tatsächlich im Fahrzeug befinden.

Campingplatz-Kegeln kann man auch mit bunten Plastikflaschen.

WEITERE SPIELETIPPS:
Basteln ist nicht jedermanns Sache. Und besonders für schlechtes Wetter sollte man ein paar fertige Spieleklassiker an Bord haben. Die folgenden Spiele eigenen sich für die ganze Familie, ganz gleich ob es regnet oder die Sonne scheint: Uno – beliebte Mau-Mau-Variante mit Suchtfaktor; Wizard – zauberhaftes Stichspiel, auch für größere Gruppen; Schiffe versenken – so simpel und doch so spannend; Stadt, Land, Fluss – ein Klassiker, für den man nur Zettel und Stifte benötigt.

MOBIL MIT HUND: CAMPING FREI NACH SCHNAUZE

Wenn es in den Campingurlaub geht, will der Vierbeiner natürlich auch mit dabei sein. Das wissen mittlerweile auch die Betreiber vieler Campingplätze im In- und Ausland, sie haben sich auf die Bedürfnisse von Hundebesitzern eingestellt. So gehört zur Ausstattung häufig eine Hundedusche, bei anderen Plätzen sind eigene Strandabschnitte für die Tiere selbstverständlich. Doch darüber hinaus sollten auch Herrchen und Frauchen an ein paar Dinge vor der Reise denken.

PLANUNG UND ANREISE

Ganz gleich, ob spontane Campingtour oder geplante Reise: Wer mit einem Hund reist, muss für das Tier mitdenken. Denn nicht alles, was für Menschen gut ist und passt, ist für den Hund ideal. Das fängt schon bei der Temperatur im Fahrzeug an. Wie ein Pkw kann sich auch das Wohnmobil im Sommer schnell aufheizen. Hunde reagieren auf Hitze sehr empfindlich, weshalb eine gute Belüftung oder sogar Kühlung empfehlenswert ist. Bei großer Hitze sollten die Tiere niemals alleine im Fahrzeug gelassen werden. Auch die Fahrt ist für Hunde häufig anstrengend, da sie die unterschiedlichen Eindrücke unterwegs mit ihren Sinnen viel stärker wahrnehmen. Deshalb sollten häufige Pausen mit kleiner Gassirunde eingelegt werden – lieber ein paar mehr als zu wenige. Die Zwischenstopps können zudem zur Verpflegung mit Wasser und Futter genutzt werden.

In einigen europäischen Ländern, z. B. in Dänemark oder Frankreich, gelten sehr strenge Vorschriften bei der Einreise mit Hund. Aus diesem Grund sollte man immer – vorsichtshalber auch bei Reisen innerhalb Deutschlands – einen gültigen EU-Heimtierausweis mitführen. Bei Grenzübertritten sind dieses Dokument und ein Mikrochip im Ohr des Tieres Pflicht. Wer an der Grenze nicht abgewiesen werden will oder im Zielland empfindliche Bußgelder vermeiden möchte, sollte die jeweiligen gesetzlichen Vorgaben genau beachten.

Die meisten Hunde sind pflegeleichte Reisepartner beim Camping.

MIT HUND AUF DEM CAMPINGPLATZ

Bei der Wahl des Campingplatzes sollte natürlich zunächst geprüft werden, ob Hunde dort überhaupt gern gesehen sind. Auch die Anzahl der Hunde ist häufig begrenzt. Zum Glück sind die meisten Campingplätze in Europa sehr hundefreundlich. Dennoch kann es in Einzelfällen passieren, dass sich die umliegende Natur oder andere Camper von Hunden gestört fühlen. Ein Vierbeiner sollte, ohne gleich zu bellen, auch mal kurz alleine bleiben können, beispielsweise wenn sein Besitzer mal eben ins Waschhaus geht. Generell gilt: Auch wenn das Mitbringen tierischer Begleiter grundsätzlich erlaubt ist, sollte man sich an die örtlichen Regeln halten. So wird etwa das Laufen ohne Leine auf fast allen Campingplätzen nicht gerne gesehen. Auf den meisten Plätzen wird außerdem für mitgebrachte Hunde eine Extragebühr fällig. Und ganz wichtig: Hinterlassenschaften müssen stets aufgesammelt und entsorgt werden!

SAUBERKEIT IST ALLES

Es ist ein ungeschriebenes Gesetz, dass Hunde beim Reisen mehr haaren als unter normalen Umständen, was vor allem mit der Reiseaufregung zu erklären ist. Damit sich die Haare nicht im ganzen Mobil verteilen, ist regelmäßige Fellpflege sinnvoll. Am besten geht das mit einem sogenannten Furminator: Diese Striegelbürste entfernt nicht nur Haare, sondern sorgt auch für eine wohltuende Massage. Kein Wunder also, wenn der Hund anschließend um eine Zugabe bettelt. Falls sich doch Haare auf die

Eine fest installierte Hundebox ist der sicherste Ort für Vierbeiner im Auto.

Polster verirrt haben, hilft eine Kleiderbürste mit Kleberolle. Im Wohnmobil sind die Reinigungsmöglichkeiten begrenzter als daheim, Gerüche entstehen schnell und halten sich hartnäckig. Hundefell kann muffig riechen – was sich auf wenigen Quadratmetern schnell bemerkbar macht. Die regelmäßige Entfernung der Hundehaare ist also ratsam. Ein Campingplatz mit Hundedusche ist gerade bei großen Hunden mit längerem Fell eine gute Wahl.

WENN DER HUNGER KOMMT

Nicht nur für die eigenen Nahrungsmittel ist der Platz im Camper oder Wohnwagen begrenzt, auch das Hundefutter gehört irgendwo untergebracht. Dabei muss bedacht werden, dass das Futter der Wahl nicht überall erhältlich ist. Also muss der mitgebrachte Vorrat im Idealfall für die ganze Reise reichen. Doch das schlägt aufs Gesamtgewicht. Trockenfutter spart im Vergleich mit anderen Futterarten am meisten Gewicht und Platz.

Hundebesitzer, die ihre Lieben nach der BARF-Methode füttern, also frisches Fleisch reichen, das mit weiteren Zutaten angereichert wird, könnten besonders bei hohen Temperaturen Probleme bekommen. Das Futter muss für diesen Zweck gut gekühlt oder häufig und frisch gekauft werden. Für längere Reisen ist das nicht nur unpraktisch, sondern möglicherweise auch geruchsintensiv – vor allem bei schlechtem Wetter, wenn der Hund im Wagen gefüttert werden muss.

AB IN DIE BOX

Es ist keine gute Idee, einen Hund einfach ungeschützt im Fahrzeug zu transportieren. Das gilt nicht nur im Pkw, sondern – trotz des größeren Platzangebots – auch im Wohnmobil. Man kann sich nicht darauf verlassen, dass selbst ruhige Hunde in stressigen Situationen auf ihrem Platz bleiben. Richtig dramatisch kann die Situation bei einem Unfall werden: Ein ungeschützter Hund kann sich nirgendwo festhalten, die Verletzungsgefahr

PACKLISTE FÜR DEN HUND

- ✔ **Trinkflasche und Schalen** Unterwegs bieten sich Wasserschalen aus Gummi an. Auch Wasserflaschen mit ausklappbarer Trinkschale leisten gute Dienste.
- ✔ **Futternäpfe** Für die Fütterung empfehlen sich robuste und leichte Behältnisse.
- ✔ **Hundekotbeutel** Auf den meisten Campingplätzen gibt es Spender mit Beuteln. Aber man sollte sich nicht darauf verlassen.
- ✔ **Schleppleine** Auf Campingplätzen und an Stränden besteht oft Leinenzwang. Neben einer normalen Leine sollte man deshalb auch eine längere Schleppleine dabeihaben.
- ✔ **Spielzeug** Urlaub kann für einen Hund auch langweilig werden. Also nicht das Lieblingsspielzeug vergessen!
- ✔ **Decke** Bodenkälte ist nicht zu unterschätzen: Eine Decke oder ein Liegekissen sollte immer dabei sein, damit der Hund auch bei kälteren Temperaturen bequem und warm liegen kann.
- ✔ **Tragerucksack** Damit kleinere Hunde bei Wanderungen oder Radtouren nicht schlappmachen, ist so ein Rucksack sinnvoll.
- ✔ **Fahrradkorb oder -anhänger** Als praktische Alternative zum Hunderucksack und vor allem für große Hunde empfiehlt sich ein faltbarer Fahrradanhänger.
- ✔ **Medizin** Ob Flohschutz, Wurmmittel oder andere Medikamente: Je nach Urlaubsort und Länge des Aufenthalts empfiehlt es sich, die Bordapotheke für den Hund aufzustocken.
- ✔ **Impfpass** In viele Länder dürfen Hunde nur einreisen, wenn bestimmte Impfnachweise vorliegen (z. B. gegen Tollwut). Impfpass nicht vergessen!
- ✔ **Maulkorb** Nicht nur gefährliche Hunde müssen einen Maulkorb tragen. Auf Fähren oder in vielen Geschäften gilt für alle Vierbeiner Maulkorbzwang.

für Tier und Mensch ist dadurch groß. Die einfachste Sicherungsmethode ist ein Geschirr mit zusätzlichem Gurtverschluss, sollte der Hund auf dem Beifahrersitz mitfahren. Noch sicherer ist der Transport in einer Box.

Transportboxen, in denen es sich Hunde während der Fahrt bequem machen können, erinnern auf den ersten Blick an einfache Käfige. Sie bestehen – je nach Bauart – komplett aus Metall, Kunststoff oder aus einem mit Stoff umspannten Gestänge. Im Pkw wird die Box in der Regel im Kofferraum oder auf dem Rücksitz untergebracht und befestigt. Im Wohnmobil gibt es die Möglichkeit, Haken und Ösen für die Box am Boden oder am Mobiliar anzubringen. Auf keinen Fall sollte man eine Hundebox im Wohnwagen transportieren. Auch die Größe der Box ist entscheidend: Ist die Box zu groß, kann der Hund auch darin umhergeschleudert werden. Ist sie dagegen zu klein, wird sich der Hund darin nicht wohlfühlen. Um dem Tier die Fahrt so angenehm und bequem wie möglich zu machen, sollte er sich in der Box auf einer Decke oder einem Kissen ausbreiten können. Ein Kauknochen oder ein kleines Spielzeug sollte auch noch Platz finden.

HUNDEREGELN IM AUSLAND

Wer mit seinem Hund ins Ausland reisen möchte, sollte sich im Vorfeld dringend über Einreisebestimmungen für den pelzigen Reisebegleiter informieren. Die Regeln variieren von Land zu Land zum Teil deutlich. So wird für die Einreise nach Norwegen, Großbritannien oder Irland eine Bestätigung vom Tierarzt verlangt, die bescheinigt, dass ein bis fünf Tage vor Grenzübertritt eine Bandwurmbehandlung durchgeführt wurde. Für Mazedonien und die Türkei wird ein aktueller Bluttest auf Tollwut-Antikörper vom Tierarzt verlangt. Und die Einreise in die Schweiz ist für Hunde mit kupierten Ohren oder kupierter Rute verboten. In vielen Ländern gelten außerdem für bestimmte Rassen Maulkorb- und Leinenpflicht. Manche Rassen, die als gefährlich eingestuft sind, dürfen in einige Länder gar nicht einreisen. Auch die Zahl der Hunde, die man mitbringen darf, ist mancherorts begrenzt. Für Welpen gelten zum Teil gesonderte Vorschriften.

CAMPINGPLÄTZE FÜR HUNDEBESITZER

Camping- und Ferienpark Havelberge
★★★★★

Platz im Wald direkt an einem See. Es gibt einen separaten Strandabschnitt für Gäste mit Hund, Hundedusche und -trainer.
▶ An den Havelbergen 1, 17237 Groß Quassow, Mecklenburg-Vorpommern
■ pincamp.de/MK7800

Strandcamping Waging
★★★★★

Campingplatz in Südbayern, direkt am Waginger See. An einer großen Liegewiese befindet sich ein eingezäunter Bereich für Gäste mit Hund. Hundedusche und Hundetrainingsplatz vorhanden.
▶ Am See 1, 83329 Waging, Bayern
■ pincamp.de/SB8150

Weitere hundefreundliche Plätze im In- und Ausland:
■ pincamp.de/mithund

Vom Packrafting bis zur gemütlichen Kanufahrt: Das Campingvergnügen ist für Aktivurlauber häufig ganz nah am Wasser gebaut.

AKTIVCAMPING: SPORTLICH UNTERWEGS

Natürlich geht es den meisten Campern im Urlaub darum, möglichst entspannt den Tag zu genießen. Doch das heißt noch lange nicht, dass sie den lieben langen Tag vor dem Wagen oder Zelt faulenzen. Für viele gehört das persönliche Sportprogramm zum Campen unbedingt dazu. Denn wo sonst kann man – ganz ohne Alltagsstress – den Körper so entspannt in Form halten? Mehr noch: Oft ist für Campingurlauber Sport der entscheidende Grund für die Wahl dieser Reiseform. Wohnmobile und Wohnwagen sind zwar keine rollenden Sportclubs, doch sie sind für viele sportliche Aktivitäten die idealen Begleiter – und sei es nur, weil sie genügend Platz fürs benötigte Material bieten.

Wer schon einmal Gast in einem Sporthotel war, weiß um die Vorteile: Ausrüstung, Tagesablauf und sogar die Verpflegung sind perfekt auf die Aktivitäten der Gäste zugeschnitten. Eine solche Rundumversorgung ist auch beim Camping möglich, wenn man einen Platz mit vergleichbarer Ausstattung wählt. Winter-Camper schätzen z. B., dass sie häufig direkt vor dem Mobil eine Skipiste erreichen oder zumindest ganz in der Nähe einen Lift nutzen können. Und auch auf das Après-Ski sind Campingplätze gut vorbereitet mit Wellness-Angeboten und beheizten Räumen für die Ausrüstung. Doch vor allem im Sommer nutzt man Anlagen mit riesigem Sportangebot, etwa mit Tennisplätzen, Schwimmhallen oder Golfplatz. Je nach Saison bieten große Campingplätze sportliche Animationsprogramme für jede

DACHBOX UND FAHRRADTRÄGER

Je nach Sportart gibt es das passende Zubehör, mit dem die Ausrüstung sicher verstaut und transportiert werden kann. Besonders geeignet sind **Dachboxen**, die in allen erdenklichen Größen und Varianten angeboten werden und meist an Dachträgern montiert werden. Allerdings sollte man beim Beladen (S. 312) stets beachten, dass sich schwere Gewichte in luftiger Höhe negativ auf den Schwerpunkt des Fahrzeugs auswirken.

Für Fahrräder sind praktische **Heckträger** eine Alternative. Bei deren Nutzung muss unbedingt die Traglast im Auge behalten werden: So sind z. B. E-Bikes häufig deutlich schwerer als herkömmliche Fahrräder. Je mehr Gewicht auf dem Träger aufsitzt, desto mehr schwingt das Heck bei Schlaglöchern und Unebenheiten. Bei Wohnwagengespannen sollten die Räder auf einem **Deichselträger** transportiert werden.

Altersgruppe, man kann sich Mountainbikes oder Kletterausrüstung ausleihen. Besonders beim Wassersport sind die Angebote vielfältig: Viele Plätze verfügen über eigene Bootsanleger, Verleihstationen für Surf- und Segel-Equipment, einige bieten sogar Surfunterricht an. Manchmal ist es jedoch ganz einfach nur die perfekte Laufstrecke in der Nähe, die eingefleischte Sportler an ihren Lieblingsplatz zurückkehren lässt.

Der große Vorteil beim Camping ist, dass sich das eigene Gefährt auch als geräumiges Transportmittel nutzen lässt, mit dem man etwa Fahrräder, die komplette Surfausrüstung oder Boote schnell von A nach B transportieren kann. Nicht jeder möchte seinen Sport immer nur auf einem einzigen Campingplatz ausüben, und oft ist ein Sporturlaub auch nicht so einfach für einen bestimmten Ort planbar. Schließlich sind einige Aktivitäten stark von den Wetterbedingungen abhängig. Windsurfer, Segler und Kiter brauchen Wind, Wellenreiter müssen der perfekten Welle hinterherreisen. Und so ist es oft sehr praktisch, wenn man das Equipment schnell einpacken kann und unterwegs gleich zur Hand hat: Da wird der Alkoven zum Lagerplatz für die Kite-Schirme, in der Nasszelle hängen die Neoprenanzüge zum Trocknen, und in manch einem speziell ausgebauten Kastenwagen ist sogar genug Platz, um ein Motocross-Bike festzuzurren.

UNENDLICHE VIELFALT FÜR JEDEN SPORTTYP

Ruderer, Kanuten und Segler sind Draußen-Sportler und deshalb nicht selten passionierte Camper. Für sie finden sich in Deutschland zahlreiche lohnende Reviere, etwa an der Mecklenburgischen Seenplatte (S. 78), wo unzählige Routen für Wasserwanderer auf ihre Entdeckung warten. Wer es ein bisschen wilder mag, kann sich beim Kajakfahren in die Fluten stürzen – oder beim Packrafting, einer modernen Mixtur aus Wandern und Paddeln in ultraleichten Booten. In den letzten Jahren ist auch das Stand-up Paddling (SUP) bei Wassersportlern immer beliebter geworden. Viele Campingplätze haben inzwischen Stationen, an denen man SUP-Bretter ausleihen und Kurse buchen kann. Ein großer Vorteil dieses Sports ist das verwendete Material: Die Boards sind in den meisten Fällen aufblasbar, zusammengepackt nehmen sie wenig Platz ein. Das macht sie zu einem tollen Campingbegleiter – selbst, wenn man sie gar nicht zu sportlichen Zwecken nutzt, sondern sich im Badesee nur drauflegt und einfach treiben lässt.

Auch Radfahren und Camping ergänzen sich perfekt, ganz gleich, ob man mit dem Mountainbike oder Rennrad unterwegs ist. Wenn die Mitnahme der Räder im kleinen Mobil zum Problem wird, sollte man vielleicht die Anschaffung eines Anhängers in Erwägung ziehen. Einige Hersteller haben sich auch auf Kombinationen aus Wohn- und Transportanhänger spezialisiert: Im hinteren Teil befindet sich dann die fahrende Garage mit Rampe für die Räder, im vorderen Teil ein abgetrennter Wohnraum.

Besonders unkompliziert sind natürlich die Klassiker unter den Aktivitäten: Laufen und Wandern. Viel mehr als gutes Schuhwerk ist dafür nicht nötig, passende Strecken findet man überall. Yoga, Pilates oder Fitness lassen sich ebenfalls beim Camping ausüben, denn für die meisten Übungen wird nicht viel Platz benötigt. Auch die Ausrüstung hält sich in Grenzen, eine Matte genügt. Immer häufiger werden auf Plätzen Kurse angeboten.

Wenn auf dem Campingplatz gar keine Sportangebote zur Verfügung stehen, muss also nicht aufs Fitnessprogramm verzichtet werden. Zur Not lässt sich mit ein paar Handgriffen ein Do-it-yourself-Fitnessstudio verwirklichen (S. 212).

SPORT AUF DEM CAMPING-PLATZ: DIE KLASSIKER

Es muss nicht immer der hochgerüstete Sport aus dem Trendmagazin sein, manchmal tun es auch einfach Laufschuhe. Oder man greift zu den altbewährten Klassikern, die schon Generationen von Campern unterhalten haben. Sie alle haben eines gemeinsam: Das benötigte Equipment nimmt nur wenig Platz weg, aber der Spaß ist trotzdem garantiert. Und ganz nebenbei tut man auch etwas für die Fitness.

Badminton: Schläger und Ball nehmen wenig Platz weg, zur Not kann man die Ausrüstung in fast jedem Supermarkt oder Campingshop kaufen.

Beachvolleyball: Ein echter Campingklassiker. Eine intensive Runde Beachvolleyball ersetzt auf jeden Fall einen Besuch im Fitnessstudio.

Tischtennis: Tischtennisplatten gehören auf fast allen Campingplätzen zum Standard. Ob zu zweit, zu viert im Doppel oder im „Rundlauf" um den Tisch: Tischtennis ist ein Sport mit Kennenlern-Potenzial.

Boccia: Zahlreiche Campingplätze sind mit Boule-Bahnen ausgerüstet, besonders in Frankreich und Spanien. Okay, man kommt bei diesem „Sport" nicht unbedingt ins Schwitzen, aber er macht Spaß.

Mehrkampf für Kinder: Ideal, um den Bewegungsdrang kleiner Camper unter Kontrolle zu bringen. Dabei ist auch Fantasie gefragt. Ein paar Anregungen für die einzelnen Stationen: ein Spurt bis zum Kiosk oder eine Runde um den Platz, einmal das Klettergerüst rauf und runter, Tauziehen, Seilspringen etc. Und im Anschluss nicht die Siegerehrung und Preisverleihung vergessen!

Ob zum Brötchenholen, für den Weg zum Waschhaus oder für Ausflüge und Sport: Ohne ein Fahrrad ist Camping nur halb so schön.

CAMPINGPLÄTZE FÜR SPORTLICHE

Ostseecamping Familie Heide
★★★★★

Quirlige „Campingstadt" an der Ostsee mit vielen Einrichtungen und Angeboten für große und kleine Aktive. Einige Standplätze befinden sich auch in Strandnähe.
▶ Strandweg 31, 24369 Kleinwaabs, Schleswig-Holstein, Deutschland
■ pincamp.de/SL4100

Sportcamp Woferlgut
★★★★★

Entspannung, Genuss und jede Menge Sportangebote für alle Altersklassen im Salzburger Land mit platzeigenem, 1,5 ha großem Badesee. Badetempel, ein Wellnessbereich und Sportfelder machen das Angebot für Aktive komplett.
▶ Krössenbachstr. 40, 5671 Bruck a. d. Großglocknerstr., Österreich
■ pincamp.de/SA1410

CampWest SportResort
★★★★☆

Kinderfreundlicher Platz mit 3500 m² großem Wasserpark mit Wasserrutschen, Kletterpark und vielen Aktivitäten. Vom Reitausflug über Indoor-Ballspiele bis hin zum Trainingsprogramm im 300 m² großen Fitnessbereich ist hier alles möglich.
▶ Baunhojvej 34, 6840 Oksbøl, Dänemark
■ pincamp.de/JV5480

DIY-FITNESS-AUSRÜSTUNG

*Wenn der Campingplatz keine Sportangebote hat oder die eigene
Ausrüstung zu Hause liegt, kann man sich mit etwas Kreativität und den
vorhandenen Bordmitteln ein kleines Fitnessstudio einrichten.
Jedes Campingfahrzeug hat das Zeug zum mobilen Trainingsparcours!*

Es braucht nicht viel Equipment, um unterwegs in Form zu bleiben.

WIDERSTANDSBÄNDER
Mit diesem praktischen Universalsportgerät, das auch als Fitnessband oder Deuser-Band bekannt ist, kann man ohne weitere Hilfsmittel schweißtreibende und anstrengende Übungen durchführen. So lässt sich das starke Gummiband am Fahrradgepäckträger oder am Haltegriff im Fahrerhaus befestigen und für Kraftübungen nutzen. Oder man stellt sich einfach mit den Füßen auf das Band und zieht dessen Enden nach oben. Wenn gerade kein Fitnessband zur Hand ist: Als Alternative kann man auch Spannbänder mit

Haken nutzen, die bei vielen Campern sowieso zur Bordausrüstung gehören. Praktisch: Kombiniert man mehrere Spannbänder miteinander, lässt sich sogar die Länge variieren. Allerdings sollte man dabei unbedingt auf eine sichere Verbindung achten. Und in Kombination mit einem Besenstiel entsteht sogar eine Hantelstange.

LIEGESTÜTZGRIFFE

Jeder Personal Trainer kann bestätigen, dass Liegestütze zu den effektivsten Übungen beim Krafttraining zählen. Mit ihnen trainiert man Brustkorb, Arme, Schultern, Bauchmuskeln und Rumpf zugleich. Wer es etwas leichter haben will, stellt sich draußen vor den Eingang des Campers und positioniert die Hände auf die erste Stufe. Für Fortgeschrittene: Mit ein paar Konservendosen wird die Liegestützübung zum Balanceakt. Dafür legt man die Dosen quer vor sich, greift diese mit den Händen und los geht's.

SPRINGSEIL

Ein weiteres Universal-Fitnessgerät, das nur wenig Platz im Campingmobil einnimmt. Trotzdem hat man es nicht immer dabei, wenn man es gerade braucht. Fast genauso gut geht es aber mit einer Wäscheleine, die zur Grundausstattung eines jeden Campers zählen sollte: Damit das Seil gut schwingt, kann daran ein zusätzliches kleines Gewicht angebracht werden, z. B. ein mit Gaffa-Band befestigter Stein.

GEWICHTE

Gefüllte Wasserflaschen und Kanister können unterwegs Hanteln oder Kettlebells ersetzen. Eine gute Übung für den Einstieg: Schattenboxen mit kleinen Wasserflaschen oder Konservendosen in den Händen. Diese Übung trainiert Arme und Schultern und erhöht die Herzfrequenz. Wer zu Hause gerne mit einem Medizinball trainiert, kann ebenfalls improvisieren, etwa mit einem kaputten Basketball: einfach ein kleines Loch in den Ball schneiden, Sand hineinfüllen und das Loch mit Gaffa-Band zukleben. Fertig ist das Allround-Sportgerät.

BALANCE BOARD

Mit einem sogenannten Balance Board oder Wackelbrett wird der gesamte Bewegungsapparat geschult. Für ein einfaches Do-it-yourself-Board wird eine große Wasserflasche bis zum Rand mit Wasser gefüllt und verschlossen – es sollte keine zusätzliche Luft enthalten sein. Die volle Flasche wird auf einen ebenen Boden gelegt und oben drauf kommt ein stabiles, aber nicht zu schweres Brett – fertig ist die wackelige Angelegenheit.

KLIMMZUGHALTERUNG

Für Klimmzüge braucht man kein spezielles Equipment, in vielen Fällen reicht ein stabiler Ast oder die Reling des Campers. Doch aufpassen: Die Griffleiste muss stabil genug sein und das Sportlergewicht tragen können.

SLACKLINE

Abspannbänder sind so stabil, dass sie ganze Vorzelte bei stürmischem Wetter festhalten können. Das Gewicht eines Menschen dürfte also kein Problem sein. Zwischen Baum und Anhängerkupplung gespannt, ergibt sich eine einfache Slackline für den Fitness-Seiltanz.

FITNESSSTUDIO IM SMARTPHONE

Es geht auch ganz ohne Ausrüstung: Mit den richtigen Übungen wird das eigene Körpergewicht genutzt, um Muskeln aufzubauen. Apps wie Freelatics, Runtastic oder Kompan sorgen mit Übungen, Trainingsprogrammen und Ernährungstipps für Beweglichkeit – egal, wo man sich gerade befindet.

FESTIVAL-CAMPING: KURZTRIP INS SOMMERLAGER

Musikfestivals boomen: Allein in Deutschland pilgern jedes Jahr Hunderttausende zu unzähligen Open-Air-Veranstaltungen, um sich dort ihre Lieblingskünstler und Bands anzuschauen und mit Gleichgesinnten zu feiern. Übernachtet wird auch hier meist in einem Zelt oder im Camper auf einem der riesigen Campingplätze am Festivalgelände. Für viele findet hier die erste Berührung mit der Campingwelt statt. Mit ein paar Tipps im Gepäck wird diese erste Camp-Erfahrung nicht zum Reinfall, sondern zum großen Spaß, der vielleicht sogar Lust auf mehr macht.

Auf Musikfestivals gehört Camping zum guten Ton: Man kommt sich näher, baut ein gemeinsames Camp auf – und das bei jedem Wetter.

Wenn es um Musikfestivals an der frischen Luft geht, denken die meisten nicht nur ans Musikerlebnis und an geniale Konzerte, sondern auch an viel Matsch und schlechte sanitäre Einrichtungen. In der Tat kommt es recht häufig vor, dass Festivals durch starke Sommerregen überschwemmt werden. Wenn dann auch noch das Zelt undicht ist, fällt das Wochenende buchstäblich ins Wasser. Bessere Karten haben Festivalbesucher, die mit dem eigenen Wohnmobil oder Wohnwagen anreisen.

MIT DEM CAMPER ZUM FESTIVAL

Um Überraschungen zu vermeiden, sollte man sich schon im Voraus gründlich erkundigen, wie man zum Veranstaltungsort kommt. Bestenfalls hat man sich vor der Anreise ein paar Schleichwege ausgeguckt, denn die Zufahrtsstraßen rund um den Einlass sind meist überfüllt. Festivalbesucher mit Wohnmobil oder Wohnwagen brauchen für die Anfahrt meist ein bisschen mehr Geduld. Doch es lohnt sich, denn dafür genießen sie ein paar Privilegien auf der Festivalwiese: Sie schlafen geschützt in einem Bett und nicht auf der Luftmatratze, und statt Schlafsack wärmt die eigene Bettwäsche. Im Wagen befinden sich Kühlmöglichkeiten für Lebensmittel und Getränke und eine Kochstelle für die Zubereitung. Statt Ravioli aus der Dose oder der Supermarkt-Bratwurst vom Einweggrill gibt's Selbstzubereitetes vom eigenen Herd. Und wer schon häufig auf einem Festival war, kennt die teilweise miserablen hygienischen Bedingungen bei den sanitären Einrichtungen. Mit dem eigenen Mobil braucht man sich darüber keine Gedanken zu machen, weil Klo und Dusche an Bord sind. Zur Not tut es dann auch eine Außendusche, die bei heißen Temperaturen sogar für eine willkommene Abkühlung sorgt. Aber Vorsicht: So ein Wassertank ist zügig leer und ein Klo schnell voll, besonders wenn auch die neuen Festivalbekanntschaften die Einrichtungen mitbenutzen. Auf den Festival-Campingplätzen ist Strom grundsätzlich Mangelware. Mit der Bordversorgung lässt sich zwischendurch ganz bequem Handy, Kamera oder eine Bluetooth-Box aufladen. Ein Wohnmobil bietet außerdem weitaus mehr Sicherheit als ein Zelt: Türen lassen sich abschließen, Wertsachen können auch mal (versteckt) im Fahrzeug bleiben und müssen nicht ständig mitgeführt werden.

AUFGABENVERTEILUNG

Reist man mit Freunden und einer größeren Gruppe zum Festival, sollte man im Vorfeld festlegen, wer was mitbringt. Dinge wie Grill oder Klopapier müssen nicht doppelt und dreifach mitgenommen werden. So kann viel Gepäck eingespart werden.

Auf großen Festivals ist es manchmal nicht leicht, das eigene Zelt wiederzufinden.

Leider sind auf Festivals hin und wieder auch unvorsichtige oder alkoholisierte Menschen unterwegs, die ungewollt eine Schramme am Fahrzeug hinterlassen. Wenn möglich, sollte man daher schon von vornherein einen Platz für das Mobil suchen, an dem es nicht so hektisch zugeht und weniger los ist. Allerdings sind solche Plätze und die dafür benötigten Wohnmobilplaketten meist begrenzt. Sie sollten daher nicht nur rechtzeitig gebucht werden, auch sollte man so früh wie möglich anreisen, um noch ein wenig Auswahl an Plätzen zu haben. Achtung: Bei einigen Festivals sind nicht alle Arten von Campingmobilen erlaubt. So dürfen nicht überall Wohnmobile stehen, wenn diese eine bestimmte Größe überschreiten.

Bedenken sollte man auch, dass die Veranstaltung für Festival-Camper mit Wohnmobil nicht mit dem Schlussakkord endet. Denn es bleibt nicht aus, dass das Fahrzeug ordentlich Dreck abbekommt. Sei es ein umgefallenes Bier oder einfach Matsch und Schmutz vom Gelände. Für die Reinigung nach dem Event sollte man noch mal einen Tag einplanen. Man kann natürlich auch schon während des Festivals für Ordnung sorgen – auch wenn man dabei Gefahr läuft, ein wenig spießig zu wirken. Und ganz wichtig für den Fahrer: Ein Festival ist auch anstrengend, besonders wenn Alkohol fließt. Eine kurze Nacht reicht manchmal nicht aus, um die Fahrtüchtigkeit wiederherzustellen.

MIT AUTO UND ZELT ZUM FESTIVAL

Auch wenn es sicherlich bequemer ist, mit dem eigenen Camper zum Festival zu fahren – die meisten Besucher reisen doch mit einem Zelt an. Da die großen Festivals vor allem im Sommer stattfinden, ist das Campen im Zelt auch in der Regel kein Problem. Reist man mit Freunden an, bietet es sich an, vor Ort ein kleines Camp zu errichten. So kann man Zeltwand an Zeltwand einen kleinen Bereich für sich in Anspruch nehmen. Ein großer Nachteil beim Zelten: Die ganze Ausrüstung muss umständlich zum Platz getragen werden, da man mit dem Auto oft nur bis auf die weit entfernten Parkplätze fahren darf. Das Geschleppe kann schon etwas auf die Stimmung schlagen, vor allem, wenn neben der Schlafgelegenheit inklusive Luftmatratze, Schlafsack und persönlichem Gepäck auch noch Lebensmittel, Möbel und Pavillon zum Platz gebracht werden müssen. Damit keine unnötigen Dinge umhergetragen werden, sollte man sich vorher genau überlegen, was mitmuss. Beim Zelt selbst sollte man darauf achten, dass es groß genug ist, um auch alle wichtigen Gepäckstücke zu verstauen. Als Faustregel gilt dabei: Es sollte bestenfalls mindestens eine Person mehr beherbergen können, als tatsächlich darin schlafen.

WAS MUSS MIT ZUM FESTIVAL?

Was sollte unbedingt mitgenommen werden, wenn man ins Festivalwochenende startet? Dafür gibt es keine eindeutige Antwort, denn während der eine fast nichts mitnehmen möchte, braucht der andere möglichst viel Zeug für seine individuellen Bedürfnisse. Die folgenden Tipps sind daher nur eine Anregung für die eigene **Packliste**, die ganz nach Belieben erweitert oder gekürzt werden kann:

Ausrüstung
- ✔ Leicht aufbaubares Zelt (z. B. Wurfzelt)
- ✔ Schlafsack
- ✔ Einfacher Campingstuhl und -tisch
- ✔ Luftmatratze oder Isomatte
- ✔ Zeltleuchte und Taschenlampe
- ✔ Regenfeste Kleidung (am besten einen Regenponcho)
- ✔ Hut oder Cap als Sonnenschutz, Sonnenbrille
- ✔ Sandalen, Flip-Flops
- ✔ Akkus oder Powerbank für das Smartphone
- ✔ Bodenplane
- ✔ Gewebeklebeband
- ✔ Taschenmesser
- ✔ Vorhängeschloss fürs Zelt
- ✔ Müllbeutel
- ✔ Grill, Kohle und Anzünder
- ✔ Küchenrolle
- ✔ Besteck und Geschirr, Thermoskanne und Becher

Hygieneartikel
- ✔ Handtücher
- ✔ Zahnbürste und Zahnpasta
- ✔ Kulturtasche mit Haken (gefüllt mit den persönlichen Hygiene-Utensilien)
- ✔ Feuchtigkeitscreme
- ✔ Anti-Mücken-Spray
- ✔ Handspiegel
- ✔ Ein kleines Plastikfläschchen mit Flüssigseife, um sich auf dem Gelände die Hände waschen zu können
- ✔ Waschlappen
- ✔ Sonnencreme und Lippenschutz mit hohem Lichtschutzfaktor
- ✔ Klopapier

Notfallapotheke
- ✔ Kopfschmerztabletten
- ✔ Ohrstöpsel
- ✔ Magnesium
- ✔ Erste-Hilfe-Set mit Verbandszeug
- ✔ benötigte Medikamente und Allergiemittel
- ✔ Verhütungsmittel

Verpflegung
Auf Festivals gibt es viele Möglichkeiten, sich mit dem Nötigsten zu versorgen, manchmal werden sogar große Supermärkte aufgebaut, die Lebensmittel und Ausrüstung zu moderaten Preisen anbieten. Dennoch empfiehlt es sich, ein paar Dinge dabeizuhaben, z. B.: einen gewissen Wasservorrat in PET-Flaschen, Dosenbier, Kaffee und Tee, Brot, Konserven, Zucker, Salz und Pfeffer, Obst, Süßigkeiten und Snacks. Und für die Kühlbox: Milch für Müsli oder Kaffee, Butter/Margarine, Aufschnitt und Käse, Fleisch zum Grillen.

FESTIVALS FÜR CAMPER IN DEUTSCHLAND

Im Sommer wird ganz Deutschland ein Festival-Land: Fast jedes Wochenende strömen Tausende Menschen zu Open-Air-Konzerten, um dort gemeinsam zu feiern – und zu campen. Das sind die wichtigsten Veranstaltungen für mobile Musikfans.

Eines der größten Festivals mit Campingwiese in Deutschland: Rock im Park

WACKEN

Das größte Metal- und Rockfestival Europas, mitten in Schleswig-Holstein

Camping: Gecampt wird hier auf landwirtschaftlichen Nutzflächen, Campen ist im Ticketpreis enthalten, auch für Wohnmobile und Wohnwagen. Das Campinggelände ist mit Duschen und Toiletten ausgestattet, die über den Eintrittspreis bezahlt werden. wacken.com

HURRICANE

Eines der größten Festivals in Deutschland mit einer bunten Musikmischung von etablierten Stars und Newcomern; auf einer Motorradsandrennbahn in Scheeßel zwischen Hamburg und Bremen.

Camping: Beim Hurricane-Festival sind die Campingoptionen vielfältig. Der Standardzeltplatz ist im Ticketpreis enthalten. Dazu gibt es ein kostenpflichtiges Resort mit zusätzlichen Extras und Gruppenbereichen. Wohnmobile sowie Wohnwagen benötigen eine Plakette. Die Gesamtlänge der Fahrzeuge ist auf 11 m und das zulässige Gesamtgewicht auf 3,5 t beschränkt. Bei einem Wohnwagen muss die Zugmaschine die ganze Zeit über vor dem Anhänger angespannt bleiben, damit jederzeit rangiert werden kann. hurricane.de

SOUTHSIDE
Gleichzeitig mit dem Hurricane findet das Southside in der Nähe von Tuttlingen statt und teilt sich mit dem norddeutschen Schwester-Festival das Line-up.

Camping: Beim Southside-Festival gibt es neben Standard-Zeltplätzen, deren Nutzung im Ticketpreis enthalten ist, einige weitere Campingoptionen. Im abgegrenzten Resort stehen Services wie eine Bar oder gegen Aufpreis Stromversorgung zur Verfügung. Festivalgruppen können ihren eigenen Bereich buchen. Für Wohnmobile, Caravans und andere Schlafraumvehikel wird eine kostenpflichtige „Trailer Park"-Plakette benötigt.
southside.de

SPLASH
Rap und Hip-Hop in „Ferropolis", einem ehemaligen Tagebaugelände bei Gräfenhainichen östlich von Dessau auf einer Halbinsel im Gremminer See

Camping: Im Ticketpreis ist die Nutzung des regulären Zeltplatzes enthalten. Wer neben oder im Fahrzeug übernachten will, kann ein „Car Camping Ticket" kaufen, das für Kfz bis zu 3 t (Pkw, Vans, Motorräder) gilt. Mit dem optionalen „Caravan Ticket" dürfen Wohnmobile, Wohnwagen bzw. Anhänger mit Zug-Pkw oder umgebaute Pkw-Busse bis 3,5 t und maximal 8 m im Caravan-Camp stehen.
splash-festival.de

ROCK AM RING UND ROCK IM PARK
Die wohl wichtigsten Schwester-Festivals Deutschlands mit einer riesigen Bandbreite an Rock, Pop und Metal, in Nürnberg und auf dem Nürburgring in der Eifel

Camping: Mit dem „General Camping Ticket" können Besucher des Rock am Ring im Zelt übernachten. Auf dem Areal des „Rock'n'Roll-Camping" kann man auch Stromversorgung dazu buchen. Für Wohnmobile und Caravans wird zusätzlich eine kostenpflichtige Plakette benötigt. Auch im „Drei Tage Festival Ticket" von Rock im Park ist die Nutzung der regulären Campingflächen enthalten. Für die Einfahrt zum Gelände mit Wohnwagen und Zugfahrzeug wird die kostenpflichtige Plakette „Trailer" und für Wohnmobile die Plakette „Camper" benötigt. Das zulässige Gesamtgewicht ist auf 3,5 t beschränkt.
rock-am-ring.de
rock-im-park.com

DEICHBRAND
Festival mit aktuellen Acts aller Genres auf dem Seeflughafen Cuxhaven/Nordholz

Camping: Die Nutzung der Zeltplätze ist im Ticketpreis enthalten. Wer mit Wohnwagen oder Wohnmobil anreist, benötigt dafür eine kostenpflichtige Plakette. Auf Wunsch kann auf einigen Stellplätzen eine Stromversorgung gebucht werden. Gruppen können sich Gemeinschaftsplätze wie den „Schrebergarten" mit Platz für mehrere Fahrzeuge buchen. Für Familien gibt es ruhige Plätze am Rand des Festivalgeländes.
deichbrand.de

FESTIVALCAMPING GANZ BEQUEM
Viele Festivals bieten auch vorbereitete Schlafgelegenheiten an: vom einfachen Zelt mit Luftmatratze bis zum Safarizelt mit Feldbett und Stromanschluss. Oder man lässt sich das Zelt aufbauen, um Zeit zu sparen. Das übernimmt z. B. das Team von „Mein Zelt steht schon". Einfach bei der Buchung Personenzahl und das Areal angeben, und dann steht bei der Ankunft alles bereit: mein-zelt-steht-schon.de.

WINTERCAMPING: OUTDOOR IM SCHNEE?

Wenn im Herbst die Tage kürzer werden, bietet sich auf vielen Campingplätzen das gleiche Bild: Wohnwagen werden winterfest gemacht und vom Platz gezogen. Wohnmobile mit Saisonkennzeichen werden eingemottet (weitere Infos zum Thema Winterpause s. S. 304). In der Tat ist Camping im Winter nicht jedermanns Sache. Dabei kann es auch in der kalten Jahreszeit großen Spaß machen, mit dem Mobil unterwegs zu sein – wenn man sich ausreichend vorbereitet.

Es gibt Menschen, die fangen schon an zu zittern, wenn sie nur an einen Winterurlaub im Camper denken. Für sie ist Camping gleichbedeutend mit einem Trip in die Sonne, die Outdoor-Tage verbringen sie am liebsten bei angenehmen Temperaturen in Shorts und Badehose. Doch auch für diese Klientel hat Camping im Winter durchaus seinen Reiz – allerdings in wärmeren Regionen: Viele entfliehen mit ihrem Camper dem schlechten Wetter und fahren in Länder mit angenehmerem Klima, etwa ins südliche Spanien, nach Portugal oder Italien. Dort sind die Tage im Winter zwar auch kürzer, aber die Temperaturen steigen dort dann immer noch regelmäßig über die 20-Grad-Marke. Dagegen lassen sich andere Camper-Typen von eisigen Temperaturen nicht abschrecken und steigen auch bei Schnee und Kälte ins Mobil. Viele Campingplätze in den klassischen Winterreiseregionen haben sich bereits darauf eingestellt.

Besonders in der Alpenregion, wo sich die Landschaft regelmäßig in ein Winterwunderland mit reichlich Schnee verwandelt,

Zu Kalt? Nein, einfach cool: Camping macht auch im Winter Spaß!

TECHNIK-CHECKLISTE FÜR DEN WINTER

Bevor es mit dem Wohnmobil oder Wohnwagen in den Winterurlaub geht, sollte die **Ausrüstung** fit für Eis und Schnee gemacht werden. Diese Punkte sollten dabei auf der Checkliste stehen:

- Glühkerzen überprüfen und falls nötig satzweise austauschen
- Beleuchtung und Standlichter checken
- Tür- und Fenstergummis sollten mit einem Gummipflegemittel ohne Lösungsmittel präpariert werden.
- Sind alle technischen Prüfplaketten (TÜV, AU, Gas) noch gültig?
- Motor- und Scheibenfrostschutz, Öl sowie Bremsflüssigkeit nachfüllen (Der Scheibenwasser-Frostschutz sollte für Temperaturen bis −25 °C geeignet sein.)
- Hubstützen mit salzwasserresistentem Winschenfett einschmieren
- Optimal ist es, die Radläufe und Teile des Rahmens mit Unterbodenwachs zu versiegeln.
- Das ganze Fahrzeug waschen, versiegeln und anschließend gut trocknen lassen
- Scheibenwischergummis prüfen und gegebenenfalls erneuern
- Start- und Bordbatterie überprüfen (lassen), falls nötig die Pole reinigen und mit Polfett bestreichen

---

ist das Campingangebot mittlerweile vielfältig. Winterurlaub hautnah: Im Wohnwagen oder Wohnmobil lässt sich die weiße Welt aus nächster Nähe erleben, während man es sich im beheizten Mobil gemütlich macht. Auch für Skifahrer ist das Reisen im eigenen Mobil zu einer echten Alternative zum Hotel oder Apartment geworden – ein Blick auf die mit Wohnmobilen gefüllten Parkplätze an den Skipisten bestätigt das. Die Vorteile liegen auf der Hand: Man ist nicht auf ein Bus-Shuttle angewiesen, wenn man die Skilifte erreichen möchte, und kann direkt nach der Abfahrt die eigene Dusche genießen. Und die Campingplätze in den Skiregionen sind mittlerweile gut vorbereitet. So bieten sie unter anderem Trockenräume für die Ausrüstung, Verleihservice, Wellnessbereiche mit Sauna und ähnliche Annehmlichkeiten für Wintersportler.

Wintercamping ist anders: Während man im Sommer lange Abende genießt und viel Zeit draußen verbringt, geht es im Winter deutlich gemütlicher zu, und man verbringt mehr Zeit miteinander – „Quality-Time".

DIE RICHTIGE AUSRÜSTUNG

Doch bevor man die „coole" Reise antritt, sollte man sich sein Mobil genau anschauen – und es gegebenenfalls wintertauglich machen. Natürlich sollte das Mobil nicht nur im Winter gepflegt und regelmäßig durchgecheckt werden, aber besonders kalte Temperaturen, Nässe und andere winterbedingte Widrigkeiten verlangen nach mehr Aufmerksamkeit. Durch Salz und Split auf den Straßen steigt etwa die Gefahr, dass die Karosserie Schaden nimmt. Auch der Motor braucht im Winter mehr Zuwendung. So sollten alle Flüssigkeiten aufgefüllt und

DIE BESTEN WINTER-CAMPINGPLÄTZE

Eine Auswahl an Plätzen in den Bergen, die auch im Winter viel Komfort bieten, findet sich hier:
- pincamp.de/wintercamping

frostsicher gemacht werden. Und da die Batterien bei strengem Frost leiden, sollte man sie ebenfalls regelmäßig checken. Achtung: Wer ansonsten nur im Sommer unterwegs ist, hat möglicherweise keine Winter- oder Allwetterreifen aufgezogen. Doch in der Zeit von „O bis O" (Oktober bis Ostern) darf man nur mit einer entsprechenden Bereifung fahren. Das gilt sowohl für das Wohnmobil, aber auch für jedes Zugfahrzeug und bestenfalls auch für den Anhänger. In vielen Regionen besteht im Winter zudem eine Schneekettenpflicht. Alles über Anbieter, Kauf und Montage sowie weitere Infos zum Thema sind im Pincamp-Ratgeber im Internet zu finden (pincamp.de/schneeketten).

Die Liste der benötigten Ausrüstungsgegenstände verändert sich im Winter: Es wird früher dunkel, die Straßen und die Böden der Stellplätze sind in einem anderen Zustand als im Sommer, außerdem werden ausreichende Mittel benötigt, um dem Frost zu begegnen. Das heißt aber auch, dass für die Winterausrüstung Platz geschaffen werden muss. Dabei sollte stets die mögliche Zuladung im Blick behalten werden, damit das zulässige Gesamtgewicht nicht überschritten wird. Schon im Sommer sorgt zu viel Gewicht für ein verändertes Fahrverhalten und verlängerte Bremswege, im Winter können die Folgen einer möglichen Überladung deutlich gravierender sein.

Wer mit einem modernen Mobil unterwegs ist, darf sich über eine gute Isolierung des Aufbaus, eine vernünftige Heizung und vielleicht sogar über eine wärmehaltende Verglasung freuen. Darüber hinaus verfügen immer mehr Wohnwagen und Wohnmobile

über einen doppelten Boden, in dem auch die Leitungen verlegt sind. Wenn bei Wohnmobilen mit einem integrierten Fahrerhaus durch die einfach verglasten Fenster zu viel Kälte ins Innere gelangt, helfen schwere Trennvorhänge und Isoliermatten. Übrigens: Wenige Zentimeter Pulverschnee sorgen für zusätzliche Isolierung. Bei starkem Schneefall sollten die Dächer allerdings regelmäßig von der weißen Pracht befreit werden.

Die winterliche Wasserversorgung stellt hingegen für die meisten Camper kein Problem dar, solange sich die Wasservorräte im beheizten Inneren befinden. Abwassertanks sind dagegen oft nicht isoliert oder beheizt. Die Lösung: einfach unter dem Ausguss einen Eimer platzieren und den Ablasshahn öffnen. Selbst wenn das Abwasser einfriert, kann es dann „en bloc" entsorgt werden.

TIPPS FÜR DEN WINTER-CAMPINGPLATZ

Ein paar Kniffe helfen dabei, den winterlichen Campingplatzbesuch so angenehm und sicher wie möglich zu gestalten:

- Besonders im Winter sollte man auf farbige Stromkabel setzen, da diese im Schnee besser zu sehen sind. Und sie sollten so verlegt werden, dass sie nicht von einem Schneepflug beschädigt werden können.
- Um ein Festfrieren der Handbremse zu verhindern, sollten Wohnwagenbesitzer diese lösen, sobald der Anhänger fixiert ist, bei Wohnmobilen sollte lediglich ein Gang eingelegt werden.
- Ein schnee- und eisfreier Standplatz ist natürlich ideal, allerdings ist der nur selten zu haben. Damit das Mobil im Falle eines Auftauens des Bodens nicht in Schieflage gerät, helfen große Bretter unter den Hubstützen.
- Vor jeder Fahrt sollten Schnee und Eis vom gesamten Fahrzeug oder Gespann gründlich entfernt werden, damit während der Fahrt nachfolgende Fahrzeuge nicht gefährdet werden.
- Auch wenn man in der Sommersaison darauf verzichten mag, in den Wintermonaten ist ein Vorzelt sehr sinnvoll. Es schützt vor Schneeverwehungen, bietet Platz für Sportgeräte und hilft beim Trocknen der Kleidung.

WINTERAUSSTATTUNG: DAS MUSS MIT

- ✔ Ausreichend Gas (Propan-/Butan-Gemisch für niedrige Temperaturen, s. S. 246)
- ✔ Frostsicheres Stromkabel
- ✔ Starthilfekabel
- ✔ Schneeketten
- ✔ Frostschutzmittel
- ✔ Warme Decken
- ✔ Isomatten oder Teppich für den Boden des Mobils
- ✔ Schneeschaufel und Besen
- ✔ Eimer (für das Abwasser)
- ✔ Warme Arbeitshandschuhe
- ✔ Kaminverlängerung, damit die Abluft auch durch eine Schneedecke entweichen kann
- ✔ Thermomatte, um das Fahrerhaus abzutrennen
- ✔ Holzbretter, die bei Tauwetter verhindern, dass Hubstützen und Reifen einsinken
- ✔ Grober Sand oder Salz als Traktionshilfe
- ✔ Ersatzbirnen
- ✔ Eiskratzer, Enteisungsspray für Türschlösser

NACHHALTIG CAMPEN: UNTERWEGS MIT KÖPFCHEN

Camper lieben es, in unberührten Landschaften unterwegs zu sein. Es versteht sich von selbst, dass man die Natur auch wieder sauber hinterlassen sollte.

Für die Sauberkeit rund ums eigene Mobil ist jeder Camper selbst verantwortlich.

Fasst man es zusammen, geht es beim Camping vor allem darum, für ein paar Tage rauszukommen, möglichst nah an oder sogar mitten in der Natur. Camper genießen den Blick auf den Sonnenuntergang über dem Meer, die Berge, den Wald. Und natürlich hinterlässt man den neu entdeckten Lieblingsplatz sauber und aufgeräumt – oder sogar sauberer, als man ihn vorgefunden hat. Denn Camping heißt auch nachhaltig reisen.

Die Umwelt zu schonen ist nicht nur ein Trendthema, sondern auch angesichts aller aktuellen wissenschaftlichen Erkenntnisse und Untersuchungen dringend notwendig. Eine gute Nachricht zu Beginn: Im Vergleich zu Reisen mit Flugzeug oder Schiff ist Camping an sich bereits sehr nachhaltig, da weniger CO_2-intensiv. Dazu kommt, dass die meisten Campingplätze herrlich in der Natur gelegen sind und die Betreiber auch sehr darauf bedacht sind, die natürliche Umgebung ihres Areals zu bewahren. Auch der Umgang mit Ressourcen spielt unter Campern eine immer größere Rolle. Inzwischen wird fast überall Mülltrennung betrieben, und Energie sowie Wasser werden möglichst sparsam eingesetzt. Immer häufiger wird der genutzte Strom sogar von Solaranlagen produziert, doch oft sind es auch die Kleinigkeiten, die den umweltschonenden Unterschied ausmachen, auch wenn es nur die Energiesparlampen bei der Platzbeleuchtung sind.

UMWELTFREUNDLICHE CAMPINGPLÄTZE

Camper, denen diese Thematik am Herzen liegt, können sich bei der Suche nach einem umweltfreundlichen Campingplatz an einer ganzen Reihe von offiziellen Labels und Zertifikaten orientieren, die von objektiven Institutionen und Einrichtungen vergeben werden. Eines davon ist die Auszeichnung der Initiative Ecocamping (ecocamping.de), die an Campingplätze für ihr vorbildliches Engagement im Umwelt- und Naturschutz verliehen wird. Das EU-Ecolabel (eu-ecolabel.de) wird dagegen höchst offiziell von der Europäischen Kommission vergeben. Es kennzeichnet umweltfreundliche Produkte und Dienstleistungen; auch Campingplätze können das Label beantragen, wenn sie bestimmte Kriterien für Energie- und Wasserversorgung, Abfall- und Abwasserbeseitigung erfüllen. Auch das Viabono-Portal (viabono.de) zeichnet umwelt- und klimafreundliche Campingplätze aus, wenn in den vier Bereichen Wasser, Abfall, Energie und Klima die geforderten Auflagen erfüllt werden. Betreiber können außerdem den CO_2-Fußabdruck für einen Aufenthalt auf ihrem Platz errechnen lassen.

Für Weltenbummler ist das freiwillige Ökolabel von Green Key (greenkey.global) interessant: Die Organisation gibt eine informative Weltkarte heraus, auf der die Standorte von umweltverantwortlichen und nachhaltigen Unterkünften verzeichnet sind. Ihre Anforderungen umfassen 13 verschiedene Kategorien, darunter Wasser, Abfall und Energie, aber auch andere Faktoren wie die Einbettung in die Umgebung oder die soziale Verantwortung des jeweiligen Betreibers. Auch in Europa finden sich bereits einige Campingplätze, die mit diesem Label ausgezeichnet wurden.

Neben den Labels, die Campingplätze erwerben können, wenn sie die Voraussetzungen erfüllen, gibt es viele lokale Tourismusaktionen für klimafreundliche, nachhaltige und umweltfreundliche Campingplätze. Zu diesen zählt in Deutschland etwa das Projekt des Naturparks Nordeifel KlimaTour (klimatour-eifel.de), das zusammen mit den touristischen Anbietern vor Ort klimafreundliche Angebote entwickelt und bewirbt.

DAS ZEICHNET EINEN UMWELTFREUNDLICHEN PLATZ AUS

- Die Abwasserentsorgung erfolgt umweltgerecht; Wasser wird sparsam verwendet.
- Strom wird aus erneuerbaren Energien gewonnen; Energie wird effizient genutzt.
- Der Campingplatz ist umweltgerecht gestaltet.
- Es werden nur naturverträgliche Freizeitangebote angeboten.
- Abfall und giftige Reinigungsmittel werden vermieden.
- Lebensmittel, die verkauft werden, stammen aus der Region.

NACHHALTIGKEIT BEI PINCAMP BUCHEN

Auch auf pincamp.de lassen sich nachhaltig und **klimafreundlich wirtschaftende Campingplätze** finden. Klickt man zu der Übersicht eines Platzes, sind oben auf der Seite gleich neben den Sternen der ADAC Klassifikation und der Camper-Bewertungen verschiedene Icons gelistet, unter anderem Auszeichnungen und Labels wie Ecocamping.

DAS KANN MAN SELBST TUN

Doch man muss sich nicht nur auf Campingplätze verlassen, wenn ein Campingtrip genussvoll und nachhaltig sein soll. Bereits mit ein wenig Mehraufwand lassen sich Natur und Umwelt schützen, etwa indem man im Camper oder Wohnwagen statt eines Chemieklos eine Komposttoilette (S. 257) nutzt oder den benötigten Strom über Solarpanels generiert (S. 263). Einen noch größeren und direkteren Effekt hat die Vermeidung von Müll – auch den Müll, den man eigentlich gar nicht sieht, in Pflegeprodukten beispielsweise. Ob Shampoo, Insektenschutz oder Sonnencreme: Innovative Pflegeartikel mit natürlichen Inhaltsstoffen, die dank ihrer organischen Zusammensetzung von der Natur leicht abbaubar sind, sind für den Campingurlaub die perfekten Begleiter.

UMWELTBEWUSST FAHREN

Abgase des Wohnmobils sind schädlich für die Ökobilanz – da führt kein Weg daran vorbei. Aber durch umweltbewusstes, d. h. langsameres Fahren lässt sich der Kraftstoffverbrauch deutlich senken. Wenn man Höchstgeschwindigkeiten vermeidet, ist das nicht nur gut für das Klima, sondern auch für den Geldbeutel. Bestenfalls sollte man außerdem Kurzstrecken vermeiden und diese lieber mit dem Rad oder zu Fuß zurücklegen. Im Stau oder bei langen Wartezeiten ist es besser, den Motor auszustellen. Und im Sommer gilt: lieber mit offenem Fenster fahren, als ständig die Klimaanlage laufen zu lassen.

GEWICHT VERMEIDEN

Auch Gewichtsvermeidung spart Kraftstoff. Deshalb wirkt sich leichtes Gepäck nicht nur positiv auf das Gesamtgewicht aus, sondern auch auf die Ökobilanz.

REIFENDRUCK PRÜFEN

Regelmäßige Reifendruckkontrollen reduzieren den Fahrwiderstand und tragen ebenfalls zum Spritsparen bei. Außerdem werden durch den ans Gewicht des beladenen Mobils angepassten Druck die Reifen geschont.

STROM(KOSTEN) SPAREN IM CAMPER

Hier lässt sich viel Energie sparen, das schont auch die Reisekasse:

- Wasser und Mahlzeiten mit bordeigenem Gas kochen
- Installation einer Solaranlage
- LED-Beleuchtung im gesamten Wohnmobil
- Elektrogeräte stets ausschalten, Stand-by-Betrieb vermeiden

ZERO-WASTE-CAMPINGKÜCHE

Dank clevererer Utensilien kann man auch beim Campen umweltschonend kochen. **Müllvermeidung** steht auch hier auf dem Programm. Vor allem sollte man auf in Plastik verpackte Lebensmittel verzichten, Reste verwerten und auf regionale Produkte setzen:

- Geschirr und Besteck aus Edelstahl mitnehmen
- Große Wasserkanister oder wiederbefüllbare Wasserflaschen benutzen
- Alufolie vermeiden, ein Edelstahltopf und eine gusseiserne Pfanne tun es meist auch.
- Snacks und Lebensmittel in Schraubgläsern und Edelstahldosen aufbewahren
- Auf Küchenrollen verzichten und stattdessen Geschirrtücher verwenden
- Abwaschbürste aus Bambus kaufen
- Kaffee ohne Kapsel oder Filter in der Espressokanne zubereiten

Tipps zum nachhaltigen Kochen

- Übrig gebliebene Kartoffeln lassen sich mit Essig, Öl und Mayonnaise zu einem leckeren Kartoffelsalat verarbeiten.
- Ein geöffneter Wein, der zum Trinken nicht mehr taugt, eignet sich meist noch sehr gut zum Kochen.
- Aus kaltem Kaffee vom Vortag wird im Sommer ein leckerer Eiskaffee zum Frühstück.
- Überreife Bananen eignen sich perfekt für Smoothies und schmecken köstlich mit Joghurt oder Haferflocken.
- Äpfeln oder Birnen mit Druckstellen schälen und mit Wasser erhitzen: Fertig ist ein Kompott.
- Suppen- und Soßenreste in Gläser füllen und als Basis für den nächsten Eintopf verwenden
- Nudeln vom Vortag aufbraten oder in einer frisch zubereiteten Soße aufwärmen – der perfekte Kraftspender für zwischendurch

MÜLL VERMEIDEN

Schon beim Packen sollte man darauf achten, Plastikmüll zu vermeiden. Umweltschonende Produkte sind häufig nicht nur platzsparend, sondern auch gut für Haut und Haar. Statt Einmalprodukte und Gels mit Mikroplastik zu verwenden, empfehlen sich beispielsweise folgende Dinge für den Kosmetikbeutel: Waschlappen, feste Shampoo-Seife, Kamm und Zahnbürste aus Bambus, Zahnputztabletten aus dem Glas, Kokosöl zum Abschminken oder als Haarkur und umweltfreundliches Toilettenpapier.

MÜLL TRENNEN

Ein guter Anfang sind umweltfreundliche Verpackungslösungen. Die ökologischste Verpackung nützt jedoch nichts, wenn der Abfall nicht richtig entsorgt wird. Mülltrennsysteme helfen, Ressourcen zu schützen.

ENERGIEVERBRAUCH SENKEN

Muss ein Föhn wirklich mit? Wird das Wasser im Elektrokocher oder auf Gas erhitzt? Schon beim Packen kann man sich die Frage stellen, welche elektrischen Geräte unnötige Stromfresser sind.

CAMPERVAN, WOHNWAGEN & CO.

Der Preis der Freiheit: Damit muss man rechnen ▸ 230
Technik und Equipment ▸ 245
Do it yourself: Camping ist Handarbeit ▸ 287
Regeln und Sicherheit ▸ 307

DER PREIS DER FREIHEIT: DAMIT MUSS MAN RECHNEN

Leihen oder kaufen? ▸ *233* | *Der Traum vom eigenen Mobil* ▸ *236* | *Und Tschüss: wenn der Camper gehen muss* ▸ *240*

Wer die versteckten Kosten berücksichtigt, kann sorgenfrei in den Campingurlaub starten.

Von kostenlos bis grenzenlos kostspielig – beim Camping ist preislich gesehen alles möglich. Während ein Trip mit gekauftem Zelt-Equipment auch schon mit kleinstem Budget möglich ist, können Campingreisen mit dem eigenen Wohnmobil oder Wohnwagen empfindlich teuer werden, was vor allem an den hohen Anschaffungspreisen und an den versteckten Unterhaltskosten der Gefährte liegt.

Camping kann durchaus immer noch eine der günstigsten Formen des Urlaubs sein. Wer es geschickt anstellt und nur wenig Komfort benötigt, kann sogar fast zum Nulltarif unterwegs sein. Doch den meisten Campern geht es heute nicht mehr um möglichst günstiges Reisen. Ferienreisen mit eigenem Bett und lieb gewonnenem Equipment sowie der Wunsch nach grenzenloser Mobilität sind heute häufig wichtiger als der Preis, den man für diese Freiheit zahlen muss.

Dennoch ist ein Urlaub natürlich immer auch eine Frage des persönlichen Budgets – und das gilt auch beim Camping mit dem Wohnmobil oder Caravan. Da diese Art der Freizeitgestaltung so unüberschaubar viele Facetten hat und diverse Möglichkeiten bietet, ist es kaum möglich, eine aussagekräftige und allgemeingültige Kostenübersicht zu erstellen. Aber man kann durchaus ein paar Anhaltspunkte geben. Bei unseren folgenden Berechnungen haben wir für eine Reisegruppe bestehend aus zwei Personen mit Kind kalkuliert. Bei weiteren Mitreisenden und Haustieren kommen natürlich zusätzliche Kosten hinzu.

Während einer Urlaubsreise spielen vor allem Spritkosten und die finanziellen Aufwendungen für einen Standplatz auf dem Campingplatz eine Rolle. Beide Posten können je nach Land oder Region erheblich variieren. Darüber hinaus entstehen gegebenenfalls Kosten für Maut und Vignetten, Fähren sowie für den Verbrauch von Gas. So summieren sich schnell die Ausgaben für ein mobiles Campingvergnügen, schon bevor man überhaupt einen Kilometer zurückgelegt hat. Unterwegs kommen dann zusätzliche buchbare Extras auf den Camping- und Stellplätzen hinzu, die die Reisekasse spürbar belasten können.

Eine allgemeingültige Kalkulation für jeden Camper lässt sich auch deshalb nur ungefähr erstellen, weil viele Campingkosten abhängig sind von persönlichen Vorlieben und von der individuellen Komfortgrenze. Jedem Campingeinsteiger mit Wohnmobil oder Caravan sollte aber grundsätzlich klar sein, dass diese Art zu reisen kein günstiges Freizeitvergnügen ist. Wer nur einmal im Jahr mit einem Wohnmobil oder Caravan für ein oder zwei Wochen im Sommerurlaub auf einen Campingplatz fahren möchte, ist wahrscheinlich mit einem Leihfahrzeug besser beraten. Dabei muss man heute auch nicht mehr auf Komfort verzichten. Weitere Tipps zum Thema Miete siehe S. 233.

DAS KOSTET CAMPING

Wer die Campingkosten ganz genau berechnen möchte, muss auch die Fixkosten wie den Anschaffungspreis und den Unterhalt des Reisemobils miteinbeziehen (S. 238). Bei den reinen Reisekosten spielen die Art des Platzes, die Aufenthaltsdauer oder das gewählte Reiseland eine große Rolle. Es gibt Durchschnittswerte, die bei der Kalkulation helfen können. Laut Erhebungen des ADAC kostet eine Übernachtung auf einem deutschen Campingplatz durchschnittlich 26 Euro. Der Betrag gilt für zwei Erwachsene und ein Kind, inklusive der Nutzung von Strom, Wasser und sanitären Einrichtungen. Im europäischen Mittel liegen die Kosten sogar etwas höher, bei 37,50 Euro. Zu den reinen Übernachtungskosten kommen dann noch die Ausgaben für Kraftstoff, Maut, Verpflegung und Ausflüge.

Eine Beispielrechnung zu den Kosten für zwei Erwachsene mit Kind, pro Nacht und für sieben Tage ergibt Folgendes:

- **Übernachtung auf dem Campingplatz:**
  Pro Nacht 30 Euro, für sieben Tage 210 Euro
- **Ausgaben täglicher Bedarf, Ausflüge:**
  10 bis 15 Euro pro Tag und Person ergeben 30 bis 45 Euro für die gesamte Reisegruppe, also 210 Euro bis 315 Euro für sieben Tage.
- **Puffer für unvorhergesehene Ausgaben:**
  100 Euro pro Person und Reise ergeben 300 Euro.

Das ergibt also für einen einwöchigen Campingtrip mit einer kleinen Familie einen durchschnittlichen Reisepreis für Aufenthalt, Verpflegung und Unterhaltung von 825 Euro. Hinzu kommen die individuellen Kosten und die für jedes Reiseziel spezifischen Ausgaben. Insgesamt gilt somit für die Urlaubskosten die Faustformel, nach der pro Person und Tag etwa 100 Euro eingeplant werden sollten. Besser ist es aber, etwas mehr Budget einzukalkulieren, als tatsächlich benötigt wird: Wenn etwa mit Kindern das Wetter Kapriolen schlägt, sind teure Indoor-Aktivitäten gefragt. Denn auch das ist Camping: Eine Reise steckt voller Überraschungen – und einige davon kosten Geld.

ACHT TIPPS FÜR GERINGERE KOSTEN UNTERWEGS

1. Früh buchen
Ob Leihmobil oder Campingplatz: Häufig gibt es bei Anbietern sehr hohe Frühbucherrabatte.

2. Vor- und Nebensaison nutzen
Wer nicht auf einen Urlaub in den Schulferien angewiesen ist, zahlt außerhalb der Hauptsaison deutlich weniger für einen Stellplatz.

3. Länger an einem Ort bleiben
Viele Campingplätze gewähren großzügige Rabatte, wenn man für eine längere Zeit bucht und bleibt.

4. Stammkunde werden
Auch wer regelmäßig bucht und wiederkommt, erhält bei Anbietern von Leihfahrzeugen oder Campingplätzen zum Teil deutliche Rabatte.

5. Den ADAC Campingführer kaufen
Nutzer der ADAC Campcard (s. S. 352) erhalten vielerorts zusätzliche Vergünstigungen, auch in der Hauptsaison. Die Karte gibt es kostenlos zu jedem Band des ADAC Campingführers, der als App und in Buchform erscheint. Sie ermöglicht Rabatte bei über 2500 Anbietern sowie Zugriff auf günstige Pauschalpreise.

6. Planen und Vergleichen
Soll kein bestimmter Campingplatz angesteuert werden, lohnt sich ein Blick auf die Preise verschiedener Plätze in der Umgebung eines Zielorts. Und bei der Routenplanung sollte man abwägen, ob sich ein Umweg lohnt, wenn man dadurch eine Maut spart.

7. Selber kochen
Wer auf seine Reisekosten achten muss, spart deutlich, wenn er überflüssige Restaurantbesuche einspart und sich selbst um die Verpflegung kümmert.

8. Sprit sparen
Wer mit einem Wohnmobil oder einem Anhänger vorausschauend fährt, verbraucht weniger Sprit. Auf längeren Strecken zahlt sich das spürbar aus.

LEIHEN ODER KAUFEN?

Es ist schon ein schönes Gefühl, ins eigene Wohnmobil zu steigen: Die Schränke und Fächer sind mit dem Lieblingszubehör bestückt, man weiß, welches Geschirr in den Regalen steht und wie die Bordtechnik funktioniert. Und abends kann man glücklich und zufrieden ins eigene Bett fallen. Für viele Camper gibt es deshalb keine Alternative zum eigenen Gefährt. Doch gerade für Neueinsteiger stellt sich die Frage, ob sich ein Kauf wirklich lohnt. Es fehlt ganz einfach die Erfahrung: Was brauche ich unterwegs wirklich? Und auf welchen Komfort möchte ich auf keinen Fall verzichten?

Die Kosten für ein eigenes Wohnmobil gehen weit über den Anschaffungspreis hinaus (s. S. 237). Natürlich muss jeder Camper für sich entscheiden, wie viel ihm diese flexible Art des Urlaubs wert ist. Klar ist aber auch: Wer nur wenige Ausfahrten im Jahr mit einem Camper plant, fährt günstiger mit einem Leihmobil. Und dabei muss man in Sachen Komfort fast keine Abstriche machen. Viele Vermieter von Wohnmobilen und Campervans bieten ihren Kunden voll ausgestattete Fahrzeuge. Meistens sind Küchenutensilien und Outdoor-Möbel bereits an Bord, manchmal sogar – genauso wie in einem Mietapartment – das Bettzeug. Mieter müssen lediglich ihre Einkäufe verstauen und Verbrauchsmaterialien wie Sprit, Wasser und Gas auffüllen, und schon kann der mobile Urlaub stressfrei und ohne weitere Anschaffungskosten starten.

Je nach Fahrzeug, Anbieter und Saison variieren die Preise für ein Leihfahrzeug gewaltig. Wer etwa bei einer Internet-Plattform mietet, auf der vor allem Privatmobile angeboten werden, kann mit etwas Glück schon für rund 40 Euro pro Tag das passende Gefährt buchen. Wer lieber luxuriös reist, muss natürlich deutlich tiefer in die Geldbörse greifen. Durchschnittlich kostet die Miete etwa 100 Euro pro Tag, inklusive Versicherungen und festgelegten Fahrkilometern. Bei einem zweiwöchigen Urlaub kommen so schnell weit über 1000 Euro zusammen. Das mag auf den ersten Blick viel erscheinen. Vergleicht man das aber mit den Kosten für ein eigenes Mobil, relativiert sich der Preis schnell.

ADAC WOHNMOBIL-VERMIETUNG

Der ADAC vermietet Wohnmobile mit Rabatten und anderen **Vorteilen für Mitglieder**. Kunden haben die große Auswahl: Es stehen rund 2000 Wohnmobile an 60 Verleihstationen bereit. In Deutschland können zusätzlich mehr als 250 Wohnwagen angemietet werden. Die ADAC Wohnmobilvermietung setzt auf Fahrzeuge von führenden Herstellern wie Knaus, Bürstner, Hobby und Hymer. Auch Kurzentschlossene finden jede Menge Angebote bequem über die Suche auf der Webseite. In Kooperation mit der Camperbörse ist auch der Verleih in ausländischen Urlaubsorten kein Problem: Wohnmobile in 18 Ländern und mehr als 120 Städten stehen auf dem Portal zur Verfügung.
autovermietung.adac.de
adac.camperboerse.de

LEIHEN IM AUSLAND

Beim Campen gehört oft schon die Fahrt zum Urlaubsgefühl dazu, schließlich ist der Weg das Ziel. Doch wenn der Ferienort weit entfernt und die Zahl der Urlaubstage begrenzt ist, möchte so manch einer die knappe Zeit nicht damit verbringen, Hunderte oder sogar Tausende Kilometer zu fahren. Und in manchen Fällen ist es auch gar nicht so leicht oder schnell realisierbar, mit dem eigenen Wagen das Ziel zu erreichen, etwa wenn eine Rundreise durch die USA (S. 140) oder durch Neuseeland (S. 135) geplant ist. Viele Verleiher vermitteln daher Wohnmobile im Ausland, oft findet die Fahrzeugübergabe direkt in der Nähe des Flughafens statt. Der Vorteil liegt auf der Hand: Man spart viel Zeit. Statt Geld für Sprit und möglicherweise anfallende Mautgebühren und Fährkosten auszugeben, müssen zwar Tickets für Flug oder Bahn gekauft werden. Doch auch das kann je nach Zahl der Reiseteilnehmer günstiger sein.

Allerdings sollte man eines bedenken: Wer zu einem Leihmobil reist, ist bei der Mitnahme der eigenen Ausrüstung stark eingeschränkt und darauf angewiesen, dass das Fahrzeuge vor Ort alles an Bord hat, was gebraucht wird. Je nach persönlichen Bedürfnissen kann die Liste des erforderlichen Zubehörs lang sein: vom Kindersitz bis zum Fahrradgepäckträger, vom Geschirr bis zur Bettwäsche. Wer sich für ein Leihfahrzeug entscheidet, sollte sich zudem die Vertragsbedingungen genau ansehen. Wichtig ist z. B. die Höhe der Kaution und welche Schäden eine Versicherung abdeckt. Auch ist häufig eine Endreinigung bei Abgabe fester Vertragsbestandteil, was die Mietkosten zusätzlich in die Höhe treibt.

Ob sich ein Kauf lohnt oder doch das Leihen das bessere Modell ist, lässt sich am Ende nicht immer nur durch eine reine Kosten-Nutzen-Rechnung beantworten. Selbst für Camper, die nur wenige Wochen im Jahr unterwegs sind, kann der Neukauf die bessere Entscheidung sein, wenn sie hohe Ansprüche an Ausrüstung und Komfort stellen. Klar ist aber: Mit einem geliehenen Mobil lässt sich hervorragend testen, ob diese Urlaubsform überhaupt zu einem passt und welches Fahrzeug dafür das richtige ist. Wer vorhat, ein Wohnmobil zu kaufen, kann mit Leihfahrzeugen ein wenig üben. So lässt

WEITERE ANBIETER VON LEIHFAHRZEUGEN

Camperdays
Wohnmobilvermietung in Deutschland und im Ausland
camperdays.de

Paul Camper
Leihbörse für Wohnmobile und Camper, vor allem von Privatanbietern
paulcamper.de

McRent
Die nach eigener Aussage größte Wohnmobilvermietung Europas mit Fahrzeugen von den Marken der Erwin Hymer Group
mcrent.de

Rent easy
Mehr als 25 Vermietungsstationen in Deutschland, große Auswahl an durchschnittlich fünf Monate alten Fahrzeugen mit umfangreicher Ausstattung von verschiedenen Herstellern
rent-easy.de

sich in der Praxis ausprobieren, welches Mobil am besten zu den eigenen Bedürfnissen, Vorlieben und Wünschen passt.

Wer nur wenige Tage im Jahr oder in weit entfernten Gegenden mit dem Wohnmobil campen will, fährt mit einem Leihfahrzeug günstiger.

AUF EINEN BLICK: EIGENES FAHRZEUG
+ Ein eigenes Wohnmobil bietet viel Flexibilität bei der Urlaubsplanung. Hat man spontan Lust auf einen Kurztrip, steht das Gefährt bereit.
+ Es sind die eigenen Ausrüstungsgegenstände an Bord und nicht gebrauchte Dinge, die schon durch unzählige Hände gegangen sind.
+ Das eigene Fahrzeug kann auch verliehen werden, um einen Teil der Kosten wieder reinzuholen.
− Die Kosten für Anschaffung und Unterhalt sind relativ hoch.
− Ein Wohnmobil braucht einen alltagstauglichen Stellplatz. Gerade in Städten ist das häufig ein Problem.

AUF EINEN BLICK: LEIHFAHRZEUG
+ Es steht eine riesige Modellpalette bei den Verleihern bereit.
+ Es gibt eine große Anzahl an Vermietern, wodurch sich Preise vergleichen lassen.
+ Mit der Übergabe des Leihmobils am Reiseort spart man viel Fahrerei und hat dadurch mehr Zeit am Urlaubsziel.
− Es gibt keine eigene Ausrüstung an Bord, jedes über die Grundausstattung hinausgehende benötigte Teil muss mitgebracht werden.
− Versteckte Kosten durch Versicherungen und Endreinigung
− In Ferienzeiten und der Hauptsaison sind Preise hoch, und die Auswahl an Fahrzeugen ist begrenzt.

DER TRAUM VOM EIGENEN MOBIL

Camping mit dem eigenen Wohnmobil oder Caravan ist kein günstiges Hobby, der größte Posten in der Kalkulation ist natürlich das Fahrzeug oder der Anhänger selbst. Bei vielen Herstellern gibt es Einstiegsmodelle, die sehr kompakt gebaut oder mit einer geringen Motorisierung versehen sind. Basisfahrzeuge im Wohnmobilbereich sind bei den Händlern schon ab 30 000 Euro erhältlich. Für einen neuen Wohnwagen sollte man

Wer Anschaffungspreis und laufende Kosten im Blick behält, reist deutlich entspannter.

mindestens mit 15 000 bis 20 000 Euro rechnen. Den Preisen sind nach oben aber keinerlei Grenzen gesetzt. Immer größere und luxuriösere Ausführungen kommen auf den Markt. Die Anzahl der Schlafplätze, die installierten Geräte, die Heizung und die Ausgestaltung der Nasszelle sorgen für zusätzliche Kosten. Allein für solche Ausstattungsdetails kommen oft Tausende Euro Extrakosten zusammen, die schnell aus einem verhältnismäßig günstigen Fahrzeug ein sehr teures Vergnügen machen.

GEBRAUCHTKAUF

Ähnlich wie bei Pkws gibt es eine Unmenge von Faktoren, die für den Kaufpreis eines gebrauchten Mobils eine Rolle spielen. Beim Wohnmobil sind neben dem Alter vor allem die gefahrenen Kilometer für den Wertverlust verantwortlich. Gut gepflegte Modelle mit einer guten Ausstattung können aber selbst im fortgeschrittenen Alter noch 20 000 Euro wert sein. Hin und wieder findet sich auch das eine oder andere Schnäppchen ab 5000 Euro. Wesentlich günstiger ist die Anschaffung eines gebrauchten Wohnwagens, der schon ab 2000 Euro zu haben ist. Ein Vorteil beim Kauf gebrauchter Wohnwagen ist, dass man häufig passendes Zubehör wie Markise, Planen, Deichselhauben, Fahrradträger und Ähnliches gleich mit dazu bekommt.

Allerdings muss man beim Gebrauchtkauf mit zusätzlichen Kosten für Modernisierungen oder notwendige Ersatzteile rechnen. Im Zweifel sollte ein Experte zurate gezogen werden, der den Wert des Gefährts besser einschätzen kann. Nicht wenige Verkäufer lassen auch gerne einen emotionalen Wert in ihren Verkaufspreis mit einfließen. Eine Liste der besten Verkaufsportale für gebrauchte Mobile im Internet findet sich auf S. 243.

PREISTREIBER ZUBEHÖR

Auch die Erstausstattung kann den Preis eines Mobils in die Höhe schnellen lassen. Neben dem Basiszubehör mit Küchenausstattung und Outdoor-Möbeln zählen Markisen, Fahrrad- und Dachträger oder Solaranlagen zu den klassischen Preistreibern.

Beim Wohnwagenkauf muss darauf geachtet werden, dass auch das Zugfahrzeug für das Fahren des Gespanns fitgemacht werden muss. Dazu gehört natürlich die Anhängerkupplung, falls diese nicht standardmäßig verbaut ist. Auch Zusatzspiegel werden benötigt, damit das Wohnwagengespann

WAS KOSTET URLAUB IM EIGENEN MOBIL?

Es lässt sich keine Kostenrechnung erstellen, die für jeden Camper-Typ gilt. Ein Beispiel kann aber zeigen, was Camping mit dem eigenen Mobil wirklich kosten kann: Angenommen, eine **vierköpfige Familie** mit durchschnittlichen Ansprüchen bei Komfort und Campingplätzen ist mit ihrem gebrauchten Wohnmobil insgesamt 30 Tage im Jahr unterwegs. Setzt man ein paar Mittelwerte voraus, entstehen dabei folgende Kosten pro Jahr:

- Anschaffungskosten (gebrauchtes) Fahrzeug: 15 000 Euro
- Anschaffungskosten Ausrüstung und Zubehör: 3000 Euro
- Steuern, Versicherung und Prüfungen pro Jahr: 1000 Euro
- Campingplatz: 1200 Euro
- Täglicher Bedarf (Verpflegung, Ausflüge, Puffer): 1800 Euro
- Fahrtkosten (Sprit und Maut): 500 Euro

Ergebnis: Für ein Jahr kämen so pro Urlaubstag stolze 750 Euro zusammen, wenn das Fahrzeug nur im Urlaub genutzt wird. Je länger jedoch das Fahrzeug gefahren wird, desto geringer werden die Kosten pro Reisetag. Bei zwei Jahren reduziert sich der Tagespreis bereits auf 450 Euro, bei drei Jahren auf 340 Euro. Über die Jahre macht sich die Anschaffung eines Mobils also bezahlt.

VERSTECKTE BASISKOSTEN

Mit den Anschaffungskosten ist es nicht getan, zu den Basiskosten gehören bereits beim Kauf eines Neufahrzeugs einige weitere Posten:

- Gebühr für die **Überstellung** des neuen Wohnmobils zum Händler (bis zu 1000 Euro extra)
- **Zulassung** des Wohnmobils (in Deutschland bis zu 100 Euro inkl. Kennzeichen)
- **Zubehör** und Sonderausstattung
- Individuelle Kosten für die **Grundausstattung** des Wohnmobils mit Geschirr, Töpfen, Besteck etc.

während der Fahrt immer gut im Blick bleibt. Ein zweiter Spiegel ist Pflicht, wenn der Wohnwagen nicht schmaler als das Auto ist.

FIXKOSTEN

Nach dem Kaufpreis müssen jährliche finanzielle Aufwendungen einkalkuliert werden. Dazu zählen die Versicherung des Fahrzeugs, Kfz-Steuer, TÜV, Wartung und Reparaturen, Reifen für Winter und Sommer sowie die Kosten für Parkplatz oder Garage. Eine Haftpflichtversicherung ist sowohl beim Wohnmobil als auch beim Wohnwagen Pflicht. Bei der Versicherung für Neufahrzeuge entscheiden sich die meisten Camper für eine Vollkasko-Variante, da diese vollumfänglich auch für Vandalismus und Diebstahl aufkommt. Generell lohnt es sich bei Versicherungen, Anbieter zu vergleichen. Die Höhe der Versicherungsausgaben richtet sich nach der Höhe der gefahrenen Kilometer und der Selbstbeteiligung, die im Schadensfall geleistet werden muss.

Keinesfalls außer Acht gelassen werden sollten die Ausgaben für den TÜV und die Gasprüfung, die in regelmäßigen Abständen fällig werden. Insbesondere die Gasprüfung (S. 249) wird von vielen Campern ignoriert. Dabei gehört die Gasanlage zu den größten Kostenpunkten im Fahrzeug.

Wartungen und Reparaturen sind natürlich stark vom Alter des Vehikels abhängig. Beim Wohnmobilkauf kann mit dem Händler oftmals eine Garantiezeit vereinbart werden, die sich durch einen Service vor Ort regelmäßig verlängert. Dadurch können Ausgaben langfristig gesenkt werden.

Zu den Fixkosten beim Reisemobil muss auch die Kfz-Steuer gezählt werden. Diese berechnet sich aus der Fahrzeugart, dem zulässigen Gesamtgewicht sowie der Abgasnorm. Faustregel: je höher die Klasse, desto weniger Steuern sind zu zahlen. Doch Achtung, nicht jeder umgebaute Campervan erfüllt die Voraussetzungen, um als Wohnmobil angemeldet zu werden. Dann wird die Steuerlast nach der herkömmlichen Pkw-Regelung berechnet. Wird das Fahrzeug nur für einen bestimmten Zeitraum zugelassen, etwa von März bis Oktober, wird die Steuer auch nur für diese Monate fällig. Eine Sonderregelung gilt für Wohnmobile mit dem H-Kennzeichen, also Oldtimer. Die Steuerlast ist bei diesen Fahrzeugen deutlich geringer und wird pauschal berechnet. Ein weiterer Vorteil: Mit dem H-Kennzeichen darf auch ohne grüne Plakette in Umweltzonen gefahren werden.

Die Kfz-Steuer für zulassungspflichtige Anhänger, also auch Wohnwagen, wird anhand des Gesamtgewichts in Etappen zu 200 kg berechnet. Darüber hinaus wird für den Anhänger ein Zugfahrzeug benötigt, für das ebenfalls Steuern fällig werden.

WIE ERMITTLE ICH MEINE KFZ-STEUER?

Die Abgasnorm ist entscheidend für die Höhe der Kfz-Steuer. Wer wissen möchte, welche Kosten dabei zu erwarten sind, muss die Schadstoffklasse seines Fahrzeugs kennen.

1 Zur Ermittlung der Kfz-Steuer muss zunächst klar sein, welcher Schadstoffklasse das Fahrzeug angehört.

Darüber informiert die Emissions-Schlüsselnummer, die in der „Zulassungsbescheinigung-Teil 1" (Fahrzeugschein) im Feld „14.1" zu finden ist.

3

Zulässiges Gesamtgewicht	Schadstoffklasse		
	S4 oder besser	S2, S3	S1 oder schlechter
2,0 t	160	240	400
2,2 t	170	250	410
2,4 t	180	260	420
2,6 t	190	270	430
2,8 t	200	280	440
3,0 t	210	290	450
3,2 t	220	300	460
3,4 t	230	310	470
3,6 t	240	320	480
3,8 t	250	330	490
4,0 t	260	340	500

Mit der Schadstoffklasse lässt sich der Steuerbetrag (in Euro) ermitteln.

2

Schadstoffklasse	Emissions-Schlüsselnummern	
	Wohnmobile bis 2800 kg zulässiges Gesamtgewicht	Wohnmobile über 2800 kg zulässiges Gesamtgewicht
Sonstiges	00–10, 15, 17, 88, 98	00, 01, 02, 88, 98
S1	11–14, 16, 18–24, 28, 29, 34, 40, 77	10–12, 30–32, 40–43, 50–53
S2	25–27, 35, 41, 49, 50–52, 71	20–22, 33, 44, 54, 60, 61
S3	30, 31, 36, 37, 42, 44–48, 67–70, 72	34, 45, 55, 70, 71
S4	32, 33, 38, 39, 43, 53–66, 73	35, 80, 81
S5	74	83, 84
	35AO bis 35MO	–
S6	36NO bis 36 ZO, 66AO bis 66CO	–
EEV	75	90, 91

Anhand der Emissions-Schlüsselnummer lässt sich die Schadstoffklasse festlegen. Die Tabelle zeigt eine Übersicht der Schlüsselnummern und die dazugehörigen Klassen.

UND TSCHÜSS: WENN DER CAMPER GEHEN MUSS

Es ist schon eine intensive Beziehung, die ein Käufer eingeht, wenn er sich für ein Campingfahrzeug entscheidet, immerhin will er darin die schönsten Stunden des Jahres verbringen. Dazu gehört auch, dass irgendwann unweigerlich die Zeit für etwas Neues kommt – sei es für ein neues Mobil oder für etwas ganz anderes. Doch wohin mit dem alten, das einem doch so ans Herz gewachsen ist? Mit einem gezielten Verkauf stellt man sicher, dass das Gefährt in gute Hände kommt. Und mit der richtigen Vorbereitung

Für ein Verkaufsfoto sollte das Campingfahrzeug aufgeräumt und auf Vordermann gebracht werden. Auch das Bettenmachen gehört dazu.

steigert man nicht nur den emotionalen Wert, sondern auch den Verkaufspreis. Das macht auch den Abschied leichter.

Wer sein Campinggefährt verkaufen möchte, sollte sich zunächst daran erinnern, aus welchem Grund man sich ursprünglich für das Fahrzeug oder den Wohnwagen entschieden hatte. Die Gründe dafür waren vielleicht vielfältig. War es die Ausstattung und die gute Motorleistung? Der gute Zustand oder das Platzangebot? Oder einfach alles zusammen? Es war vielleicht auch Liebe auf den ersten Blick, als man damals das Inserat entdeckte, einen Händler besuchte oder einen Rundgang auf einer Messe machte. Und genau dieser Effekt ist es, der auch beim Verkauf erzielt werden sollte – beim potenziellen neuen Besitzer. Der derzeitige Camping-Boom spielt einem beim Verkauf in die Karten, denn gebrauchte Mobile sind so gefragt wie nie. Doch ein wenig Vorbereitung ist schon angebracht, bevor man das Gefährt auf den Markt wirft.

EIN BILD SAGT MEHR ALS TAUSEND WORTE

Es ist wie beim Online-Dating: Der erste Eindruck zählt. Gute Fotos machen Lust auf ein neues (altes) Mobil und regen dazu an, ein Angebot genauer unter die Lupe zu nehmen. Dabei gilt: Je besser das Wohnmobil für die Aufnahmen hergerichtet wird, desto attraktiver wird das Angebot. Natürlich sollte das Gefährt vor dem Fotografieren aufgeräumt und gereinigt werden. Und dafür darf man ruhig ein bisschen Zeit einplanen. Einfacher geht es, wenn man den Wagen von einem professionellen Aufbereiter in Schuss bringen lässt – innen wie außen. Ein glänzender Lack ist verkaufsfördernd und sorgt für mehr Aufmerksamkeit. Ein bisschen Deko wie Blumen oder Kissen peppen das Gesamtbild auf. Und um möglichst viele Fragen bereits mit den Fotos zu beantworten, sollte der gute Zustand dokumentiert werden. Detailaufnahmen von Reifen, Motor, Unterboden, Zählerständen, Stoffen, Arbeitsflächen und der Küche sowie von besonderer Ausstattung helfen bei der Kaufentscheidung. Doch auch Mängel gehören zum Angebot. Ein Kratzer hier, ein Fleck dort – auch wenn man Macken gerne ignorieren würde, beim Verkauf ist das keine gute Idee. Wenn das Mobil Abnutzungserscheinungen oder Schäden aufweist, sollte man diese unbedingt benennen. Denn wenn so etwas erst beim Verkaufsgespräch zur Sprache kommen, wirkt sich das negativ auf die Preisverhandlungen aus.

Zudem müssen alle wichtigen Fahrzeugwerte wie Baujahr, Vorbesitzer, Motorisierung und Laufleistung in einem Verkaufsangebot genannt werden. Darüber hinaus sollten alle Maßnahmen und Investitionen aufgeführt werden, mit denen der Zustand bewahrt oder sogar verbessert wurde: Regelmäßig Wartungen und der Austausch von Teilen oder Extras, die den Komfort verbessern, steigern auch den Wert des Fahrzeugs. Idealerweise kann man dies mit entsprechenden Dokumenten belegen. Auch wenn die persönliche Verbindung zum Fahrzeug nichts über dessen Qualität aussagt, kann die Erwähnung des Verkaufsgrundes durchaus hilfreich sein. Denn wenn der Wagen wirklich so gut ist wie beschrieben, fragt sich manch ein Käufer schon, warum er denn verkauft werden soll.

TIPPS FÜR DEN VERKAUF

- Lässt man den Zustand des Fahrzeugs von einem Sachverständigen prüfen und protokollieren, steigert das den Verkaufswert.
- Der Käufer muss für eine Probefahrt den entsprechenden Führerschein besitzen.
- Mit einer Haftungsvereinbarung sichert man durch eine Probefahrt entstandene Schäden ab.
- Der Käufer sollte über alle Mängel oder Schäden des Wohnmobils informiert werden.
- Barzahlung bei Fahrzeugübergabe ist zu empfehlen, Stundungen oder Ratenzahlungen können zu Problemen führen.

REPARIEREN STATT KASCHIEREN

Fehler und Macken reduzieren den Wert eines Fahrzeugs. Bevor man diese jedoch benennt und in der Kalkulation des Verkaufspreises berücksichtigt, sollte man die Kosten für die Beseitigung der Mängel mit dem möglichen Wertverlust abgleichen. Es kann vorteilhaft sein, mögliche Schwächen des Fahrzeugs vor dem Verkauf zu beseitigen. Eine frische TÜV-Bescheinigung zeigt zudem, dass der Wagen auch offiziell in einem guten Zustand ist. Verkauft man den Wagen „wie gesehen", d. h. ohne vorher Geld in die Instandsetzung zu investieren, wird man mit einem deutlich geringeren Verkaufspreis rechnen müssen. Auf keinen Fall sollte versucht werden, Mängel zu kaschieren. Manchmal ist eine schnelle und günstige Reparatur nicht möglich, etwa wenn die Nasszelle muffig riecht, weil Feuchtigkeit eingedrungen ist. Die schlechteste Idee ist dann, den Geruch mit einem Wunderbaum zu übertünchen. Dann lieber ehrlich sein und den Fehler richtig einkalkulieren.

PRIVAT ODER HÄNDLER

Häufig werden Campingmobile verkauft, weil man sich für den Kauf eines anderen Modells entschieden hat. Viele Händler nehmen das alte Wohnmobil oder den Wohnwagen in Zahlung. Das ist ganz sicher praktisch, da man sich bei dieser Methode den ganzen Verkaufsstress spart, allerdings ist der erzielte Preis häufig deutlich geringer als bei einem Privatverkauf. Gleiches gilt für den direkten Verkauf an einen Händler, der das Mobil mit Gewinn weiterverkaufen möchte – und entsprechend weit unter dem aktuellen Marktpreis einkauft. Doch der Vorteil liegt auch hier auf der Hand: Der Deal ist schnell gemacht, und man erspart sich die Besichtigungstermine mit Interessenten. Denn auch wenn ein Privatverkauf am Ende lukrativer ist, kostet dieser Zeit und mitunter viel Geduld.

VERKAUFSPORTALE, ANZEIGEN UND AUSHÄNGE

Viele Dauercamper, die sich von ihrem Schätzchen trennen wollen, nutzen die Schwarzen Bretter der Campingplätze für ihr Angebot – das hat auch den Vorteil, das mögliche Interessenten ihr Objekt der Begierde gleich vor Ort anschauen können. Außerdem erspart man sich den Aufwand, den Caravan vom Platz zu ziehen. Der gängige Weg für alle anderen ist eine Anzeige bei den üblichen Verkaufsportalen. Verkaufsfördernd ist es hier, nicht nur auf die kostenlose Variante zu setzen, sondern für eine bessere Platzierung ein paar Euro zu investieren. Auch ein Ausdruck der Anzeige am Fenster des Mobils ist sinnvoll: So erreicht man schnell spontane Interessenten, die das Fahrzeug bei einem Spaziergang entdecken und schon von der Optik begeistert sind.

Die Beseitigung vorhandener Mängel steigert den Verkaufswert des Fahrzeugs deutlich.

AN- UND VERKAUFSPORTALE

Wer ein gebrauchtes Campingfahrzeug sucht, findet eine große Auswahl an Angeboten im Netz. Dort kann man sich sehr gut über die aktuellen Marktpreise erkundigen und manchmal echte Schnäppchen machen.

mobile.de
Der laut eigenen Angaben größte Fahrzeugmarkt Deutschlands hat meist weit über 40 000 Campingfahrzeuge im Angebot – zusätzlich zu Pkws oder Lkws, die sich für einen Umbau eignen. Neben Privatanbietern stellen auch viele Händler ihre Angebote an neuen und gebrauchten Modellen ein. Das Einstellen eigener Anzeigen ist in der Grundfunktion kostenlos, für mehr Aufmerksamkeit werden Gebühren fällig.
mobile.de

Autoscout24
Gut 7000 Angebote an neuen und gebrauchten Wohnmobilen und Wohnwagen sind bei Autoscout24 gelistet. Hinzu kommt eine Vielzahl an Kastenwagen und Transportern, die zu Campervans umgebaut werden können. Das Inserieren eines Fahrzeugs ist grundsätzlich kostenlos. Sehr praktisch: Verkäufer können ihr Fahrzeug schätzen lassen und damit direkt verkaufen.
autoscout24.de

eBay Kleinanzeigen
Der kostenlose Marktplatz von ebay Kleinanzeigen hat mit mehr als 60 000 Inseraten eines der größten Angebote an Wohnwagen und Wohnmobilen. Darüber hinaus gibt es hier auch Dachzelte, Anhänger oder Campingausrüstung.
ebay-kleinanzeigen.de

Caraworld
Der Marktplatz Caraworld hat 10 000 Campingfahrzeuge aller Art im Angebot, darunter auch viele Neufahrzeuge und Jahreswagen. Mit praktischer Filterfunktion lassen sich die individuellen Traumwagen schnell finden. Ein Inserat mit bis zu neun Fahrzeugbildern ist kostenlos.
caraworld.de

VORSICHT VOR BETRÜGERN

Es ist eine bekannte Masche von Betrügern, dass der vermeintliche Käufer beim Verkaufsgespräch nicht ausreichend Bargeld parat hat und die Summe zu einem späteren Zeitpunkt überweisen möchte. Oder noch perfider: Er stellt als Sicherheit lediglich einen Scheck aus. Hier sollte man wachsam sein, denn mit Pech ist der Wagen futsch und kein Geld auf dem Konto.

Bei Fernverkäufen sollten Fahrzeugpapiere und Ausweisdokumente auf keinen Fall digital verschickt werden: In den falschen Händen können diese zu Betrugszwecken missbraucht werden. Ehrliche Käufer erkennt man auch daran, dass sie Verständnis haben für eine persönliche Übergabe. Insgesamt gilt bei jedem persönlichen Verkaufsgespräch: Anbieter sollten bei den Verhandlungen auf ihr Bauchgefühl hören.

TECHNIK UND EQUIPMENT

Gas geben, aber ordentlich ▸ 246 | *Wasser marsch: Nutzung und Entsorgung* ▸ 251 | *Das Bad muss mit* ▸ 256 | *Stromversorgung: Es werde Licht* ▸ 258 | *Der Kühlschrank im Camper* ▸ 264 | *Heizung: die optimale Innentemperatur* ▸ 266 | *Klimaanlagen: ganz schön cool* ▸ 269 | *Fernsehen im Camper: immer auf Empfang* ▸ 270 | *Die besten Campingfilme und TV-Serien* ▸ 274 | *Gut vernetzt: Internet im Camper* ▸ 276 | *Das mobile Homeoffice* ▸ 278 | *Diebstahlschutz: auf Nummer sicher* 280 | *Outdoor-Möbel und Wetterschutz* ▸ 284

Ganz gleich, ob Camping Hobby oder Lebensstil ist – es verbindet. Und es gehört einfach dazu, eigene Erfahrungen mit Gleichgesinnten zu tauschen. Beim Schnack von Parzelle zu Parzelle wird wichtiges Camper-Wissen geteilt. Man hilft sich, verrät, wo längst vergriffene Teile noch zu haben sind, und ist begeistert über die innovativen Ideen des Nachbarn. Doch wer fachsimpeln will, braucht eine Gesprächsgrundlage. Auch bei der Kaufentscheidung und später, wenn man vorhat, das Equipment aufzustocken, ist es sinnvoll, über die Campingtechnik Bescheid zu wissen. Und wer vorhat, einen eigenen Van auszubauen, sollte sich sowieso einen Überblick darüber verschaffen, was möglich ist und was benötigt wird, um eigene Vorstellungen umzusetzen.

Ja klar, Camping ist immer auch ein wenig nerdig. Aber warum auch nicht? Schließlich macht es Spaß, sich intensiv mit der Materie zu beschäftigen. Und später, bei den Touren, sammelt man Erfahrungen, die gerne mit anderen geteilt werden. Dann weiß man vielleicht schon Bescheid über die richtige Heizmethode im Winter, die beste Kabeltrommel oder darüber, welcher Internet-Router über-

Mit dem richtigen Equipment kann man viele Reparaturen am Camper selbst erledigen.

all auf der Welt funktioniert. Und mit der Zeit ändern sich dann die Themen, wenn über ein Reiseland gesprochen wird. Dann geht es nicht mehr nur um die besten Plätze und Sehenswürdigkeiten, sondern auch darum, wie und wo man die Gasflaschen füllen kann oder welche Adapter man dort benötigt.

Man zeigt, was man hat, ob man will oder nicht. Das bleibt beim Camping nicht aus, wo sich ein großer Teil des Lebens vor dem Mobil abspielt: Der raffinierte Stuhl mit besonderer Falttechnik oder die neue Satellitenschüssel, die wirklich jeden Sender empfängt, sind einfach nicht zu übersehen. Die Technik und das richtige Equipment sind untrennbar mit der Campingidee verknüpft. Und wer Bescheid weiß, kommt weiter – nicht nur beim nächsten Small Talk auf dem Campingplatz.

Wer es sich zutraut, kann mit selbst durchgeführten Einbauten viel Geld sparen.

GAS GEBEN, ABER ORDENTLICH

Ohne Gas läuft beim komfortablen Camping kaum etwas. Der praktische und preiswerte Brennstoff ist ein sicherer Begleiter – wenn ein paar Regeln und Verpflichtungen berücksichtigt werden. Er wird beim Camping meist verwendet, um Kühlschrank und Herd zu betreiben oder die Heizung anzufeuern. Auch für den Gasgrill oder – sofern an Bord – den Backofen wird der Gasanschluss genutzt. Der Grund dafür ist simpel: Es gibt unterwegs kaum eine bequemere Möglichkeit, diese Geräte mit Energie zu versorgen. Es wäre zwar auch denkbar, auf Campingplätzen den vorhandenen Stromanschluss für diese Zwecke zu nutzen, doch oft bietet dieser nicht genügend Power, um watthungrige Campingutensilien zu betreiben. Hinzu kommt, dass der Strom vom Campingplatz deutlich teurer ist als Gas aus der Flasche. An Orten ohne externen Stromanschluss müssten die eingebauten Batterien einspringen – und deren Kapazität würde kaum ausreichen, um mehrere Tage komfortabel kochen und heizen zu können. So ist Gas auch beim Zelten ein üblicher Reisebegleiter, mit dem z. B. mittels Gas-

Treibstoff für die Camper-Küche: Mit Gas ist das Heißgetränk am Morgen gesichert.

brenner das Wasser für den morgendlichen Kaffee auf Temperatur gebracht wird.

Beim Camping werden die Flüssiggase Propan und Butan eingesetzt, die zur chemischen Stoffgruppe der Alkane (gesättigte Kohlenwasserstoffe) zählen und unter Druck in Gasflaschen gefüllt werden. Bei geringer Kompression, also wenn man sie aus der Gasflasche entweichen lässt, gehen sie in den gasförmigen Zustand über und können so bequem als Brennstoff verwendet werden. Übrigens: Propan ist in Deutschland meist günstiger als Butan. Zudem lässt sich Butan bei Minusgraden nicht mehr nutzen: Ab einer Temperatur von -0,5 °C bleibt Butan flüssig. Propangas kann dagegen selbst bei arktischen Temperaturen von bis zu 40 °C unter dem Gefrierpunkt eingesetzt werden. Wenn überhaupt, wird Butan daher nur als Mischungsbeigabe genutzt. Die typischen grauen Gasflaschen, die in Deutschland auch als Tauschflaschen bekannt sind, sind überwiegend mit Propangas gefüllt.

GASFLASCHEN UND -TANKS

Gas wird in Flaschen und Kartuschen verkauft oder direkt in die entsprechenden Bordtanks gefüllt. Die Füllmenge bei Gaskartuschen reicht bis zu 450 g. Das genügt, um mobile Grills oder Gaskochfelder ein paar Mal zu betreiben. In Wohnmobilen oder Wohnwagen werden häufig Flaschen zu 5 oder 11 kg eingesetzt, in den Fahrzeugen gibt es zur Unterbringung dieser Gasbehälter speziell dafür vorgesehene Stellflächen mit den passenden Anschlüssen. Gasflaschen kann man kaufen oder ausleihen, beide Varianten bieten Vor- und Nachteile.

LEIHFLASCHE (ROTE FLASCHE)

Wie die handelsübliche Getränke-Pfandflasche wird auch die leere Gas-Leihflasche beim Händler abgegeben. Der Kunde erhält

FÜLLSTAND MESSEN

Da die wenigsten Gasflaschen mit einer Anzeige für den Füllstand ausgestattet sind, heißt es Hand anlegen, wenn man wissen möchte, wie viel noch drin ist. **Verschiedene Messmethoden** führen zum Ziel: Bei der einfachsten Variante wird die Flasche mit einer **Kofferwaage** gewogen und anschließend das Leergewicht der Flasche vom Messergebnis abgezogen. Wer dagegen die vorhandene Gasmenge permanent im Blick haben möchte, kann dafür die **Ultraschall-Füllstandsmessung** nutzen. Dafür wird ein Messgerät per Magnet an der Flasche angebracht. Die Messwerte werden dann z. B. per Bluetooth ans Smartphone übertragen. Auch mit einem **Ultraschallstift**, der nur kurz an die Flasche gehalten werden muss, lässt sich der Füllstand messen. Diese Stifte werden im Handel unter der Bezeichnung „Level-Checker" oder „Gas-Checker" angeboten. Eine weitere Möglichkeit ist es, am Standplatz der Flasche eine **Wiegeplatte** zu montieren, die automatisch die aktuelle Füllmenge der Flasche errechnet.

dann das als Vorleistung gezahlte Pfand zurück. Diese Variante ist günstiger als die weitverbreitete Eigentumsflasche. Allerdings können die Flaschen nicht bei jedem Händler zurückgegeben werden, da viele Lieferanten ihre eigenen Flaschen nutzen.

EIGENTUMSFLASCHE (GRAUE FLASCHE)

Wie der Name schon sagt, erwirbt man bei dieser Variante die mit Gas gefüllte Flasche. Ist sie leer, kann man sie dank Standardisierung problemlos auf Campingplätzen oder bei Händlern gegen eine volle Flasche tauschen. Dann werden lediglich die Kosten für das Gas fällig, die Flasche wird nicht erneut berechnet. Achtung: Die Flaschen werden normalerweise nur angenommen, wenn der rote Verschlussdeckel dabei ist. Die grauen Flaschen haben ein hohes Eigengewicht. Die leere 5-kg-Flasche bringt etwa 7 kg auf die Waage, bei der 11-kg-Flasche sind es sogar bis zu 12,5 kg. Hinzu kommt die in den Flaschen befindliche Gasmenge.

ALUFLASCHE

Gewicht lässt sich sparen, wenn man sich für Aluflaschen entscheidet. Die leere 6-kg-Variante wiegt knapp unter 4 kg, die große Flasche für 11 kg Gas kommt auf gut 5 kg. Das mag nicht nach großen Unterschieden klingen. Wer aber nur wenig Spielraum bei der Zuladung hat, freut sich über jedes Kilo Gewichtseinsparung. Alugasflaschen müssen gekauft werden. Sie kosten etwa dreimal so viel wie eine graue Flasche. In Deutschland können leere Alugasflaschen in vielen Baumärkten getauscht werden. Ansonsten kann man die Flaschen vielerorts, teilweise sogar an Tankstellen, füllen lassen. Auf Campingplätzen werden aber nur selten Alugasflaschen geführt oder befüllt. Wer auf Reisen besonders flexibel sein möchte, sollte neben einer Aluflasche auch eine Standardflasche mitführen, die überall getauscht werden kann.

UNTERBAU-GASTANK

Diese Variante bietet die größte Flexibilität, da gar keine Flaschen mitgeführt werden müssen. Das Gas kann ganz einfach an LPG-Tankstellen nachgefüllt werden. Im Ausland muss man sich nicht um andere Flaschengrößen und unterschiedliche Anschlüsse sorgen. Allerdings ist der nachträgliche Einbau einer entsprechenden Anlage mit einer recht großen Investition verbunden.

REGELN ZU EINBAU, MITNAHME UND NUTZUNG

Im Gaskasten eines Reisemobiles dürfen maximal zwei Gasflaschen (jeweils bis 16 kg) untergebracht werden: eine Gebrauchsflasche und eine weitere Vorratsflasche. Der Gaskasten muss zum Innenraum des Mobils vollkommen abgedichtet sein, und an der tiefsten Stelle ist eine Entlüftung nach außen Pflicht. Hinter der Gasflasche muss ein Druckregler (30 mbar) installiert werden, von diesem Regler führt dann der Schlauch zum Verbraucher. In den meisten Fällen sind mehrere Verbraucher eingebaut, z. B. Kühl-

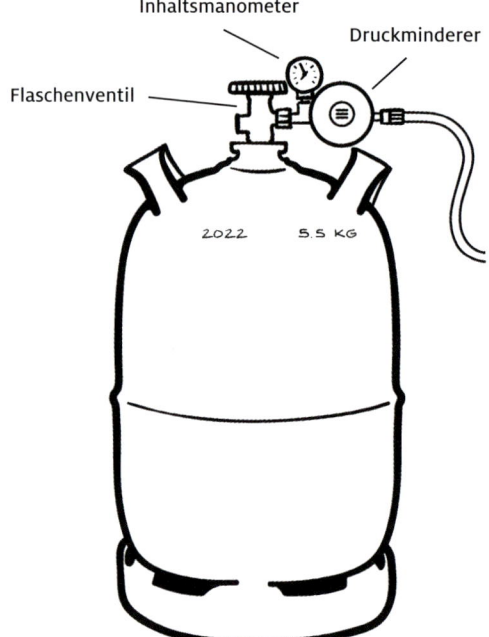

Maximal zwei gefüllte Gasflaschen dürfen im Gaskasten mitgenommen werden.

schrank, Kochstelle und Heizung. In einer solchen Konstellation benötigt jeder Verbraucher ein eigenes Schnellschlussventil.

Beim Transport, also während der Fahrt in Deutschland, muss die Gasflasche übrigens nicht abgeklemmt werden, lediglich die nicht angeschlossene Ersatzflasche muss zugedreht sein und die rote Schutzkappe muss auf den Anschlüssen sitzen. Für den Betrieb während der Fahrt benötigen Wohnmobile ab dem Baujahr 2007 eine Sicherheits-Absperreinrichtung, die bei einem Unfall den Gasaustritt verhindert. In einigen europäischen Ländern sind die Regeln strikter. Auf Fähren und Tankstellen dürfen sogenannte Absorber-Kühlschränke (S. 265) nicht mit Gas betrieben werden.

GASPRÜFUNG

Gasanlagen müssen alle zwei Jahre von einem anerkannten Sachkundigen auf Herz und Nieren überprüft werden. Damit erhält der Betreiber eine offizielle Prüfbescheinigung gemäß der technischen Regeln „Flüssiggasanlagen in Fahrzeugen" des DVGW (Deutscher Verein des Gas- und Wasserfaches e.V.). Dieses landläufig auch als Gasprüfung bekannte Prozedere ist beim Wohnmobil eigentlich auch eine Grundvoraussetzung für das Bestehen der Hauptuntersuchung (HU). Das Bundesverkehrsministerium hat diese Verpflichtung bis 2023 zwar kurzzeitig ausgesetzt, dennoch ist die Gasprüfung aus Sicherheitsgründen sinnvoll. Austretendes Gas kann zu Erstickung im Mobil oder sogar zu Explosionen führen, und durch Gas

AUF NUMMER SICHER

Gerade in älteren Fahrzeugen sollten Gasanlagen während der Fahrt nicht betrieben werden. Falls doch, muss eine **Sicherheitsabsperrung** am Gasregler installiert sein.

verursachte Brände können schnell auf andere Fahrzeuge übergreifen. Deshalb fordern viele Camping- und Stellplätze in ihren Regeln eine bestandene Gasprüfung. Liegt zudem im Fall eines Gasunfalls keine aktuelle Prüfung vor, muss die Versicherung unter Umständen nicht zahlen.

Voraussetzung für die erfolgreiche Prüfung ist eine angeschlossene, nicht leere Gasflasche. Außerdem sollte genug Ladung in der Batterie sein, um Gasgeräte zu zünden. Alle mit dem Gassystem verbundenen Geräte müssen funktionieren, und das Prüfbescheinigungsheft muss vorliegen. Die Prüfung erfolgt dann nach einem festen Plan, folgende Punkte werden überprüft: die Halterung der Gasflaschen, die Lüftungsöffnung im Gaskasten, das Vorhandensein elektrischer Einrichtungen im Gaskasten, die generelle Dichtigkeit der Gasanlage, Sicherheitsventile, die allgemeine Funktionsfähigkeit, das Alter von Anschlussschlauch und Druckminderer, die einzelnen Gasgeräte, die korrekte Funktion der Sicherheitsventile und die Abgasrohre.

Das Ergebnis der Gasprüfung wird in die Prüfbescheinigung (stets bei den Fahrzeugpapieren mitführen) eingetragen. Zusätzlich wird ein Siegel am Fahrzeug angebracht, welches die bestandene Prüfung anzeigt. Wer eine Gasanlage vor Ablauf der zwei Jahre austauscht oder verändert, muss diese vorzeitig neu prüfen lassen.

GAS IM AUSLAND

Geht das Gas bei Reisen im Ausland zur Neige, steht man häufig vor Problemen. So können z. B. leere Flaschen von zu Hause nur selten gegen neue getauscht werden. Die örtlichen Flaschen haben zudem häufig andere Anschlüsse. Hier helfen im Handel erhältliche Sets mit Schraubadaptern. Mit einem „Euro-Set Gasflaschenadapter" können Flaschen aus der gesamten EU genutzt werden. Wer lieber seine mitgebrachten Flaschen auffüllen möchte, benötigt dafür ein entsprechendes Füllset. Damit lassen sich Flaschen bei nahezu allen autorisierten Gashändlern in Europa füllen. In Belgien, in den Niederlanden, in Österreich, Polen, Slowenien, Ungarn und zum Teil auch in Dänemark sind die gehandelten Gasflaschen identisch mit den deutschen und können ohne Probleme getauscht werden. Achtung: Da die im Ausland erhältlichen Flaschen manchmal nicht über eine rote Abdeckung verfügen, sollten die leeren Flaschen aus Deutschland an Bord bleiben, damit der spätere Tausch in der Heimat reibungslos klappt.

BESPIELE FÜR ANSCHLUSSTYPEN

- D1 (M10x1 Außengewinde): Italien, Schweiz
- D2 (W20x1/1422LHH Innengewinde): Italien
- D3 (M14x1, 1,5): Norwegen, Italien, Schweden, Portugal
- D4 (W21,8x1 / 1422LH Innengewinde): Spanien, Italien, Kroatien, Frankreich, Niederlande, Tschechien

VORSCHRIFT ZUM TAUSCH

Die Gasprüfung unterliegt streng festgelegten **europäischen Normen**. Danach müssen angeschlossene Druckreglergeräte sowie alle nicht festen Anschlussleitungen unabhängig von deren Zustand spätestens zehn Jahre nach ihrer Herstellung ausgetauscht werden.

Praktisch: Mit einem außen am Fahrzeug angebrachten Wasseranschluss kann die Dusche auch draußen genutzt werden.

WASSER MARSCH: NUTZUNG UND ENTSORGUNG

Der menschliche Körper besteht zu mehr als 50 % aus Wasser. Kein Wunder also, dass immer wieder ausreichend Flüssigkeit nachgefüllt werden muss. Laut der Deutschen Gesellschaft für Ernährung (DGE) sollte ein Erwachsener etwa 1,5 Liter Wasser pro Tag zu sich nehmen. Doch wer nun denkt, dass damit der tägliche individuelle Wasserbedarf abgedeckt ist, irrt gewaltig. Im Durchschnitt verbraucht jeder Deutsche mehr als 120 Liter Wasser pro Tag! Darin enthalten ist neben dem Trinkwasser auch der Verbrauch für sämtliche Hygiene-Aktivitäten. Es lässt sich leicht ausrechnen, dass diese großen Wassermengen bei einer Campingtour schwerlich mitgenommen werden können.

Auch unterwegs muss die Wasserversorgung stimmen: Der Durst soll gestillt werden, und die tägliche Körperpflege will man auch nicht schleifen lassen. Das genutzte und dreckige Wasser muss zudem regelmäßig entsorgt werden. Aus diesem Grund sind heutige Campingplätze mit einer entsprechenden Infrastruktur ausgestattet. Zudem sind die allermeisten am Markt erhältlichen Wohnmobile mit drei voneinander getrennten Wassertanks ausgerüstet:

Frischwassertank: Hier befindet sich das saubere Wasser für Waschbecken, Dusche und Abwasch, häufig auch für die Spülung der Bordtoilette.

Grauwassertank: In diesem Tank wird das Wasser aus Spülbecken, Waschbecken und Dusche gesammelt. Der Grauwassertank befindet sich in der Regel im unteren Teil des Reisemobils.

Schwarzwassertank: Hinzu kommt dieser Behälter, in dem das Abwasser aus der Toilette aufgefangen wird, damit es getrennt vom Grauwasser entsorgt werden kann.

PUMP UP THE VOLUME

Das Wassersystem im Campingmobil ist äußerst durchdacht. Zuerst wird Frischwasser in den Tank gefüllt. Dafür befindet sich an der Außenseite ein Einlass, der mit einem Deckel gesichert wird. Im Wassertank befinden sich Sensoren, die den Füllstand registrieren. Dieser wird an der Instrumententafel angezeigt. Das Wasser wird mit einer Pumpe aus dem Wassertank durch teilweise meterlange Schläuche bis zu den Wasserhähnen transportiert. Die Größe des Tanks, die Länge der Leitungen und der gewünschte Wasserdruck bestimmen die Leistungsstärke der Pumpe. In den meisten Tanks arbeiten Tauchpumpen. Diese einfachen Pumpen befinden sich im Tank und lassen sich bei Bedarf schnell und relativ günstig austauschen. Camper, deren Mobil eine Tauchpumpe nutzt, fahren gut damit, für alle Fälle ein Ersatzgerät dabeizuhaben. Mehr Leistung bringen Druckwasser- oder Membranpumpen. Diese Pumpen befinden sich außerhalb des Tanks und sind robuster, aber auch teurer als Tauchpumpen.

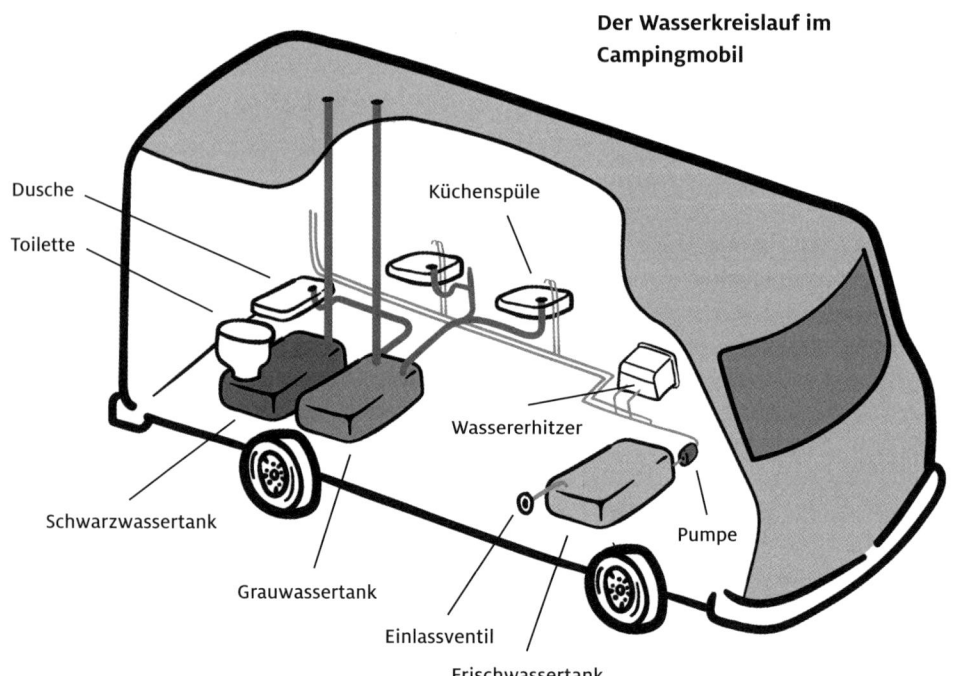

Der Wasserkreislauf im Campingmobil

AUF DIE QUALITÄT KOMMT ES AN

Die Größe des Frischwassertanks variiert je nach Fahrzeugtyp zwischen 100 und 200 Litern. Ein großer Wassertank sagt allerdings nichts darüber aus, wie lange der Vorrat hält. Denn während die einen Camper dieses Wasser nur zum Händewaschen und Duschen nutzen, ist es für andere auch zum Kochen und Trinken da. Für Letztere ist es besonders wichtig, dass die Wasserqualität auch über einen längeren Zeitraum gewährleistet bleibt. Die meisten Campingplätze garantieren zwar einen hohen Wasserstandard. Dennoch sollte Frischwasser aus dem Tank nicht ungefiltert zum Trinken oder zur Zubereitung von Speisen verwendet werden, besonders nicht im Ausland.

Gerade bei älteren Fahrzeugen können zudem Rückstände und Keime den Wassergenuss trüben. Mit ein paar einfachen Maßnahmen bleibt das Wasser im Mobil über einen längeren Zeitraum möglichst sauber. Wichtig ist die regelmäßige Pflege und Reinigung von Tanks und Leitungen. Für Tanks gibt es auch spezielle Filter, die bestimmte Schadstoffe eliminieren. Es empfiehlt sich zudem, einen Tank ab und zu komplett zu leeren und anschließend die Leitungen mit frischem Wasser durchzuspülen. Nach einer längeren Standzeit sollten außerdem unterstützende Mittel genutzt werden, um Ablagerungen zu entfernen. Eine einfache und günstige Methode ist die Verwendung einer Chlorbleichlauge, die im Supermarkt – z. B. von der Marke DanKlorix – bei den Reinigungsmitteln zu finden ist.

Wer über ausreichend Budget und Platz verfügt, kann auch einen festen Wasserfilter zwischen Tank und Wasserhahn einbauen. Auf diese Weise kommt stets sauberes und gefiltertes Wasser aus der Leitung, das auch Trinkwasserqualität hat. Die günstigere Variante ist ein kleiner mobiler Wasserfilter, mit dem das Trinkwasser bei Bedarf manuell gefiltert wird.

SCHMUTZWASSER ADÉ: RICHTIG ENTSORGEN

Damit ist der Wasserkreislauf im Wohnmobil natürlich noch nicht komplett: Gebrauchtes Wasser aus Waschbecken und Dusche wird als sogenanntes Grauwasser über die Abflüsse von Küche und Bad in entsprechende Tanks geleitet. Auch hierbei variiert die Größe der Behälter. Bei einem selbst ausgebauten Camper ist es vielleicht nur ein schlichter Kanister, bei größeren Wohnmobilen ist das Fassungsvermögen des Tanks größer.

Aber ganz gleich, wie die Entsorgung gestaltet ist: Wenn der Tank voll ist, dürfen Grau- und Schwarzwasser auf keinen Fall irgendwo abgelassen werden, etwa auf der Straße oder in den nächsten Gulli. Das unbefugte Entsorgen ist in Deutschland und ganz Europa unter Androhung von hohen Bußgeldern untersagt. Auf Campingplätzen, vielen

SAUBERES FRISCHWASSER

Bei der **Befüllung des Tanks** mit Frischwasser sollte man grundsätzlich vermeiden, die vorhandenen Schläuche an den Zapfstellen zu nutzen. Der Grund: Nicht jeder Camper geht sorgfältig damit um, häufig liegen Schlauchenden auf dem Boden. Es empfiehlt sich, einen eigenen Wasserschlauch fürs Frischwasser mitzuführen, bestenfalls sollte dieser PVC-frei sein.

Stellplätzen und manchen Rastplätzen gibt es deshalb spezielle Vorrichtungen für die Entsorgung. Häufig bieten auch Jachthäfen eine Entsorgungsstation, bei der gegen eine Gebühr Grau- und Schwarzwasser abgelassen werden können.

Die Wasserentsorgung wird beim Camping häufig „Dumpen" oder „Dumping" genannt, gerade im Ausland wird damit auf entsprechende Servicestationen verwiesen. Aber Achtung: Nicht immer ist auf den ersten Blick erkennbar, ob an diesen Dump-Stationen Grau- und Schwarzwasser getrennt voneinander entsorgt werden müssen.

Die meisten Plätze verfügen heute über eine Ausgussrinne: Für das Ablassen an einer solchen Anlage sollte das Fahrzeug so platziert werden, dass sich das Abflussventil genau über der Rinne befindet. Es ist ein ungeschriebenes Gesetz, dass nach der Entleerung die Rinne kurz ausgespült wird.

VERUNREINIGUNGEN ÜBERPRÜFEN

Das beste Mittel gegen Verunreinigungen im Wasserkreislauf des Wohnmobils ist die häufige Nutzung. Ein konstanter Zufluss von Frischwasser im Bordsystem reduziert Verschmutzungen. Gibt man darüber hinaus wasserlösliche Silberionen in den Tank, schränkt dies das Wachstum von Pilzen oder Keimen deutlich ein. Die antibakteriell wirkenden Silberionen gibt es als Tabletten oder in flüssiger Form, und sie sind für den Menschen vollkommen unbedenklich.

Wer unsicher ist und wissen will, ob die Wasserversorgung im Wohnmobil oder Wohnwagen noch den hygienischen Anforderungen entspricht, für den bieten sich verschiedene Möglichkeiten, die Sauberkeit von Wasser und Behältern zu checken:

SCHLEIMTEST

Die Wände des Frischwassertanks geben eine erste Auskunft über dessen Verschmutzungsgrad. Hat der Tank innen glatte Oberflächen, ist eine Reinigung nicht zwingend notwendig. Sobald sich allerdings eine schleimige Schicht gebildet hat, empfiehlt sich eine Säuberung oder gar eine Desinfektion des Behälters.

AUF VERKALKUNG PRÜFEN

Bei einem verkalkten Tank fühlen sich Oberflächen an der Innenseite rau und bröselig an. Um Kalkrückstände zu lösen, können handelsübliche Entkalkungsmittel aus der Drogerie verwendet werden.

SCHMUTZ IN DEN SCHLÄUCHEN

Wurden für das Wassertanksystem transparente Schläuche verwendet, können Verschmutzungen relativ leicht erkannt werden. Aber auch bei blickdichten Schläuchen ist davon auszugehen, dass mit der Zeit un-

TANKREINIGUNG LEICHT GEMACHT

Für die Reinigung von Schwimmbecken gibt es spezielle **Chlortabletten**. Davon kann man zwei bis drei Stück in den vollen Frischwassertank geben und einen Tag einwirken lassen. Später das Wasser ablassen und den Tank mit frischem Wasser füllen. Je nach Größe des Tanks ein bis drei Liter **Chlorbleiche** hinzugeben. Erneut einen Tag einwirken lassen. Wasser ablassen, noch einmal komplett durchspülen.

EQUIPMENT FÜR DIE WASSERVERSORGUNG

Für problemlose Wasserspiele sollten sich Camper auf unterschiedliche Ver- und Entsorgungssituationen vorbereiten. Eine gute Ausrüstung hilft dabei.

✔ Zur Entnahme von Wasser sollte ein Wasserschlauch an Bord sein, an dessen Enden sich bereits passende Standardadapter für Wasserhähne befinden. Diese **Schlauchverbinder** findet man im Baumarkt oder im Gartencenter.

✔ Für das einfache Einfüllen in den Mobilwassertank empfehlen sich **Wassertankdeckel mit integriertem Schlauchadapter** – besonders, wenn man einen Stellplatz mit eigenem Wasseranschluss gefunden hat.

✔ Ist kein Wasseranschluss in der Nähe, kann der Frischwassertank auch per Hand befüllt werden. Dafür sollte eine **Gießkanne mit langem Hals** zur Bordausrüstung gehören.

✔ Das Grauwasser muss während der Standzeit nicht im Bordtank gesammelt werden. Dafür kann auch ein externer Wassertank bzw. ein **flacher Kanister** genutzt werden, der direkt unter dem Auslass platziert oder – ganz geruchsfrei – mit einem Schlauch verbunden wird.

✔ Um das Frischwassersystem vor Keimen zu schützen, können sogenannte **Silbernetze** verwendet werden. Diese geben über einen Zeitraum von mehreren Monaten Silberionen ab, die effektiv Bakterien, Viren und Pilze deaktivieren oder töten.

✔ Mit speziellen **Wasserfiltern**, die zwischen Wasserpumpe und Wasserhahn eingebaut werden, lässt sich die Frischwasserqualität deutlich erhöhen.

✔ Ein **Kanister mit eingebautem Wasserhahn** ist eine gute Alternative, um sauberes Trinkwasser aufzubewahren und in greifbarer Nähe zu haben.

✔ Für eine kurzfristige Reinigung der Wasserleitungen verrichten auch ein paar **Reinigungstabletten** von Kukident im Tank sehr gute Dienste. Achtung: Der Hersteller gibt zwar an, dass geringe Mengen des Inhaltsstoffes Zink gesundheitlich unbedenklich sind, dennoch empfiehlt es sich, den Tank nach der Reinigung und vor der regulären Nutzung gut durchzuspülen.

---

angenehme Ablagerungen entstehen. Grobe Verunreinigungen und Überreste in den Schläuchen können entfernt werden, wenn man Frischwasser unter hohem Druck hindurchfließen lässt. Das kann beispielsweise mittels eines einfachen Gartenschlauchs geschehen, der an einen externen Wasserhahn angeschlossen wird.

REINIGUNG DES ABWASSERTANKS

Es ist sinnvoll, auch den Abwassertank regelmäßig zu reinigen, denn hier sammeln sich aus nachvollziehbaren Gründen mehr Keime als im Frischwassertank. Im Handel für Campingbedarf gibt es dafür spezielle Reinigungsmittel, auch hier sorgt eine Reinigung mit Chlorbleiche (s. S. 254) für gute Ergebnisse.

DAS BAD MUSS MIT

Wenn es um Komfort beim Reisen mit dem Wohnmobil geht, macht die Nasszelle häufig den Unterschied: Reisemobile mit eigenem Bad sorgen für höhere Flexibilität unterwegs – vor allem in den Nächten.

Hygienekomfort auf engstem Raum: die Nasszelle eines Reisemobils

Auch unterwegs möchten Komfort-Camper nicht auf die Vorzüge eines eigenen Badezimmers verzichten. Entsprechend spielt die Bordnasszelle eine immer größere Rolle bei der Wahl des eigenen Mobils. Neben den Ausstattungsdetails gewinnt auch das Handling der Hygiene-Anlage an Wichtigkeit. So sollten das Auffüllen des Frischwassers und die Entsorgung des Grauwassers unkompliziert und das Leeren der Toilettenkassette möglichst geruchsarm vonstattengehen. Unter einer Camper-Nasszelle versteht man im Allgemeinen ein komplettes Minibad mit WC, Waschbecken und Dusche. Damit dies alles auf relativ engem Raum Platz findet, wurden die klassischen Badezimmerarmaturen an die Campinggegebenheiten angepasst. Zu den festen Bestandteilen einer Nasszelle im Wohnmobil gehören z. B. eine Kassettentoilette (oder eine alternative Toilettenart), eine Dusche mit Duschwanne am Boden, ein kleines Waschbecken sowie ein paar Ablageflächen bzw. Fächer zum Verstauen.

TOILETTE

Die meisten Wohnmobil- und Wohnwagenmodelle sind mit einer Kassettentoilette ausgestattet, die oft auch als Chemietoilette bezeichnet wird. Denn durch den Zusatz von chemischen Mitteln im Abwassertank sollen einerseits die Geruchsbildung unterbunden und andererseits die Zersetzung der Fäkalien gefördert werden. Die meisten Ausführungen fassen im Frischwassertank rund 20 Liter. Der Fäkalientank (Kassette) ist durch einen Schieber – sozusagen das Äquivalent zur heimischen Toilettenspülung – von der Toilettenschüssel getrennt. Gespült wird mit ganz normalem Wasser aus dem Bordtank. Die Entsorgung kann meist direkt durch eine Außenklappe am Fahrzeug vorgenommen werden. Zahlreiche Campingplätze ermöglichen diesen Service durch die Bereitstellung entsprechender Stationen. Handelt es sich um ein mobiles System, wird der Abwassertank manuell entleert, der hierfür mittels Schieberdichtung von der restlichen Toilette entkoppelt werden kann.

WC-ALTERNATIVEN

Die alternativen Kompost-, Humus- und Trockentoiletten kommen vollständig ohne Wasser aus. Stattdessen nehmen hier saugfähige Materialien wie Stroh, Rindenmulch oder Sägespäne die Feuchtigkeit auf und verhindern gleichzeitig die Geruchsbildung. Bei einer Trenntoilette werden feste und flüssige Ausscheidungen separat aufgefangen. Der Kompostiervorgang wird dabei mit Streu angeregt, Flüssigkeiten werden getrennt entsorgt. Wenn im Mobil kein Platz für eine Nasszelleneinheit ist, kann auch eine einfache Eimertoilette infrage kommen: eine Konstruktion mit Sitz, Deckel und verschließbarem Eimer.

DUSCHE UND WASCHBECKEN

Das fest installierte Waschbecken ist aufgrund des geringen Platzangebots in den meisten Campern relativ klein. In einigen Mobilen ist ein besonders platzsparendes Klappwaschbecken über der Toilette installiert. Häufig ist direkt in der Armatur des Waschbeckens ein Duschschlauch zum Herausziehen integriert. Auch die Borddusche wird über den Frischwassertank gespeist. So angenehm es ist, die Privatsphäre in der eigenen Dusche zu genießen, ist der Raum für eine regelmäßige Nutzung doch oft zu beengt. Zudem ist der Wasserdruck von der Stärke der bordeigenen Wasserpumpe abhängig und meist weitaus geringer als in fest installierten Bädern. Ein weiterer Nachteil: Duschen im engen Bad sorgt für hohe Luftfeuchtigkeit im gesamten Mobil. Deshalb empfiehlt es sich, nach dem Duschvorgang ausgiebig zu lüften. Außerdem füllt sich mit dem Duschen der Grauwassertank, der regelmäßig geleert werden muss. Eine Alternative zum Duschen an Bord ist eine Außendusche. Viele Fahrzeugmodelle verfügen über einen entsprechenden Außenanschluss. Diese Variante ist auch für andere Zwecke praktisch: etwa zum Abspülen von Sand nach dem Strandbesuch oder zum Waschen des Hundes.

Sanitärer Allrounder: Mobile Chemietoiletten sind überall einsetzbar.

STROM-VERSORGUNG: ES WERDE LICHT

Stromkabel statt Bordbatterie: Auf einem Campingplatz sorgt die externe Stromversorgung für schöne Lichtstimmungen.

Wie sehr sich Camping in den vergangenen Jahrzehnten verändert hat, lässt sich auch an der Zunahme der Stromverbraucher in den Fahrzeugen ablesen. Vom TV-Gerät über den Kühlschrank bis zum Aufladegerät fürs Smartphone: In modernen Wohnmobilen oder Wohnwagen geht heute fast nichts mehr ohne Steckdose. Strom haben die meisten Mobile dank starker Bord- oder Aufbaubatterien zwar dabei, doch wenn man längere Zeit unterwegs ist, geht auch die stärkste Batterie irgendwann mal zur Neige. Nachschub gibt es auf Campingplätzen. Allerdings müssen ein paar Dinge berücksichtigt werden, wenn es mit der Landstrom-Versorgung klappen soll.

Der Begriff Landstrom stammt eigentlich aus der Schifffahrt: Dort wird per Kabel die Bordelektrik der im Hafen liegenden Schiffe mit Strom versorgt. In viel kleinerem Maßstab, aber nach dem gleichen Prinzip geschieht dies auch auf Campingplätzen, wenn Camper ihren Strom von den Ladestationen beziehen: Die vorhandenen Steckdosen und Geräte im Wohnmobil werden auf diesem Weg mit Strom versorgt, außerdem wird die 12-Volt-Versorgung im Fahrzeug vom Landstrom gespeist. Und ganz nebenbei werden die Bordbatterien durch das integrierte Ladegerät geladen.

Fast jedes Campingfahrzeug ist mit einer Außensteckdose ausgestattet. Dieser Stromanschluss befindet sich meist unter einer Abdeckung am Heck oder an einer Seitenwand des Reisemobils und ist für haushaltsüblichen Wechselstrom und Spannungen von 200 bis 250 Volt ausgelegt. Über diese sogenannte CEE-Anschlussdose erfolgt die Verbindung mit der Stromversorgung, die auf den meisten Campingplätzen und bei vielen Stellplätzen verfügbar ist. Der Anschluss ist unproblematisch. Zu beachten ist jedoch Folgendes: Auch wenn in Europa blaue CEE-Steckdosen mittlerweile gängig sein sollten, findet man auf Campingplätzen hin und wieder immer noch normale Schukosteckdosen, wie sie aus dem Haushaltsgebrauch bekannt sind. Adapter bieten in so einem Fall schnelle Abhilfe.

Die Abrechnung der Stromkosten am Platz wird ganz unterschiedlich gehandhabt. Bei manchen Stellplätzen ist der Strom im Übernachtungspreis inbegriffen, andere rechnen pauschal ab oder nutzen einen Stromzähler. Es kann nicht schaden, die maximale Belastung der Steckdose vor Ort zu kennen. Denn wenn diese zu niedrig ist und zu viele Verbraucher gleichzeitig in Betrieb gehen, kann das zu einer Überlastung führen. Dann springt die Sicherung heraus, und die Stromversorgung wird unterbrochen – sehr ärgerlich, wenn dies außerhalb der Geschäftszeiten der Rezeption passiert.

DAS RICHTIGE KABEL

Laut Vorschrift sind auf Campingplätzen nur Kabel mit CEE-Steckern erlaubt, daher empfehlen sich Kabel oder Kabeltrommeln mit entsprechenden Anschlüssen an beiden Enden. Das erfüllt nicht nur die geforderte Norm, sondern hat im Vergleich mit handelsüblichen Haushaltskabeltrommeln weitere Vorteile. Durch eine robuste Gummiisolierung ist das spezielle Camping-Stromkabel gegen Benzin, Öl und andere Flüssigkeiten geschützt, und auch das Überfahren der Leitung mit Fahrzeugen gilt als relativ sicher.

Ein Gummischlauch ist außerdem relativ unempfindlich gegen Witterungseinflüsse und UV-Strahlung. Im Gegensatz zu Hartplastik wird er nicht porös.

CEE-ADAPTER

Selbst wenn man aber ein korrektes CEE-Kabel an Bord hat, empfiehlt es sich gerade bei Auslandsreisen, eine Auswahl verschiedener Adapter dabeizuhaben. So lässt sich schnell ein blaues CEE-Kabel in ein normales Schukokabel umfunktionieren. Hierzulande ist das zwar eigentlich nicht zulässig, auf Campingplätzen in südlichen Ländern oder außerhalb Europas zahlt sich die Mitnahme von Adaptern aber oft aus.

STROM NACH NORM

Länge: Auf deutschen Campingplätzen und Stellplätzen beträgt die maximal erlaubte Länge der Stromkabel 25 m.
Dicke: Auch der Kabelquerschnitt ist geregelt, dieser muss mindestens 2,5 mm betragen.
Verarbeitung: Es sind nur Gummischlauchleitungen mit der Bezeichnung „H07RN-F" zugelassen, die für den Einsatz im Freien unter hoher Belastung geeignet sind.
Schutzart: Damit das Kabel im Freien eingesetzt werden darf, müssen Kupplungen und Stecker mindestens der Schutzart „IP44" entsprechen – was sie als spritzwasser- und fremdkörpergeschützt auszeichnet.

Der robuste, gegen Staub und Feuchtigkeit geschützte Stecker einer CEE-Verbindung ist stets dreipolig, die Kupplung verfügt über drei Öffnungen zur Aufnahme der Stecker. Besonders praktisch: Durch die unterschiedlichen Größen der Stifte können CEE-Leitungen nie falsch verbunden werden. CEE-Anschlüsse sind blau, damit wird der Spannungsbereich von 200 bis 250 Volt gekennzeichnet.

UMWANDLUNG

In beinahe jedem Campingmobil gehört ein Wechselrichter oder Spannungswandler zum Standard. Damit wird die 12-Volt-Batteriespannung auf 230 Volt Wechselspannung transformiert. Diese reicht zum Aufladen von Smartphones, Notebooks oder Kameras. Für Geräte mit großem Leistungshunger empfiehlt sich ein Sinus-Wechselrichter, mit dem auch Kaffeemaschinen oder Haartrockner betrieben werden können. Je leistungshungriger ein Verbraucher ist, desto schneller geht die Batterie zur Neige. Wer also häufig autark steht und dennoch nicht auf Föhn, elektrischen Wasserkocher oder Kaffeemaschine verzichten will, sollte in eine leistungsstarke Batterie investieren.

KLEINE BATTERIEKUNDE

Neben der Versorgung mit Landstrom verfügen Wohnmobile über einen weiteren Stromkreislauf, der von der Bordbatterie gespeist wird. Dieser wird benötigt, wenn das Mobil ohne Strom vom Campingplatz auskommen muss. Durch den Einsatz einer Bordbatterie wird zudem die Starterbatterie geschont, die sich wie bei jedem Auto meistens im Motorraum befindet und für den Anlasser oder das Radio verantwortlich ist. Alle im Mobil befindlichen Batterien werden während der Fahrt oder mittels Verbindung mit Landstrom automatisch aufgeladen. Die bordeigene Versorgungsbatterie unterscheidet sich von der Starterbatterie, da sie über mehrere Stunden hinweg wenige Ampere liefern und häufiger aufladbar sein muss. Beim Kauf hat man die Wahl zwischen Nassbatterien, AGM-, Gel- und Lithium-Ionen-Batterien. Jedes Batterieprinzip hat dabei seine Vor- und Nachteile.

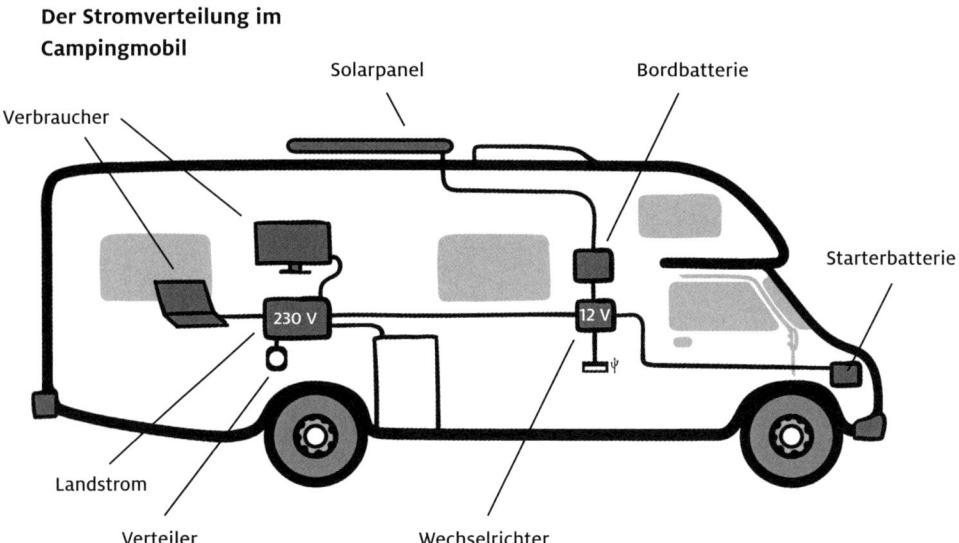

Der Stromverteilung im Campingmobil

Camping verändert sich: Die Zahl der aufladbaren elektrischen Geräte nimmt auch unterwegs stetig zu.

NASSBATTERIEN

Vor allem in älteren Mobilen oder Wohnwagen stecken häufig immer noch Nassbatterien. Dieser Batterietyp ähnelt im Aufbau der klassischen Starterbatterie. Das bringt Vorteile mit sich: In der Anschaffung sind sie relativ günstig. Auch die Verfügbarkeit ist sehr hoch, zur Not bekommt man selbst in großen Kaufhäusern oder an der Tankstelle einen schnellen Ersatz. Die Nassbatterien weisen zudem eine höhere Zyklenfestigkeit auf. Allerdings erfordern sie einen deutlich höheren Wartungsaufwand.

GELBATTERIEN

Im Gegensatz zur Nassbatterie ist der Elektrolyt (für den internen Ionen-Transport) bei einer Gelbatterie nicht flüssig, sondern gebunden. Selbst bei hoher Beanspruchung bleiben diese Batterien daher wartungsfrei

LADEZYKLEN

Beim Kauf einer neuen Batterie sollte man darauf achten, wie häufig diese Batterie aufgeladen werden kann, bevor sie ihre **Kapazität** verliert. Dies wird mit der Zahl der Ladezyklen ausgewiesen. Liegt die Zyklenzahl einer Batterie etwa bei 750, lässt sie sich mindestens 750-mal bei nahezu voller Leistung aufladen. Aber auch danach lässt sich die Batterie weiter verwenden, allerdings nimmt die Kapazität dann immer weiter ab. In Werkstätten lässt sich der Zustand einer Batterie mit speziellen Messgeräten auslesen.

STROMVERSORGUNG: ES WERDE LICHT   **261**

und verrichten lange zuverlässig ihren Dienst. Allerdings kosten Gelbatterien mehr als vergleichbare Nassbatteriemodelle, zudem dauert es länger, bis sie aufgeladen sind.

AGM-BATTERIEN

Die Abkürzung AGM steht für die englische Bezeichnung „Absorbent Glass Mat", womit das Mikroglasfasergewebe gemeint ist, in dem der Elektrolyt dieser Batterien eingelagert ist. Die Kapazität einer AGM-Batterie ist vergleichsweise hoch. Darüber hinaus ist sie wartungsfrei. Dieser Batterietyp wird häufig als Starterbatterie für Fahrzeuge mit Start-Stopp-Automatik (zur Reduzierung des Kraftstoffverbrauchs) benutzt, findet aber auch immer häufiger Verwendung als Bordbatterie in Wohnmobilen.

LITHIUM-EISENPHOSPHAT-BATTERIEN (LIFEPO4)

Wer mit seinem Mobil vor allem auf Campingplätzen mit Landstrom steht, wird diesen Batterietyp nicht benötigen. Interessant ist er für all jene, die vor allem autark unterwegs sind und den Strom einer Solaranlage bestmöglich speichern wollen. LiFePO4-Lithium-Batterien sind im Vergleich zu anderen Typen kleiner und leichter. Gleichzeitig haben sie die modernste Technik an Bord und zeichnen sich durch eine hohe Entlade- und Ladeeffizienz aus. Sie sind wartungsfrei, und im Vergleich zu Bleiakkus ist die Anzahl der Ladezyklen fünf bis zehn Mal so hoch: Bei rund 3000 Zyklen amortisiert sich der hohe Anschaffungspreis. Bei Kälte können diese Batterien jedoch an Kapazität verlieren.

TIPPS FÜR DIE STROMSICHERHEIT

Regen und Nässe: Manchmal müssen Kabel mit speziellen Adaptern verlängert werden. Die Steckverbindungen sollten nicht ungeschützt im Freien liegen. Mit speziellen Sicherheitsboxen lässt sich der Schutz vor eintretender Feuchtigkeit zusätzlich erhöhen.
Wärmebildung: Auch wenn der Abstand vom Stromverteiler zum Verbraucher gering ist, sollten Kabelrollen und Verlängerungskabel stets komplett abgerollt werden. Der Grund: Ist die Belastung hoch, weil leistungshungrige Geräte viel Strom fressen, kann sich das Kabel erwärmen.
Stolperfallen: Wenn möglich sollten Kabel auf dem Platz so verlegt werden, dass man nicht darüber stolpern kann oder andere Fahrzeuge darüberfahren müssen. Auf einigen Plätzen ist es auch möglich, für das Kabel eine kleine Rille in den Boden zu graben.
Kontrolle: Auch Kabel können kaputt gehen und im schlimmsten Fall eine Gefahr darstellen. Daher sollten Stromkabel regelmäßig auf Beschädigungen und Defekte geprüft werden.
Prüfung: Beim Kabelkauf unbedingt auf reguläre Prüfzeichen achten! Billigprodukte aus der Angebotskiste mit schlechterer Qualität haben nicht nur eine kürzere Haltbarkeit: Bei Schäden durch die Verwendung haften Versicherungen nicht.

SOLARANLAGEN

Für alle, die viel mit ihrem Mobil unterwegs sind, ist eine Solaranlage eine gute Investition. Die umweltfreundliche Stromerzeugung ermöglicht es, auch ohne Landstrom elektrische Geräte zu nutzen. In der Regel wird eine Solaranlage auf dem Dach des Campers installiert. Ein Nachteil an dieser Lösung ist jedoch, dass das Fahrzeug zur Energiegewinnung in der Sonne stehen muss. Allerdings überwiegen die Vorteile: Da der Strom in den Bordbatterien gespeichert werden kann, können Wasserkocher oder Kaffeemaschine auch an Regentagen genutzt werden.

Solarpanele werden direkt auf dem Dach montiert.

Alternativ können mobile Solaranlagen genutzt werden: Solarkoffer und faltbare Solaranlagen sind äußerst platzsparend und können in der Sonne aufgestellt werden, während der Camper selbst im Schatten steht. Der Nachteil an dieser Lösung ist, dass die mobilen Anlagen aufgrund ihrer geringen Größe nicht ganz so leistungsstark sind.

GENERATOREN

In vielen Fällen reicht die Stromversorgung per Solaranlage nicht aus. Komplett wetterunabhängig ist man mit einem Stromgenerator. Im Prinzip handelt es sich dabei um einen Motor, der – angetrieben von Benzin, Diesel oder Gas – Strom produziert. Gute Generatoren können mit einer Tankfüllung auch über einen längeren Zeitraum 230-Volt-Wechselspannung produzieren. Die Leistung der unterschiedlichen Modelle variiert jedoch stark. Es lohnt sich, etwas mehr Geld zu investieren. Aber ganz gleich, wie gut und leistungsstark ein Generator ist, alle Modelle teilen ein paar Nachteile: Die Geräte sind häufig laut, außerdem produzieren sie Abgase. Daher sind Generatoren nicht für den Einsatz auf Campingplätzen oder Stellplätzen geeignet. Anders sieht es aus, wenn man eine Zeit lang autark unterwegs sein will.

Solarfolien produzieren genug Strom für Kleingeräte.

Krachmacher mit großer Leistung: Stromgenerator

DER KÜHLSCHRANK IM CAMPER

Echt cool: Damit Lebensmittel und Getränke auch unterwegs länger frisch bleiben, gibt es unterschiedliche Kühlkonzepte für jedes Campingbedürfnis.

Eine Kühlbox benötigt weniger Platz als ein normaler Kühlschrank.

An heißen Sommertagen geht kaum etwas ohne kühle Getränke – und das gilt auch unterwegs. Doch wo im heimischen Kühlschrank viel Staufläche zum Frischhalten von Lebensmitteln und Getränken vorhanden ist, kann die kühle Lagerung im Wohnmobil oder Caravan platztechnisch zu einer Herausforderung werden. Die gute Nachricht: Bereits ab Werk sind fast alle modernen Campingfahrzeuge mit einem Kühlschrank oder zumindest einer Kühlbox ausgestattet. Doch häufig handelt es sich um deutlich kleinere Geräte als in der heimischen Küche.

Ein weiterer Nachteil sind kleine oder sogar fehlende Eisfächer. Kühlsysteme sind grundsätzlich in zwei Formen verfügbar. So gibt es die klassische Lösung mit seitlich aufschwingender Tür oder Kühlboxen mit Deckel. Beide Varianten haben ihre Vor- und Nachteile. Bei einem Kühlschrank lassen sich die Lebensmittel einfach sortieren. Allerdings entweicht bei jedem Öffnen viel Kälte. Kühlboxen wiederum werden von oben gefüllt, was etwas umständlich ist. Dafür entweicht beim Öffnen des Deckels weniger kalte Luft, denn diese ist bekanntlich schwerer als warme. Beim Selbstausbau eines Campers setzt man vor allem auf stabile Kühlboxen, die als zusätzliche Sitzgelegenheit dienen können.

COOLE TECHNIK

Bei der Kühlung von Lebensmitteln unterscheidet man grundsätzlich zwischen vier verschiedenen Techniken.

Passive Kühlung: Dies ist die einfachste Kühlvariante, die man vor allem bei klassischen Kühlboxen oder Kühltaschen findet. Als Kühlmittel dienen Kühlakkumulatoren oder Eiswürfel, die zuvor im heimischen

Eisfach auf die gewünschte Temperatur gebracht werden. Diese preisgünstige Kühlform eignet sich für Ausflüge an den Strand, aber nicht für eine längere Nutzung, da der Kühleffekt schnell verfliegt.

Kühlung mit Kompressor: Die am weitesten verbreitete Variante kommt auch beim heimischen Kühlschrank zum Einsatz. Dabei wird dem Innenraum des Geräts mittels eines Motors Wärme entzogen und an die Außenluft abgegeben. Aus diesem Grund sollte hinter diesen Geräten auf genügend Abstand zur Wand geachtet werden, damit die Luft zirkulieren kann.

Absorber-Kühlmethode: Ein ähnliches Prinzip wie beim Kompressor kommt hier zur Anwendung, allerdings haben diese Geräte keinen Motor und sind daher leiser. Für den Betrieb kommen Strom oder Gas zum Einsatz. Diese Kühlmethode ist im Camper-Bereich weit verbreitet.

Thermolektrische Kühlung: Hier sorgen spezielle „Pelteri"-Elemente für einen Temperaturunterschied, Produkte lassen sich damit sowohl kühlen als auch warmhalten. Diese Technik ist physikalisch spannend, im mobilen Einsatz aber nicht praktikabel, da zu ineffizient.

GERÄTE FÜR DEN MOBILEN EINSATZ

Kühlboxen mit Stromanschlus: Nicht alle Kühlboxen werden nur mit Gefrier-Pads kühl gehalten. Bessere Modelle verfügen über einen 12-Volt-Stromanschluss, manche lassen sich sogar an der 230-Volt-Steckdose betreiben. Die Boxen benötigen wenig Platz und sind perfekte Begleiter für Ausflüge. Allerdings ist der Stromverbrauch hoch und die Kühlleistung eher gering.

Kompressor-Kühlschränke: Diese Kühlschränke können sowohl über den internen Stromkreis mit 12 Volt als auch über Landstrom mit 230 Volt betrieben werden. Es ist daher kein Wunder, dass viele Camper auf Kompressor-Kühlschränke setzen: Das vielseitige Anschluss-Konzept bringt im Verhältnis zum Verbrauch die bestmögliche Leistung.

Absorber-Kühlschränke: Neben der Energiezufuhr durch die klassischen 12-Volt- und 230-Volt-Anschlüsse kann der Absorber-Kühlschrank auch mithilfe von Gas betrieben werden. Der Kühlungsgrad ist mit dem eines Kompressors vergleichbar. Dadurch ist dieser Gerätetyp beim Camping äußerst populär. Vor allem die Möglichkeit, ihn ohne Stromquelle betreiben zu können, animiert viele Camper zur Anschaffung. Das Flüssiggas wird bei diesen Modellen über größere Camping-Gasflaschen (5 oder 11 kg) zugeführt.

Minikühlschränke: Manchmal lohnt sich der Einbau eines Kühlschranks nicht. Oder man möchte einen kleinen Kühlschrank im Vorzelt haben, der aber während der Fahrt nur wenig Platz einnehmen darf. Für solche Fälle ist ein Minikühlschrank eine gute Wahl: Er bietet bei einem geringen Anschaffungspreis eine vergleichsweise gute Kühlleistung. Allerdings benötigen diese Geräte einen dauerhaften Stromanschluss mit 230 V.

TIPPS ZUM KÜHLEN OHNE KÜHLSCHRANK

Crash-Eis aus dem Supermarkt und ein Eimer können durchaus als temporärer Kühlschrank dienen, der sich besonders zum Kühlen von Getränken eignet. Aber auch ein mit kaltem Wasser gefüllter Eimer hält Flaschen eine Weile kühl. Und dann gibt es da noch die Pfadfindermethode: Campt man in der Nähe eines Flusses oder Sees, kann man auch darin hervorragend Getränke kühlen.

HEIZUNG: DIE OPTIMALE INNENTEMPERATUR

Schlechte Dämmung und dünne Wände: In einem Camper kann es auch mal kalt werden.

Wenn es draußen kühler wird, läuft drinnen die Heizung auf Hochtouren. Das gilt in den eigenen vier Wänden genauso wie im mobilen Heim. Doch welche Heizlösung soll es sein? Die Auswahl ist groß, die Möglichkeiten sind vielfältig.

HEIZEN MIT SYSTEM

Wohl dem, der ein Campingmobil mit eingebautem Gassystem sein Eigen nennt. Die Anlage versorgt nicht nur Herd und Kühlschrank mit Gas, sondern feuert auch den Boiler und die Heizung an. Für den Betrieb wird das Gas-Luft-Gemisch in den Brennraum der Heizung geleitet und mit einem elektrischen Funken entzündet. Wichtig ist es, dass die Heizung über eine ausreichende Luftzufuhr verfügt, die von außen in das System gelangt. Achtung: Bei vielen Mobilen ist über dem Lufteingang eine Abdeckung angebracht, diese muss für den Betrieb geöffnet oder entfernt werden.

Gasheizung: Hier wird das sogenannte Umwälzprinzip genutzt: Die Luft aus dem Innenraum wird angesaugt und gelangt, nachdem sie über den Wärmetauscher erwärmt wurde, wieder in den Wagen zurück. Häufig unterstützt ein Gebläse diesen Austausch. Praktischerweise wird die Gaszufuhr zum Brenner bei vielen Modellen abgeschwächt oder sogar temporär abgeschaltet, sobald die gewünschte Temperatur erreicht ist.

Wasserbetriebene Heizung: Eine weitere Heizungsvariante stellen Anlagen dar, die mit Wasser erwärmt werden. Diese laufen relativ geräuscharm, und während des Betriebs wird gleichzeitig warmes Wasser für die Dusche oder den Abwasch produziert. Für diesen Vorgang wird ein Kessel per Strom oder mittels Flüssiggas erhitzt.

Kombi-Heizung: Auch bei dieser flexiblen Heizungsart, die vor allem in Wohnmobilen zum Einsatz kommt, wärmt ein integrierter Wasserbehälter das Verbrauchswasser der Anlage. Heiz- und Wasseraufwärmfunktionen lassen sich jedoch auch unabhängig voneinander nutzen.

STANDORT

Wer seinen Camper selbst ausbaut, kann durch die richtige Platzierung der Heizung für eine gute Wärmeverteilung sorgen. Denn bei Mobilen von der Stange landet die Warmluft, die generell über das Gebläse der Heizungsanlage im Fahrzeug verteilt wird, nicht immer dort, wo man sie gerne hätte. Bei älteren Modellen wurde die Heizeinheit oftmals unter dem Heckbett installiert. Das hat jedoch einen großen Nachteil: Beim Transport der Warmluft durch lange Leitungen mit vielen Ecken und Abzweigungen geht viel Wärme verloren. Deshalb wird der Brennofen inzwischen meist unter der zentralen Sitzgruppe eingebaut, wodurch bei der Wärmeverteilung kürzere Strecken zurückgelegt werden müssen. Ein weiterer Vorteil zeigt sich, wenn man auf der Sitzgruppe mit integrierter Heizungsanlage Platz nimmt, denn das Gehäuse des Ofens selbst strahlt Wärme ab. So wird es im Mobil schnell gemütlich warm, selbst wenn der Regler für die Wärmeregulierung niedrig eingestellt ist. Und für die meisten Nutzer einer solchen Heizung stellt es kein Problem dar, wenn der Schlafbereich etwas kühler bleibt.

WÄRMEVERTEILUNG

Im fertigen Mobil von der Stange sieht es anders aus: Hier ist der Standort der Heizungsanlage eigentlich unverrückbar. Nur mit großer Mühe ließe sie sich an anderer Stelle platzieren. Doch selbst wenn der Standort nicht optimal für die eigenen Bedürfnisse ist, lässt sich zumindest die Wärmeleistung mit ein paar Handgriffen optimieren. Ein Beispiel: Für die Verbindung der Warmluftrohre werden häufig T-Stücke genutzt – damit wird jedoch nur ein kleiner Teil der Warmluft um problematische Bereiche wie Ecken und Ausbuchtungen gelenkt, während der Rest verloren geht. Effektiver ist der Einbau von Y-Verteilern, die den Wärmewert im Mobil deutlich erhöhen können. Und sind

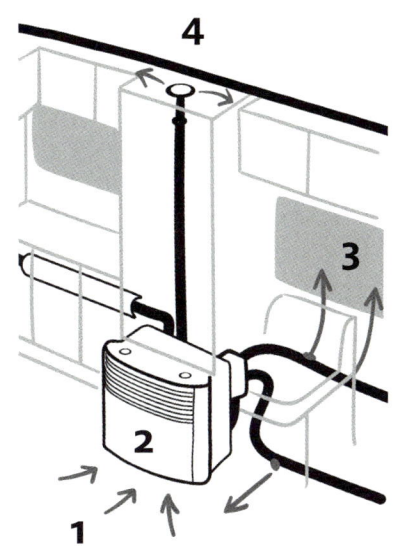

Funktionsweise einer Camper-Gasheizung
1 Die Umgebungsluft wird eingesogen.
2 Die Luft wird mit einer offenen Flamme über einen Wärmetauscher erwärmt.
3 Die erwärmte Luft wird von einem Gebläse durch ein Rohrsystem im Fahrzeug verteilt.
4 Über den Abgaskamin wird verbrauchte Luft nach draußen abgeleitet.

die zurückgelegten Strecken im Heizungssystem bzw. die Leitungen zu lang, können zwischengeschaltete Zusatzgebläse bei der Verteilung der Warmluft helfen. Bringen diese Verbesserungen nicht die erwünschte Wärmeleistung, kann ein Fachmann ein isoliertes Heizungsrohr unter dem Aufbauboden verlegen. Durch diese direkt verlaufende sogenannte Dükerung legt die warme Luft einen kürzeren Weg zurück und kann so effektiver genutzt werden. Diese Investition lohnt vor allem dann, wenn man häufig in der kalten Jahreszeit unterwegs ist. Wer nur ein paar kühle Tage aushalten muss, sollte sich einen solchen Umbau zweimal überlegen.

WARME WÄNDE

Wenn es darum geht, die Wärme optimal im Camper zu speichern, kann auch die vorhandene Einrichtung genutzt werden. So können etwa Möbel die Wärme länger speichern, wenn man ein paar Vorkehrungen trifft. Unter normalen Bedingungen wird die warme Luft der Heizung in den freien Raum abgegeben. Wird aber zusätzlich ein sogenanntes gelochtes Isothermrohr installiert, verteilt sich die Warmluft durch die regelmäßig eingearbeiteten Schlitze im Gebläse besser. Auf diese Weise lassen sich auch muffige Wagenteile belüften. Wandbelüfter, die häufig in Sitzgruppen verbaut werden, sorgen für einen ähnlichen Effekt. Geschickte Handwerker setzen dafür kurze Kunststoff-Rohrstücke mit Öffnungsschlitzen in den nächstgelegenen Heizungsstrang ein.

WEITERE HEIZUNGSARTEN

Eine weitere Heizmethode aus dem Hausbau findet auch beim Camping immer mehr Anhänger: eine Fußbodenheizung, die bei starker Kälte die Hauptheizung unterstützt und für warme Füße sorgt. Diese Heizungsart lässt sich relativ problemlos nachrüsten. Der Einbau des rein elektrischen Systems ist einfach: Entsprechende Heizfolien, -teppiche oder -matten sind als Meterware erhältlich.

Eine praktische Alternative sind auch Heizungen, die mit Benzin und Diesel betrieben werden, da für den Heizungsbetrieb lediglich der bereits vorhandene Kraftstofftank angezapft werden muss. Der Verbrauch ist relativ gering. Und mit einem Tankstopp wird gleichzeitig der Betriebsstoff für die Heizung aufgefüllt – was zusätzliche Kosten spart, die für eine Wohnmobilheizung mit Gas anfallen. Allerdings sind die Anschaffungskosten für eine solche Standheizung meist deutlich höher als für ein gasbetriebenes Modell.

Gerade beim Selbstausbau muss man bei der Wärme häufig Kompromisse eingehen – besonders, wenn das Budget limitiert ist. Wer keine Heizungsanlage einbauen kann oder will, ist mit einem elektrischen Heizlüfter gut bedient, da dieser in der Lage ist, einen kleinen Raum schnell aufzuwärmen. Ein Heizlüfter ist eine praktische Alternative, wenn man auf einem Campingplatz gastiert, besonders im Vorzelt erfüllt er gute Dienste. Allerdings ist der Stromverbrauch sehr hoch, die Bordbatterie wird kaum in der Lage sein, einen Heizlüfter anzutreiben.

Luftauslässe in Bodennähe verteilen die Heizungswärme ideal im ganzen Mobil.

KLIMAANLAGEN: GANZ SCHÖN COOL

Zu hohe Temperaturen sind im Wohnmobil oder Wohnwagen kein Spaß – sowohl tagsüber, wenn die Sonne brennt, als auch nachts, wenn man schlafen möchte. Moderne Klimatechnik sorgt für die nötige Abkühlung.

Neuere Camper-Modelle sind in der Regel mit einem Klimasystem ausgestattet, ältere Mobile lassen sich relativ einfach aufrüsten. Grundsätzlich gilt: Je länger das Fahrzeug ist, desto mehr muss auch die Klimaanlage im Wohnwagen oder Wohnmobil leisten. Selbst die Größe der Fenster beeinflusst die Temperatur. Denn: Je schöner die Sicht nach draußen, desto höher steigt auch das Thermometer im Innenraum. Die Wahl der richtigen Klimaanlage hängt auch vom Budget, dem Fahrzeugtyp und den Reisevorlieben ab. Sie muss also zum ganz persönlichen Camping-Lifestyle passen. Wird z. B. viel im Fahrzeug gekocht, ist die Luftfeuchtigkeit im Innenraum häufig hoch, womit die Anlage umgehen können muss. Wer ein gut isoliertes Fahrzeug fährt, kommt mit einer Klimaanlage mit geringerer Leistungsstärke zurecht. Auch die Zahl der Mitreisenden spielt eine Rolle: Sind mehrere Personen im Mobil unterwegs, dauert es länger, bis die Klimaanlage die optimale Temperatur erreicht.

ZWEI SYSTEME

Zur Kühlung des Innenraums stehen grundsätzlich zwei Systeme zur Auswahl: Mit einer Kompressor-Klimaanlage bleibt die Raumluft trocken, was gerade in Gebieten mit einer hohen Luftfeuchtigkeit nicht zu unterschätzen ist. Arbeitet die Klimaanlage dagegen nach dem Verdunstungsprinzip, wird der Luft keine Feuchtigkeit entzogen. Diese Anlagen eigenen sich besonders für Touren in trockenen Gegenden, z. B. in Südeuropa.

BAUFORMEN

Auch nachträglich lassen sich Mobile mit Klimaanlagen ausstatten, viele Hersteller bieten entsprechende Modelle an. Unterschiedliche Ansätze für den Einbau erleichtern die Nachrüstung. Ist z. B. eine Dachluke vorhanden, lässt sich dort eine Dach-Klimaanlage einsetzen. Auch für den Selbstbau ohne Luke im Fahrzeug ist die Dachvariante eine Option, allerdings muss dann eine entsprechende Öffnung ins Dach geschnitten werden. Diese Arte der Klimaanlage hat jedoch einen Nachteil: Das zusätzliche Gewicht auf dem Dach erhöht den Luftwiderstand während der Fahrt. Eine weitere Option ist die Staukasten-Klimaanlage. Im Gegensatz zur Dachanlage kühlt diese Variante das Fahrzeuginnere sehr schnell, was sich auch positiv auf den Stromverbrauch auswirkt. Ein weiterer Vorteil ist der ruhige Betrieb der Anlage. Allerdings muss das Gerät in einen Staukasten eingebaut werden, wodurch weniger Platz im Mobil zur Verfügung steht. Die Montage ist zudem aufwendiger: Für diese Klimaanlage müssen Kaltluftrohre im Boden des Fahrzeugs verlegt werden, damit die kühle Luft zirkulieren kann.

FERNSEHEN IM CAMPER: IMMER AUF EMPFANG

Es ist stets das gleiche Bild auf Campingplätzen, egal ob im In- oder Ausland: Sobald es Abend wird und die Sonne untergeht, sieht man durch viele Fenster der Mobile ein leichtes Flimmern. Eindeutig: Der Fernseher läuft. Für viele gehört das TV-Programm nach wie vor zum Alltag. Auch unterwegs möchte man auf Nachrichten, die Lieblingsserie oder Sport nicht verzichten. Doch damit Live-TV ohne Probleme empfangen werden kann, müssen ein paar Voraussetzungen geschaffen werden.

Los geht es mit der richtigen Antenne. Die Zeiten, in denen alle Lieblingssender einfach mit einer herkömmlichen Wurfantenne empfangen werden konnten, sind lange vorbei. Heute wird das TV-Programm vor allem per Satellit in die Camper übertragen. Daher verwundert es auch nicht, dass an vielen Fahrzeugen bereits eine entsprechende Antenne vorinstalliert ist. Und so spielt sich vielerorts das gleiche Schauspiel ab: Kaum erreicht ein Camper seinen Platz, wird die Schüssel ausgefahren oder ausgepackt und ausgerichtet, damit dem gemütlichen Fernsehabend nichts im Wege steht.

In neuen Wohnmobilen oder Wohnwagen ist die nötige Ausstattung häufig bereits an Bord, das fängt beim TV-Gerät an und hört nicht bei der Verkabelung und der Satelliten-

Viele Camper wollen auch unterwegs nicht auf ihr abendliches Fernsehritual verzichten.

anlage auf. Und falls keine komplette Anlage installiert ist, gibt es vordefinierte Plätze für Bildschirme für den Fall, dass man die Geräte selbst nachrüsten möchte. Sehr praktisch ist es, wenn der Fernseher bei Nichtnutzung durch bewegliche Halterungen im Schrank oder hinter einem Sitz verschwinden kann.

ON DEMAND STATT LINEAR

Doch Live-TV verliert heutzutage immer mehr an Bedeutung – auch unterwegs. Das lineare Fernsehen wird nach und nach durch Fernsehunterhaltung auf Abruf abgelöst: Man schaut, was man will und wann man es schauen will. Kein Wunder also, dass Streaming-Dienste wie Netflix, Sky oder Disney+ immer mehr Zuschauer gewinnen. Aber auch die prall gefüllten Mediatheken der TV-Sender haben Hochkonjunktur, schließlich können auch diese ohne feste Zeiten genutzt werden. Der „Tatort" muss längst nicht mehr am Sonntagabend geschaut werden. Und wer keine schnelle Internetverbindung zur Verfügung hat, schaut stattdessen Filme oder TV-Serien von Speichermedien wie DVDs, USB-Sticks oder Festplatten. Den technischen Spielereien sind auf diesem Gebiet keine Grenzen gesetzt. In vielen Campingfahrzeugen oder Wohnanhängern steht inzwischen sogar eine Spielkonsole.

Doch nicht immer sind alte Mattscheiben für die Zukunft der medialen Unterhaltung gewappnet, etwa weil aktuelle Anschlüsse fehlen. Neuere Bildschirme lassen sich fast immer in ein smartes Abspielgerät verwandeln. Oder es wird gleich ganz auf den festen Einbau eines TV-Geräts verzichtet – und stattdessen ein Computer oder Tablet für die Abendunterhaltung genutzt. Ganz gleich, wie und womit man sein ganz persönliches Lieblingsprogramm genießen will: Mit dem richtigen Equipment steht dem entspannten Filmabend nichts im Wege.

Fest verbaute Satellitenanlage

TV-GERÄTE

Beim Camping empfiehlt es sich, auf TV-Geräte zu setzen, die eine 12-Volt-Stromversorgung benötigen. So kann man auch an Orten schauen, an denen kein Landstrom zur Verfügung steht. Entsprechende Flachbildschirme bieten eine standardisierte Vorrichtung am Gehäuse, mit der sie an einer dazu passenden Wandhalterungen befestigt werden können – schließlich soll das Gerät während der Fahrt nicht ins Rutschen kommen. Neuere Modelle verfügen nicht nur über HDMI- und USB-Anschlüsse, mit denen ganz unterschiedliche Medienabspielgeräte angeschlossen werden können. Manchmal sind auch WLAN und smarte Funktionen an Bord, wodurch Inhalte auch kabellos – z. B. vom Computer oder Smartphone – zum Fernseher übertragen werden können.

ANTENNE UND SATELLITEN-ANLAGE

Fernsehempfang über ein analoges Signal ist in Deutschland und vielen anderen Ländern kaum noch möglich, Programme werden hierzulande per DVB-T übertragen. Für den Empfang werden spezielle Antennen und Receiver benötigt. In den meisten aktuellen TV-Geräten sind solche Empfänger bereits verbaut, andernfalls müssen zusätzliche externe Geräte angeschlossen werden. Wie auch beim heimischen TV können einige Kanäle nur dann empfangen werden, wenn diese mit speziellen Karten eines Anbieters freigeschaltet werden. Für Satellitenanlagen werden spezielle Antennen benötigt, die landläufig auch als Schüsseln bekannt sind. Diese werden entweder auf dem Fahrzeugdach montiert und bei Bedarf – sogar teilweise automatisch – aufgestellt. Mobile Geräte werden mit bestimmten Halterungen in der Nähe des Fahrzeugs so platziert, dass das Signal ungehindert empfangen werden kann. Neuere Anlagen richten sich selbstständig aus, bei älteren Anlagen muss die Schüssel noch per Hand in die richtige Richtung gedreht werden.

SMART-TV UND STREAMING-DIENSTE

Aktuelle TV-Geräte verfügen häufig über smarte Funktionen: Per WLAN verbinden sie sich mit dem Internet, wodurch Zugriff auf eine Vielzahl an Diensten zur Verfügung steht. So lassen sich die meisten gängigen Streaming-Plattformen ohne zusätzliche Hardware direkt aufrufen, sogar das Surfen im Web ist teilweise möglich. Besonders praktisch ist es, dass Inhalte vom Computer oder Smartphone ohne großen Aufwand direkt auf den TV-Schirm übertragen werden können.

BEAMER

Immer mehr Camper verzichten auf ein fest verbautes TV-Gerät, um Platz zu sparen oder weil ihnen das Bild nicht groß genug ist. Portable Projektoren bieten in solchen Fällen eine spannende Alternative – besonders, wenn ein ausreichender Akku und WLAN zur Verfügung stehen. Damit können Filme auch außerhalb des Campers geschaut werden, als Leinwand dient häufig sogar das Fahrzeug selbst. Doch auch innerhalb des Mobils bieten sich Anwendungsmöglichkeiten: Ein Mini-Beamer nimmt kaum Platz ein und kann nach Nutzung schnell verstaut werden. Die Preise für ordentliche Projektoren beginnen bei 100 Euro, bei Markenherstellern wie LG oder BenQ geht es bei 250 Euro los.

SMARTE TV-ERWEITERUNGEN

Ist ein TV-Gerät ohne smarte Features an Bord, können entsprechende Funktionen relativ einfach nachgerüstet werden. Dafür bieten die großen Technologie-Unternehmen entsprechende Multimedia-Geräte an, die per USB oder HDMI mit dem Fernseher verbunden werden. Außerdem benötigen diese Lösungen einen Internetzugang per WLAN, damit auf die Inhalte zugegriffen werden kann.

Apple TV (ab 150 Euro)
Apple stellt nicht nur Computer und Smartphones her, sondern auch eine Multimedia-Box für den Fernseher. Mit dieser Hardware lassen sich Inhalte von Apple abspielen, z. B. Filme und Serien, die über eine Plattform des Unternehmens gekauft oder geliehen werden. Aber auch einige Computerspiele gehören zum Angebot. Darüber hinaus ist es möglich, den Funktionsumfang über Apps zu erweitern. So können auch Streaming-Dienste anderer Hersteller genutzt werden. Nachteil: Für den Betrieb wird eine externe Stromquelle benötigt, die 230 Volt ausgibt. Daher ist diese Lösung vor allem für eine Nutzung auf Campingplätzen geeignet.

Fire-TV-Stick (ab 30 Euro)
Der Fire-TV-Stick des Versandhändlers Amazon wird direkt in den HDMI-Eingang des TV-Gerätes gesteckt. Steht zudem ein USB-Anschluss zur Verfügung, kann der Stick darüber auch mit Strom versorgt werden, andernfalls ist eine externe Stromquelle nötig. Auch wenn der Stick vor allem für die Multimedia-Dienste von Amazon ausgelegt ist (Amazon Prime Video, Music und Audible), lassen sich auch andere Streaming-Dienste und Mediatheken installieren. Darüber hinaus bietet der Appstore ein paar einfache Spiele.

Google Chromecast (ab 20 Euro)
Von Google stammt das Smartphone-Betriebssystem Android, welches in einer abgespeckten Form auch auf dem Chromecast installiert ist. So lassen sich viele Anwendungen installieren, die man bereits vom Smartphone kennt – auch Streaming-Dienste und Mediatheken gehören zum Angebot. Inhalte vom Smartphone können über das Gerät auf dem Fernseher angezeigt werden. Die Stromversorgung erfolgt über einen USB-Anschluss, wodurch das System auch für den mobilen Einsatz gut geeignet ist. Zur Not steckt man während des Films eine Powerbank an den Streaming-Adapter.

Sky Ticket TV (Abonnement)
Mit einem speziellen Stick von Sky können die im abonnierten Paket enthaltenen Kanäle auch auf dem Wohnmobil-TV-Gerät angeschaut werden – vorausgesetzt natürlich, dieses hat einen HDMI-Eingang. Die Stromversorgung erfolgt per USB-Anschluss. Neben Sky-Inhalten können auch einige Streaming-Dienste und Mediatheken von Mitbewerbern angeschaut werden, allerdings ist das Angebot im Vergleich zur Konkurrenz ziemlich begrenzt.

DIE BESTEN CAMPING-FILME UND TV-SERIEN

Auch in Kino und TV spielt Camping hin und wieder die Hauptrolle oder zumindest eine wichtige Nebenrolle. Die Bandbreite reicht vom tiefen Griff in die Klischeekiste bis zur realistischen Darstellung, von der Komödie bis zum Thriller. Wir haben die zehn besten, schönsten oder kuriosesten Auftritte zusammengestellt.

EXPEDITION HAPPINESS

Der Dokumentarfilm des Wahl-Berliners Felix Starck aus dem Jahr 2017 zeigt dessen Reise in einem zum Wohnmobil umgebauten Schulbus. Die Tour führt einmal von Norden nach Süden über den amerikanischen Doppelkontinent, von Alaska bis Argentinien. Begleitet wird er von seiner Freundin Selima Talbi, die unter dem Künstlernamen Mogli auch den Soundtrack zum Film beisteuerte. Hund Rudi ist ebenfalls immer dabei. Der perfekte Streifen zum modernen „Vanlife" weckt mit seinen wunderschönen Bildern jede Menge Fernweh. Gleichzeitig zeigt er eindringlich, was passieren kann, wenn Wunsch und Wirklichkeit aufeinandertreffen. Fast wirkt es so, als wäre man an Bord des alten Busses mit dabei. Nach 85 Minuten ist die Reise aber leider schon wieder vorbei.

MEL BROOKS' SPACEBALLS

Regisseur Mel Brooks hat mit seinen filmischen Parodien häufig ganze Genres auf die Schippe genommen. Mit „Spaceballs" nahm er sich „Star Wars" und andere Science-Fiction-Klassiker vor. Das Raumschiff des Helden Lone Starr (Bill Pullman) und seines Partners Waldi (John Candy) ist ein 1986er Winnebago Chieftain 33. Das Weltraum-Wohnmobil verfügt über eine „geheime Hyperkraft", was bei der Flucht vor Bösewicht Lord Helmchen (Rick Moranis) und der Rettung von Prinzessin Vespa (Daphne Zuniga) hilft.

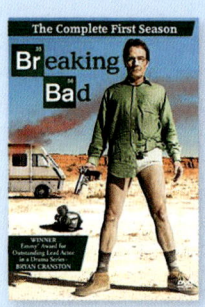

BREAKING BAD

„Breaking Bad" zählt zu den aufregendsten TV-Ereignissen der vergangenen Jahre. Die Serie erzählt in fünf Staffeln mit viel schwarzem Humor die Geschichte von Walter White (Bryan Cranston) und seiner Wandlung vom unscheinbaren Familienvater und Chemielehrer zu einem rücksichtslosen Kriminellen und Drogenproduzenten. Gemeinsam mit seinem Schüler Jesse Pinkman (Aaron Paul) stellt er in einem 1986er Fleetwood Bounder Drogen her. Wie zu erwarten ist, geht dabei nicht alles glatt. Ein mehrfach ausgezeichnetes Serien-Vergnügen.

PAUL – EIN ALIEN AUF DER FLUCHT

Graeme und Clive sind Nerds. Bei einem Besuch in den USA leihen sie sich einen 1980er Winnebago und machen sich auf den Weg zu verschiedenen Orten mit angeblichen Ufo-Sichtungen und zu einem Comic-Event. Auf ihrer Tour begegnen sie einem Außerirdischen. Alien Paul hat ein loses Mundwerk und kam 1947 auf die Erde. Seither arbeitete als geheimer Berater der Regierung. Auf der Flucht vor dem FBI gerät er an die beiden Touristen. Simon Pegg und Nick Frost spielen die Hauptrolle in dem Film, die Innenszenen des Wohnmobils wurden in einem Fleetwood Bounder gedreht. Der Streifen ist eine liebevolle Genresatire, die vor Anspielungen und Zitaten nur so sprüht.

LITTLE MISS SUNSHINE

Die fröhlichen Farben des Kinoplakats und der Filmtitel „Little Miss Sunshine" täuschen: Das Roadmovie aus dem Jahr 2006 erzählt die verrückte Geschichte einer ganz besonderen Familie: Die Hoovers sind in ihrem gelben VW T2 auf dem Weg nach Kalifornien, um die junge Olive zu einem Schönheitswettbewerb zu begleiten. Der Film ist traurig, lustig und berührend zugleich – so wie das Leben.

WIR SIND DIE MILLERS

In der Komödie „Wir sind die Millers" spielen Jennifer Aniston und Jason Sudeikis ein Ehepaar – wenn auch ein falsches. Der Gauner David Clark braucht für seine Tarnung eine Ehefrau und heuert dafür seine Nachbarin Rose an. Gemeinsam sind sie mit einem Foretravel Grand Villa Unihome auf der Flucht vor der Polizei und anderen Verbrechern. Natürlich geht auf der Reise einiges schief. Ein großer Spaß.

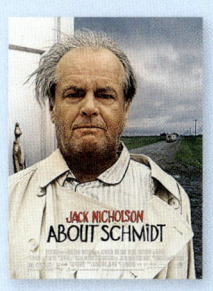

ABOUT SCHMIDT

In dieser Tragikomödie aus dem Jahr 2002 zeigt Altmeister Jack Nicholson sein ganzes Können: Warren R. Schmidt muss mit seiner neuen Rolle als alleinstehender Rentner zurechtkommen. In einem Winnebago Adventurer Motorhome reist er zur Hochzeit seiner Tochter und besucht auf dem Weg Orte seiner Vergangenheit – eine Tour mit vielen Überraschungen, die seinen Blick aufs Leben nachhaltig ändert.

WEITERE FILMTIPPS FÜR CAMPER

„Captain Fantastic – Einmal Wildnis und zurück" mit Viggo Mortensen, „Das Leuchten der Erinnerung" mit Donald Sutherland und Helen Mirren, „Paul – ein Alien auf der Flucht" mit Simon Pegg und Nick Frost und „Ich glaub' mich knutscht ein Elch!" mit Bill Burray

GUT VERNETZT: INTERNET IM CAMPER

Mobil sein hat heute nicht mehr nur etwas mit Fortbewegung zu tun, sondern auch mit grenzenloser Erreichbarkeit. Viele Reisende wollen auch im Urlaub nicht auf Internet und Kommunikation verzichten – doch gerade unterwegs wird es manchmal zu einer echten Herausforderung, ein gutes Netz zu finden. Und vor allem in abgelegenen Gebieten oder während der Fahrt ist guter Empfang manchmal Glückssache.

Inzwischen gehören Smartphone, Tablet und manchmal auch ein Laptop zur Grundausstattung, auf die viele auch auf Reisen nicht verzichten wollen. Gründe dafür sind beispielsweise Streaming-Dienste und Mediatheken, die auch unterwegs gerne genutzt werden, um Musik, Filme und TV-Serien abzuspielen. Aber auch die Kommunikation, etwa über kostenlose Dienste wie WhatsApp oder Skype, findet immer häufiger online statt. Wer auf einem Campingplatz gastiert, kann häufig auf ein Netzwerk vor Ort zurückgreifen, das über WLAN zur Verfügung gestellt wird. Allerdings ist das Signal oft sehr schwach und nicht auf dem gesamten Platz in gleicher Stärke verfügbar. In manchen Fällen ist der Empfang auch nur im Bereich der Rezeption gewährleistet. Außerdem wird die vorhandene Bandbreite von allen Campingplatzgästen genutzt – da wird der gestreamte Film am Abend leider oft zur anstrengenden Ruckelpartie. Noch schlechter ist die Internetversorgung in abgelegenen ländlichen Gebieten. Doch es gibt einige alternative Möglichkeiten, die dabei helfen, fast immer und überall stabilen Zugang zum Netz zu bekommen.

MIT LTE-PREPAID-KARTEN INS INTERNET

Der einfachste Weg ins Netz führt über das eigene Smartphone und der darin eingelegten SIM-Karte. Der Handyvertrag und der gebuchte Tarif geben Auskunft darüber, wie viel Datenvolumen in welcher Geschwindigkeit zur Verfügung steht. Für Campingzwecke sehr hilfreich ist es, dass moderne Geräte den Internetzugang für andere Empfänger zur Verfügung stellen können. Das gelingt, indem man einen passwortgeschützten Internet-Hotspot einrichtet, der wie das heimische WLAN zu erreichen ist. Ist dieser lokale Hotspot aktiviert, können Computer oder smarte TV-Geräte darüber ins Netz gehen. Und da Roaming-Gebühren seit 2017 nicht mehr erhoben werden dürfen, fallen auch in den meisten europäischen Ländern keine zusätzlichen Kosten an. Trotzdem lohnt sich ein Blick auf die Tarife örtlicher Mobilfunkanbieter, denn häufig kann man vor Ort für wenig Geld Prepaid-Tarife mit einem hohen Datenvolumen buchen. Aktuelle Smartphones bieten zudem die Möglichkeit, eine zweite SIM-Karte einzulegen. So kann man je nach Situation und aktuellem Bedürfnis entscheiden, mit welchem Tarif gesurft und mit welchem telefoniert wird.

LTE-ROUTER UND -ANTENNE

Der Hotspot mit dem eigenen Smartphone ist zwar praktisch, allerdings ist die Verbindungsleistung nicht immer optimal, außerdem wird der Akku des Smartphones im Betrieb stark beansprucht. Wer viel surft, fährt daher besser mit einem mobilen LTE-Router. Diese Geräte haben verschiedene Hersteller im Angebot, z. B. 1&1, Netgear, TP-Link oder Huawei. Wie bei einem Smartphone wird für ihren Betrieb eine SIM-Karte benötigt, die in den Router eingelegt werden muss. Ist das Netz aufgebaut, können darüber bis zu 16

Geräte per WLAN verbunden werden. Außerdem sorgt ein eingebauter Verstärker für ein besseres Signal, so kann man auch vor dem Wohnmobil ohne Probleme surfen. Die integrierten Batterien reichen allerdings meist nur für wenige Stunden Surfvergnügen. Es empfiehlt sich daher, den Router mit einer externen Stromquelle zu verbinden, damit es nicht zu spontanen Ausfällen während des gestreamten Lieblingsfilms kommt.

Die urban geprägten Gebiete Europas haben mittlerweile eine gute Internet-Abdeckung, weshalb ein LTE-Router für eine zuverlässige Verbindung meist ausreicht. Aber in ländlichen Gebieten oder während der Fahrt wird häufig mehr Power benötigt. Eine zusätzliche LTE-Antenne kann das Signal deutlich verstärken. Mit einer sogenannten Dualband-Antenne kann man zudem verschiedene Frequenzen nutzen und erweitert so die vernetzten Möglichkeiten – was besonders im Ausland Verbindungsprobleme minimiert. Die Auswahl entsprechender Produkte ist groß, für ein ordentliches Modell muss man etwa 50 Euro ausgeben.

ONLINE PER SATELLIT

Es gibt Campinggebiete, in denen man aufgrund der geografischen Gegebenheiten selbst mit LTE-Router und -Antenne keinen Empfang hat. Für all jene, die während der Reise auf eine Internetverbindung auf keinen Fall verzichten können, bieten internetfähige Satellitenanlagen, die auf dem Dach des Reisemobils installiert werden, eine Alternative. Dabei handelt es sich um Parabolspiegel-Antennen mit einem Durchmesser von etwa 85 cm, die südlich auf den Astra-Satelliten ausgerichtet auch an abgelegenen Orten Internet- und Fernsehempfang ermöglichen. Allerdings ist diese Methode mit sehr hohen Anschaffungskosten verbunden: Internetfähige Satellitenanlagen können durchaus weit über 3000 Euro kosten. Auch die Datenversorgung für solche Systeme geht ins Geld: Für gerade einmal vier Gigabyte Datenvolumen werden im Monat mindestens 20 Euro fällig. Darüber hinaus benötigen entsprechende Anlagen mehr Strom. Diese Investition ist daher nur für jene relevant, die beruflich auf das Internet angewiesen sind. Für Unterhaltung per Internet ist das ein sehr teures Vergnügen.

KOSTEN FÜR MOBILES INTERNET

Wer nur wenig surft, kann ohne zusätzliche Kosten mit seinem Smartphone für eine ausreichende Abdeckung sorgen. Die meisten Handyverträge umfassen heute auch ein gewisses Datenvolumen für das Surfen im Internet. Einige Tarife beinhalten sogar eine Flatrate: Damit ist dann zu einem Festpreis unbegrenztes Surfen möglich. Wer das Signal seines privaten „Hotspots" verstärken möchte, damit sich mehrere Geräte zuverlässig verbinden können, benötigt einen **LTE-Router**, eine zusätzliche Antenne und passende Kabel. Dafür muss man mit Extra-Kosten von etwa 250 Euro rechnen, wenn bei der Hardware auf Markenprodukte gesetzt wird. Bei Auslandsreisen müssen noch die Kosten für **Prepaid-Karten** des jeweiligen Landes einkalkuliert werden: Je nach Land und gewünschtem Datenvolumen werden dafür etwa 10 bis 20 Euro fällig.

DAS MOBILE HOMEOFFICE

Es ist ein Traum für viele Camper: Warum nicht einfach die Wohnung kündigen und ins Wohnmobil ziehen? Eine schöne Idee, aber ist das finanzierbar? Könnte man vielleicht sogar von unterwegs arbeiten? Wie man selbst zu einem digitalen Nomaden werden kann und was es dabei zu bedenken gibt, verraten wir hier.

Schreibtisch mit variabler Aussicht: Unterwegs-Arbeiter mit mobilem Büro können jeden Tag einen neuen Blick aus ihrem Bürofenster genießen.

Dort arbeiten, wo andere Urlaub machen – so stellen sich viele das ideale Leben vor. Kein Wunder also, dass immer mehr Menschen ihr Glück als digitale Nomaden versuchen. Sie arbeiten von unterwegs und wechseln den Arbeitsplatz, ohne dabei auf ihr mobiles Zuhause verzichten zu müssen. Die verschiedensten Berufsbilder lassen sich mit dem Konzept der mobilen Arbeit vereinbaren: Vor allem Soloselbstständige oder Remote-Angestellte versuchen es mit dieser Arbeitsform. Doch längst nicht für jeden ist der mobile Alltag geeignet, der häufig romantisiert dargestellt wird. Dieser Lebensstil verlangt ein hohes Maß an Eigenverantwortung und Disziplin, nicht zuletzt auch einen Hang zum gelebten Minimalismus. Aus diesem Grund ist eine ausgereifte Planung notwendig, bevor man sich in den Camper-Arbeitstrott stürzt. Doch wer nicht viel zum Wohnen braucht und offen dafür ist, sich neu zu erfinden, für den ist das Leben als Weltwanderer womöglich genau das Richtige.

AUSSTATTUNG

Wer seinen Arbeitsplatz langfristig ins Wohnmobil verlegen möchte, sollte das Gefährt seinen Bedürfnissen entsprechend aussuchen und einrichten. Manch einer benötigt einen großen Schreibtisch und wählt daher ein anderes Fahrzeug als ein Fernarbeiter, der seinen Job fast ausschließlich mit dem Telefon erledigen kann.

Die meisten mobilen Arbeiter nutzen einen vorhandenen eingebauten Tisch als Arbeitsplatz. Das spart Kosten für einen Umbau, geht aber zu Lasten der Bequemlichkeit. Verschiedene Anbieter haben sich auf den Einbau von Bürolösungen spezialisiert – oder bieten fertig konfektionierte Fahrzeuge an. Das Angebot reicht von Tischen mit versenkbaren Monitoren bis zum Einbau von Drucker, Internet-Hotspots und ergonomischen Sitzen. Ein solches Büromobil kann möglicherweise auch steuerlich attraktiv sein, sofern bestimmte Vorgaben eingehalten werden. Wer nicht an einem Multifunktionstisch arbeiten möchte, braucht eine andere Lösung – und vor allem ein größeres Fahrzeug. In einem Mobil ab Kastenwagengröße lässt sich eine gesonderte Ecke zum Arbeiten einrichten. Noch einfacher wird es, wenn der Wagen selbst ausgebaut wird (S. 288), da dann die ganze Raumplanung den speziellen Bedürfnissen angepasst werden kann. Die Verlockung ist groß, auf eine Heizung zu verzichten. Doch wer auch im Herbst oder Winter unterwegs sein möchte, wird sich schnell eine beheizte Arbeitsumgebung wünschen. Und nicht immer parkt das mobile Büro auf Plätzen mit guter Infrastruktur. Für solche Fälle muss ausreichend Strom (S. 258) an Bord sein, um Computer und andere Technik betreiben zu können. Die Internetverbindung (S. 276) muss stimmen, denn Kunden wollen bei Videokonferenzen und Datentransfers nicht warten.

KOSTEN

Im direkten Vergleich mit aktuellen Mietpreisen in der Stadt mag das Leben im Wohnmobil günstig erscheinen. Doch es kommen für das mobile Büro einige versteckte Ausgaben zusammen, die nicht zu unterschätzen sind. Zu den üblichen Aufwendungen für den täglichen Bedarf (ca. 500 Euro monatlich) kommen z. B. Kosten für Stellplätze (ca. 250 Euro), Versicherungen (z. B. Krankenversicherung, Auslandskrankenschutz, Haftpflicht, ca. 100 Euro), Internet und Telefon (ca. 50 Euro), Steuern und Versicherung fürs Wohnmobil (ca. 60 Euro) sowie Benzin und Gas (ca. 200 Euro). Und natürlich sollte man auch über ein paar Rücklagen verfügen.

ORGANISATION

Wer den Hauptwohnsitz ins Wohnmobil verlegt, ist damit nicht von administrativen Pflichten befreit. Um rechtliche Konsequenzen oder Strafen zu vermeiden, sind einige Dinge zu beachten. So besteht in Deutschland eine Meldepflicht. Die gute Nachricht: Wer seine eigene Wohnung an einen Untermieter vermietet, kann diese Adresse als Meldeadresse weiterführen. Bei Auslandsaufenthalten ist eine internationale Reisekrankenversicherung obligatorisch. Eine Haftpflichtversicherung ist ebenfalls Pflicht. Und auch digitale Nomaden müssen natürlich Steuern abführen. Wer eine bestimmte Anzahl von Tagen im Jahr im Ausland verbringt, wird unter Umständen sogar doppelt besteuert. Damit wichtige Post auch unterwegs ankommt, kann man den Service eines Nachsendeanbieters in Anspruch nehmen. Per „E-Post" der Deutschen Post können z. B. Briefe digitalisiert, eingescannt und per App zugänglich gemacht werden.

Radkrallen bieten einen effektiven Diebstahlschutz, wenn das Mobil am Straßenrand geparkt wird.

DIEBSTAHLSCHUTZ: AUF NUMMER SICHER

Wer in den Urlaub fährt, freut sich auf die schönen Momente, auf Begegnungen, Entdeckungen und kleine Abenteuer. Das Thema Reisesicherheit fällt dabei häufig unter den Tisch. Denn wer ist schon gerne mit Angst im Gepäck unterwegs? Das ist auch völlig richtig. Aber genau deshalb sollte man sich im Vorfeld einer Reise und hin und wieder auch unterwegs Gedanken darüber machen, wie es um die Sicherheit des Equipments bestellt ist. Denn wo ein gutes Gefühl herrscht, hat die Angst keinen Platz mehr.

Für Camper beschränkt sich das Thema Sicherheit nicht nur auf den Einbruchsschutz auf dem Campingplatz. Auch das eigene Verhalten während der An- und Abreise kann für ein Mehr an Sicherheit sorgen und vor unangenehmen Überraschungen schützen. Ein Beispiel: Die Polizei registriert immer wieder Fälle, bei denen die Insassen von Reisemobilen und Caravans auf Rastanlagen und Autobahnparkplätzen bestohlen werden. Die Täter nutzen dabei gerne Schlaf- und Ruhezeiten aus, um unbemerkt ins Fahrzeuginnere einzudringen und Wertsachen zu entwenden. Auch wenn das Mobil unbeaufsichtigt am Straßenrand geparkt wird, ist die Verlockung für Langfinger groß.

SICHERUNGSTECHNIK

Die schlechte Nachricht zuerst: Eine absolute Sicherheit kann es nicht geben. Aber man kann es den Dieben so schwer wie möglich machen. Bei gut sortierten Reisemobil-Händlern und bei Fachfirmen sind zahlreiche Produkte im Angebot, die Fahrzeug, Aufbau und Insassen sichern. Beginnen wir also mit den technischen Sicherungsmöglichkeiten.

SCHLOSS UND RIEGEL

Auch wenn immer mehr Hersteller den Türen ihrer Reisemobile und Caravans bereits von Haus aus gute Schlösser spendieren, sind noch immer viele Fahrzeuge unterwegs, bei denen ein einfaches Schloss für Sicherheit sorgen soll. Hier kann mit relativ wenig Aufwand Abhilfe geschaffen werden: So können im Handel erhältliche Zusatzschlösser an der Aufbautür für mehr Sicherheit sorgen. Sperren an Fahrer- und Beifahrertüren können zudem verhindern, dass die Knöpfe der Türverriegelung aus der Position gehoben werden können.

Auch für Schiebe- oder Ausstellfenster bzw. Außenklappen gibt es Sicherungen, die das Öffnen deutlich erschweren. Heckleitern können mit speziell für diesen Zweck entwickelten Leitersicherungen versehen werden. Damit wird ein unbefugtes Besteigen des Daches verhindert bzw. deutlich erschwert.

Tipp: Um Fahrer- und Beifahrertür zu sichern, genügt auch ein einfaches Abspannband. Dieses wird durch die Haltegriffe der beiden Türen gezogen und anschließend mit dem Verschluss straff gespannt. So lassen sich die Türen von außen nicht öffnen.

WEGFAHRSPERRE UND LENKRADSCHLOSS

Ein einfacher aber effektiver Schutz vor Fahrzeugdieben ist die Verwendung von Wegfahrsperren, Radkrallen und Lenkradschlössern. Die Wegfahrsperre verhindert, dass das Fahrzeug angelassen werden kann, bis eine bestimmte Taste gedrückt wird. Auch eine Radkralle verhindert, dass das Fahrzeug von Unbefugten bewegt werden kann. Die Vorrichtung aus Stahl wird um einen Reifen gelegt und dort manuell verschlossen – das Rad bleibt so lange blockiert, bis die Kralle entfernt wird. Eine weitere mechanische Art der Sicherung ist das Lenkradschloss, eine Stahlstage, die, mit einem Schloss gesichert, Lenkradbewegungen verhindert.

Für Wohnwagen bieten sich Deichselschlösser an. Sie verhindern, dass der Wohnwagen von Unbefugten an den Haken genommen werden kann. Darüber hinaus gibt es spezielle Schlösser für die Kurbelstütze.

ÜBERWACHUNGS- UND MELDEANLAGEN

Überwachsungssysteme, wie man sie von Gebäuden kennt, finden auch immer häufiger Einzug in Wohnfahrzeuge. Sensoren in Verbindung mit einer Steuerelektronik geben bei Bedarf Alarm. Das können einfache

SICHERUNGSSYSTEME

Auf der Webseite von Pincamp finden sich weitere Informationen zum Thema **Alarmanlage**:
- pincamp.de/alarmanlagen

Zum **Diebstahlschutz** für Wohnmobil und Wohnwagen sind hier einige Tipps zusammengetragen:
- pincamp.de/diebstahlsicherung

Kontaktsensoren sein, die an Türen und Klappen angebracht werden, Sensoren, die auf Bewegung reagieren, oder solche, die unterschiedliche Druckverhältnisse erkennen oder sogar auf Gase reagieren. Wird ein Fremdeingriff registriert, geben solche Anlagen meist einen ohrenbetäubenden Lärm von sich. Einige Systeme schicken auch eine Nachricht aufs Smartphone.

Diebe operieren gerne im Dunkeln. Ein brauchbares und relativ einfach zu installierendes Abwehrmittel gegen Einbrecher kann daher auch eine mit einem Bewegungsmelder ausgestattete Außenleuchte sein, die sich im richtigen Moment einschaltet.

ORTUNGSSYSTEME

Ist es bereits passiert und das Fahrzeug wurde entwendet, kann dieses mithilfe eines Ortungssystems lokalisiert werden. Dafür wird das Mobil mit einer GPS-Antenne ausgestattet, mit der es mehr oder weniger genau geortet werden kann. Diese Systeme verfügen im Regelfall über ein sogenanntes GSM-Modul mit SIM-Karte. Damit wird der Camper automatisch per SMS oder Anruf informiert, sobald das Fahrzeug bewegt wird.

SICHERUNG DER WERTSACHEN

Wer seine Wertgegenstände unbedingt im Fahrzeug lassen möchte, sollte sich Gedanken über den Einbau eines fest verankerten Wohnmobiltresors machen. Teure Fotoausrüstung, Schmuck und andere Wertgegenstände sind so zusätzlich geschützt. Generell sollte nur wenig Bargeld auf eine Campingreise mitgenommen werden. Das muss auch nicht sein: Selbst in vielen kleinen Orten gibt es mittlerweile Geldautomaten, oder es ist eine Zahlung per Karte möglich.

Ein beliebtes Ziel von Dieben sind Gepäckboxen, die außen am Wohnmobil angebracht sind. Denn dort wird häufig teure Ausrüstung transportiert. Zusatzschlösser vermindern auch hier das Risiko, Opfer eines Diebstahls zu werden. Auch Fahrräder oder Motorräder, die auf Heckträgern transportiert werden, sollten zusätzlich mit einer massiven Zweiradsicherung versehen werden.

Vor dem Transport von Fahrrädern und Motorrädern sollten zudem alle losen Teile wie Luftpumpen, Schutzbleche oder Gepäcktaschen entfernt werden. Denn solche leicht zu entfernenden Teile stellen eine große Ver-

Typische Sicherheitsschwachstellen an einem Reisemobil

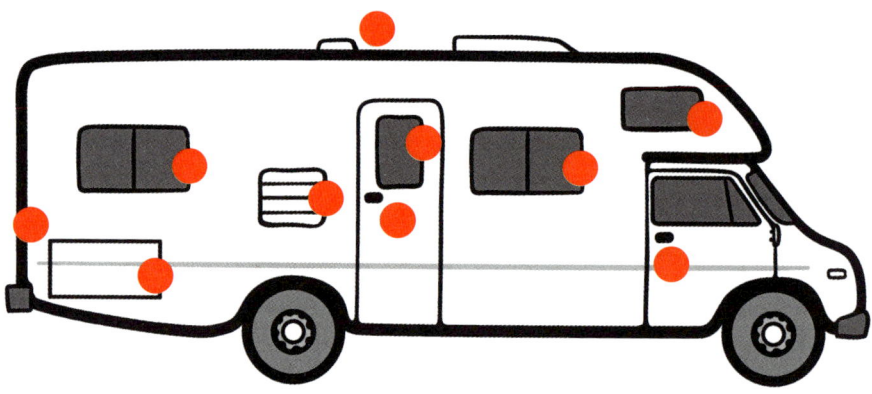

KARTENVERLUST IM URLAUB

Sollten **EC- oder Kreditkarten** gestohlen werden, kann man diese sperren lassen. Unter den folgenden Nummern wird die Sperrung rund um die Uhr veranlasst.

- Allgemeiner Sperrnotruf in Deutschland (gebührenfrei): 116116
- Allgemeiner Sperrnotruf aus dem Ausland (gebührenpflichtig): 0049 116116 oder 0049 30 4050 4050

SCHLAFPLATZ MIT BEDACHT WÄHLEN

Wenn es sich vermeiden lässt, sollte man nicht an der Autobahn auf Raststätten und Parkplätzen übernachten. Die Anonymität und der hohe Lärmpegel an diesen Orten machen es potenziellen Einbrechern leicht. Lieber sollte man rechtzeitig abseits der Autobahn einen Stellplatz für die Nacht suchen.

Eine hundertprozentige Sicherheit gibt es zwar auch hier nicht, aber ohne Zweifel ist ein Campingplatz der sicherste Ort für Wohnmobile und Caravans. Hier wird nicht nur kontrolliert, wer den Platz betritt, auch die Nachbarn wissen, wer zum Campingfahrzeug gehört. Auf größeren Plätzen patrouillieren Ordnungskräfte auf und um den Platz.

FENSTER UND TÜREN SCHLIESSEN

Auch wenn das Reisemobil nur kurz verlassen wird, sollten alle Türen und Fenster stets verschlossen werden, auch auf Campingplätzen. Vorsicht bei Ausflügen: An belebten Plätzen, Sehenswürdigkeiten oder Stränden besteht auch tagsüber eine erhöhte Einbruchsgefahr, deshalb auch hier stets Fenster schließen!

lockung für Langfinger dar. Wenn man sie während der Fahrt im Mobil verstaut, erhöht das übrigens auch die Verkehrssicherheit: Denn löst sich ein solches Teil während der Fahrt, kann es nachfolgende Verkehrsteilnehmer gefährden.

MEHR SICHERHEIT DURCH UMSICHTIGES VERHALTEN

Mittlerweile hat wohl jeder schon einmal die Warnung gehört, wonach man in bestimmten Gegenden keine Wertgegenstände wie teure Kameras oder Smartphones öffentlich zeigen sollte. Eigentlich eine Selbstverständlichkeit, die dennoch immer wieder vergessen wird. Unvorsichtiges Zurschaustellen weckt Interesse – und das gilt auch beim Camping. Im Fahrerhaus oder im Wohnbereich sollten keine Wertgegenstände offen herumliegen. Wer keinen Tresor an Bord hat, kann Wertgegenstände nachts an einem sicheren Platz im Schlafbereich verstauen. Doch es gibt noch weitere Verhaltensregeln, die zur Sicherheit unterwegs beitragen.

Kurzer Handgriff für mehr Sicherheit

OUTDOOR-MÖBEL UND WETTERSCHUTZ

Kaum steht das Campingfahrzeug am richtigen Platz, werden Stühle und Tische herausgestellt und die Markise ausgefahren. Es soll schließlich gemütlich werden – vor allem, wenn man länger bleiben will. Doch welche Ausstattung ist die richtige?

Mit den richtigen Möbeln wird es auch unterwegs und draußen wohnlich.

Camping ist Urlaub im Freien. Also wird Zubehör benötigt, das ohne Probleme draußen genutzt werden kann. Stühle und Tische müssen nicht nur gut aussehen und bequem sein, sie sollten auch robust genug sein, um wechselnde Witterungsbedingungen zu überstehen. Gleiches gilt für Sonnensegel, Vorzelte und Markisen, die vor Wind, Sonne und Regen schützen sollen. Im Fachhandel gibt es eine schier endlose Auswahl.

OUTDOOR-MÖBEL
Bei Campingmöbeln ist vor allem wichtig, dass sie leicht zu transportieren sind – und „leicht" ist hier wörtlich zu nehmen. Denn Gewicht und Packmaß zählen zu den wichtigsten Punkten bei der Kaufentscheidung. Jedes Kilo wirkt sich negativ auf das Gesamtgewicht des Mobils aus. Es bietet sich also an, Möbel aus Aluminium oder Kunststoff zu kaufen. Aluminium hat zudem den großen Vorteil, dass es langlebig ist. Das Material sagt aber nur wenig darüber aus, ob das Mobiliar bequem ist. Hier spielen persönliche Vorlieben eine Rolle. Darüber hinaus sollten sich Möbel möglichst klein zusammenklappen lassen, damit sie im Fahrzeug wenig Platz benötigen. Wichtig ist, dass Tische und Stühle flexibel nutzbar sind: Verschiedene Möbelgarnituren für unterschiedliche Einsatzzwecke will niemand mitschleppen.

Campingtisch: Ein Tisch darf auf keiner Reise fehlen. Idealerweise bietet er ausreichend Platz für alle Mitreisenden. Ist der Tisch jedoch zu groß, passt er vielleicht nicht mehr in die dafür vorgesehenen Stauräume im Reisemobil. Außerdem sollte man bestenfalls schon vor dem Kauf ausprobieren, wie sich der Tisch aufbauen und wieder zusammenklappen lässt – nicht jedes System ist so einfach zu benutzen, wie man es gerne hätte. Der Tisch sollte stabil sein und die Platte aus einem robusten Material bestehen, welches auch mal einen heißen Topf oder ein paar leichte Kratzer verzeiht. Auch wenn man das Gesamtgewicht des Fahrzeugs im Blick behalten muss, sollte der Tisch nicht zu leicht sein, damit er nicht von jedem Windstoß umgeschubst werden kann. Die Tischbeine sollten einzeln in der Höhe verstellbar sein.

Campingstühle: Wer einen Tisch hat, braucht auch Stühle. Das oberste Gebot: Ein Campingstuhl muss einfach aufzustellen und nach Gebrauch platzsparend verstaubar sein. Die Sitzfläche sollte bequem sein. Gewicht, Transportgröße und Flexibilität zählen auch hier zu den wichtigsten Punkten für die Kaufentscheidung.

Liegestuhl: Wenn Platz kein Problem ist, sorgt eine zusätzliche Liege oder ein Liegestuhl für Entspannung. Auch hier ist es von Vorteil, wenn das Möbelstück leicht faltbar und schnell trocknend ist. Als Alternative bieten Hängematten großen Komfort, auch sind sie einfacher zu verstauen.

WITTERUNGS-SCHUTZ

Ein gesonderter Witterungsschutz ist nicht zu unterschätzen. Damit entsteht zusätzlicher Raum, der bei Regen oder starker Sonneneinstrahlung benötigt wird.

Vorzelt: Diese Zelte bieten den Vorteil, dass Ausrüstungsgegenstände untergebracht werden können, die ansonsten ungeschützt draußen lagern müssten. Im Sommer bietet es Schatten und schützt auch vor Hitze. Beim Kauf sollte vor allem aufs Stangenmaterial geachtet werden: Es sollte verzinkt und nicht rostend sein. Oder man entscheidet sich gleich für ein aufblasbares Vorzelt, das sich auch positiv aufs Gesamtgewicht auswirkt. Der Zeltstoff ist idealerweise aus wasserfester Kunstfaser. Besonders bei längeren Aufenthalten an einem Platz macht es Sinn, ein Vorzelt dabeizuhaben.

Markisen: Bei vielen Wohnmobilen gehört die Markise zur Standardausrüstung, sie ist aber auch problemlos nachrüstbar. Die einfachste Variante ist die sogenannte Sackmarkise: Sie muss für die Montage zusammen mit der Aufbewahrungstasche lediglich in die am Wagen befindliche Kederschiene eingezogen werden. Diese Markise wird von Hand ein- und aufgerollt, Beine und Stützfüße befinden sich eingeklappt in der Tasche. Etwas komfortabler und teurer sind Kassettenmarkisen, die je nach Bauart an die Außenwand oberhalb der Eingangstür oder am Dach des Campers montiert werden. Es gibt Markisen mit und ohne Gelenkarme. Für den Aufbau wird eine Handkurbel oder ein Elektromotor genutzt.

Sonnensegel: Mit einem solchen Segel lässt sich besonders günstig Schatten erzeugen. Ein großes Tuch wird dafür am Fahrzeug in eine Kederschiene gezogen und dann mit Stangen abgespannt. Andere Varianten werden ähnlich wie ein Zelt aufgebaut, Stabilität wird dabei mit Spannbändern erzielt. Gerade die zweite Variante ist ein äußerst flexibler Sonnenschutz, da das Segel je nach Stand der Sonne platziert werden kann.

DO IT YOURSELF: CAMPING IST HANDARBEIT

Handgemacht: das eigene Mobil selber bauen ▶ 288 | Von schnell bis gründlich: Reparieren in Eigenregie ▶ 295 | Gaffa Tape: eine Hauptrolle beim Camping ▶ 299 | Reinigung: der große Frühjahrsputz ▶ 300 | Fit für den Winterschlaf ▶ 304

Zu den größten Unterschieden zwischen einer Campingreise und einem Hotelurlaub zählt, dass sich kein Personal um das persönliche Wohlbefinden kümmert und man sich unterwegs höchstens von der mitreisenden Begleitung bedienen lassen kann. Selbst ist der Camper oder die Camperin. Aber gerade das macht schließlich einen großen Teil des Reizes aus. Große Entscheidungen haben meist zur Folge, dass man sich auch um die Umsetzung kümmern muss. Beim Camping ist das ein Teil des Vergnügens. Das fängt schon bei der Wahl des Wohnmobils oder des Caravans an. Denn viele Camper wollen bereits von Anfang an ihre Wünsche umsetzen – und bauen sich ihr Traumgefährt ganz einfach selbst aus. Gebrauchte Mobile lassen sich mit handwerklichem Geschick zum neuen Heim umbauen, vergleichbar mit einer Altbauwohnung, die man nach eigenen Wünschen modernisiert. So mag so manches Fahrzeug von außen wie ein Mobil von der Stange wirken, dafür wartet innen ein unverwechselbarer Stil.

Auch unterwegs geht ohne Eigeninitiative wenig: Geht mal etwas kaputt, dann kommt kein Hausmeister vorbei, sondern man repariert im Rahmen der eigenen Möglichkeiten selbst. Auch fürs regelmäßige Saubermachen gibt es kein Service-Personal. Wer campt, der putzt selbst. Klar, das klingt alles erst einmal nicht nach großem Spaß: Ich muss also auch unterwegs all die Dinge erledigen, auf die ich bereits zu Hause keine Lust habe? Doch keine Sorge! Der begrenzte Raum und die fremde Umgebung sorgen dafür, dass das „Ich kümmer mich"-Gen aktiviert wird.

Wohnmobil und Caravan sind viel mehr als nur ein temporäres Heim, sie sind für viele Camper wie ein Familienmitglied, das gehegt und gepflegt werden will und manchmal sogar einen eigenen Namen bekommt. Alles wird gemeinsam gemacht: Strecken und Orte werden so ausgesucht, dass der Camper sie gut erreichen kann. Es wird im und am Fahrzeug gekocht, gegessen, gelacht und geliebt. Innen wie außen kennt man jeden Quadratzentimeter, jedes Extra, aber auch jeden Fehler. Man weiß selbst am besten, welche Pflege das Fahrzeug benötigt, und wacht mit Argusaugen, wenn fremde Personen Hand anlegen.

„Do it yourself" heißt beim Camping die Devise. Nicht weil es andere nicht besser können, sondern weil man es ganz einfach gerne selbst macht. Ein paar Anregungen zur Handarbeit gibt es auf den folgenden Seiten, darunter Tipps für den Selbstausbau und Hilfestellungen bei Reparaturen. Und auch hier gilt: Hauptsache, es macht Spaß – und das hat eben jeder Camper selbst in der Hand.

Ein Projekt, das niemals ganz fertig wird: Wer seinen Camper selbst ausbaut, kann auf eigene Campingbedürfnisse eingehen.

HANDGEMACHT: DAS EIGENE MOBIL SELBER BAUEN

Ob Wohnmobil oder ausgebauter Kastenwagen: Die Auswahl an Neufahrzeugen oder Gebrauchten ist riesig, die Preise sind hoch. Und bei der Suche nach dem Wunschmobil stellt man schnell fest, dass sich die Fahrzeuge ganz unterschiedlicher Marken sehr ähneln – von der Farbgebung über die Einrichtung bis hin zu den Polstern. Wer einen Camper nach eigenen Vorstellungen haben möchte, muss viel am Fahrzeug von der Stange verändern. Kein Wunder also, dass viele auf die Idee kommen, von vornherein ihr Wunschmobil selbst auszubauen.

Doch nicht nur ästhetische Vorlieben sprechen dafür, selbst Hand anzulegen. Auch finanzielle Gründe können für ein solches Projekt den Ausschlag geben. Denn bei einem Selbstausbau wird nur das ins Fahrzeug gebaut, was wirklich benötigt wird. Extras, die in Serienmobilen ab Werk installiert sind, auf die man aber gut und gerne verzichten kann, können eingespart werden. Ein weiterer Vorteil ist die große Auswahl an Basisfahrzeugen. Denn im Grunde eignet sich fast jeder Pkw, Bus, Transporter oder Lkw für den Umbau zum mobilen Heim – es kommt nur darauf an, den vorhandenen Platz optimal zu nutzen.

DAS BASISFAHRZEUG

An erster Stelle steht also die Suche nach dem passenden Wagen. Dabei sollte man bedenken, wie der Campervan genutzt werden soll. Möchte ich in meinem mobilen Heim viele Monate im Jahr verbringen oder will ich nur ab und zu am Wochenende unterwegs sein und höchstens einmal im Jahr damit in den Urlaub fahren? Soll der Van auch als Alltagsfahrzeug genutzt werden oder ist es ein reines Spaßmobil? Neben dem Alter des Fahrzeugs kann auch die Motorisierung ein wesentlicher Faktor bei der Kaufentscheidung sein. Für Touren ins unwegsame Gelände macht ein Allradantrieb Sinn, wer nur auf gepflegten Straßen bis zum nächsten Campingplatz fahren will, kann mit einem Standardantrieb Geld sparen. Auch die Größe des Fahrzeugs ist natürlich ein Kostenfaktor: Klar, es ist schön, viel Platz zu haben, aber je größer der Wagen ist, desto mehr Material wird auch für den Ausbau benötigt.

Unter den gebrauchten Kastenwagen sind vor allem Ford Transit, Renault Master, Fiat Ducato und Peugeot Boxer als Basisfahrzeuge für den Selbstausbau beliebt. VW Crafter und Transporter oder Mercedes Sprinter sind auch gebraucht noch deutlich teurer. Für jedes Fahrzeugmodell gibt es ganz unterschiedliche Ausbaumöglichkeiten.

Viele Anbieter von Campingbedarf haben sich auf den Ausbau von Campervans spezialisiert und bieten entsprechende Einbauten und Zubehör an. Es gibt z. B. die Möglichkeit, ein Aufstelldach oder Hochdach auf das Fahrzeug bauen zu lassen, wodurch aus einem Pkw ein Campingbus wird, der Platz für bis zu vier Personen bietet. Anbieter wie Westfalia arbeiten zu diesem Zweck direkt mit Autoherstellern zusammen, andere wiederum beschränken sich auf wenige Marken und produzieren nur auf Bestellung und können so noch besser auf individuelle Kundenwünsche eingehen. Auch auf die Einrichtung haben sich diverse Anbieter spezialisiert. So kann man sich sein Wunschmobil mit Modulmöbeln individuell einrichten, auch wenn ambitioniertere Selbstbauer mit handwerklichem Geschick das Interieur des Fahrzeugs lieber selbst gestalten.

ANZEIGE

Camping
... für uns die schönste Art zu Reisen!

vorbeisurfen und tolles Zubehör entdecken!

www.frankanafreiko.de

Tolle Angebote und fachkundige Beratung bei Ihrem

WIE PACKE ICH ES AN?

Wer den Wunsch hat, sein eigenes Traummobil zu erschaffen, findet auf Campingplätzen, im Internet und auf zahllosen Social-Media-Kanälen viele Inspirationen. Man darf sich aber angesichts der vielen vermeintlich perfekten Umbauten nicht entmutigen lassen. Das Motto lautet „Learning by doing", und man sollte seine Ansprüche nicht gleich von Beginn an zu hoch schrauben. Hilfreich ist, dass viele Selbstbauer stolz sind auf ihr Vehikel und detaillierte Bauanleitungen veröffentlichen, inklusive Teilelisten und Kostenaufstellungen. Das hat den Vorteil, dass man nicht komplett auf sich allein gestellt loslegen muss und sich ein realistisches Bild vom benötigten Budget machen kann. Ein einfacher Ausbau mit einem Bett, einer Kochgelegenheit und etwas Stauraum ist bereits für wenige Hundert Euro möglich – wenn man auf eine gute Isolierung oder hochwertiges Holz verzichtet. Für einen komfortableren Ausbau mit zweiter Batterie, vernünftiger Isolierung, besserem Mobiliar, Kochstelle und Kühlbox sollte man schon mit mindestens 2000 Euro rechnen. Nach oben hin gibt es preislich natürlich keinerlei Grenzen.

Steht der Basiswagen fest, beginnt die Ausbauplanung – und dafür sollte erst einmal anhand des Grundrisses der Innenraum skizziert werden. Folgende Fragen sollte man dabei berücksichtigen: Wie viele Schlafplätze werden benötigt, und soll es ein festes Bett sein oder genügt auch eines zum Ausklappen? Möchte ich im Van kochen? Wenn ja, wie viel Platz benötige ich dafür? Benötige ich Stehhöhe? Brauche ich eine zweite Batterie? Wie sieht es mit sanitären Einrichtungen wie Dusche oder Toilette aus? Soll der Camper als Wohnmobil angemeldet werden?

ZEITPLAN UND VORBEREITUNG

Der Umbau selbst nimmt viel Zeit in Anspruch, besonders wenn aufwendige Eingriffe geplant sind wie der Einbau neuer Fenster oder eine Erhöhung des Dachs. Auch die Verkabelung, die Isolierung und den Bau der Möbel sollte man nicht unterschätzen. Wer einfach nur schnell mit dem Fahrzeug loswill, um ein paar Nächte improvisiert darin zu schlafen, kann es natürlich an einem Wochenende startklar machen. Realistischer sind mindestens zwei Wochen für einen

Eine maßstabsgetreue Skizze hilft bei der Planung.

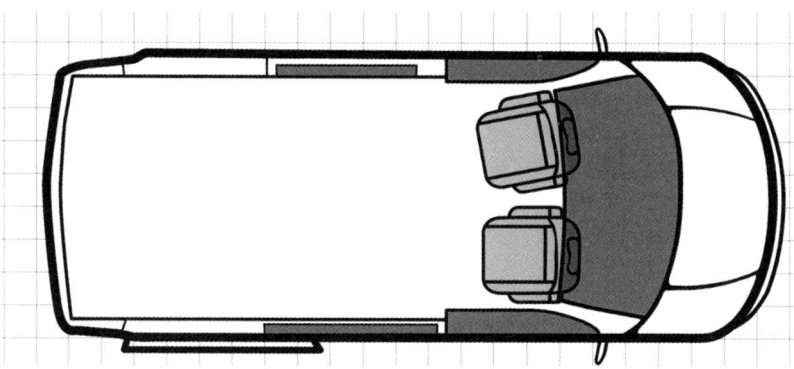

BEIM UMBAU DARAUF ACHTEN

- Bei allen Ein- und Umbauten sollte immer das zulässige **Gesamtgewicht** des Fahrzeugs (s. auch S. 312) beachtet werden. Daher stets möglichst leichte Materialien verwenden!
- Der Einbau von Elektrik, Gasanlage und Wasserversorgung sowie Veränderungen an der Karosserie sollten von **Fachleuten** übernommen werden und müssen ggf. abgenommen und in die Papiere eingetragen werden.
- Beim Bau der **Möbel** sollte man bedenken, dass bei einem Verkehrsunfall von den Bauteilen des Campers keine Gefahr für die Insassen ausgehen darf: Scharfkantige Ecken sollten abgerundet oder gummiert werden. Verriegelungen müssen verhindern, dass sich Türen und Schränke ungewollt öffnen.
- Der **Boden** sollte mit einem rutschfesten Belag versehen werden.
- Grundsätzlich dürfen beim Bau nur **schwer entflammbare Werkstoffe** verwendet werden.
- Soll der Campervan als Wohnmobil angemeldet werden, ist ein fest verbauter Kocher obligatorisch, der aber klappbar oder ausziehbar sein darf. Der Kocher muss für die Verwendung in geschlossenen Räumen geeignet sein.

mehr oder weniger ordentlichen Ausbau, der allerdings weit davon entfernt sein wird, Schönheitspreise zu gewinnen. Für einen hochwertigen Ausbau sollte man mindestens 20 Arbeitstage veranschlagen. Wer also im Sommer mit dem Camper unterwegs sein will, sollte spätestens zu Beginn des Frühlings mit dem Umbau beginnen.

Für das ganze Projekt sollte natürlich auch ausreichend Platz zur Verfügung stehen, am besten in einer trockenen Halle, in der man sich ausbreiten kann. Für zügiges und genaues Arbeiten ist das richtige Werkzeug entscheidend. Es hängt natürlich ganz davon ab, was man vorhat, aber die Grundausstattung für den Umbau sollte neben einem gut sortierten Werkzeugkoffer, einen Akkuschrauber, eine Stichsäge, eine Handkreissäge und einen Exzenterschleifer umfassen. Darüber hinaus ist eine Werkbank oder ein robuster Tisch als Arbeitsfläche sinnvoll.

MATERIALIEN

Die meisten Selbstausbauer verwenden Holz für die Herstellung der Möbel, da es sich nicht nur gut verarbeiten lässt, sondern auch günstig im Einkauf ist. Außerdem sorgt es im fertigen Camper für einen gemütlichen Gesamtcharakter. Für den Tisch eignet sich z. B. eine stabile Dreischicht- oder Tischlerplatte. Für die Verkleidung kann man sehr gut Sperrholzplatten oder Nut- und Feder-Bretter, wie man sie von Laminatböden kennt, verwenden. Doch Vorsicht: je dicker das Holz, desto schwerer – immer das Gesamtgewicht im Auge behalten!

Es ist keine gute Idee, aus Kostengründen auf eine Isolierung zu verzichten. Das Problem beim Campen in einem nicht isolierten Wagen sind immer die Temperatur- und Feuchtigkeitsschwankungen, die sich ungünstig auf Materialien auswirken. Eine Isolierung erfüllt mehrere Zwecke: Sie

EIN FAHRENDES AUSRUFEZEICHEN: DAS ICH-MOBIL

Wer sich selbst einen Campervan ausbaut, steckt nicht nur viel Liebe zum Detail hinein, sondern verleiht auch seiner Persönlichkeit Ausdruck.

dämmt den Camper gegen Kälte, schützt vor Hitze und isoliert gegen Schall. Ohne eine ausreichende Dämmung wird sich im Fahrzeug zudem schnell Kondenswasser bilden. Feuchtigkeit, Schimmelbildung oder sogar Rost können die Folge sein.

Auch bei Isolierung und Dämmung kommt es auf das richtige Material an. Früher wurden häufig Materialien aus dem Hausbau genutzt, beispielsweise Styropor oder Glaswolle. Doch entweder lassen sich diese schlecht verarbeiten oder sie sind anfällig für Feuchtigkeit. Inzwischen hat sich beim Selbstausbau ein Dämmstoff durchgesetzt, der unter Namen wie Armaflex, Armacell oder X-trem vertrieben wird. Dabei handelt es sich um einen geschlossenporigen Schaumstoff mit guten Isolationswerten und so gut wie keiner Feuchtigkeitsaufnahme. Darüber hinaus lässt sich das Material hervorragend verarbeiten. Den Schaumstoff gibt es auch als selbstklebende Variante. Doch Vorsicht: Ist eine Bahn falsch verklebt, lässt sie sich dank des starken Klebstoffs nur schwer wieder lösen. Wer lieber eine umweltfreundliche Alternative für sein Projekt einsetzen will, greift für die Dämmung zu Korkplatten oder Hanfmatten.

FENSTER

Wer einen Transporter als Basis für den Ausbau gewählt hat, will in den meisten Fällen nachträglich Fenster einbauen, damit Licht und Luft ins Fahrzeug gelangen können. Vorgehängte Fenster, d. h. Kunststofffenster, die an der Außenwand des Mobils montiert werden und wie ein Deckel den Wandausschnitt verschließen, sind relativ günstig zu haben, und es gibt sie in vielen Formen und Größen. Diese Fenster haben aufgrund ihrer Bauweise den Vorteil, dass sie selbst im geöffneten Zustand bis zu einem gewissen Grad vor eindringendem Regen schützen. Rahmenfenster, die über einen innen und außen verschraubten Rahmen verfügen, sind schwerer und teurer. Dafür verursachen sie bei der Fahrt weniger Windgeräusche und bieten einen etwas besseren Einbruchsschutz.

KÜCHE

In kompakten Fahrzeugen ist viel Fantasie gefragt, vor allem wenn es um die Einrichtung der Küche geht. Gerade in diesem Fahrzeugbereich fällt es oft schwer, Wünsche und Anforderungen unter einen Hut zu bringen. Hilfreich ist, dass die Auswahl an Zubehör groß ist. So gibt es z. B. Kocher in allen Variationen, vom fest eingebauten Modell bis zur mobilen Lösung. Ein Gaskocher mit Kartusche ist die einfachste Variante. Elektrokochplatten sind zwar leicht zu bedienen, allerdings nur in Verbindung mit einem Außenstromanschluss. Für die Frischwasserzufuhr im Spülbecken kann man einfach einen Kanister mit Tauchpumpe nutzen, ein zweiter Kanister dient dann zum Auffangen des Grauwassers. Bei umfangreicheren Umbauten ist natürlich auch der Einbau einer kompletten Wasseranlage denkbar, inklusive

HITZE VERMEIDEN

Ein Hitzeschutz um die Kochstelle, beispielsweise aus Blech, garantiert ein feuersicheres Kochen. Wird ein **Gaskartuschenkocher** verwendet, muss dieser über eine Zündsicherung verfügen, und die Kartusche muss auch im montierten Zustand ausbaubar sein.

AUSBAUER UND SHOPS FÜR ZUBEHÖR

Bullifaktur: Camper-Ausbauer
bullifaktur.de
Camping Wagner: Campingausrüstung und Zubehör
campingwagner.de
Easygoinc: Ausbau und Online-Shop
easygoinc.com
Frankana: Online-Shop
frankana.de
Fritz Berger: Online-Shop
fritz-berger.de
Movera: Online-Shop
movera.com
Obelink: Online-Händler mit Megastore in Wintersnwijk (NL),
obelink.de
Reimo: Händler und Online-Shop
reimo.com
VanExped: Ausbau und Bausätze
vanexped.de
VanMe: Camper-Ausbauer
vanme.de
Wohnmobil-Shop:
wohnmobil-shop.com

große Wassertanks. Zum Kühlen der Lebensmittel eignen sich Kühlboxen mit Kompressor (S. 265), die in verschiedenen Größen erhältlich sind. Bei großen Campingbussen sind auch eingebaute Kühlschränke denkbar.

DUSCHE UND TOILETTE

In kompakten Campingbussen ist für eine fest installierte Toilette eigentlich kein Platz. Stattdessen kommt bei Bedarf eine portable Lösung zum Einsatz. Die bekannteste ist das Modell „Porta Potti" der Firma Thetford. Für die Körperhygiene empfiehlt sich im Kleinmobil eine einfache Solar- oder Kanisterdusche. Bei der ersten Variante handelt es sich um einen einfachen schwarzen Sack mit Schlauch, in dem das Wasser von der Sonne erwärmt wird. Die zweite Variante ist ein Wasserkanister mit Tauchpumpe, Schlauch und Handbrause. Größere Mobile bieten Platz für eine kleine Kabine, allerdings müssen dafür Wasserleitungen verlegt und Tanks für Frisch- und Grauwasser installiert werden – am besten von einem Fachmann. Weitere Infos zur Nasszelle siehe S. 256.

RECHTLICHES

Für die Zulassung eines Wohnmobils müssen gültige EG-Richtlinien eingehalten werden, und die StVZO erfordert Schlaf- und Sitzgelegenheiten, Tisch und Raum fürs Gepäck. Allerdings haben die Zulassungsstellen zum Teil darüber hinaus strenge Richtlinien und Vorstellungen davon, was ein „So-Kfz Wohnmobil" ausmacht. So müssen Ausrüstungsgegenstände wie das eingebaute Mobiliar dauerhaft und fest mit dem Wagen verbunden sein – abgesehen vom Tisch, der mithilfe von Werkzeug entfernbar sein darf. Es wird bei der Prüfung zudem darauf geachtet, ob Türen und Klappen während der Fahrt verschlossen sind. Ein Problem können scharfe Kanten darstellen. Ganz schlecht ist allerdings die Idee, den Wagen nicht prüfen zu lassen. Denn wer sein Fahrzeug, egal ob Pkw oder Lkw, zu einem Camper ausbaut, ändert damit die Fahrzeugart, die bisherige allgemeine Betriebserlaubnis erlischt. Der Umbau zum Reisemobil muss daher vom TÜV oder von der Dekra abgenommen werden, ansonsten bleibt es bei der ursprünglichen Klassifizierung. Das kann weitreichende Folgen haben: Der Ausbau gilt als Ladung, die entsprechend §22 StVO gesichert werden muss.

Für Selbermacher: Ein gut bestückter Werkzeugkasten und etwas handwerkliches Geschick ersparen häufig den Weg in die Werkstatt.

VON SCHNELL BIS GRÜNDLICH: REPARIEREN IN EIGENREGIE

Das Campingmobil wird stets gehegt und gepflegt wie ein Familienmitglied, und dennoch passiert es: Plötzlich ist da ein Makel, den es zu beseitigen gilt. Fehler passieren – mal waren es andere, und mal ist man selber schuld. Das ärgerliche Resultat ist ein Kratzer im Lack oder ein abgefahrener Rückspiegel. Und manchmal gehen Dinge auch einfach nur durch Verschleiß kaputt, wenn deren Zeit abgelaufen ist. Doch nicht für jeden Schaden oder Defekt muss man gleich in die Werkstatt fahren, vieles kann man mit etwas Geschick und dem richtigen Werkzeug auch selbst reparieren.

Jeder Camper kann mit ein paar Handgriffen kleine Mängel beseitigen – oder zumindest dafür sorgen, dass sie nicht größer werden, bis der Fachmann einen Blick darauf werfen kann. Generell kommt es natürlich darauf an, wie das Fahrzeug aufgebaut ist, welche Materialien verwendet wurden, etwa für die Wohnkabine. Ein umgebauter Kastenwagen setzt eine andere Herangehensweise und andere Werkzeuge voraus als ein Wohnmobil oder Caravan.

Schäden an Motor und Elektrik sind in den meisten Fällen natürlich Aufgaben für die Fachwerkstatt. Aber auch hier können ein paar kleinere Dinge selbst erledigt werden. So sollte man immer Ersatzbirnen für die Beleuchtung dabeihaben, auch ein Satz elektrischer Sicherungen gehört in die Grundausstattung. Nicht vergessen sollte

Undichte Stellen an Fenstern und Türen lassen sich auch relativ unkompliziert selbst ausbessern.

man auch einen Vorrat an Motoröl, Kühlmittel und Bremsflüssigkeit. Bei vielen Reparaturen und Umbauten bleibt einem die Fahrt in die Werkstatt dennoch nicht erspart. Wenn es beispielsweise einen Schaden im Fahrwerk gibt oder eine Seitenwand ausgetauscht werden muss, haben wohl nur die wenigsten Camper genug Platz, Ausrüstung, Zeit und Talent, dies selbst zu erledigen.

Anders sieht es aus, wenn man das Mobil verschönern will, z. B. mit neuen Polsterbezügen oder Vorhängen. Solche Näharbeiten lassen sich auch gut selbst vornehmen.

Manchmal ist es auch nur eine technische Modernisierung wie der Austausch einer Heizung oder ein Kühlschrankersatz. Ein Wohnmobil oder Caravan ist wie ein Haus auf Rädern, entsprechend kann man viel selber machen und ausbessern – und dabei eine Menge Geld sparen.

KLEINE REPARATUREN VON AUSSEN

Es genügt ein kleiner Stein oder ein tief hängender Ast für einen ärgerlichen Kratzer an der Karosserie. Doch keine Panik, besonders diese kleinen Schäden kann man auch sehr gut selbst beseitigen, auch wenn Werkstätten

DIESE WERKZEUGE MÜSSEN MIT: GRUNDAUSSTATTUNG FÜR MOBILHEIMWERKER

Dem einen reicht ein Multitool, die anderen würden am liebsten auch auf Reisen die Werkbank und die Kreissäge mitnehmen. Für die meisten Camper liegt die Wahrheit dazwischen: Das Mobil soll keiner voll ausgestatteten Werkstatt Konkurrenz machen, aber die wichtigsten Werkzeuge müssen mit.

Zangen
Man kann eigentlich nie genug Zangen besitzen. Weil unterwegs der Platz limitiert ist, sollten zumindest eine Kombizange und eine Wasserpumpenzange dabei sein. Praktische Ergänzungen sind ein Seitenschneider und eine Flachzange mit Schneide, die sogenannte Storchschnabelzange.

Ring- und Maulschlüssel
Für Reparaturen an der Karosserie, am Motor oder im Innenraum ist ein Schraubenschlüsselsatz sehr praktisch. Für normale Schraubarbeiten sind die Größen von 10 bis 24 mm meist ausreichend. Es schadet auch nicht, ein paar der am häufigsten gebrauchten Größen in doppelter Ausführung dabeizuhaben. Denn manchmal muss auf einer Seite geschraubt werden, während das Gegenstück auf der anderen Seite festgehalten werden muss. Zur Not tut es in diesem Fall aber auch eine verstellbare Wasserrohrzange. Und als platzsparende Alternative zu einem kompletten Schlüsselset kann auch ein Ratschenkasten mit verschiedenen Aufsätzen dienen.

Schraubendreher als Bit-Set
Anstatt verschiedene Schraubendreher einzupacken, sollte man lieber ein Bit-Set dabeihaben, das weitaus weniger Platz einnimmt. Die einzelnen Schraubaufsätze in verschiedenen Größen für Systeme wie Schlitz-, Kreuz- oder Torx-Schrauben können dann mit einem Akkuschrauber oder einem entsprechenden Handdreher verwendet werden.

Hammer
Camping ohne Hammer? Geht nicht. Er ist wahrscheinlich eines der meistgenutzten Werkzeuge unterwegs – und sei es nur, um damit eine Nuss zu knacken.

Bürste
Mit einer Drahtbürste können zügig kleine Roststellen bearbeitet werden. Auch ein Grillrost lässt sich damit sehr gut reinigen. Eine Reinigungsbürste mit harten Borsten eignet sich zum schnellen Entfernen von grobem Schmutz und Insekten.

Kartuschenpresse
Ob an der Außenhaut oder in der Nasszelle: Manchmal muss man kurzfristig mit Klebern oder Silikon arbeiten. Für entsprechende Kartuschen sollte man eine spezielle Presse parat haben.

Panzerband und WD40
Die Klassiker: Mit einem guten Gewebeklebeband (s. auch S. 299) und einem Schmiermittel aus der Sprühflasche lassen sich kurzfristig viele Probleme lösen.

Weitere praktische Helfer:
Kabelbinder, Schlauchschellen, Klebstoff, Spanngurte.

und Fachbetriebe mit solchen Reparaturen gutes Geld verdienen. Es ist zwar weitaus bequemer, das defekte Mobil in die Werkstatt zu fahren und repariert wieder abzuholen. Aber wer Lust hat, selbst Hand anzulegen, kann mit relativ einfachen Mitteln den Schaden ausbügeln.

Manchmal lassen sich leichte Schrammen ganz einfach auspolieren. Doch wenn der Kratzer tiefer ist und durch die Lackschicht reicht, muss man ein wenig mehr tun. Im Falle eines Wohnmobils muss z. B. zunächst die betroffene Stelle angeschliffen werden. Dann wird ein Glasfaser-Polyester-Spachtel möglichst sparsam mit einem Härter verrührt und auf die betroffene Stelle verstrichen. Nachdem man die so ausgebesserte Stelle mit einem Schleifklotz bearbeitet hat, wird sie erst mit grobem und danach mit feinem Schleifpapier geglättet. Jetzt wird Grundierfüller aufgesprüht, welcher einen Tag trocknen sollte. Mit Wasserschleifpapier folgt nun ein Nassschliff, danach sollte man bestenfalls wieder einen Tag Trockenzeit einkalkulieren. Zum Abschluss wird die Stelle mit einem Silikonentferner gereinigt und lackiert. Das klingt nach vielen Arbeitsschritten, ist aber relativ schnell durchführbar, sofern die richtigen Werkzeuge und Mittel zur Hand sind. Auch größere äußerliche Reparaturen wie der Tausch eines abgefahrenen Außenspiegels lassen sich mit relativ wenig Aufwand selbst erledigen – und deutlich günstiger als in einer Werkstatt.

MACKEN IM INTERIEUR BESEITIGEN

Auch im Innenraum geht mal etwas kaputt, z. B. wenn man versehentlich einen Riss ins Polster zaubert, beim Verstauen von Gepäck gegen Holzteile stößt oder wenn beim Kochen das Messer über die Arbeitsplatte rutscht. Viele dieser Macken lassen sich mit den gleichen Mitteln beheben, die auch daheim im Haushalt zur Anwendung kommen. Etwas anders sieht es bei beweglichen Teilen aus, die speziell für den Wohnmobilbau entwickelt sind. Scharniere, Türschlösser, Fensteröffner oder Regler für Waschbecken oder Heizung können mit der Zeit den Geist aufgeben. Auch die Tauchpumpe für den Wassertank ist nicht für die Ewigkeit gebaut. Zu empfehlen ist es daher, ein Minimalset an Austauschteilen an Bord zu haben, etwa eine Ersatzpumpe oder ein oder zwei Scharniere für den Schrank. Auch ein Lackstift in passender Farbe für die Holzmöbel nimmt nicht viel Platz weg. Gerade bei älteren Mobilen ist es übrigens häufig kein Problem, die ramponierten Fronten von Schränken oder eine Tischplatte selbst auszutauschen. Dadurch lässt sich ein altbackenes Interieur auch relativ einfach moderner gestalten. Die alten abmontierten Fronten können dabei als Maßvorlage für die neuen dienen – inklusive der Löcher für Verschraubungen.

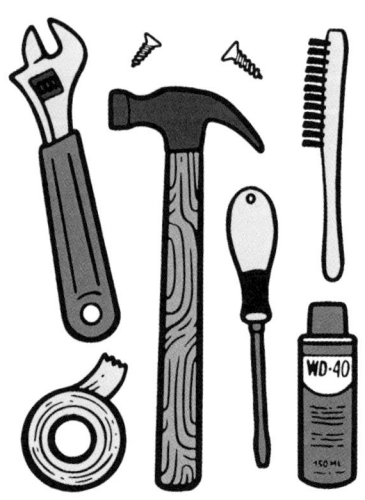

GAFFA TAPE: EINE HAUPTROLLE BEIM CAMPING

Dieses Klebeband hat viele Namen, und es sieht eigentlich nach nichts aus. Dennoch ist es beim Camping unverzichtbar. Eine Liebeserklärung.

Plötzlich tropft es vom Sonnensegel. Nur ein bisschen, aber dafür zielsicher auf den Tisch, der direkt unter dem kleinen Loch im Stoff steht. Es ist ein kleiner Riss, ganz sicher reparabel – aber nicht mit dem vorhandenen Bordwerkzeug. Und der Urlaub hat doch gerade erst begonnen … Wäre dies die Szene in einem Film, käme jetzt der Auftritt des Hauptdarstellers: Gaffa Tape – wie das nützliche Gewebeband umgangssprachlich genannt wird. Im Ausland kennt man den klebrigen Tausendsassa eher unter dem Namen „Duct Tape". Hierzulande wird der Begriff „Panzertape" auch gerne verwendet.

Bewährter Alltagshelfer
Doch ganz gleich, wie es genannt wird, Gaffa Tape ist unverzichtbar und zählt wahrscheinlich zu den wichtigsten Ausrüstungsgegenständen im Camping-Reparaturset, aber nicht nur dort. Für Handwerker gehört es zum Arbeitsalltag und ist ein klebender Partner in allen Lebenslagen. Und das ist kein Wunder: Gaffa Tape ist extrem robust, wasserabweisend und sogar hitzebeständig. Man kann damit reparieren, abdichten, verstärken. Die Oberfläche besteht aus einer Gewebestruktur, auf der Unterseite befindet sich ein starker Klebstoff. Trotz der hohen Reißfestigkeit benötigt man weder Messer noch Schere, um ein Stück von der Rolle abzureißen.

Reparieren leicht gemacht
Gaffa hält vielleicht nicht die Welt zusammen, aber es hilft schnell und unkompliziert – und das ist besonders beim Camping eine große Hilfe. Der Wasserschlauch hat ein Loch? Kein Problem, wenn man die Stelle zwei-, dreimal mit Gaffa umwickelt. Das Vorzelt ist kaputt? Schnell ein paar Streifen Klebeband drüber und schon hält es wieder. Manchmal sogar so lange, dass man die provisorische Reparatur kurzerhand auf Dauer so belässt. Und Kleben muss nicht immer trist sein: Das Band wird mittlerweile in vielen Farben angeboten. Damit wird der vermeintliche Makel einer reparierten Stelle schnell zum modischen Statement. Das Wundermittel Gaffa Tape hätte es wahrlich verdient, dass man es in Gold aufwiegt – und doch kostet es pro Meter nur ein paar Cent. Ganz klar: Gaffa Tape spielt eine tragende Rolle in einem gelungenen Camping-Streifen.

Das Dach nicht vergessen: Die Außenreinigung eines Campers sollte stets oben beginnen.

REINIGUNG: DER GROSSE FRÜHJAHRSPUTZ

Wenn ein Wohnwagen oder das Reisemobil für die Urlaubssaison vorbereitet wird, sollte nicht nur die Funktionsfähigkeit eingehend geprüft werden, auch eine gründliche Reinigung des gesamten Fahrzeugs steht nun an. Das steigert das Wohlbefinden unterwegs, und ganz nebenbei sorgt die richtige Pflege auch für den Werterhalt des Gefährts.

INNENREINIGUNG

Am besten beginnt man die Reinigung im Innenraum des Fahrzeugs, da man diese orts- und wetterunabhängig erledigen kann. Wenn es dann innen glänzt, hat man immer noch Zeit, sich um die Karosserie zu kümmern. Wer bereits am Ende der Saison das Interieur von den Spuren der letzten Ausflüge gereinigt hat, muss zum Saisonbeginn weniger Zeit einplanen. Auf jeden Fall sollte das Reisemobil einmal gründlich durchgesaugt und feucht gewischt werden. Auch Polster, Matratzen und Teppiche können mit dem Staubsauger gereinigt werden, die Flächen unter der Matratze dabei nicht vergessen! Wer das Mobil auf seinem Grundstück oder in der Nähe einer Steckdose abgestellt hat, ist fein raus, denn mit einem Verlängerungskabel kann der heimische Sauger genutzt werden. Falls die Sitzpolster mit Kunst- oder Echtleder bezogen sind, sollte man für eine möglichst lange Lebensdauer des Materials nur die dafür vorgesehenen Reinigungsmittel verwenden. Vorsicht: Bei der Reinigung sollten Stoffe und Polster nicht zu nass werden, da sonst ein optimaler Nährboden für Pilze und Bakterien entsteht.

Zum Reinigen der Fronten und sonstigen Flächen genügt es meist, ein mildes Reinigungsmittel und ein feuchtes Tuch zu verwenden. Verdünnter Allzweckreiniger und Mikrofasertücher eignen sich besonders gut für Schränke, Bad- und Möbeloberflächen. Kalkrückstände im Bad oder in der Küche lassen sich problemlos mit Haushaltsessig entfernen. Oder man greift im Fachhandel zu speziellen Reinigungsmitteln für Kunststoffoberflächen, mit denen man auch die Fenster der Wohnkabine säubern kann.

Der Kühlschrank braucht zum Start auch noch etwas Aufmerksamkeit – selbst, wenn in der Saisonpause die Tür zur Durchlüftung offen stand. Damit sich keine Keime bilden, sollten alle Fächer und Halterungen gründlich ausgewischt werden.

WASSERLEITUNGEN

Bei längeren Standzeiten können sich in den Wasserleitungen Grünalgen und Bakterien ansammeln. Wichtig ist, dass die Leitungen mit einem Entkeimungsmittel durchgespült und desinfiziert werden. Um sicherzustellen, dass keine Rückstände in den Leitungen verblieben sind, sollte dieser Spüldurchgang zweimal durchgeführt werden.

STAURÄUME

Auch alle Stauräume sollten zum Start der Saison gründlich gereinigt werden. So lässt sich gleichzeitig überprüfen, ob etwa ungebetene Gäste wie Mäuse oder andere Schädlinge das Mobil als Winterquartier genutzt haben. Bei Fächern, die auch von außen erreichbar sind, sollten Schlösser und Scharniere geprüft und gegebenenfalls gereinigt und gepflegt werden.

AUSSENREINIGUNG

Es ist nicht gestattet, Fahrzeuge auf öffentlichen Straßen zu reinigen – und das gilt auch für Wohnwagen und Wohnmobile. Ohne eigenes Grundstück führt daher kein Weg an einer Waschanlage oder Tankstelle vorbei. Diese sind allerdings oft nur für kleinere Pkws ausgelegt. Tipp: Lkw-Reinigungsanlagen bieten genügend Platz fürs Mobil. Zum Teil gibt es dort auch Waschstraßen, durch die man mit einem Campingmobil fahren kann. Allerdings haben viele Mobile Aufbauten wie Dachboxen oder Satellitenanlagen, die eine

RICHTIG PUTZEN

Milde Reinigung: Innen und außen sollten keine scharfen Reiniger verwendet werden, damit die Oberflächen keinen Schaden nehmen. Scheuermilch z. B. kann furnierte Möbel beschädigen. Auch die Lappen sollten weich sein.

Gute Lüftung: Wer mit Wasser putzt, sorgt im Wagen für hohe Luftfeuchtigkeit. Wenn diese nicht abziehen kann, kann es muffig riechen oder sogar schimmeln. Also unbedingt beim Putzen Fenster und Türen offen stehen lassen – bestenfalls auch noch danach!

Gute Pflege: Beim Campingmobil ist es wie mit der Haut: Nach dem Waschen kommt die Pflege. Statt Lotion und Creme nutzt man für die Dichtungen von Fenstern und Türen einen Pflegestift oder Talkum.

automatische Reinigung behindern können. In den meisten Fällen ist die Waschstraße sowieso nur ein erster Schritt, bevor dann noch einmal Hand angelegt wird. Bei den meisten Anbietern von Waschanlagen hat man auch die Möglichkeit, einen Hochdruckreiniger zu nutzen. Das ist zwar praktisch, dennoch sollte dieses Instrument sehr vorsichtig eingesetzt werden, damit die Außenhülle des Mobils nicht beschädigt wird. Vor allem für Dachverschmutzungen bietet sich diese Art der Reinigung aber durchaus an.

Generell sollte man die Reinigung mit dem Dach beginnen, da sich hier der meiste Schmutz ansammelt – und da Wasser nun mal von oben noch unten läuft. Um Schmutzrückstände nach einer Hockdruckreinigung restlos zu entfernen, sollten die Außenwände mit einem milden Wohnwagen- und Wohnmobilreiniger geputzt werden. Für das Entfernen von Regenstreifen an den Dachkanten und unter den Fenstern kann man handelsübliches Reinigungsmittel mit Wasser mischen und mit einem weichen Putzlappen an den betroffenen Stellen auftragen. Nach einer kurzen Einwirkzeit lassen sich die schmutzigen Stellen problemlos entfernen. Bei der großen Höhe vieler Fahrzeuge fällt es oft schwer, alle Stellen mit der Hand zu erreichen. Hier helfen ein klassischer Wischmopp und ein Abzieher mit weichem Gummi.

Natürlich sollten bei der Reinigung Radkästen und Felgen nicht vergessen werden, da sich dort besonders gern Verschmutzungen ansammeln können, die wiederum die Rostbildung begünstigen. Mit einem Wasserschlauch lassen sich Schmutz und Ablagerungen gut entfernen. Wichtig ist dabei, dass der Wasserstrahl nicht direkt auf Dichtungen und Lüftungsgitter gerichtet wird, da diese durch einen harten Wasserstrahl beschädigt werden können. Grober Winterschmutz lässt sich zwar auch hier gut mit einem Hochdruckreiniger entfernen. Doch sollte man an diesen Stellen besonders vorsichtig sein, damit die Schutzversiegelung nicht zerstört wird.

Die gründliche Reinigung des Wohnmobils oder Wohnwagens ist auch ein guter

VOR SAISONBEGINN

- Nicht vergessen, vor dem Befüllen des Wassertanks alle **Ablassventile** und das **Sicherheitsventil** zu schließen!
- Beim Durchspülen der Wasserleitungen auf **undichte Stellen** achten.
- Gasflasche wieder anschließen und prüfen, ob alle Verbraucher frei von **Verstopfungen** sind und einwandfrei funktionieren.

Zeitpunkt, um die Außenwände auf mögliche Risse oder undichte Stellen zu überprüfen – und entsprechende Fehler zu beseitigen. Bei der Reinigung der Außenhaut sollten alle Lack- und Kunststoffteile genauer auf Flugrost überprüft werden. Dieser lässt sich mit einem säurefreien Flugrostentferner ganz einfach beseitigen.

FENSTER UND WINDSCHUTZSCHEIBE

Auch wenn die Windschutzscheibe bei jedem Tankstellenbesuch gereinigt werden kann, braucht sie gerade zum Start der Saison etwas mehr Aufmerksamkeit – von innen und außen. Alle Scheiben des Gefährts sollten mit dem dafür vorgesehenen Mittel eingesprüht und mit einem Mikrofasertuch abgerieben weren. Oder man verwendet einen klassischen Fensterabzieher, der allerdings nicht ganz so gründlich ist. Für ein besonders gutes Ergebnis wäscht man die Fenster nach der Reinigung mit Wasser ab und reibt sie anschließend mit einem Ledertuch trocken. Achtung: Für die Kunststofffenster der Kabine sollten keine Glasreiniger benutzt werden: Die Flächen können dadurch mit der Zeit blind werden, auch Spannungsrisse sind keine Seltenheit.

FAHRZEUGTECHNIK

Nach einer längeren Pause steht nicht nur die große Reinigung an, auch die Technik braucht etwas Pflege. Das fängt mit einem Blick in den Motorraum an: Sitzen alle Kabel noch oder sind sie porös? Sind Flüssigkeiten ausgelaufen? Hat sich dort ein Tier niedergelassen? Wurde die Batterie zum Ende der Saison abgeklemmt, wird sie nun wieder angeschlossen. Gegebenenfalls muss sie wieder aufgeladen werden. Auch der Stand von Kühlwasser und Motoröl sollte gecheckt und bei Bedarf korrigiert werden. War der Wagen im Winter unterwegs, sollte der Frostschutz aus dem Scheibenwaschbehälter gegen Sommerscheibenreiniger ausgetauscht werden. Nach einer längeren Pause brauchen auch die Reifen viel Aufmerksamkeit. Dafür wird der Reifendruck optimiert und die Profiltiefe überprüft. Das gilt übrigens auch fürs Reserverad. Tipps zur Pflege der Technik vor der Winterpause siehe S. 304.

PRÜFTERMINE EINHALTEN!

Dichtheits- und Serviceinspektionen sowie die Gasprüfung und Chassis-Kundendienste sollten regelmäßig durchgeführt werden, ein Blick in die **Bordunterlagen** verrät die nächsten Fristen. Auch die TÜV-Termine müssen im Auge behalten werden.

FIT FÜR DEN WINTERSCHLAF

Wem das winterliche Campingabenteuer (S. 220) zu frostig ist und in der kalten Jahreszeit auch nicht vorhat, in den Süden zu fahren, sollte seinen Wohnwagen oder sein Wohnmobil winterfest machen. Schließlich soll der mobile Begleiter im Frühling wieder topfit aus dem Winterschlaf kommen.

Im Winter können Schnee und Eis einem Campingmobil ganz schön zusetzen.

Es ist schon ärgerlich genug, dass die Campingsaison irgendwann vorbei ist. Und dann soll man noch Zeit investieren, um das Mobil winterfest zu machen? Die Antwort ist eindeutig: ja, unbedingt! Wer sein Gefährt vor dem Winter richtig pflegt und auf die Campingpause gut vorbereitet, wird im Frühjahr schneller wieder starten können. Der Aufwand sorgt nicht nur für mehr Sauberkeit, sondern schont langfristig auch den Geldbeutel. Denn eine gute Pflege schützt auch vor Schäden. Vor dem temporären Einmotten sollte das Mobil zunächst außen und innen gründlich gereinigt und konserviert werden. Jetzt ist auch ein guter Zeitpunkt, um rostige Stellen auszubessern, Lackschäden mit Lackpflegemittel zu behandeln (s. S. 298) und den Unterboden auf Schäden zu kontrollieren. Doch es gibt noch mehr Maßnahmen, mit denen man sein Mobil für den Winter fit machen kann.

WASSER UND WC

Besonders wichtig ist es, die Wasseranlage zu entwässern und diese zu reinigen (s. S. 254). Bleibt das Mobil draußen stehen, empfiehlt sich bei leerem Wasserkreislauf eine permanente Durchlüftung. Dafür sollten die Wasserhähne und Abwasserhähne geöffnet werden. Kein Stöpsel darf die Abflüsse von Waschbecken oder Dusche verschließen. Auch die Kassette aus der Bordtoilette sollte komplett geleert und gereinigt werden. Hat das Klo einen eigenen Wassertank für die Spülung, ist dieser ebenfalls zu leeren.

KÜHLSCHRANK UND GASVERSORGUNG

Der Kühlschrank sollte gründlich gereinigt werden und anschließend geöffnet bleiben. Sonst besteht die Gefahr, dass sich Schimmel und unangenehme Gerüche bilden. Tipp: Damit sich die Tür nicht von selbst schließt, kann man einfach ein Tuch in die Öffnung klemmen. Falls man die Gasflaschen nicht sowieso aus dem Fahrzeug entfernt, sollten sie während des Winters zumindest zugedreht und vom Versorgungsnetz getrennt sein.

BATTERIEN

Damit Bord- und Starterbatterie keinen Schaden nehmen, sollten sie mindestens abgeklemmt, bestenfalls ausgebaut werden. Hilfreich ist es auch, in den Ruhemonaten von Zeit zu Zeit die Batterie zu überprüfen und bei Bedarf nachzuladen.

FROSTSCHUTZ

Die Füllstände der Scheibenwaschanlage und der Frostschutzgehalt des Kühlwassers sollte geprüft werden – bei Bedarf nachfüllen. Um am Tank Korrosionsschäden durch Kondenswasserbildung zu vermeiden, sollte das Fahrzeug am besten mit Winterdiesel vollgetankt werden.

REIFEN

Vor dem Winterschlaf sollte der Reifendruck um ca. 0,5 bar erhöht werden, damit die Reifen rund bleiben und keine Standschäden entstehen. Darüber hinaus können die Reifen mit Kurbelstützen oder Böcken entlastet werden. Praktisch sind Keile mit runden Standflächen oder Luftkissen, die dabei helfen, das Gewicht des Fahrzeugs gleichmäßig zu verteilen.

VORRÄTE

Möglichst alle Vorräte sollten aus dem Fahrzeug entfernt werden. Bei Minusgraden können z. B. Bierflaschen platzen. Lebensmittelverpackungen können Schädlinge anlocken.

POLSTER, MATRATZEN UND SCHRÄNKE

Je nach Alter und Dichtigkeit des Mobils kann es von Vorteil sein, die Polster und Matratzen aus dem Fahrzeug zu entfernen und an einem trockenen Ort zu lagern. Mindestens sollten sie für eine bessere Durchlüftung aufgestellt werden. Auch die leeren Schränke sollten geöffnet bleiben.

DER STANDPLATZ

Auch wenn man im Winter viele Wohnmobile oder Wohnwagen am Straßenrand stehen sieht: Die StVO macht auch in der kalten Jahreszeit keine Ausnahmen. Generell dürfen zugelassene Fahrzeuge maximal 14 Tage auf öffentlichen Parkplätzen stehen. Wer sein Mobil im öffentlichen Parkraum abstellt, muss zudem immer wieder überprüfen, ob sich an der Parksituation etwas ändert, etwa durch die Ankündigung einer Baustelle. Der beste Platz für die Überwinterung ist ein trockener Ort, etwa eine eigens dafür vorgesehene Halle oder eine Scheune. In der Nähe von Saisonplätzen bieten Landwirte häufig nicht genutzte Stellflächen für die Überwinterung an. Achtung: Gerade bei einem Standplatz in einem Stall kann sich die Anschaffung einer Mausefalle auszahlen.

SCHUTZHAUBE

Wer sein Mobil zusätzlich vor widrigen Wetterbedingungen schützen will, findet im Fachhandel luftdurchlässige Schutzhauben aus wetterfestem Material. Solche Hüllen empfehlen sich vor allem dann, wenn man das Fahrzeug auf einem privaten Grundstück oder einer Campingplatzparzelle im Freien überwintern lassen möchte.

REGELN UND SICHERHEIT

In der Spur bleiben: kleine Reifenkunde ▸ 308 | Eine Frage des Gewichts: die richtige Beladung ▸ 312 | Ist das Gespann zu groß? ▸ 317 | Klassenunterschiede: der richtige Führerschein ▸ 318 | Mit dem Camper in den Urlaub? Aber sicher! ▸ 321 | Mit Anhänger unterwegs ▸ 326

Camping wird häufig mit Begriffen wie Abenteuer und Freiheit verbunden, weniger mit Pflichten. Davon gibt es im Alltag schließlich schon mehr als genug – und von dem möchte man sich ja für ein paar Tage eine Auszeit gönnen. Doch auch wenn es um die große Freiheit geht: Ein paar Regeln und Vorschriften müssen beim Camping eingehalten werden. Das ist auch gut so, denn man möchte schließlich sicher ans Reiseziel kommen. Und wer sich mit den Vorgaben des Gesetzgebers auskennt, kann Bußgelder vermeiden.

Viele der sicherheitsrelevanten Belange für Camper werden in der Straßenverkehrsordnung (StVO) genauestens geregelt. Und wer sich ein wenig damit beschäftigt, wird schnell feststellen, dass die Vorgaben gar nicht so kompliziert sind, dafür aber absolut sinnvoll. Im Prinzip helfen die meisten Regeln dabei, dass der große Spaß beim Camping überhaupt erst möglich wird. Man kann es mit dem Sport vergleichen: Es braucht ein paar Regeln, an die sich alle Mitspieler halten, damit sich alle frei entfalten können.

Das fängt schon beim Führerschein an: Nicht alle Führerscheinklassen erlauben es, jedes Wohnmobil oder Gespann zu fahren. Und selbst wenn man die richtige Fahrerlaubnis hat, heißt das nicht, dass man ohne Übung in der Lage ist, sein Fahrzeug zu bewegen. Wer zum ersten Mal mit einem Anhänger unterwegs ist, wird wahrscheinlich spätestens beim Rückwärtsfahren merken, was damit gemeint ist. Die Regeln verbieten in diesem Fall zwar nicht zu fahren, aber manchmal ist der gesunde Menschenverstand der beste Ratgeber.

Wenn man es schließlich geschafft hat, ein neues Gespann oder Mobil unfallfrei vom Hof des Händlers zu fahren, lauern weitere Stolperfallen, die den Urlaubsspaß bremsen können. Zum Beispiel können Gewichtsprobleme auftauchen. Das ist zwar menschlich, aber bei Mobilen oder Gespannen kann das gefährlich werden, denn Übergewicht beeinträchtigt das Fahrverhalten. Wird man bei Kontrollen mit zu vielen Kilos erwischt, kann die Strafe dafür ganz schön ins Geld gehen. Auch bei der Abmessung und Beladung sollte man ein paar Dinge berücksichtigen, damit die Fahrt nicht zum gefährlichen Abenteuer wird. Besonderes Augenmerk haben zudem die Reifen verdient, denn sie sorgen für den richtigen Stand und eine gute Fahrt. Auf den folgenden Seiten geben wir daher ein paar Sicherheitstipps und einen Überblick über die wichtigsten Regeln, die man beachten sollte, wenn es mit dem Camper in den Urlaub gehen soll. Und keine Sorge: Trotzdem kommt der Spaß garantiert nicht zu kurz.

Wer mit seinem Campingfahrzeug die Welt entdecken will, muss ein paar Dinge beachten. Erst mit Regeln, die für alle gelten, kann der entspannte Genuss beginnen.

IN DER SPUR BLEIBEN: KLEINE REIFENKUNDE

Mit Reifen ist es ähnlich wie mit Schuhen: Häufig beschäftigt man sich erst mit dem Thema, wenn ein Wechsel ansteht. Dabei ist die richtige Reifenwahl ein wichtiger Faktor für Spurtreue und mobile Sicherheit. Höchste Zeit also, das Profil zu schärfen und die Reifen von ihrem Nischendasein zu befreien!

Gute Reifen sind das A und O für eine sichere Fahrt. Diese Regel gilt für Pkws und ist bei Wohnmobilen und Caravans sogar noch viel entscheidender. Regelmäßige Belastung setzt einem Reifen zu, das Profil nimmt ab, und auch die Stabilität lässt mit der Zeit nach. Bei Fahrzeugen, die ständig unterwegs sind, verteilt sich die Belastung auf den einzelnen Reifen relativ gleichmäßig. Wohnmobile und Caravans sind hingegen für längere Standzeiten konzipiert. Das hohe Gewicht belastet die Reifen im Stand daher nur punktuell.

Aber auch die Fahrt setzt den Reifen zu, denn Straßenverhältnisse sind nicht überall ideal. So wird man auf Reisen auch mal über Schotterpisten oder Straßen mit Schlaglöchern fahren müssen – eine große Herausforderung für die Bereifung. In südlichen Ländern greift die starke Sonneneinstrahlung das Material an, das Gummi kann porös werden. Hohe Beanspruchung und Materialermüdung kann den Reifen so schädigen, dass er im schlimmsten Fall während der Fahrt platzt – mit unabsehbaren Folgen für Besatzung und Fahrzeug. Nicht nur aus diesem Grund ist es wichtig, den Zustand der Reifen regelmäßig zu überprüfen und bei Bedarf aktiv zu werden.

REIFEN FÜR WOHNWAGEN

Die Reifen eines Wohnwagens sind ganz anderen Einflüssen und Belastungen ausgesetzt als die Pneus normaler Pkws. Da Wohnwagen auch mal mehr wiegen können als Autos, müssen auch deren Reifen ein höheres Gewicht aushalten. Dabei spielt der Lastindex der Reifen eine wichtige Rolle (s. S. 310). Das Reifenprofil ist ebenfalls relevant: Ist das Profil nicht tief genug, kann es bei Regen zu Aquaplaning und zum Ausbrechen des kompletten Gespanns kommen.

Spätestens nach sechs Jahren müssen Wohnwagenreifen erneuert werden. Das gilt auch, wenn die Mindesttiefe des Profils (1,6 mm) noch nicht erreicht ist. An der vier-

TIPPS FÜR EINE LANGE REIFENGESUNDHEIT

- Der richtige **Reifendruck** sollte immer eingehalten und bestenfalls alle zwei Wochen überprüft werden.
- Regelmäßig das Profil nach Steinen, Scherben oder anderen **Fremdkörpern** absuchen
- Vorsicht beim **Parken an Bordsteinkanten**: Wenn der Reifen daran entlangschleift, kann er beschädigt werden.
- **Kanten** sollten in einem möglichst stumpfen Winkel, also idealerweise gerade überfahren werden.
- Bei der Reinigung mit einem **Hochdruckreiner** den harten Wasserstrahl nicht zu dicht an den Reifen halten

Regelmäßig prüfen für mehr Sicherheit: Reifendruck und Profiltiefe sollte man stets im Blick haben.

stelligen DOT-Nummer auf der Flanke lässt sich das Alter des Reifens ablesen. Die ersten beiden Ziffern stehen für die Kalenderwoche, die letzten Ziffern geben das Jahr der Reifenproduktion an.

WOHNWAGEN-REIFENDRUCK

Das Fahrzeuggewicht wird vom Druck der Reifen getragen und nicht von der Karkasse. Daher ist ein guter Reifen nur die halbe Miete, auch der Druck muss stimmen – schließlich fängt dieser bei Unebenheiten auf der Straße die gesamte Last des Anhängers auf. Wohnwagenhersteller empfehlen bei kalten Reifen einen Druck zwischen 2,5 bar und 3 bar. Bei falschem Druck verschleißen Reifen schneller, mit Pech wird das Innenleben so stark beschädigt, dass sie nicht mehr reparabel sind. Achtung: Selbst neue Reifen können bei falschem Druck platzen. Darum sollte man den Reifendruck regelmäßig kontrollieren und bei Bedarf korrigieren.

REIFEN FÜR WOHNMOBILE

Bei der Wahl der Wohnmobilreifen müssen das Gewicht und die Größe des Fahrzeugs berücksichtigt werden. Für kleinere Mobile, die auf Basis eines Kleintransporters oder eines Kastenwagens aufgebaut sind, können theoretisch herkömmliche Autoreifen genutzt werden. So werden Wohnmobile mit einem Gewicht von unter 3,5 t teilweise mit typischen Transporterreifen ausgestattet, den sogenannten C-Reifen („C" steht für Commercial). Das ist kein Problem, wenn der Lastindex (s. S. 310) passend ist. Doch Vorsicht: Diese Reifen sind für die permanente Nutzung im Alltag ausgelegt. Ein Wohnmobil fährt nicht so häufig, dafür aber lange Strecken. Die handelsüblichen Reifen sind nicht für lange Standzeiten ausgelegt. Aus diesem Grund bieten viele Hersteller eine spezielle Wohnmobilbereifung an, sogenannte CP-Reifen („CP" steht für Camping). Die Campingreifen enthalten eine optimierte

Gummimischung, die sie weicher und robuster macht. Diese Reifen haben weniger Probleme mit längeren Standzeiten und extremen Bedingen wie starker UV-Strahlung. Sie bieten zudem eine höhere Überlastreserve, wodurch eine mögliche Überladung des Gefährts besser abgefangen wird. Die Bezeichnungen „C" und „CP" geben allerdings nur an, dass sie für die jeweiligen Eigenschaften der entsprechenden Fahrzeugtypen optimiert wurden. Wichtiger für die Wahl des richtigen Reifens ist der Lastindex. Ist das Wohnmobil schwerer als 3,5 t, können möglicherweise auch Lkw-Reifen in Betracht kommen.

LAST- UND SPEEDINDEX

Der Wert des Lastenindex, der sich in der Zahlenreihe der Reifenbeschriftung vor dem zweiten Schrägstrich versteckt, ist besonders relevant für die Reifenwahl. Er gibt codiert an, wie viel Gewicht der einzelne Reifen tragen darf. In unserem Beispiel auf S. 311 steht die Zahl „102" für ein Gewicht von 850 kg bei einem Druck von 2,5 bar. Daraus ergibt sich etwa bei einem Wohnwagen mit zwei Reifen ein zulässiges Gewicht von 1700 kg. Im Fahrzeugschein findet man unter den Ziffern 15.1 und 15.2 den korrekten „Tragfähigkeitsindex". Es handelt sich um eine Mindestangabe, da auch Reifen mit einem höheren Lastindex verwendet werden dürfen. Doch ein zu hoher Wert ist auch nicht sinnvoll, da dies den Fahrkomfort einschränken kann. Wenn die aktuelle Achslast deutlich niedriger ist als zugelassen, dürften theoretisch auch Reifen mit geringerem Lastindex aufgezogen werden, allerdings erst nach ausdrücklicher Zustimmung durch den TÜV.

Der Geschwindigkeitsindex (oder Speedindex) des Reifens (Buchstabenkennung am Ende der Zahlenreihe) ist ebenfalls relevant für den Reifenkauf. Laut TÜV müssen bei einem Wohnwagen Reifen aufgezogen werden, die mindestens über einen Speedindex „L" verfügen und damit für Geschwindigkeiten bis 120 km/h ausgelegt sind – selbst dann, wenn der Wohnwagen lediglich eine Zulassung für Tempo 100 hat.

REIFENWECHSEL

Der Gesetzgeber gibt zwei Grenzwerte an, die zum Wechsel eines Reifens verpflichten. Bei Fahrzeugen mit einer Tempo-100-Zulassung werden spätestens nach sechs Jahren neue Reifen fällig. Fahrer von Wohnmobilen brauchen sich allerdings keinen Termin im Kalender zu notieren. Sie müssen vielmehr das Profil überprüfen: Ist das Mindestprofil von 1,6 mm Tiefe unterschritten, müssen neue Reifen aufgezogen werden. An den breiten Stegen zwischen den Laufstreifen des Reifens lässt sich ausmessen, ob dieser Wert erreicht

Eine Anschaffung, die sich auszahlt: ein Gerät zur schnellen Überprüfung des Reifendrucks.

DIE REIFENBESCHRIFTUNG ENTSCHLÜSSELN

Nicht immer hat man die genauen Werte der erforderlichen Reifen parat. Kein Problem, denn in den meisten Fällen befindet sich an den Flanken der Reifen gut lesbar die genaue Spezifikation. Die großen Ziffern und Buchstaben geben die Abmessung, die mögliche Belastung und die zugelassene Höchstgeschwindigkeit für die jeweiligen Reifen an. Wer es genau wissen will: Die Aufgliederung erfolgt nach EU-Norm ECE-R 30.

Der erste Wert ist der Reifen-Querschnitt, der das Verhältnis von Reifenhöhe und Breite in Prozent angibt. Der Buchstabe „R" steht für Radialreifen, ein Reifentyp, der inzwischen zum Industriestandard geworden ist. Es folgt der Innendurchmesser oder Felgendurchmesser in Zoll. Der Lastindex gibt an, welche maximale Last der Reifen tragen kann. Der Buchstabe am Ende der Zahlenreihe gibt schließlich Auskunft über die zulässige Höchstgeschwindigkeit (Geschwindigkeits- oder Speedindex). In einem Beispiel mit den Spezifikationen **185/60 R 14 102/100 Q** beträgt die Reifenbreite „185" mm an der breitesten Stelle. Das Verhältnis der Flankenhöhe zur Breite der Lauffläche beläuft sich auf „60" Prozent. Es handelt sich um einen Radialreifen („R"), dessen Innendurchmesser „14" Zoll misst. Der Lastindex „102/100" entspricht einer maximal zugelassenen Reifenbelastung von 850 kg bei einem Druck von 2,5 bar. Und mit dem Kürzel „Q" wird eine Höchstgeschwindigkeit von 160 km/h gekennzeichnet.

---

ist. Winterreifen haben häufig schmalere Stege mit einer Höhe von etwa 4 mm. Das entspricht der Profiltiefe, die für Winterreifen in Österreich gilt und von Experten auch in Deutschland als Wert empfohlen wird – bei allen Reifentypen. In der Praxis macht es also Sinn, weit vor den vorgeschriebenen Werten über einen Wechsel nachzudenken. Wann der Zeitpunkt für den Wechsel erreicht ist, hängt auch stark vom Fahrverhalten ab.

ALLWETTER- UND GANZJAHRESREIFEN

Es ist mühselig und kostenaufwendig, zweimal im Jahr den Wechsel von Sommer- und Winterreifen bzw. umgekehrt zu organisieren. Zum Glück bieten inzwischen viele Reifenhersteller eine bequemere Lösung an. So hat man die Wahl zwischen Ganzjahres- und Allwetterreifen. Wichtig ist die richtige Kennzeichnung. Bei Allwetterreifen steht „M+S" für Matsch und Schnee. Winterreifen verfügen wiederum über das Alpin-Symbol (Schneeflocke auf einem Berg). Doch die Bequemlichkeit erkauft man sich mit Abstrichen bei der Qualität: In Tests schneiden selbst die Ganzjahresreifen bekannter Hersteller schlechter ab als klassische Winterreifen. Im Ergebnis haben die spezialisierten Reifen große Vorteile bei Traktion, Seitenführung oder Bremsleistung. Daher sollten idealerweise Winterreifen aufgezogen werden, wenn man mit dem Mobil ins oder durchs schneereiche Skigebiet fährt.

Das Dach bietet viel Platz für Beladung – wenn man sich an die erlaubten Höchstgrenzen hält.

EINE FRAGE DES GEWICHTS: DIE RICHTIGE BELADUNG

Es hat schon Vorteile, mit dem eigenen Mobil in den Urlaub zu fahren und nicht mit dem Flugzeug zu reisen. Vor allem kann man mehr Gepäck mitnehmen, schließlich bietet der Wagen mehr Platz als jeder Koffer. Doch trotz des großen Raumangebots sollte man nicht übertreiben, denn schnell kann das zusätzliche Gewicht zu einer echten Last werden.

Wahrscheinlich wissen nur die wenigsten Autofahrer aus dem Kopf, mit wie viel Gewicht sie ihr Fahrzeug beladen dürfen. Und selbst wenn man die Maximalgrenze kennt, lässt sich häufig nur schwer einschätzen, welche Tasche wie viel wiegt – und auf welche Gesamtsumme man letztlich mit dem ganzen Gepäck kommt. Besonders ahnungslos sind Camper, die das erste Mal mit einem Wohnmobil oder Caravan auf Tour gehen. Da wird nach Herzenslust jeder Stauraum mit Gepäck, Lebensmitteln und Sportgeräten vollgestopft. Doch wenn dann noch die Wassertanks gefüllt sein sollen und alle Reiseteilnehmer an Bord gehen, ist man schnell weit jenseits der erlaubten Zuladung. Im schlimmsten Fall wird das Gepäck obendrein noch falsch verteilt. Das ist nicht nur schlecht für das Fahrzeug, sondern auch für das Fahrverhalten und birgt großes Gefahrenpotenzial. Mit ein paar Verhaltensregeln für das richtige Beladen können solche Fehler vermieden werden.

Um böse Überraschungen zu vermeiden, sollte man sich bereits vor dem Kauf des Reisemobils oder Caravans überlegen, was man bei den bevorstehenden Touren dabeihaben will. Soll z. B. regelmäßig eine schwere

Sportausrüstung mit ins Gepäck, sollte das Fahrzeug dafür ausgelegt sein. Um die mögliche Zuladung zu bemessen, muss man das Leergewicht des Fahrzeuges kennen. Zieht man dieses vom zulässigen Gesamtgewicht ab, ergibt sich der zur Verfügung stehende Spielraum – und der ist häufig kleiner, als man vermutet. Rechnet man das benötigte Zubehör wie Mobiliar, Geschirr und wichtige Ausrüstungsgegenstände hinzu, wird es eng für Kleidung und Lebensmittel – von Mitreisenden ganz zu schweigen. Hersteller von Mobilen haben die Problematik erkannt und verwenden häufig leichtere Materialen für ihre Einbauten, um Gewicht zu sparen.

ACHSLAST

Die Zulassungsbescheinigung Teil 1 des Fahrzeugs – auch Fahrzeugschein genannt – gibt Auskunft über die zulässige Achslast, also über das Gewicht, mit dem eine Achse belastet werden darf. Es ist ein Maximalwert, der auch bei Einhaltung des zulässigen Gesamtgewichts nicht überschritten werden darf. Bei Überschreitungen verstehen Ordnungshüter keinen Spaß und verhängen empfindliche Bußgelder. Aber auch im Eigeninteresse sollte man auf die Einhaltung der Höchstwerte achten, da sonst das Fahrverhalten des Mobils oder Gespanns merklich schlechter wird.

GESAMTGEWICHT

Der Fahrzeugschein gibt auch Auskunft darüber, wie hoch die zulässige Gesamtmasse des Fahrzeugs ist. Gerade in der Hauptsaison wird im In- und Ausland häufig kontrolliert, ob die Höchstwerte eingehalten werden. Und auch wenn es in Einzelfällen bei der Überschreitung Kulanzen gibt, sollte man sich nicht darauf verlassen und diese bei der Beladung einkalkulieren. Wird man mit zu hohem Gewicht erwischt, muss man nicht nur mit hohen Strafen rechnen, sondern für die Weiterfahrt häufig auch Beladung zurücklassen.

STÜTZLAST BEI WOHNWAGEN

Für Anhänger und Wohnwagen ist die Stützlast relevant. Damit ist das Gewicht gemeint, welches mit dem angekoppelten Anhänger auf der Anhängerkupplung des Zugfahrzeugs lastet. Auch dieser Wert ist in den Unterlagen der Fahrzeuge dokumentiert, bei den meisten Pkws liegt die maximal zulässige Stützlast zwischen 50 und 100 kg.

WENN GEWICHT ZUM GEFÄHRLICHEN HEBEL WIRD

Für das Gesamtgewicht des Fahrzeugs spielt es keine Rolle, wo Ausrüstung und Mitnahmeobjekte gelagert werden. Die Platzierung hat aber andere nicht zu unterschätzende

◀ Empfohlene Beladungsbereiche beim Wohnmobil

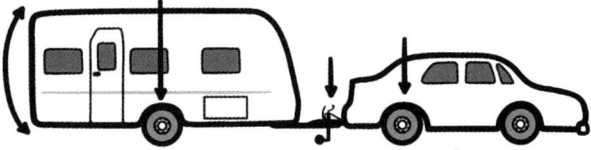

▶ Von links nach rechts: Hebelarmwirkung, Achslast (Wohnwagen), Stützlast und Achslast (Zugfahrzeug)

Effekte. Es macht z. B. einen großen Unterschied, ob schwere Objekte auf dem Fahrzeugboden oder in den oberen Schränken transportiert werden. Werden schwere Dinge zu weit oben geladen, kann dies vor allem in Kurven zu großen Problemen und sogar zum Kippen des gesamten Fahrzeugs führen. Wohnwagen und frontangetriebene Wohnmobile reagieren sehr sensibel auf eine falsche Beladung. Im schlimmsten Fall leiden Traktion und Fahrverhalten, die Lenkansprache verschlechtert sich. Beim Wohnwagen kann eine falsche Beladung dazu führen, dass er während der Fahrt zu schlingern beginnt oder sogar wie wild hin- und herschaukelt. Besonders kritisch wird es, wenn der Anhänger umkippt. Schwere Unfälle mit verheerenden Folgen für Fahrer und andere Verkehrsteilnehmer können die Folge sein.

RICHTIG BELADEN

Idealerweise packt man schwere Teile so tief wie möglich, oben liegende Staufächer bleiben frei oder werden nur mit leichten Gegenständen bepackt. Bestenfalls wird das gesamte Gepäck auf dem Boden festgezurrt, damit es während der Fahrt nicht in Bewegung geraten kann. Auch die horizontale Gewichtsverteilung ist wichtig: Die Empfehlung lautet, das Gewicht zwischen den Achsen und im vorderen Bereich zu platzieren. Je weiter die Ladung hinter der Hinterachse verstaut wird, desto größer wird der Effekt von Unebenheiten der Straße auf die Fahreigenschaften.

Die Staumöglichkeiten in einem Wohnmobil sind vom Grundriss häufig vorgegeben. Heckgaragen etwa laden zur Mitnahme schwerer Utensilien ein. Doch das wirkt sich negativ auf die zulässige Hinterachslast aus. Entscheidend ist also nicht allein das tatsächliche Ladungsgewicht, sondern auch in welchem Abstand von den Achsen es verstaut wird. Der Fachmann spricht hier von der Momentenwirkung. Schweres Gepäck wird daher am besten in der Nähe von und vor der Hinterachse verstaut.

TIPPS ZUM GEWICHT SPAREN

Aber natürlich ist trotz einiger Einschränkungen, die durch die Spezifikationen des Mobils vorgegeben sind, viel Platz für Gepäck und Ausrüstung. Wer beim Kauf des Equipments

BERECHNUNGSVORLAGE

Auf der Pincamp-Webseite (pincamp.de/beladung) findet sich ein Link zu einer Vorlage für die Berechnung der Beladung als Download. Mit den richtigen Fahrzeugdaten lässt sich damit die Zuladung überprüfen. Folgende Schritte führen zum gewünschten Ergebnis:

1. Daten: Aus den Fahrzeugpapieren werden die Höchstgrenzen für das zulässige Gesamtgewicht, das Leergewicht und für die erlaubten Achslasten notiert.
2. Gewichte: Das leere, aber vollgetankte Wohnmobil (ohne Fahrer) wird auf einer öffentlichen Waage gewogen, um die Vorderachslast und das gesamte Leergewicht zu ermitteln.
3. Radstand: Auch der Abstand von der Mitte der Vorder- zur Mitte der Hinterachse wird für die Berechnung benötigt.
4. Passagiere: Das Gewicht aller Reisenden wird notiert, auch der Abstand der bevorzugten Sitzplätze zur Vorderachse ist hier wichtig.
5. Ladung: Stauräume ausmessen, Ladung auswiegen und Abstände zur Vorderachse notieren. Unbedingt berücksichtigen: Heckgarage und montierte Fahrradträger
6. Auswertung: In den Kästen „Praxis-Auswertung" lassen sich alle ermittelten Werte ablesen und analysieren. Im schlechtesten Fall heißt das Ergebnis: umpacken oder Ladung abspecken!

---

auf leichte Materialien achtet, kann viel Gewicht einsparen. Dann bleibt mehr Puffer für Einkäufe unterwegs, noch mehr Zubehör und Kleidung. So sind Gegenstände aus Stahl, wie beispielsweise Gasflaschen oder Töpfe, deutlich schwerer als Aluminium-Varianten. Bei Geschirr muss man nicht auf Keramik oder Porzellan setzen, sondern kann sich für Teller und Becher aus leichterem Melamin oder Bambus entscheiden. Bei der Verpflegung sollten nur so viele Konserven, andere Vorräte, Flaschen und Glasbehälter im Gepäck sein, wie benötigt werden. Auch bei der Kleidung muss nicht alles mit, was der heimische Schrank hergibt, da man auch unterwegs waschen kann. Die meisten Campingplätze bieten heute Waschmaschinen und Trockner. Wohnwagenfahrer sollten Fahrräder oder vergleichbares Equipment auf dem Dach oder am Heck des Zugfahrzeugs befestigen und nicht im oder am Anhänger.

Zusätzlich macht es einen großen Unterschied, wenn nur eine geringe Menge Wasser in den Tanks mitgeführt wird. Natürlich sollte der Wassertank gut gefüllt sein, wenn man mit dem Reisemobil in die Natur oder an Plätze fährt, wo es keine Versorgung mit Frischwasser gibt. Aber wer seinen Urlaub auf einem Campingplatz verbringt, kann ohne Weiteres mit einem leeren Tank fahren. Das spart rund 100 kg Gewicht.

GEWICHT PRÜFEN: AB AUF DIE WAAGE

Wenn das Reisemobil endlich fertig beladen ist, kann das Gewicht auf einer Fahrzeugwaage geprüft werden. Diese gibt es in jeder größeren Stadt, aber auch die Anschaffung

LEERGEWICHT, TROCKENGEWICHT UND ZULADUNG

Hersteller geben häufig das **Trockengewicht** des Mobils an, also das Fahrzeug „ohne alles". Das ist eine praktische Grundlage zur individuellen Berechnung des **Leergewichts**, also für die „Masse des in Betrieb befindlichen Fahrzeugs in kg". Allerdings ist dieser Wert häufig ungenau. Damit sich die Massen verschiedener Modelle besser vergleichen lassen, legt die DIN-Norm ein paar Eckdaten für das Leergewicht fest. Bei Wohnmobilen umfasst es demzufolge auch den Fahrer, der mit 75 kg kalkuliert wird, und den Dieseltank, für den eine Füllung von 90 % angenommen wird. In den Wert fließt auch der gefüllte Frischwassertank mit ein, ebenfalls ein Mindestvorrat an Gas, eine Kabeltrommel sowie die Stromanschlusskabel. Das sich daraus resultierende Leergewicht und dessen Differenz zum zulässigen Gesamtgewicht ergibt die mögliche **Zuladung**.

AUFLASTUNG FÜR ÜBERLADENE WOHNMOBILE

Da gibt man sich so viel Mühe, verzichtet auf Lieblingsteile und reduziert Gewicht, wo man kann – und dann zeigt die Waage vor dem Ausflug zu viele Kilos an. Nun heißt es tapfer sein und überflüssigen Ballast wieder ausladen. Doch manchmal hilft nicht einmal das: Einige Fahrzeuge haben eine üppige und zum Teil festverbaute Sonderausstattung, die nur wenig Zuladung erlaubt – manchmal viel zu wenig. Ärgerlich ist es, wenn dies erst nach dem Kauf auffällt. Dafür gibt es zwei Lösungen, die allerdings nicht kurzfristig umzusetzen sind. Zunächst einmal kann man das Mobil auch wieder verkaufen (S. 240). Eine andere Möglichkeit ist es, das Wohnmobil aufzulasten. Das bedeutet, dass sowohl die Achslast als auch das zulässige Gesamtgewicht erhöht wird. Man erreicht das durch den Einbau zusätzlicher Komponenten wie z. B. einer Zusatzluftfederung. Allerdings wirkt sich jede Erweiterung der Technik auch auf das Leergewicht des Mobils aus. Für einen solchen Eingriff muss das Fahrzeug natürlich geeignet sein. Die Arbeiten sollten von einer Fachwerkstatt durchgeführt werden. Anschließend muss die Auflastung geprüft und in die Papiere eingetragen werden.

Doch Vorsicht: Wer ein Wohnmobil mit 3,5 t auflasten möchte, sollte zuerst auf seinen Führerschein schauen. Mit einer Auflastung (beispielsweise auf 3,85 t) überschreitet das Mobil eine magische Gewichtsmarke, gilt als Lkw und darf nicht mehr mit dem B-Führerschein gefahren werden. Wer lediglich einen solchen Führerschein besitzt, muss fürs Selberfahren die entsprechende C-Fahrerlaubnis erlangen. Glück haben all jene, die vor 1999 den Führerschein gemacht haben, denn die dürfen auch Fahrzeuge über 3,5 t fahren. Auf S. 318 gibt es weitere Infos zum Thema Führerschein.

einer eigenen Waage ist möglich. So kann man sich sicher sein, dass das zulässige Gesamtgewicht nicht überschritten ist und man Straßenkontrollen nicht fürchten muss. Danach muss natürlich auch das Gewicht aller Mitfahrer, die beim Wiegen nicht dabei waren, hinzugerechnet werden. Auch sollte man sich merken, wie voll die Tanks im Moment des Wiegens waren.

IST DAS GESPANN ZU GROSS?

Eigentlich eine schöne Idee: Mit dem individuellen Traummobil und einem großen Bootsanhänger im Schlepptau soll es im nächsten Urlaub an die See gehen. Ärgerlich wird es allerdings, wenn dadurch die erlaubten Gespann-Abmessungen überschritten werden.

◄— Höchstzulässige Länge: 12 m —►
◄——— Höchstzulässige Länge: 18 m ———►

Die Frage nach den richtigen Abmessungen betrifft vor allem jene Camper, die sich selbst ein Fahrzeug nach ihren Wünschen gestalten oder einen Anhänger anschaffen wollen. Denn nicht jede Kombination ist für den Straßenverkehr zugelassen. Leitfaden bei dieser Fragestellung sollte die **Straßenverkehrsordnung (StVO)** sein, in der auch die maximalen Abmessungen festgelegt sind. **Gespanne** dürfen in Deutschland eine Länge von 18 m nicht überschreiten, wobei der **Anhänger** eine Länge von maximal 12 m haben darf. Diese Limitierung ist z. B. relevant, wenn man ein größeres Boot ziehen möchte. Auf einer Wegstrecke von bis zu 100 km darf die **Ladung** auf einem Anhänger – je nach Gesamtlänge des Gespanns – am Heck bis zu 3 m überhängen. Ist die Fahrtstrecke länger als 100 km, darf die Ladung lediglich 1,50 m überhängen. Wenn die Ladung mehr als 1 m über die Rückstrahler hinausragt, muss eine hellrote Fahne sowie ein Schild oder ein Zylinder in hellroter Farbe angebracht werden. Die **maximale Breite eines Pkws** im Straßenverkehr beträgt 2,50 m, der Anhänger darf maximal 2,55 m breit sein. Was die **Höhe** angeht, ist bei 4 m Schluss. Nur in Ausnahmefällen kann man sich eine Genehmigung für längere Gespanne ausstellen lassen. Die Grenzen für die Abmessungen limitieren die Möglichkeiten bei der Zusammenstellung des Gespanns. So ist es z. B. nicht ohne Weiteres möglich, mit einem Minihaus auf einem Anhänger zu verreisen, wenn dieser die vorgegebenen Maße sprengt. Im Einzelfall müsste das Haus also per Schwertransport zum Zielort gebracht werden. Aber das ist dann nun wirklich kein Camping mehr.

Personenkraftwagen
Höchstzulässige Breite: 2,50 m

Anhänger
Höchstzulässige Breite: 2,55 m

Anhänger
Höchstzulässige Höhe: 4 m

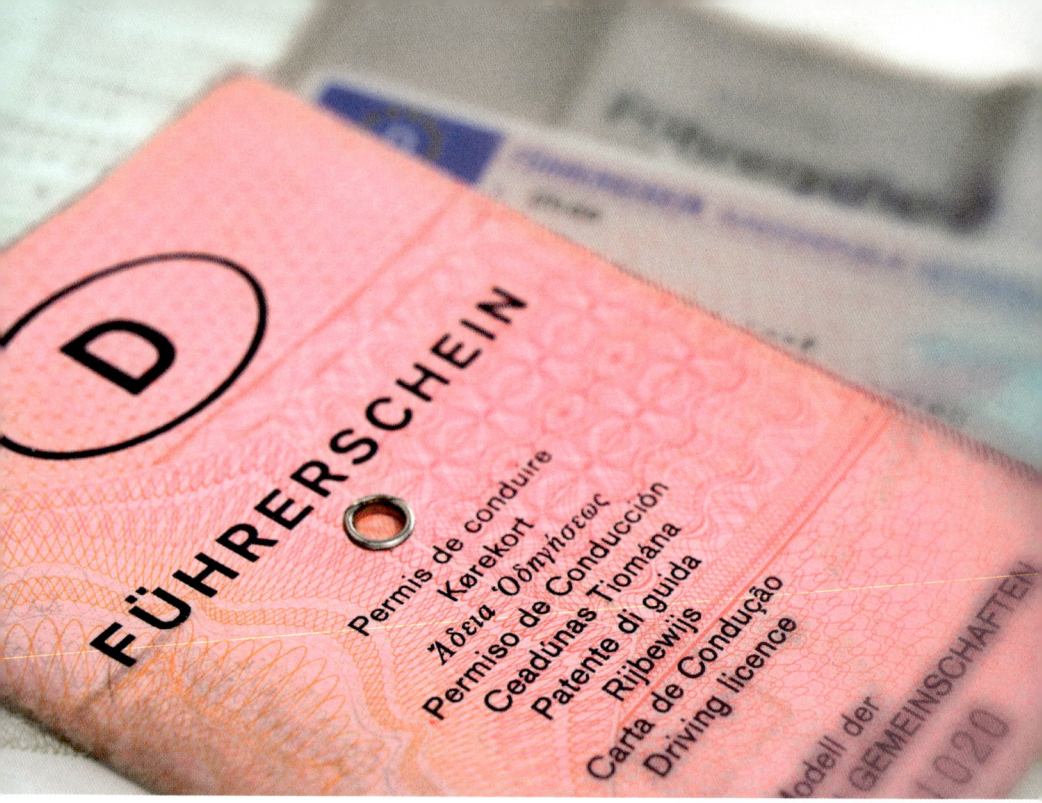

KLASSEN-UNTERSCHIEDE: DER RICHTIGE FÜHRERSCHEIN

Fahrrad-Camper mit Zelt und Schlafsack müssen sich keine Gedanken um eine gültige Fahrerlaubnis machen. Doch sobald es ins Auto geht und vielleicht noch ein Anhänger gezogen werden soll, ist ein Blick in den Führerschein ratsam. Vor allem drei Faktoren sind ausschlaggebend: Für welche Klassen wurde die Fahrerlaubnis erteilt? Wann wurde die Fahrerlaubnis erteilt? Und ab einer bestimmten Fahrzeuggröße: Wie alt ist der Fahrer oder die Fahrerin?

Beginnen wir mit den Klassen. Bis einschließlich 1998 wurden diese in Nummern

Bis 2033 muss der alte Papierführerschein durch den neuen Kartenführerschein ersetzt werden.

unterteilt. Für das Führen von Pkws musste beispielsweise die Klasse 3 erworben werden. Mit dieser Lizenz war es erlaubt, Fahrzeuge bis zu einem Gewicht von 7,5 t zu fahren, sogar ein Anhänger mit einem Gewicht über 750 kg konnte mit dieser Führerscheinklasse gezogen werden. So war es theoretisch möglich, ein langes und mehrere Tonnen schweres Gespann zu fahren – selbst, wenn man das Autofahren nur in einem Kleinwagen gelernt hatte. Anfang 1999 wurde die alte Nummernklassifikation ersetzt. Seitdem galten Buchstaben-Klassen. 2013 wurden die Klassen EU-weit vereinheitlich, weitere Klassen kamen hinzu.

Für alle, die ihren Führerschein vor 1999 erworben haben, gilt eine Besitzstandswahrung. Das heißt, die alten Berechtigungen haben weiterhin ihre Geltung und werden normalerweise im neuen Führerschein in die neuen Klassen übersetzt.

Wer den Pkw-Führerschein der Klasse B ab 1999 gemacht hat, darf deutlich weniger Fahrzeuge bewegen als Besitzer der alten Führerscheinklasse 3. Soll beispielsweise ein Anhänger gezogen werden und ist kein zusätzlicher Anhängerführerschein der Klasse BE vorhanden, darf dieser nur bis 750 kg wiegen. Das kann bei einem Caravan schon sehr eng werden. Auch ein Wohnmobil darf nur gefahren werden, wenn es maximal 3,5 t wiegt. Soll es ein größeres und damit schwereres Fahrzeug werden, muss die Klasse C1 nachgeholt werden. Ist das Traummobil sogar noch schwerer als 7,5 t, muss die Königsklasse C der Lkw-Führerscheine vorliegen. Bedenken sollte man auch: In jedem Fall ist es empfehlenswert, dass alle Mitfahrer den passenden Führerschein für das jeweilige Fahrzeug besitzen, damit man sich auf längeren Strecken auch mal abwechseln kann oder das Fahrzeug in Notsituationen vom Fleck bewegt werden darf.

Das alles klingt vielleicht etwas komplizierter, als es in der Praxis ist. Im Führerschein sind alle Fahrzeugklassen, für die eine

Alte Fahrerlaubnisklassen	Entspricht der aktuellen Fahrerlaubnis
1	A
1a	A2
1b	A1
2	C, CE
3	B, C1, C1E
4	AM
5	L
KOM	D, DE

Fahrerlaubnis vorliegt, mit dem Datum versehen, an dem diese Erlaubnis erlangt wurde. Außerdem ist vermerkt, wann diese gegebenenfalls endet.

DIE ALTE KLASSE 3: DER PKW-FÜHRERSCHEIN MIT LKW-EXTRA

Mit der alten Klasse 3 haben Autofahrer folgende Fahrberechtigungen: Pkw bis 3,5 t (heute Klasse B), Pkw mit Anhänger bis 750 kg (BE), Lkw bis 7,5 t (C1), Gespanne mit Anhänger über 750 kg und einem Gesamtgewicht bis zu 12 t (C1E). Darüber hinaus dürfen theoretisch auch Fahrzeuge bis 7,5 t gefahren werden (Klasse CE und Schlüsselzahl 79),

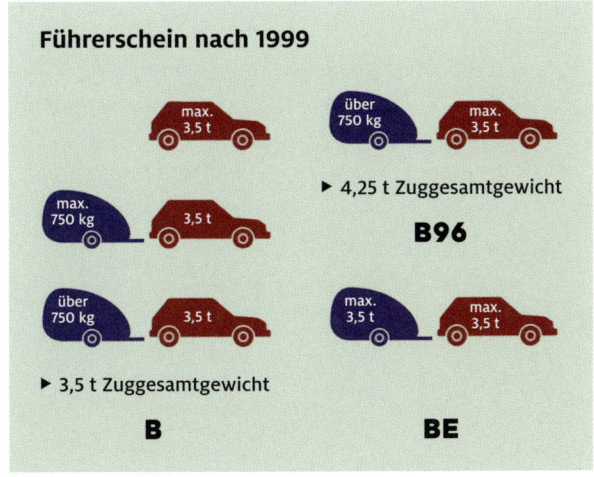

ALLES NEU

Die „Pappe", wie der alte Führerschein aus Papier auch liebevoll genannt wird, ist bald Geschichte. Bis spätestens zum 19. Januar 2033 müssen alle vor 2013 ausgestellten Führerscheine in einen **Kartenführerschein** umgetauscht werden. Aber auch dabei gilt, dass die Führerscheinbesitzer nach dem Wechsel auf keine ihrer bisherigen Klassen verzichten müssen.

gert wird. Generell gilt: Wer sich unsicher ist und nicht genau einschätzen kann, welche Fahrzeuge er mit seinem alten Führerschein bewegen darf, sollte sich vor dem Einsteigen bei den offiziellen Stellen genau informieren.

FÜHRERSCHEIN IM AUSLAND

Der neue Kartenführerschein gilt innerhalb der gesamten EU. Der alte deutsche Papierführerschein wird zwar ebenfalls in den meisten europäischen Ländern anerkannt, dennoch empfiehlt es sich, den einheitlichen Kartenführerschein mitzuführen. Für Fahrten außerhalb der Europäischen Union kann es sinnvoll sein, einen internationalen Führerschein dabeizuhaben. Dieses Zusatzdokument übersetzt den regulären Führerschein und ist nur in Verbindung mit diesem gültig. Der internationale Führerschein wird bei den Straßenverkehrsämtern des Wohnortes beantragt und ist drei Jahre gültig. Wer noch einen Papierführerschein besitzt, muss diesen zunächst in einen Kartenführerschein umtauschen, um den internationalen Führerschein beantragen zu können.

dabei darf der Anhänger dann sogar bis zu 11 t wiegen. Das gilt aber nur bis zu einem bestimmten Alter: Sind Fahrer oder Fahrerin 50 Jahre oder älter, erlischt die CE-Erlaubnis für große Gespanne, sofern diese nicht unter Vorlage einer ärztlichen Unbedenklichkeitsbescheinigung beim Amt regelmäßig verlän-

(NEUE) FÜHRERSCHEIN-KLASSEN AUF EINEN BLICK

Klasse B: Pkws, Campingbusse und Wohnmobile bis 3,5 t (inklusive Anhänger bis 750 kg)
Klasse B96: Anhänger mit mehr 750 kg, Gewicht des Gespanns bis 4,25 t
Klasse BE: Zugfahrzeug bis 3,5 t und Anhänger bis zu 3,5 t
Klasse C1: Transporter und Wohnmobile bis 7,5 t (inklusive Anhänger bis 750 kg)

Klasse C1E: Zugfahrzeug bis 7,5 t und Anhänger über 750 kg (zusammen bis maximal 12 t)
Klasse C: Lkw über 7,5 t. Der Führerschein gilt über fünf Jahre und kann mit Vorlage ärztlicher Atteste verlängert werden.
Klasse CE: Schwere Lastzüge: Lkw über 7,5 t und Anhänger über 750 kg

MIT DEM CAMPER IN DEN URLAUB? ABER SICHER!

Wohnmobile, Camper und Zugfahrzeuge werden immer moderner – nicht nur in der Ausstattung, sondern auch in puncto Sicherheit. Dank smarter Bordelektronik können sich Fahrer besser auf den Verkehr konzentrieren. Noch wichtiger als Sicherheitstechnik ist allerdings das Wissen über Sicherheitsregeln im Straßenverkehr – die sich in vielen Ländern unterscheiden. Ein kleiner Überblick über Gesetze und Verordnungen und ganz praktische Tipps sorgen für noch mehr Sicherheit.

Der deutsche Führerschein ist in allen EU-Ländern gültig, auch die Verkehrsschilder sind glücklicherweise weitestgehend einheitlich. Dennoch unterscheiden sich einige Regeln im Straßenverkehr von Land zu Land.

Bei Reisen ins Ausland sollte man sich über örtliche Verkehrsregeln informieren.

Das beginnt schon bei der Höchstgeschwindigkeit. Während es in Deutschland sogar Autobahnstücke ohne jegliche Geschwindigkeitsbegrenzung für Pkws gibt, ist in anderen Ländern spätestens bei 130 km/h Schluss, meistens deutlich früher. Für Wohnmobile oder Gespanne ist es noch komplizierter. Beispiel Deutschland: Hierzulande dürfen Wohnmobile mit einem Gewicht ab 3,5 t bis 7,5 t auf Autobahnen und Kraftfahrstraßen mit maximal 100 km/h unterwegs sein. Außerorts gilt ein Tempolimit von 80 km/h. Ist der Camper noch schwerer, reduziert sich die Höchstgeschwindigkeit: Auf Landstraßen gelten dann 60 km/h, auf Autobahnen sind es dann immerhin noch 80 km/h. Und ganz gleich, wie leistungsstark ein Camper über 3,5 t auch ist – es gilt ein Überholverbot.

Wer bei einer Reise Landesgrenzen überquert, wird mit einem Schild auf die örtlichen Regeln hingewiesen. Und auch unterwegs sollte man immer wieder auf Schilder achten, die auf niedrige Brücken, enge Straßen oder z. B. die maximale Belastbarkeit einer Überführung hinweisen. Gerade für Wohnwagenfahrer oder Gespanne sind solche Verkehrszeichen relevant, da sich die Abmessungen einer solchen Fahrzeugkombination deutlich von einem Standard-Pkw unterscheiden. Es kann schnell passieren, dass man bei der Fahrt das vorgegebene Tempolimit oder die Hinweise übersieht oder vergisst – und das kann nicht nur gefährlich, sondern auch teuer werden.

Aber Technik hilft: Bei modernen Fahrzeugen lässt sich die Höchstgeschwindigkeit festlegen, wodurch der Wagen im Falle eines Falles automatisch abbremst. Praktisch sind auch spezielle Navigationsgeräte für Camper und Gespanne, wie sie etwa Garmin oder TomTom anbieten. Dort können die individuellen Fahrzeugdaten wie Typ, Länge, Breite und Höhe eingetragen werden. Diese „Navis" suchen dann nicht nur die passende Route heraus, sondern nennen auch automatisch die entsprechende Höchstgeschwindigkeit für Strecke und Fahrzeug.

REGELN EUROPAWEIT

Und manchmal regeln die örtlichen Gesetze nur Verhaltensweisen, die sowieso schon der gesunde Menschenverstand gebietet. Ein gutes Beispiel dafür sind die Vorschriften zur Beladung des Fahrzeugs oder des Anhängers. Ist das Fahrzeug zu schwer, verändert sich das Fahrverhalten, die Bremswege werden länger. Ist das Gewicht falsch verteilt und sogar ungesichert an Bord, kann ein Manöver oder eine starke Bremsung sehr gefährlich werden. Für dieses Wissen braucht ein aufmerksamer Verkehrsteilnehmer keine Gesetze. Doch auch die Strafen, die bei einem Verstoß fällig werden, sind gesetzlich geregelt – und die können besonders im Ausland empfindlich hoch sein. Zu schnell gefahren oder zu schwer unterwegs? Im Einzelfall ist das nicht nur teuer, manchmal muss man sogar den Wagen stehen lassen. Aber nicht nur deshalb sollte sich jeder an die Regeln halten, sondern vor allem, weil man sicher und entspannt reisen möchte.

Ein paar allgemeingültige Grundregeln sollten daher unterwegs beachtet werden. So müssen während der Fahrt alle Mitfahrer angeschnallt auf ihrem Platz sitzen bleiben. Natürlich kommt es nicht in Frage, sich ins Bett oder aufs Sofa zu legen und ein Nickerchen zu machen – ganz gleich, wie vorsichtig der Fahrer agiert. Es ist auch keine gute Idee, während der Fahrt nur mal eben aufzustehen und etwas aus der Küche zu holen. Übrigens sollten natürlich nur so viele Mitfahrer an Bord sein, wie es im Mobil Plätze mit Gurten gibt.

Neben Tempolimit und Anschnallpflicht gibt es noch weitere Sicherheitsregeln, die in ganz Europa relevant sind. So ist es inzwischen in 30 europäischen Ländern verboten, während der Fahrt zu telefonieren. Wer in Deutschland mit einem Handy am Ohr erwischt wird, zahlt 100 Euro und bekommt einen Punkt in Flensburg. Im Vergleich zu Großbritannien ist das noch günstig, dort können bis zu 1100 Euro Strafe fällig werden. Auch Alkohol am Steuer wird überall geahndet, allerdings unterscheiden sich die Grenzwerte von Land zu Land. In vielen Ländern gilt eine Promillegrenze von 0,5 für Autofahrer, in Tschechien und Ungarn ist bereits alles über 0,0 Promille verboten. Strafen und Bußgelder sind nach Land und ermitteltem Wert unterschiedlich. Vorsicht auch an Ampeln im Ausland: In Bulgarien und Rumänien überspringen Ampeln die Gelbphase, auch in Estland wird es nicht gelb, stattdessen blinkt es grün. Beim Licht gibt es ebenfalls Unterschiede, so muss in vielen Ländern auch tags-

ADAC FAHRSICHERHEITSTRAINING FÜR CAMPER

Im Straßenverkehr mit Wohnwagen oder Wohnmobil sollte man sich sicher fühlen. Es spielt dabei keine Rolle, wie viele Tausend Kilometer man bereits im Pkw gefahren ist. Sobald man mit einem Wohnwagen fährt, verändert sich das Fahrverhalten. Auch ein Wohnmobil verhält sich nicht wie ein Alltags-Pkw. Ganz egal, ob blutiger Anfänger oder rostig gewordener Profi: Mit den ADAC Fahrsicherheitstrainings kann man sich bestens auf die nächste Urlaubsreise vorbereiten!

Wohnmobiltraining
Wohnmobile haben ihre Tücken und stellen die Fahrer vor ganz neue Anforderungen – z. B. beim Rangieren, Kurvenfahren oder im Bremsverhalten. Wer optimal vorbereitet und sicher in den Urlaub starten will, hat die Möglichkeit, sein Fahrzeug vor Reiseantritt in verschiedenen Fahrsituationen kennenzulernen und richtig zu reagieren.

Training für Wohnwagen und andere Pkw-Gespanne
Einen Pkw mit (Wohn-)Anhänger zu fahren ist nicht ohne. Beim ADAC Fahrsicherheitstraining können Teilnehmer ihre Fähigkeiten gefahrlos austesten und in einer sicheren Umgebung herausfinden, wie ein Pkw mit Anhänger reagiert. Das sorgt für mehr Fahrsicherheit auf dem Weg in den Campingurlaub!

ADAC Fahrsicherheitstraining buchen
Trainingsort suchen, reservieren und buchen unter:
- pincamp.de/fahrsicherheitstraining

über mit Abblendlicht gefahren werden – in Italien, Rumänien oder Ungarn allerdings nur außerorts und auf Autobahnen.

RÜCKFAHRKAMERA FÜR MEHR ÜBERBLICK

Das Wohnmobil rückwärts durch eine schmale Gasse manövrieren? Das macht wenig Freude. Bei einem normalen Pkw reicht der Außenspiegel oder die elektronische Einparkhilfe, um Betonpfosten, Äste oder spielende Kinder zu umschiffen. Beim Wohnmobil sieht das anders aus. Es ist ganz einfach zu breit für den Erfassungsbereich von elektronischen Fahrhilfen, außerdem verwirren Heckträger oder befestigte Fahrräder den Sensor. Abhilfe schafft ein sogenanntes Rückfahr-Videosystem, meist auch Wohnmobilkamera oder Rückfahrkamera genannt. Dabei wird oben am Heck des Fahrzeugs eine kleine Videokamera installiert und mit einem Monitor im Cockpit verbunden. Die Kamera schaltet sich automatisch ein, wenn man den Rückwärtsgang einlegt, und liefert Bilder vom Bereich hinter dem Fahrzeug. Kameras gibt es mit Kabel oder als Funkversion, die auch mit Wohnwagengespannen genutzt werden kann. Das komplette System besteht aus einer Kamera, einem kleinen Monitor fürs Fahrerhaus, Kabel und bei Bedarf einer Sonnenblende und einem Objektschutz.

WOHNWAGENSICHERHEIT

Bestimmte Regeln sorgen auch beim Caravan für mehr Sicherheit. Auch hier sind sich zwar alle Länder über das „Ob" einig, aber nicht immer über das „Wie". Technisches Zubehör kann bei Wohnwagengespannen generell erheblich zur Fahrsicherheit beitragen.

ANTISCHLINGERKUPPLUNG FÜR WOHNWAGEN

Es ist ein beängstigendes Gefühl, wenn der Wohnwagenanhänger bei höheren Geschwindigkeiten dazu neigt, hin- und her zu schlingern. Denn die Möglichkeit besteht, dass diese Bewegung sich verstärkt, im Extremfall kann der Wohnwagen sogar umkippen. Grund dafür ist die bewegliche Kugelkopfkupplung, die den Anhänger mit dem Fahrzeug verbindet. Sie ermöglicht dem Gespann das Fahren in Kurven. Dummerweise kann sie aber auch zu unbeabsichtigten Seitwärtsbewegungen des Wohnwagens führen. Hier hilft eine Antischlingerkupplung. Mit dieser Vorrichtung werden Reibebeläge um den Kugelkopf gelegt, was die Bewegung dämpft und das Fahrverhalten stabilisiert.

ABREISSSEIL

In Deutschland müssen Anhänger mit Auflaufbremse und einem zulässigen Gesamtgewicht über 750 kg mit einem Abreißseil gesichert werden. Das gilt auch für die meisten Wohnwagen. Das Abreißseil ist ein ummanteltes, 1 m langes Stahlseil mit einem Federhaken. Sollte sich der Anhänger während der Fahrt ungewollt vom Zugfahrzeug lösen, ak-

---

DREI MÖGLICHKEITEN, DAS ABREISSSEIL ZU BEFESTIGEN

- Bei einer Anhängerkupplung mit Öse kann man den Federhaken des Abreißseils durch die Öse fädeln, das Seil danach um den Kugelkopf führen und die so gebildete Schlinge wieder am Abreißseil einhaken. Passt der Federhaken nicht durch die Schlaufe, lässt sich das Seil mit einem Feuerwehrkarabiner (DIN 5299, 70 mm) nachrüsten, diesen dann direkt in die Öse einklinken.
- Bei einer abnehmbaren Kupplung sollte das Abreißseil direkt am Zugfahrzeug an einer Öse befestigt werden. Dafür eignet sich neben der Öse am Halter der Anhängevorrichtung die Abschleppöse, wenn sie am Fahrzeugheck möglichst mittig angebracht ist. Auch hier gilt: nicht den Federhaken direkt an der Öse befestigen, sondern das Abreißseil durch die Öse führen. Ein Feuerwehrkarabiner darf direkt in die Öse eingeklinkt werden.
- Falls weder Fahrzeug noch Kupplung über eine Öse verfügt, reicht es in Deutschland noch aus, das Abreißseil über den Kugelhals der Anhängerkupplung zu schlingen. Aber aufgepasst: Nicht überall in Europa ist das gesetzlich zugelassen, hohe Strafen drohen.

tiviert das Abreißseil die Bremse und bringt den abgekoppelten Anhänger schnellstmöglich zum Stillstand. Es gibt je nach Land unterschiedliche Regeln und Gesetze, wie das Abreißseil am Wohnwagen anzubringen ist. Ein fehlendes oder nicht ordnungsgemäß angebrachtes Seil zwischen Zugfahrzeug und Anhänger wird in einigen Ländern mit hohen Bußgeldern geahndet. Spezielle Abreißseil-Bestimmungen gelten z. B. in den Niederlanden, in der Schweiz und in Österreich:

Niederlande: In den Niederlanden gilt grundsätzlich, dass sowohl ungebremste als auch gebremste Anhänger mit Sicherungsseil zu befestigen sind. Es muss verhindert werden, dass das Seil vom Kugelhals abspringen kann, falls sich der Anhänger löst. Das Seil muss an einer vorhandenen Öse an der Kupplung oder am Fahrzeug befestigt werden. Eine fehlende Öse muss mit der sogenannten „Hollandöse" nachgerüstet werden, einem speziellen Bügel für die Anhängerkupplung.

Schweiz: Auch in der Schweiz müssen alle ungebremsten und gebremsten Anhänger gesichert werden. Die Sicherungseinrichtung muss direkt mit dem Zugfahrzeug mittels Öse und Karabinerhaken verbunden werden. Auch ein nachgerüsteter Bügel an der Kupplung ist in Ordnung, wenn die Anhängerkupplung nicht abnehmbar ist. Eine Schlaufe über den Kugelhals ist in der Schweiz nicht zulässig.

Österreich: Ungebremste und gebremste Wohnwagen müssen mit einem Seil gesichert werden, das um die Anhängerkupplung geschlungen werden darf.

UNFÄLLE MIT CAMPING-FAHRZEUGEN

Wenn Wohnmobile in Unfälle verwickelt werden, handelt es sich laut Unfallstatistik und Versichereranalysen vor allem um Auffahrunfälle. Glücklicherweise besteht das geringste Risiko für die Personen, die vorne sitzen. Zu den Gründen für viele der registrierten Unfälle gehört der lange Bremsweg der Mobile und Gespanne. Rund 60 m braucht ein Reisemobil, um von 100 km/h in den Stand zu kommen. Die Bremsleistung liegt damit zwar im gesetzlichen Rahmen, allerdings ist sie deutlich geringer, als bei modernen Pkws. Kommt noch eine Überladung des Fahrzeugs hinzu, verlängert sich der Bremsweg, die Unfallgefahr steigt. Wenn dann die Ladung noch schlecht gesichert ist, wirken bei einem Auffahrunfall auch im Inneren des Fahrzeugs massive Kräfte. Bereits eine Wasserflasche kann dann zum lebensgefährlichen Geschoss werden.

Kommt es trotz aller Vorsichtsmaßnahmen zu einem Unfall, sollte man wissen, wie man sich im schlimmsten Fall richtig verhält. Diese Schritte sind wichtig:

- Warnblinkanlage einschalten
- Falls möglich, das Gespann an den Straßenrand manövrieren
- Die Warnweste noch im Fahrzeug überziehen und darauf achten, wo ggf. das andere Auto anhält, das am Unfall beteiligt war
- Wenn der Unfallbeteiligte nicht anhält, Kennzeichen, Autotyp und Farbe direkt notieren
- Unfallstelle absichern und Warndreieck mindestens 50 oder 100 m davor aufstellen, um andere Verkehrsteilnehmer vor der Unfallstelle zu warnen
- Unfall einschätzen: Ist nur ein Blechschaden vorhanden oder sind Personen verletzt?
- Wenn nötig, Erste Hilfe leisten
- Falls kein Personenschaden vorliegt, reicht es, die Polizei unter der Rufnummer 110 zu benachrichtigen.
- Bei Verletzten oder unklarer Lage sollte der Rettungsdienst unter der Rufnummer 112 verständigt werden.

MIT ANHÄNGER UNTERWEGS

Camper wollen einsteigen, losfahren, ankommen und genießen. Aber so einfach ist es nicht immer, wenn man mit einem Wohnwagen oder Anhänger unterwegs ist. Damit man sicher ans Ziel kommt, ist nicht nur ein wenig Übung gefragt, sondern manchmal auch die passende Ausrüstung.

Wer einen Wohnwagen ziehen möchte, sollte auf das Gesamtgewicht und die maximale Stützlast achten.

Wer seinen Pkw-Führerschein vor 1999 (s. S. 318) gemacht hat, darf mit seinem Auto größere Wohnwagen und Anhänger ziehen, ohne es je in der Fahrschule gelernt zu haben. Aber auch kleinere Anhänger, wie sie mit den neuen Führerscheinen erlaubt sind, stellen für ungeübte Fahrer zunächst eine Herausforderung dar. Es ist eine Sache, ein Auto zu fahren, mit einem Anhänger am Haken ist es eine ganz andere. Entscheidend ist, dass man das Verhalten des Gespanns in Kurven, beim Rangieren und in gefährlichen Situationen genau kennen sollte. Mit einem Anhänger verlängert sich der Bremsweg, und die Fahrdynamik des Autos verändert sich gravierend.

STÜTZLAST UND FAHRSICHERHEIT

Die Stützlast eines Pkws, die von den Herstellern der Fahrzeuge angegeben wird, ist ein viel diskutiertes Thema in Camper-Foren. Denn häufig ist nicht ganz klar, was die Zahl überhaupt bedeutet – und welche Auswirkung eine falsche Beladung hat. Dabei ist es eigentlich ganz einfach: Die maximal zulässige Stützlast bezeichnet die Kraft, die während der Fahrt auf die Kugel der Anhängerkupplung wirken darf. Dieser Wert liegt in den meisten Fällen bei 75 kg. Verwirrend wird es, weil Hersteller für Wohnwagen wiederum eine maximale Deichsellast angeben, die häufig ein wenig höher ist als die Stützlast des Pkws. Merken sollte man sich ganz einfach, dass die maximal zulässige Stützlast vom kleineren Wert bestimmt wird. Dieses Maß sollte im Übrigen auch (nahezu) ausgenutzt werden, um ein Pendeln des Anhängers während der Fahrt zu vermeiden und um die gesamte Stabilität des Gespanns zu erhöhen. Bei einem Wohnwagen lässt sich die Stützlast relativ einfach durch ausreichende Beladung erhöhen, die dafür sorgt, dass mehr Gewicht auf der Anhängerkupplung des Zugfahrzeugs lastet. Das Ergebnis schlägt sich im allgemeinen Fahrverhalten des Gespanns nieder: Der Anhänger folgt dem Zugfahrzeug ruhiger. Er liegt besser auf der Straße, lässt sich zuverlässiger manövrieren und neigt weniger zum Aufschaukeln.

ZURÜCKSETZEN UND EINPARKEN

Wenn es etwas gibt, was mit einem Anhänger keinen großen Spaß macht, dann ist es das Rückwärtsfahren. Wenn es geht, vermeiden Fahrer eines Gespanns solche Manöver – doch nicht immer ist das möglich. Schwierigkeiten bereitet den meisten Fahrern, dass man dabei spiegelverkehrt agieren muss: Will man

STÜTZLAST UND ANHÄNGELAST

Das Gewicht, welches auf der Anhängerkupplung des Zugfahrzeuges aufliegt (Stützlast), kann Auswirkungen auf die generelle Anhängelast haben, also auf das maximale Gewicht des Wohnwagens. Im Prinzip ist die Handhabe im Alltag recht einfach – mit einer Ausnahme: Ist das zulässige **Gesamtgewicht des Wohnwagens** kleiner oder genauso groß wie die zulässige **Anhängelast des Zugwagens**, darf das Gewicht des Wohnwagens nicht um die zulässige **Stützlast** höher belastet werden, da das zulässige Gesamtgewicht nie überschritten werden darf. Einzige **Ausnahme** von dieser Regel: Wenn das zulässige Gesamtgewicht des Wohnwagens größer ist als die zulässige Anhängelast des Zugwagens, darf das Gewicht des Wohnwagens der Anhängelast plus Stützlast entsprechen – obwohl der Wohnwagen damit schwerer ist, als die eigentliche Anhängelast vorgibt.

den Anhänger im Rückwärtsgang nach links lenken, muss man nach rechts einschlagen. Der Anhänger wird beim Rückwärtsfahren also stets in die entgegengesetzte Richtung bewegt. Und ist man zu schnell, klappt der Anhänger so spitz ein, dass keine weiteren Lenkbewegungen möglich sind. Dann muss vor dem nächsten Versuch das Gespann im Vorwärtsgang wieder gerade gezogen werden. Ein weiteres Problem ist der Überhang, also der Abstand der Hinterachse des Zugfahrzeugs zur Anhängerkupplung. Häufig ist dieser Überhang recht kurz. Das hat zur Folge, dass sich die Vorderachse des Zugfahrzeugs beim Rangieren sehr weit drehen muss, um die Lenkeinwirkung auf den Anhänger möglichst effektiv wirken zu lassen.

ÜBUNG UND EINWEISUNG

Auch beim Rangieren mit Wohnwagen gilt: Übung macht den Meister, und dafür eignen sich z. B.

EINE RANGIERHILFE NUTZEN

Der Name sagt es schon: Diese Geräte helfen, den Wohnwagen in Bewegung zu setzen. Es gibt verschiedene Varianten solcher Rangierhilfen. Meistens handelt es sich um einen kleinen Kasten, der am Boden des Wohnwagens vor den Reifen montiert wird. Ein darin verbauter Elektromotor bewegt eine Walze, die wiederum den Wohnwagenreifen antreibt. Die Motoren werden von einer Batterie angetrieben, die in den meisten Fällen per Kabel vom Bordnetz gespeist wird. Gesteuert werden die Geräte mittels einer Steuereinheit per Kabel oder Funk. Mit einer solchen Rangierhilfe können selbst schwere Wohnwagen von nur einer Person bewegt werden. Außerdem können sie die Funktion einer zusätzlichen Bremse übernehmen. Darüber hinaus gibt es Rangierhilfen, die ans Stützrad an der Caravan-Deichsel montiert werden. Mit besonders leistungsstarken Systemen können ganze Wohnwagen per Fernbedienung wie ein ferngesteuertes Spielzeugauto bewegt werden. Weitere Infos zum Thema Rangierhilfe auf pincamp.de:

■ pincamp.de/rangierhilfe

große Parkplätze. Vor allem aber sollte man sich beim Rangieren nicht übernehmen und zumindest die ersten Male nicht allein agieren, sondern eine weitere Person als Einweiser dabeihaben. Wichtig: Vor dem Rangieren sollte man sich auf Gesten verständigen, damit es keine Missverständnisse gibt. Auch Übersicht ist wichtig, deshalb ist es entscheidend, dass man sich vor dem Einparken, besonders in engen Straßen, einen genauen Überblick über die örtliche Verkehrssituation verschafft.

TIPPS ZUM FAHREN MIT ANHÄNGER

Gewicht: Der Maximalwert der Stützlast darf nicht überschritten werden, aber auch eine deutliche Unterschreitung ist nicht ratsam. Mit einem Distanzholz und einer handelsüblichen Körperwaage lässt sich die tatsächliche Stützlast des abgekoppelten Anhängers messen. Je nach Messergebnis muss das Gewicht im Anhänger neu verteilt werden. Die mitgeführte Ladung sollte möglichst tief und gleichmäßig im Anhänger verteilt werden. Schwere Gegenstände platziert man vor allem im Bereich der Wohnwagenachse. Stets im Blick behalten: Bei der Beladung darf weder die zulässige Achslast noch das

Es reicht nicht, den Wohnwagen auf die Anhängerkupplung zu setzen und das Stromkabel anzuschließen, auch das Sicherungsseil muss korrekt befestigt werden.

Gesamtgewicht des Anhängers überschritten werden.
Reifen: Vor der Fahrt sollte der Reifendruck kontrolliert und gegebenenfalls korrigiert werden. Außerdem sollten die Reifen des Caravans regelmäßig auf Schäden untersucht werden. Auch das Alter der Wohnwagenreifen ist wichtig für die Fahreigenschaft, sie sollten nicht älter als sechs Jahre sein.
Ankuppeln: Hat das Zugfahrzeug ein abnehmbares Kupplungssystem, sollte der feste Sitz lieber einmal zu viel als zu wenig überprüft werden. Das gilt auch fürs Ankuppeln: Hier ist besonders darauf zu achten, dass die Kupplung korrekt einrastet und das Sicherungsseil vorschriftsmäßig an der Öse oder dem Kupplungshals hängt (S. 324). Auch auf die Länge des Stromkabels ist dabei zu achten. Ist das Kabel zu kurz, kann es sich in Kurven lösen. Ist es dagegen zu lang, kann es passieren, dass es auf der Straße schleift.
Reisevorbereitung: Es empfiehlt sich, vor der Fahrt die Gasflaschen abzudrehen und auf nicht angeschlossene Flaschen die Schutzkappen aufzusetzen. Keinesfalls vergessen sollte man auch, vor jeder Fahrt alle Luken und Fenster zu schließen. Ansonsten könnten Fahrtwind und Regen unterwegs Schäden verursachen. Abgerissene Scheiben können im schlimmsten Fall den nachfolgenden Verkehr gefährden. Die Dach- und Fahrradträger sollten regelmäßig mit einer Rüttelprobe auf ihren sicheren Halt überprüft werden.
Fahrsicherheit: Mit einem Anhänger ist der Bremsweg deutlich länger. Darum sollte man während der Fahrt mehr Abstand zum Vordermann halten. Wenn der Anhänger breiter als das Zugfahrzeug ist, müssen Zusatzspiegel angebracht werden. Das hat gute Gründe: Sie ermöglichen bei gerade gezogenem Gespann einen Blick auf die hinteren vertikalen Kanten. Außerdem erleichtern Zusatzspiegel Rangiervorgänge und das Überholen auf der Autobahn.

ZELT, TIPI UND CO

―

Zeltcamping: dünner Stoff für große Träume ▸ 332

ZELTCAMPING: DÜNNER STOFF FÜR GROSSE TRÄUME

―

Zelten ist nicht nur die ursprünglichste Campingvariante, sondern auch die mit dem besten Preis-Leistungs-Verhältnis. Doch nicht nur aufgrund der geringen Kosten ist das Zelten so beliebt.

Mit dem Zelt reisen: Es ist kaum möglich, der Natur noch näher zu kommen.

Es eignet sich hervorragend für Kurztrips, Festivals (s. 214) oder sogar für längere Urlaubsreisen, wenn man nur mit leichtem Gepäck unterwegs sein möchte. Und vor allem taucht man mit dem Zelt, nur von dünnen Stoffbahnen getrennt, ganz tief in die Natur ein. Von Zeltauswahl, Kauf und Aufbau bis zur richtigen Ausrüstung: Mit den richtigen Tipps wird der Zeltausflug zum Erfolg. Denn es sieht so einfach aus – doch der Zeltaufbau kann für Anfänger zu einer echten Herausforderung werden. Je nach Zelttyp (S. 20) müssen zahlreiche Stangen, Stoffe, Bänder und Heringe richtig geordnet und nach Anleitung zusammengesetzt werden. Und dann sollte das Ganze auch noch Wind und Wetter trotzen und bestenfalls gerade stehen. Zum Glück machen es moderne Zelte den Campern etwas einfacher: Die Aufbaukonzepte werden immer ausgeklügelter, und ständig kommen neue Innovationen auf den Markt.

Doch welches ist das richtige Zelt für den nächsten Trip? In dem nahezu unüberschaubaren Angebot an Zelten sind die unterschiedlichsten Variationen, Größen, Ausstattungen und Preisklassen erhältlich. Ein Blick auf einen typischen Campingplatz beweist, dass das klassische Kuppelzelt in verschiedenen Größen und Ausführungen heute zu den beliebtesten Zelttypen zählt. Ein Grund ist sicherlich der relativ einfache Auf- und Abbau und das verhältnismäßig geringe Gewicht. Das Gestänge kreuzt sich diagonal über der Grundfläche, worüber sich das Außenzelt spannt. Kuppelzelte sind sehr widerstandsfähig gegen Wind und Wetter, bieten aber verhältnismäßig wenig Platz im Innenraum. Ein Tipp: Damit im Zelt noch genügend Platz für das Gepäck ist, sollte das Zelt mindestens für eine Person mehr ausgelegt sein, als tatsächlich darin übernachten wollen.

Ganz klar: Ferien im Zelt sind nicht für jedermann ideal. Wer noch nie mit Schlafsack und Isomatte unterwegs war, sollte beim ersten Mal nicht gleich seinen Jahresurlaub dafür reservieren – zur Probe tut es auch ein Wochenendtrip. Doch wer einmal Gefallen daran gefunden hat, minimalistisch und naturnah im Zelt zu reisen, wird mit unvergesslichen Momenten belohnt.

TIPPS ZUM KAUF

Vor dem Kauf sollte man sich vor allem drei Fragen stellen: Wofür, von wem und wo soll das Zelt genutzt werden? Wer mit dem Zelt ein Festival besuchen möchte, wählt ein anderes Modell aus als ein passionierter Bergwanderer oder eine Familie, die einen längeren Campingurlaub plant. Die Anzahl der Personen und der Wunsch nach Komfort sind ausschlaggebend für die richtige Wahl,

> ### ERMITTLUNG DER WASSERSÄULE
>
> Wie wasserdicht ein Zelt unter Extrembedingungen ist, lässt sich am Normwert der Wassersäule ablesen. Der Wert wird durch einen normierten, hydrostatischen Wasserdruckversuch bestimmt, bei dem der Zeltstoff einem bestimmten **Wasserdruck** ausgesetzt wird. Dafür wird ein leerer Wasserzylinder auf dem Zeltstoff aufgelegt, dessen Füllmenge jede Minute um 100 mm erhöht wird. Sobald sich auf der anderen Seite der Zeltwand Flüssigkeit zeigt, ist die maximale Wassersäule erreicht. Ein Zelt mit einer Wassersäule von 3000 mm hält dem Druck einer 3 m hohen Wassersäule stand. Gemäß der EU-DIN-Norm gilt ein Zelt ab einer Wassersäule von 1500 mm als wasserdicht.

genauso wie die Umgebung, in der das Zelt aufgebaut werden soll, denn Hitze, Nässe oder Kälte wirken sich unterschiedlich auf die Materialien aus.

In wärmeren Gefilden sollte sich ein Zelt nicht zu stark aufheizen. Deshalb sind in einer solchen Umgebung gute Belüftungsmöglichkeiten wichtig. Am besten sind gegenüberliegende Öffnungen, die einen leichten Durchzug ermöglichen. Praktisch sind auch separate Innenzelte, die unabhängig vom Außenzelt aufgestellt werden können. Reicht das mit einem Abstand darüber gespannte Außenzelt nicht ganz bis zum Boden, kann die Luft zwischen den Hüllen zirkulieren.

Helle Farben halten zudem große Wärme ab, da sie die Sonnenstrahlen besser reflektieren. Ganz wichtig sind in Gebieten mit milderem Klima, aber auch im sommerlichen Skandinavien gute Moskitonetze am Eingangsbereich und an den Fenstern des Zelts.

Wer mit dem Fahrrad oder zu Fuß unterwegs ist, sollte darauf achten, dass Zelt, Schlafsack und Isomatte weder schwer noch sperrig sind. Allerdings kosten kompakte und leichte Produkte, die bequem zu tragen sind, deutlich mehr. Soll es in eine Gegend gehen, in der auch schlechtere Wetterlagen zu erwarten sind, sollte man größere Stauräume (sogenannte Apsiden) fürs Gepäck und ein geräumiges Innenzelt einplanen. Bei Regenwetter ist es wichtig, das Innere des Zelts trocken zu halten, dabei hilft eine gute Ventilation. Ein hochgezogener und hochwertiger Boden des Innenzeltes mit ausreichender Wassersäule verhindert, dass Nässe eindringen kann. Eine zusätzliche Unterlage kann den Zeltunterboden vor Beschädigungen schützen. Wenn Innen- und Außenzelt nicht direkt aufeinanderliegen, kann keine Feuchtigkeit ins Innere gelangen.

Ideal ist ein Innenzelt aus Nylon oder Polyester, also Materialien, die eine schnelle Trocknung gewährleisten. Generell sollte das Material eine gute Qualität haben. Besonderes Augenmerk gilt dabei dem Zeltboden, dem Material von Außen- und Innenzelt, der Art der Beschichtung und der Qualität der Nähte. Wie wasserdicht ein Zelt ist, lässt sich man am Normwert der Wassersäule (s. 333) ablesen. Je höher die Zahl ist, desto widerstandsfähiger ist die Zeltwand gegen eindringende Feuchtigkeit.

DER RICHTIGE STANDORT

Bei der Platzwahl sollte man unbedingt darauf achten, dass der Boden flach und eben ist. Noch besser ist es, wenn der Standort des Zelts ein wenig erhöht liegt, auf keinen Fall aber niedriger als die Umgebung. Denn so schön es auf den ersten Blick erscheinen mag, wenn das Zelt windgeschützt in einer Senke steht – sobald es regnet, bekommt man schnell nasse Füße, ein echter Albtraum für jeden Camper.

Der Zeltplatz sollte zudem von allen Objekten befreit werden, die den Schlafkomfort beeinträchtigen und das Zelt beschädigen können, also z. B. Wurzeln, Äste, Steine oder Tannenzapfen. Eine zusätzliche Plane unter dem Zeltboden bringt mehr Schutz. Wenn diese etwas größer ist als die Zeltgrundfläche, kann sie auch als trockene Unterlage im Eingangsbereich dienen.

Idealerweise liegt der Standort zudem im Schatten und bietet eine gute Luftzirkulation. Ein zusätzliches Tarp oder ein Sonnensegel können künstlichen Schatten erzeugen. Im Sommer sollte man nach Möglichkeit das Zelt erst bei einbrechender Dunkelheit aufstellen, damit sich die Wärme nicht darin staut.

AUFBAU

Wer das erste Mal mit einem Zelt unterwegs ist, sollte es vor der Reise auf Vollständigkeit prüfen und vielleicht sogar einmal probeweise aufbauen. Zum Aufstellen wird das Zelt erst einmal zur Gänze entfaltet, das Zubehör wie Stangen und Schnüre wird zunächst danebengelegt. Beim Platzieren auf dem gewünschten Platz sollte man bei größeren Zelten unbedingt die Ausrichtung des Ausgangs im Blick behalten. Mit vier Heringen können zunächst die Ecken des Zeltbodens befestigt werden, was den weiteren Aufbau erleichtert. Je nach Zelttyp werden nun die verschiedenen Stangen zusammengesteckt und in die entsprechenden Führungen des Zeltes geschoben oder daran befestigt. Anhand der Stangen wird das Zeltdach nun aufgestellt, die Enden der Stangen kommen

Der Aufbau von modernen Klein- und Familienzelten ist mittlerweile kinderleicht. Mit dem richtigen Equipment wird jeder Zelttrip zur erfolgreichen Entdeckertour.

SICHTBARE ZELTSCHNÜRE

Damit Zeltschnüre auf schlecht beleuchteten Campingplätzen nicht zur gefährlichen Stolperfalle werden, können im Outdoor-Fachhandel erhältliche **selbstleuchtende oder reflektierende Bänder** daran befestigt werden. Dann wird der nächtliche Gang zur Toilette nicht zum Hindernislauf.

in die dafür vorgesehenen Halterungen. Die Schnüre werden an den Zeltösen befestigt und mit Heringen abgespannt. Dabei sollte darauf geachtet werden, dass die Heringe fest im Boden verankert sind, das Außenzelt faltenfrei aufgespannt ist und die Schnüre regelmäßig nachspannt werden können. Jedes Zelt ist natürlich anders, deswegen können diese Schritte entsprechend variieren.

EINRICHTUNG

Auch wenn es durchaus noch Low-Budget-Camper geben soll, die es bevorzugen, auf dem Boden zu schlafen – bequemer ist es mit einer Isomatte oder einer Luftmatratze. Doch aufgepasst: Es lohnt sich, bei der Wahl der Isomatte etwas mehr Budget einzuplanen. Besonders praktisch sind selbstaufblasbare Isomatten, die sich nach dem Gebrauch wieder platzsparend zusammenrollen lassen. Noch mehr Komfort bietet ein klappbares Feldbett. Je nach Temperatur gehört eine Decke oder ein Schlafsack zur Grundausrüstung, empfehlenswert ist auch ein stabiles Kopfkissen. Bei Schlafsäcken wird meist angegeben, für welche Temperaturen das jeweilige Produkt geeignet ist (s. Kasten S. 337). Ausschlaggebend ist dabei der Wert für den sogenannten Komfortbereich.

Wer entsprechende Transportmöglichkeiten hat, sollte an Klappstühle denken, denn auch beim Zelttrip möchte man beim Essen bequem sitzen. Generell empfiehlt es sich beim Zeltcamping, möglichst wenig teures Equipment mitzunehmen, gerade wenn man keine Möglichkeit hat, dieses sicher im Auto zu verstauen. Aber ein paar Gadgets sind unverzichtbar, dazu zählen eine Taschen- oder eine Stirnlampe, ein Taschenmesser oder Multitool, Feuerzeug oder Streichhölzer und Windlichter. Darüber hinaus empfiehlt es sich, eine wiederaufladbare Powerbank mitzunehmen, mit der das Smartphone mit Strom versorgt werden kann. Für ein Mindestmaß an Sicherheit kann man die Reißverschlüsse der Eingänge mit Vorhängeschlössern verriegeln.

KOCHEN, ESSEN, ABWASCHEN

Zelt-Camper können nicht den Luxus eines geräumigen Kühlschranks genießen, stattdessen muss für das Frischhalten von Lebensmitteln eine Kühlbox (s. auch S. 265) mit begrenztem Fassungsvermögen genutzt werden. Darum sollte man beim Zelten überwiegend auf haltbare Lebensmittel wie Konserven setzen, die auch bei sommerlichen Temperaturen nicht verderben. Gewürze und Kräuter halten sich hervorragend in kleinen Gläschen oder Filmdosen.

Zubereitet werden die Speisen auf einem Campingkocher oder Grill. Wer mit größeren Zelten und mehr Ausrüstung reist, hat vielleicht auch einen größeren Kocher mit zwei Herdplatten dabei (s. Rezepte auf S. 180). Topf und Pfanne sollten leicht, das Geschirr und Besteck robust sein. Für den Abwasch kann eine faltbare Schüssel benutzt werden, natürlich muss auch etwas Spülmittel mit.

HYGIENE UND KLEIDUNG

Sollte es auf dem Zeltplatz keine Waschhäuser geben, leistet ein Duschsack mit montiertem Schlauch und Brausekopf gute Dienste. Um die Natur nicht zu belasten, sollten zum Outdoor-Waschen unbedingt natürliche Seifen verwendet werden. Ein Mikrofaserhandtuch ist praktischer als ein normales Frotteehandtuch, da es leichter ist und schneller trocknet. Neben Zahnbürste und -pasta dürfen Klopapier, Müllbeutel und Feuchttücher nicht fehlen. Empfehlenswert ist auch eine Wäscheleine, damit Badesachen und Handtücher vor Ort trocknen können.

Wer mit dem Zelt unterwegs ist, hat nicht viel Platz für eine umfangreiche Auswahl aus dem heimischen Kleiderschrank. Es kommt vor allem auf funktionale Kleidung an. Statt einer großen Auswahl an Kleidungsstücken sollte lieber ausreichend Waschmittel mitgenommen werden.

ZELTPFLEGE

Wer sein Zelt pflegt, sorgt dafür, dass der Wert der Wassersäule dauerhaft stabil bleibt und Materialien und Gesamtzustand lange für Freude sorgen. Mit einem Imprägnierschutz lässt sich die wasserabweisende Eigenschaft des Zeltstoffs verbessern und somit die Lebensdauer des Zeltes verlängern. Ist der Campingtrip vorbei, sollte das Zelt vor dem Zusammenbau trocken und möglichst sauber sein. Idealerweise lässt man den Zeltstoff dafür an der frischen Luft auslüften – andernfalls kann sich schnell Schimmel bilden. Beim Zusammenlegen sollte man darauf achten, dass mit dem Zeltboden keine Steine oder andere Fremdkörper einpackt werden, die das Zelt beschädigen können. Wer die Möglichkeit hat, sollte nach einer längeren Campingpause das Zelt einmal aufbauen und das Material nach Beschädigungen absuchen.

WIE KALT WIRD'S IM SCHLAFSACK?

Auch für die Temperaturangaben beim Schlafsackkauf gibt es eine EU-Norm: Sie werden mit einem aufwendigen Klimakammer-Testverfahren ermittelt. Zur Orientierung werden folgende Bereiche auf den Etiketten der Schlafsäcke angeben: **TComf (Komfortbereich)** gibt den unteren Komfortgrenzwert bei Standardgebrauch durch eine durchschnittliche weibliche Person an. **TLimit (Limitbereich)** ist der untere Grenzwert beim Standardgebrauch in zusammengerollter Position bei einem Mann. **TExtrem (Extrembereich)** ist der unterste Grenzwert für das Überleben einer Frau, also eher weniger relevant für den Durchschnittsnutzer. **TMax (Maximalbereich)** wiederum gibt den obersten Komfortgrenzwert ohne Überhitzung bei einem Mann an. Einige Hersteller machen auch eine Einteilung nach Jahreszeiten. Mit **Season 1** werden dann Sommerschlafsäcke gekennzeichnet. Schlafsäcke der **Season 2** können problemlos vom Spätfrühling bis zum Frühherbst genutzt werden. Die **Season 3** gilt für die Verwendung von Frühling bis zum Winteranfang, und **Season 4** kann ganzjährig genutzt werden.

CAMPINGKNIFFE FÜR DEN ZELTPLATZ

Gute Ausrüstung kann man zwar kaufen, schöner wird's aber, wenn man sie selber macht. Von leuchtenden Wasserspielen bis zum Dosenofen: Mit diesen DIY-Utensilien wird Camping ganz individuell.

Praktischer Hingucker: Eine Orangenkerze sieht gut aus und erfüllt ihren Zweck.

PLASTIKFLASCHEN-MÜCKENFALLE

Benötigtes Material: Plastikflasche, Messer, brauner Zucker, Trockenhefe und heißes Wasser

Anleitung: Die Flasche auf etwa halber Höhe horizontal durchschneiden. Im unteren Teil Zucker, Hefe und heißes Wasser verrühren. Den oberen Teil mit dem Flaschenhals umgedreht und ohne Deckel auf den unteren Teil mit der Flüssigkeit setzen. Sobald die Flüssigkeit gärt, lockt der Duft die Mücken an – und es gibt kein Entkommen.

NOTKOCHER AUS BLECHDOSEN

Benötigtes Material: Zwei große Blechdosen, Dosenöffner, Filzstift, Metallschere, Säge oder Zange, Brennmaterial

Anleitung: In der bereits geöffneten und gesäuberten „Standdose" werden für die Belüftung des Kochers am oberen Rand vier etwa 2 cm breite und 2 cm hohe Öffnungen eingeschnitten. Auch an der unteren Kante werden vier Löcher in gleichmäßigen Abständen in die Dose geschnitten. Für einen effektiven Windschutz wird bei einer zweiten Dose mit dem Dosenöffner der Boden entfernt. Diese Dose nun mittig an die Außenseite der ersten Dose halten und die Umrisse darauf mit einem Filzstift zeichnen. Mit einer Säge oder scharfen Zange den Dosenumriss ausschneiden. Dann die zweite Dose ohne Boden halb in die erste Dose hineinstecken. Das ganze Gestell auf einen feuerfesten Boden stellen, die offene Seite der Standdose zeigt dabei nach oben. Von oben Zunder und Brennmaterial einfüllen und anzünden. Weiteres Brennmaterial kann durch die seitliche Dose nachgefüllt werden. Dieser Kocher ist auch ohne Windschutz machbar. Dann benötigt man nur eine Dose mit einer großen seitlichen Öffnung für die Hinzugabe des Brennmaterials.

RÜHREI AUS DER FLASCHE

Benötigtes Material: Eier, Rührschüssel, Gabel, Trichter, leere Plastikflasche

Anleitung: Zu Hause mehrere Eier in einer Rührschüssel mit einer Gabel aufschlagen. Die Ei-Flüssigkeit dann mit einem Trichter in die Flasche füllen und diese mit dem Deckel verschließen. Die Flasche kann dann in einer Kühlbox transportiert werden. Fürs morgendliche Rührei einfach etwas Ei-Flüssigkeit in die Pfanne gießen.

Ein Campingklassiker: der Dosenkocher für alle Fälle

KANISTERLAMPE

Benötigtes Material: Plastikflasche oder weißer Wasserkanister, Wasser, Kopftaschenlampe

Anleitung: Von der Flasche bzw. dem Kanister alle Folien und Papierlabel entfernen. Anschließend das Behältnis mit Wasser füllen und verschließen. Die Kopftaschenlampe so an der Außenseite befestigen, dass der Lichtstrahl ins Innere gerichtet ist. Durch die Lichtbrechung verteilt sich das Licht großflächig im Zelt.

ORANGENKERZE

Benötigtes Material: Orange, Messer, Speiseöl

Anleitung: Für die Lampe benötigt man nur die Schale der Orange. Mit dem Messer einmal mittig rundherum schneiden und vorsichtig den oberen Teil der Schale sowie das Fruchtfleisch in einem Stück entfernen. Wichtig: An der Unterseite muss der Fruchtstengel stehen bleiben, dieser dient als Docht. Die untere Schale mit Speiseöl füllen und dann den Docht anzünden. In die obere Hälfte der Schale ein Loch in der Größe eines Zwei-Euro-Stücks schneiden. Fertig ist das Windlicht mit Deckel!

MINI-GEWÜRZ-SPENDER

Benötigtes Material: „tic tac"-Verpackung, Trichter

Anleitung: Bei den leeren „tic tac"-Packungen die Aufkleber entfernen. Dann die Plastikdosen mit einem Trichter jeweils mit Gewürzen füllen und verschließen und mit einem Filzer beschriften.

ANHANG

Camping-Glossar ▸ 341
Register ▸ 344
Bildnachweis ▸ 350
Impressum ▸ 351

CAMPING-GLOSSAR

Wer mitreden kann, ist klar im Vorteil. Im Folgenden haben wir einige häufig genutzte Camper-Begriffe einfach erklärt.

Abreißseil Seil zur Sicherung eines Wohnanhängers, das mit einer Schlaufe und einem Karabinerhaken an der Kugelkopfkupplung des Zugfahrzeugs befestigt wird. Die Anbringung ist in Deutschland bei auflaufgebremsten Anhängern ab einem Gewicht von 750 kg vorgeschrieben.

Abwasser Im Camper wird benutztes Wasser in fest installierten oder mobilen Tanks gesammelt. Beim Abwasser wird zwischen Schwarzwasser (S. 343) und Grauwasser (S. 342) unterschieden.

Achslast Mit der Achslast wird einerseits das maximale Gewicht angegeben, welches auf die Achse eines Fahrzeugs drücken darf. Andererseits kennzeichnet sie das Gewicht, das die Räder auf die Straße übertragen.

Alkoven Überhang der Wohneinheit über der Fahrerkabine des Wohnmobils. Im Innern birgt der Alkoven meist eine zusätzliche Liegefläche.

Antischlingerkupplung Vorrichtung zur Verbesserung des Fahrverhaltens eines Zugfahrzeugs mit einem Wohnanhänger. Die Antischlingerkupplung befindet sich an der Deichsel des Anhängers und wird mit der Anhängerkupplung des Zugfahrzeugs verbunden. Während neue Anhänger schon ab Werk damit ausgestattet sind, kann sie bei älteren Modellen nachgerüstet werden.

Auffahrkeile Diese Keile erleichtern auf unebenem Untergrund das Ausrichten des Wohnmobils oder Wohnwagens. Unter den Reifen platziert, sorgen sie für den Ausgleich von Höhenunterschieden. Es gibt Varianten aus Plastik und Metall oder als Luftkissen.

Auflastung Erhöhung des zulässigen, vom Hersteller eingetragenen Gesamtgewichts des Fahrzeugs, wodurch eine höhere Nutzlast erzielt wird. Je nach Fahrzeugtyp sind für diese Prozedur Umbauten notwendig.

Autarkes Campen Art des Campings, die nicht auf eine feste Wasser-, Strom- und Gasversorgung angewiesen ist.

Campervan Umgebauter Transporter (engl. „Van") mit erhöhtem Dach. Fahrzeuge dieser Art sind sehr kompakt, allerdings ist das Platzangebot des Innenraums begrenzt.

Caravan Andere Bezeichnung für Wohnwagen. Der Begriff bezeichnet eine Wohnkabine auf Rädern, die über keinen eigenen Motor verfügt.

CEE-Adapter Dreipoliges Steckersystem, mit dessen Hilfe der Landstrom (S. 343) eines Campingplatzes genutzt werden kann. In Deutschland ist diese Steckverbindung Standard, während man im Ausland immer wieder auch herkömmliche Schuko-Anschlüsse findet.

Chemietoilette Auch als chemische Kassettentoilette bekannt. In einer Kassette oder einem dafür vorgesehenen Tank werden Kot und Urin gesammelt. Dank chemischer Mittel wird die Fäulnis verlangsamt und die Geruchsbildung gemindert. Die Kassetten und Tanks müssen in Entsorgungsstationen entleert werden.

Dachluke Öffnung im Dach eines Wohnwagens oder Wohnmobils, die zur Ent- und Belüftung sowie als Lichteinfall dient. Häufig sind solche Dachfenster mit einem Moskitonetz sowie einem Verdunklungsrollo ausgestattet.

Dachmarkise Ist die Halterung der Kassettenmarkise am Dach des Wohnmobils oder Wohnwagens befestigt, spricht man von einer Dachmarkise.

Deichsel Vorrichtung am Wohnwagen, mit der dieser mit der Anhängerkupplung des Zugfahrzeugs verbunden wird. Eine Deichsel besteht aus einem Metallgestänge, das am Wohnwagen fixiert ist.

Deichselkasten Bei Wohnwagen ist auf der Deichsel häufig eine Box aus Metall oder Kunststoff angebracht. Dieser Deichselkasten bietet zusätzlichen Stauraum, z. B. für Gasflaschen und andere Gerätschaften.

Dinette Bezeichnung für die Sitzecke in einem Wohnmobil oder Caravan. Häufig besteht sie aus zwei gegenüberliegenden Bänken oder einer Rundbank. Bei einer kleinen Bank in Kombination mit Tisch und gedrehten Vordersitzen spricht man von einer Halbdinette. In vielen Fahrzeugen lässt sich die Dinette zu einem Bett umbauen.

Druckminderer Verfügt das Mobil über eine Gasanlage, wird für den Betrieb mit Gasflaschen ein Druckminderer benötigt, der den Gasdruck der Flasche regelt.

Dumpen, Dumping In vielen Ländern gebräuchliche Bezeichnung für die Entsorgung von Grau- und Schwarzwasser.

Einstiegsstufe Bei Caravans und Wohnmobilen mit einem Bodenniveau von mehr als 40 cm über dem Grund verlangt der TÜV eine Trittstufe zur Erleichterung des Einstiegs. Diese darf fest am Fahrzeug verbunden, ausklappbar oder separat aufstellbar sein.

Entsorgung Sammelbezeichnung für die Beseitigung von Müll, Grauwasser und Fäkalien. Auf Campingplätzen und Stellplätzen gibt es spezielle Entsorgungsstationen. In einigen Ländern findet man solche Stationen auch auf Rastplätzen oder Autohöfen.

Faltcaravan Zeltaufbau, der auf einem Anhänger fest verbaut ist und daher ein Zugfahrzeug benötigt. Ein Faltcaravan wird oft auch Anhängerzelt genannt.

Festbett Schlafplatz im Wohnwagen oder Wohnmobil, der nicht auf- oder abgebaut werden muss bzw. kann. Vorteil: Man schläft auf einer „echten" Matratze mit Lattenrost und nicht auf dem Polster einer umgebauten Sitzgruppe.

Feuerstelle Auf vielen Campingplätzen ist es nicht erlaubt, ein offenes Lagerfeuer zu entzünden. Als Ausgleich gibt es vielerorts speziell geschützte Feuerstellen.

Freistehen oder Wildcampen Übernachtung mit Zelt, Wohnmobil oder Caravan außerhalb von Stell- und Campingplätzen.

Gasprüfung Technische Überprüfung der eingebauten Gasanlage im Wohnwagen oder Wohnmobil durch eine zugelassene Stelle.

Gaswarner Gerät zur Erkennung von gesundheitsschädlichen Gasen in der Raumluft des Campingfahrzeugs. Übersteigt die Konzentration von Gasen wie Butan, Propan oder Methan bestimmte Grenzwerte, schlägt der Gaswarner Alarm.

Glamping Wortschöpfung aus den Begriffen „Glamour" und „Camping". Glamping bezeichnet eine Art des Campings, bei der die Ausstattung luxuriös, exklusiv und hochwertig ist.

Grauwasser Gesammeltes Schmutzwasser aus verschiedenen Abflüssen wie Spülbecken, Waschbecken und Dusche, das in einem speziellen Tank gesammelt wird. Dieser darf nur an entsprechenden Entsorgungsstationen entleert werden.

Heckgarage Der geräumige Stauraum im Heckbereich eines Wohnmobils befindet sich meist unter einem eingebauten Bett.

Heringe Erdnagel oder -stift aus Metall zur Verankerung von Zelten oder Zeltleinen im Boden. Heringe werden auch genutzt, um Sonnensegel, Markisen, Planen oder Vorzelte abzuspannen.

Hubbett Häufig in teil- oder vollintegrierten Wohnmobilen fast unsichtbar unter der Decke angebrachtes Bett mit einem Hebemechanismus. Ein solches Hubbett kann im Frontbereich bis auf Höhe des Lenkrads abgesenkt werden.

Kederleiste oder Kederschiene Befestigungsschiene für Sonnensegel oder Vorzelte am Wohnwagen oder Wohnmobil. Das an einer Kante verstärkte Tuch bzw. die Zeltplane wird dafür mit dem „Keder" in die Kederleiste gezogen.

Kurbelstützen Stützen in den vier Ecken des Unterbodens eines Wohnwagens, die per Gewindestange und Drehkurbel ausgefahren werden. So kann der Wohnwagen waagerecht ausgerichtet und für einen stabilen Stand gesorgt werden.

Landstrom Auf Camping- oder Stellplätzen verfügbarer Strom. Wohnwagen oder Wohnmobile können per CEE-Kabel an den Landstrom angeschlossen werden, um die Stromversorgung mit 230 Volt zu nutzen.

Mückennetz Spezielles Gewebe aus Kunststoff mit sehr feinen Öffnungen zum Schutz vor Insekten. Wird als Mückengaze im Zelteingang genutzt, aber auch als Rollo oder Fliegengitter vor Fenstern und Türen.

Mover Am Chassis befestigtes motorisiertes Rangiersystem, mit dem sich Wohnwagen einfacher einparken lassen, auch mittels Fernbedienung.

Narkosegas Medizinisches Gas zur Betäubung, das angeblich von Kriminellen bei Einbrüchen in Campingmobilen genutzt wird – allerdings wurden solche Überfälle bisher noch nie belegt.

Nasszelle Kleines Badezimmer oder der Sanitärraum eines Campingfahrzeugs.

Panello Eine 50 x 50 cm große Warntafel aus Aluminium oder Kunststoff mit diagonal verlaufenen roten und weißen Streifen. Sie muss z. B. in Italien als Hinweisschild angebracht werden, wenn Fahrräder über die Heckkontur hinausstehen.

Parzelle Der gebuchte oder gemietete Stellplatz auf einem Campingplatz.

Porta-Potti Fast alle tragbaren Spültoiletten werden „Porta-Potti" genannt. Der Name selbst ist ein eingetragenes Warenzeichen der Firma Thetfort.

Schwarzwasser Bezeichnung für das Abwasser aus der Toilette eines Campers.

Service- oder Kofferklappe Öffnung, durch die ein Stauraum des Campingfahrzeugs von außen erreicht werden kann.

Sturmband Robustes Spannband, welches zur zusätzlichen Sicherung eines Vorzelts genutzt werden kann.

Stützlast Das Gewicht, das auf die Anhängerkupplung des Zugfahrzeugs wirkt. Diese kommt nur bei Anhängern zum Tragen, deren Gewicht nicht vollständig von ihren eigenen Achsen getragen wird.

Teilintegriert(er) Wohnmobiltyp, bei dem das gleiche Fahrerhaus genutzt wird wie im regulären Basisfahrzeug. Am Fahrerhaus wurden für diesen Wohnmobilaufbau keine Änderungen vorgenommen.

Therme Warmwassersystem im Camper. Zum Erhitzen des Wassers wird die warme Luft des Heizungssystems genutzt oder ein elektrisch betriebener Heizstab.

Trockentoilette Auch als Komposttoilette bekannte Toilettenart ohne Wasserspülung.

Verteilerblock Die Gaszufuhr zu einzelnen Verbrauchern wie Herd oder Kühlschrank wird von hier über Ventile verteilt.

Wassersäule Maßeinheit, die bei Zelten die Wasserdichtigkeit des Materials angibt.

Wechselrichter Gerät zur Umwandlung der 12-Volt-Spannung einer Bordbatterie in die benötigten 230 Volt für Elektrogeräte.

Zuglast Auch Anhängelast; Bezeichnung für das tatsächliche Gewicht, das ein Fahrzeug hinter sich herzieht.

Zulässiges Gesamtgewicht Gewicht, das sich aus dem Leergewicht des Fahrzeugs oder Gespanns und der maximalen zugelassenen Zuladung ergibt.

REGISTER

A

Abgasnorm 239
Abreißseil 324
Absorber-Kühlschrank 265
Abwassertank 255
Achslast 313
ADAC Services 352
    Ambulanz-Service 352
    Apps 61
    Campcard 352
    Fahrsicherheits-
       training 323
    Pannenhilfe 352
    Stellplatzführer 157
    Superplatz 150
    Wohnmobil und Wohn-
       wagenvermietung 233
Adapter (Gas) 250
Adapter (Strom) 259
Afrika 143
AGM-Batterie 262
Aktivcamping 207
Alarmanlage 281
Alkane 247
Alkohol am Steuer 322,
   siehe auch Verkehrsregeln
Alkoven 32
Allwetterreifen 311
alternative Plätze 164
Alu-Gasflaschen 248
Ambulanz-Service 352
Anfänger 45
Anhängelast 327
Anhänger 317, 326
Anhängerkupplung 237
Ankuppeln 329
Anschnallpflicht 322
Antischlingerkupplung
   324
Apps 61

Apsiden 334
Arbeiten unterwegs 278
Asien 145
Auflastung 316
Aufstelldach 31
Ausbau 288, *siehe auch*
   Selbstausbau
Ausflüge 192
Ausgussrinne 254
Außenreinigung 301
Außenspiegel 238
Australien 137

B

Baby, Camping mit 196
Babyschale 191
Bad 256
Basisfahrzeuge 288
Basiskosten (beim Kauf)
   238
Batterien 260
Bauernhofcamping 164
Baumhäuser 168
Baumzelt 20
Bauwagen 42
Beamer 272
Beladung 312, 314, 315, 316
Belgien 105, 163
Bewegungsmelde-
   anlagen 281
Biwakieren 20, 23, 161
Breite 317
Buchung (Campingplatz)
   148
Buchung (Wohnmobil-
   stellplatz) 157
Budget 63, 230, 237,
   siehe auch Kosten
Bulli 12, 31, 38
Butan-Gas 247

C

Caddy 38
Caidal 18
Campervan 36
Campinganfänger 45
Campingbus 31
Campingführer 155
Campingkocher 176
Campingmöbel 284
Campingplätze 148
    Belgien 106
    Dänemark 90
    Deutschland 78, 80, 82,
       84, 85, 167, 169
    Frankreich 112
    für Aktive 211
    für Familien 193
    Großbritannien 109
    im Winter 222
    Italien 119
    Kroatien 126
    Litauen 130
    mit Hund 206
    Niederlande 104
    Norwegen 96
    Österreich 122
    Polen 130
    Portugal 115
    Schweden 93
    Slowenien 122
    Spanien 115
Campingplatzregeln 153
Campingplatzsuche 151
Campingtypen 45
Caravan 24
Caravano 12
Carnet de Passages 135,
   137
CEE-Adapter 259
Chemietoilette 256

Chlorbleichlauge 253
Citroen Berlingo 38

D
Dachbox 208
Dachlast 23
Dachzelt 22, 23, 40
Dämmung 290, 293
Dänemark 89
Dauercamping 52, 152
Deichsellast 326
Deichselschloss 281
Deichselträger 208
Dethleffs 12, 24
Deutschlandtouren 74, 76
Diebstahlschutz 280
digitale Nomaden 54, 278
Dokumente 64
Druckwasserpumpe 252
Dutch Oven 186
Dükerung 268
Dumpen (Dumping) 254
Dusche 257, 294
DVB-T 271

E
EC-Karten 283
Eigentums-Gasflasche 248
Eimertoilette 257
Einbogenzelt 20
Einbruchsschutz 280
Einparkhilfe 323
Elektrogrill 187
Emissions-Schlüsselnummer 239
Eriba 26
Expeditionsfahrzeuge 41

F
Fahrradträger 208
Fahrsicherheit 321
Fahrsicherheitstraining 323

Fahrzeugschein 23, 239, 310, 313
Faltcaravan 23
Familiencamping 46, 190, *siehe auch* Kinder
Familienzelte 21
Fenster 293
 Reinigung 303
Fernsehen 270, *siehe auch* TV
Festivals
 Camping 214
 Festivals in Deutschland 218
 Packliste 217
Feuer 186
Filme und Serien zum Thema Camping 274
Finnland 97
Fitness beim Campen 212
Fixkosten (eigenes Mobil) 238
Flüssiggase 247
Frankreich 111, 163
Frischwasser 252, 253
Frostschutz 305
Führerschein 25, 318
Fußbodenheizung 268

G
Gaffa Tape 299
Ganzjahresreifen 311
Gas 246
 Anschlusstypen 250
 Sicherheitsabsperrung 249
Gasflaschen 247
Gasflaschenadapter 250
Gasgrill 187
Gasheizung 266
Gasherd 176
Gaskartuschen 247
Gasprüfung 238, 249
Gebrauchtkauf 237
Geländewagen 40
Gelbatterien 261

Generatoren (Strom) 263
Geodät-Zelt 21
Gesamtgewicht 23, 313
Geschirr 176
Geschwindigkeitsbegrenzung 321
Geschwindigkeitsindex (Reifen) 310
Gespanne 317
Gewicht 312, *siehe auch*
 Beladung
 Prüfen 315
 Sparen 314
 Verteilen 314
Glamping 49, 145
Grauwasser 252, 253
Grill 176, 186
Großbritannien 107
Grüne Versicherungskarte 64, 134

H
Halbdinette 34
Händler (Campingzubehör) 242
Hängemattenzelt 20
Hauptuntersuchung 249
Hebelarmwirkung 313
Heckträger 208
Heizlüfter 268
Heizung 266
H-Kennzeichen 238
Hochdach 32
Höhe 317
Holzkohlegrill 187
Homeoffice 278
Hubbett 35
Hubdach 28
Humustoilette 257
Hund, Camping mit 202
 Campingplätze 206
 Hundebox 204
 Regeln im Ausland 206
Hymer 12, 26

I

Igluzelt 21
indirektes Grillen 187
Infos im Internet 62, 151
Innenreinigung 300
Internetempfang 276
Internetverbindung 279
Island 98
Isolierung 290, 293
Isothermrohr 268

J

Jedermannsrecht 89, 161
Jurten 18

K

Kabel (Strom) 259
Kanada 140
Kanarische Inseln 144
Karosserieschäden 296
Kartenverlust 283
Kassettenmarkisen 285
Kassettentoilette 256
Kastenwagen 32, 37, 38
Kaufen (Wohnmobil, Wohnwagen) 236
Kfz-Steuer 238, 239
Kinder 190
    Campingplätze für Familien 192, 193
    Kindersitz 190
    Spiele 198
Klappwaschbecken 257
Klappwohnwagen 28
Klebeband 299
Klimaanlagen 269
Kochbücher 177
Kochen 50, 172
    auf dem Rastplatz 175
    Küchenzubehör 176
    Rezepte für Camper 180
    Zero-Waste-Campingküche 227

Kocher 176
Kombi-Heizung 267
Komposttoilette 257
Kompressor-Klimaanlage 269
Kompressor-Kühlschränke 265
Kosten 63, 230, 237
    Arbeiten im Mobil 279
    Fixkosten (eigenes Mobil) 238
    Kosten sparen 232
    Reisekosten 231
    versteckte Kosten 238
    Wohnmobil- und Wohnwagenkauf 236
Kreditkarten 283
Kroatien 125
Kücheneinbau 293
Küchenkniffe für Camper 173
Küchenzubehör 176, 178
Kühlboxen 265
Kühlschrank 264
Kuppelzelt 20, 21

L

Ladezyklen 261
Lagerfeuer 186
Länge 317
Lastindex 310
Lavvu 18
Leergewicht 316
Leihen 233
    ADAC Vermietung 233
    Vermieter 234
Leih-Gasflasche 247
Lenkradschloss 281
Liner (Luxuswohnmobil) 35
Litauen 128
LKW-Führerschein 319
LKW-Wohnmobile 35
LTE-Prepaid-Karten 276
LTE-Router und -Antennen 276

Luftzelte 21
Luxuswohnwagen 27

M

Markisen 285
Marokko 143
Maße (Wohnwagengespann) 316
Membranpumpen 252
Mieten 233, *siehe auch* Leihen
Minikühlschränke 265
Miniwohnmobil 38
Miniwohnwagen 25
Mitnahme-ABC 66
Möbel 284
Möbelbau 291
mobiles Internet 277
Mobilheime 43
M+S-Reifen 311
Müllvermeidung unterwegs 157, 227

N

nachhaltig campen 224
Nachsendeanbieter 279
Nassbatterien 261
Nasszelle 256, 294
Naturschutz 224
    Müll vermeiden 157, 227
    Zero-Waste-Campingküche 227
Neuseeland 135
Neuzulassungen 25
Niederlande 103
Nordamerika 139
Nordsee 77
Norwegen 94
Notfälle 325

O

Obelink 102
offenes Feuer 186

Offroad-Wohnmobile 41
Offroad-Wohnwagen 29
Open-Air-Festivals 218
Ortungssysteme 282
Österreich 121
Ostsee 77
Outdoor-Möbel 284

P

Packlisten 63
   für die Wasserversorgung 255
   für Festivalcamper 217
   mit Baby 196
   mit Kind 195
   Mitnahme-ABC 66
   Winterausstattung 223
Packrafting 209
Passive Kühlung 264
Pincamp-Empfehlungen 154
   Belgien 106
   Dänemark 90
   Deutschland 78, 80, 82, 84, 85, 167, 169
   Frankreich 112
   für Aktive 211
   für Familien 193
   Großbritannien 109
   im Winter 222
   Italien 119
   Kroatien 126
   Litauen 130
   mit Hund 206
   Niederlande 104
   Norwegen 96
   Österreich 122
   Polen 130
   Portugal 115
   Schweden 93
   Slowenien 122
   Spanien 115
   Touren 87, 108, 118, 127

Pkw-Führerschein 319
Playlists 71
Podcasts 70
Polen 128
Portugal 114
Preise 230, 237, *siehe auch* Kosten
Prepaid-Karten 277
private Stellplätze 164
Promillegrenze 322, *siehe auch* Verkehrsregeln
Propangas 247
Putzen 301, *siehe auch* Reinigung
Pyramidenzelt 20

Q

QEK 26

R

Radfahren 209
Rahmenfenster 293
Rangierhilfe 328
Receiver 271
Reifen 308
   Beschriftung 311
   Lastindex 310
   Speedindex 310
   Tipps 308
Reifen für Wohnmobile 309
Reifendruck 309
Reifenwechsel 310
Reinigung 300
   Außenreinigung 301
   Innenreinigung 300
   nach der Saison 305
   vor Saisonbeginn 303
   Wasserleitungen 255, 301
Reisecheckliste 64
Reiseführer 155
Reisekosten 231
Reiseplanung 60
Reisewohnwagen 26

Renault Kangoo 38
Reparieren 242, 295
Rezepte für Camper 180
Rückfahrkamera 323
Rückwärtsfahren mit dem Anhänger 327

S

Sackmarkise 285
Satelliten-Anlage 271
Schäden beseitigen 295
Schadstoffklasse 239
Schäferwagen 42
Schiffstransport (Übersee) 139
Schlaffässer 168
Schlafsack 337
Schleimtest (Wasser) 254
Schlösser 281
Schmutzwasser 253
Schneeketten 222
Schuko-Steckdosen 259
Schwarzwasser 252, 253
Schwarzzelt 18
Schweden 92
Selbstausbau 288
   Anbieter für Zubehör 294
   Isolierung 290, 293
   Kücheneinbau 293
   Werkzeuge 297
Sicherheit 321
   Sicherheitsabsperrung (Gas) 249
   Straßenverkehr 321
   Strom 262
   Sicherheitsschwachstellen am Camper 282
Sicherungstechnik 281
Silberionen und -netze 254, 255
Skandinavien 88
Slowenien 121
Smart-TV 272, 273

Solaranlagen 263
Sonnensegel 285
Spanien 114
Spannungswandler 260
Speedindex 310
Spiele 198
Sport 207, 211
Spotify-Playlists 71
Standheizung 268
Stand-up Paddling (SUP) 209
Staukasten-Klimaanlage 269
Stellplatz *siehe* Wohnmobilstellplatz
Stellplatzregeln 158
Sternebewertung (ADAC) 154
Steuern 238
Streaming-Dienste 272
Strom
  Kabel 259
  Sicherheit 262
  Sparen 226
  Versorgung 258
Stühle 285
Stützlast 313, 326, 327
Südafrika 143
Superplatz (ADAC) 150

T

T1 12
T6 38
Tarp 20
Tarptent 20
Tauchpumpe 252
Tausch-Gasflaschen 247
Teardrop-Anhänger 28
Technik 245
Teilintegrierte 33
Telefonnummern (ADAC) 352
Tempolimit 321, 322, *siehe auch* Verkehrsregeln
Thermoelektrische Kühlung 265

Tiny Houses 43, 166
Tipi 18
Tische 285
Tischgrill 187
Toilette 256, 294
Touren 73
  Belgien 105
  Dänemark 89
  Deutschland 76, 87
  Deutschland (Hochschwarzwald) 82
  Deutschland (Moseltal) 85
  Deutschland (Norden) 77
  Deutschland (Osten) 78
  Deutschland (Süden) 80
  Finnland 97
  Frankreich 111
  Großbritannien 107
  Island 98
  Italien 117
  Kroatien 125
  Niederlande 103
  Norwegen 94
  Österreich und Slowenien 121
  Osteuropa 128
  Polen und Litauen 128
  Schweden 92
  Skandinavien 88
  Spanien und Portugal 114
  Südosteuropa 120, 127
  Südwesteuropa 110, 118
  Westeuropa 102, 108
Tourenplanung 63
Touring-Wohnwagen 26
Transporter 36
Transportwohnwagen 29
Trenntoilette 257
Trockengewicht 316
Trockentoiletten 257
Tunnelzelt 20
TÜV 25, 238, 294

TV 270
  DVB-T 271
  Geräte 271
  Filme und Serien 274
  Satelliten-Anlagen 271
  Streaming-Dienste 272

U

Übernachtung im Fahrzeug 161
Überwachungsanlage 281
Ultraleichtzelt 20
Ultraschall-Füllstandsmessung 247
Ultraschallstift 247
Umbau 291
Umlaufmaß 22
Umwelt 224, *siehe auch* Naturschutz
Umwelt-Labels und Zertifikate 225
Unfälle 325
USA 140

V

Vans 36
Vanlife 12
Verkalkung (im Wassersystem) 254
Verkauf (Wohnmobil, Wohnwagen) 240
Verkaufsportale 242, 243
Verkehrsregeln 321, 322
  Belgien 106
  Dänemark 91
  Finnland 98
  Frankreich 112
  Großbritannien 109
  Island 101
  Italien 119
  Kroatien 127
  Litauen 131
  Niederlande 104

Norwegen 96
Österreich 124
Polen 131
Portugal 116
Schweden 94
Slowenien 124
Spanien 116
Vermietung 233
   ADAC Vermietung 233
   im Ausland 234
   Vermieter 234
Versicherungen 64, 134, 238, 279
Volkswagen 12, 31, 38
Vollintegrierte 34
vorgehängte Fenster 293
Vorzelt 22, 285
VW-Bus 12, 31, 38

W

Wärmeverteilung 267
Waschbecken 257
Waschen 302
Wasserbetriebene Heizung 267
Wasserfilter 253
Wassersäule 333
Wassersport 209
Wassersystem im Camper 252
Wasserver- und -entsorgung 251
Wechselrichter 260
Wegfahrsperre 281
Weltreise 133, 134
Werkzeuge 297
Wertverlust 237
Westfalia 12
Wildcampen 159
   Europa 161
   Wohnmobile 159
   Zelten 161
Wintercamping 220
   Campingplätze 223
   Technik-Checkliste 221
Winterreifen 311
winterfest einlagern 304
Winterstandplatz 305
WLAN 276
Wohnauto 24
Wohnmobile 30
Wohnmobilstellplatz 156
   Stellplatzregeln 158
Wohnmobilreifen 309
Wohnmobilvermietung 233
Wohnwagen 24
Wohnwagengespanne 317
Wurfzelt 21

Z

Zelt 18, 331
   Aufbau 334
   Kauf 333
   Pflege 337
   Standort 334
Zelt-Klappwohnwagen 28
Zirkuswagen 42
Zubehör 237, 245
Zuladung 315, 316
zulässiges Gesamtgewicht 313
Zulassung 294
Zurücksetzen mit dem Anhänger 327
zweiter Außenspiegel 238

BILDNACHWEIS

Titel: Shutterstock.com
Rücktitel: Shutterstock.com/Birgit Kohlhaas

ABC-Paramount/Fair use: 70.5 – akg-images: 11.1; UIG/Marka 11.3 – **Alamy Stock Photo:** Belle Vue 26.3; ZarkePix 29.2; dominic dibbs 29.3; Zoonar GmbH 117 – **AMC/Fair use:** 274.2 – **Blake Wisz on Unsplash:** 258 – **Camping Aaregg:** 16 – **Camping Beach Resort Solaris:** 125 – **Campingpark Kamerun:** 79 – **Chrysalis Records/Fair use:** 70.2 – **Daniel Dostal:** 218 – **Daniel J. Schwarz on Unsplash:** 32.1 – **Elektra Records/Fair use:** 70.1 – **Getty Images:** 220; Oliver Rossi 24; Hero Images 40; Oliver Rossi 57; Knauer/Johnston 60; Johner Images Royalty-Free 91; EyeEm 97; iStockphoto 124; susib 194.1; Vesnaandjic 208.2; Westend61 330/331 – **Gospodarek Mikolaj:** 32.2 – **HUBER IMAGES:** 92, 113 – **imago stock:** 35 – **Island Records/Fair use:** 70.4 – **iStockphoto:** 8/9, 30, 36, 39, 53, 54, 65, 66.3, 66.6, 68.6, 69.5, 70, 88, 132, 141, 179.1, 180, 188, 197, 208.1, 214, 216, 278, 283, 286, 292.2, 295, 296, 300, 309, 310, 332, 335.1, 339, 340 – **kristaps ungurs on Unsplash:** 33.1 – **Kylie Lugo on Unsplash:** 198 – **laif:** Gerard van der Mark/Spaarnestad Photo 10; Spaarnestad Photo 11.2; Hans-Bernhard Huber 81; David Cheshire/Loop Images 107; Camille Moirenc/hemis.fr 228/229; Hans-Bernhard Huber 306 – **Look:** Michael Neumann 160; Roetting+Pollex 335.2 – **Lookphotos:** Heinz Wohner 164; Thomas Grundner 165; Bethel Fath 166 – **Malte Joost:** 14/15, 76 – **Marek Piwnicki on Unsplash:** 20.1 – **Mark Mialik on Unsplash:** 136 – **Martin Erd Photographer:** 33.2, 58/59 – **mauritius images:** Novarc Images 86; Markus Lange 102; Andrey Armyagov/Alamy 230; Cinema Legacy Collection 274.1; AA Film Archive/Alamy 275.1; Allstar Picture Library Ltd./Alamy 275.3 – **Molecaten Park Noordduinen:** 103 – **Nicole Giampietro on Unsplash:** 19 – **OKAPIA:** Joachim Moog 26.2 – **Omnia:** 178.4 – **picture alliance:** Zoonar 167; United Archives 275.2; blickwinkel/McPHOTO/C. Ohde 318 – **plainpicture:** 29.4 – **RCA/Fair use:** 70.6 – **seasons.agency:** Jalag/W. Schmitz 42 – **Shutterstock.com:** 13, 20.2, 20.3, 20.4, 29.1, 29.5, 43.1, 43.2, 44, 47, 62, 66.2, 66.4, 66.5, 67.1, 67.2, 67.3, 67.4, 67.5, 67.6, 67.7, 67.8, 68.1, 68.2, 68.3, 68.4, 68.5, 69.1, 69.2, 69.3, 69.4, 69.6, 83, 95, 100, 105, 110, 114, 120, 123, 131, 138, 142, 143, 144, 145, 146, 148, 149, 152, 156, 169, 170/171, 178.1, 178.10, 178.2, 178.3, 178.5, 178.6, 178.7, 178.8, 178.9, 178/179, 179.10, 179.2, 179.3, 179.4, 179.5, 179.6, 179.7, 179.8, 179.9, 186, 194.2, 194.3, 200, 201, 203, 204, 205, 207, 208.3, 210, 212, 224, 235, 236, 239, 240, 242, 244, 245, 246, 249, 251, 256, 257, 261, 263.1, 263.2, 263.3, 264, 266, 268, 270, 271, 280, 284, 292.1, 292.3, 299, 304, 312, 317.1, 317.2, 317.3, 317.4, 317.5, 319, 321, 326, 335.3, 338 – **Silvio Knezevic:** 181, 182.1, 182.2, 183, 184.1, 184.2, 185.1, 185.2 – **Stefanie Adam:** 7 – **Stefan Wiese/CC BY-SA 3.0:** 26.1 – **Steve Halama on Unsplash:** 51 – **stock.adobe.com:** 48, 66.1, 94, 99, 127, 128, 151, 158, 172, 177.1, 191, 329 – **Truma Gerätetechnik CmbH:** 328 – **Warner Records Inc./Fair use:** 70.3 – **wild vibes on Unsplash:** 174

IMPRESSUM

© 2021 GRÄFE UND UNZER VERLAG GmbH,
Postfach 860366, 81630 München

Markenlizenz der ADAC Camping GmbH, München

ISBN 978-3-95689-924-9

1. Auflage 2021

Alle Rechte vorbehalten. Nachdruck, auch auszugsweise, sowie Verbreitung durch Film, Funk, Fernsehen und Internet, durch fotomechanische Wiedergabe, Tonträger und Datenverarbeitungssysteme jeglicher Art nur mit schriftlicher Genehmigung des Verlags.

Autor und konzeptionelle Mitarbeit:
Gerd Blank, gerdblank.de
Redaktion und Projektmanagement:
Benjamin Happel
Konzeptionelle Mitarbeit, Lektorat und Satz:
Oliver Kiesow, Anja Linda Dicke, bintang-berlin.de
Illustrationen: Tanja Burmeister, breakawaytoday.net;
Martina Frank, martina-frank.com (S. 37, 248, 252, 260, 267, 282, 290, 313)
Bildredaktion: Dr. Nafsika Mylona
Kartografie: Tanja Burmeister;
Anja Linda Dicke, dickedesign.de
Schlusskorrektur: Katharina Grimm, Ulla Thomsen
Umschlaggestaltung und Layout:
Independent Medien Design, Horst Moser, München;
Birgit Kohlhaas, Egling
Herstellung: Mendy Willerich
Druck und Bindung: Drukarnia Dimograf,
SP z o.o. (Polen)

Wichtiger Hinweis
Die Daten und Fakten für dieses Werk wurden mit äußerster Sorgfalt recherchiert und geprüft. Wir weisen jedoch darauf hin, dass diese Angaben häufig Veränderungen unterworfen sind und inhaltliche Fehler oder Auslassungen nicht völlig auszuschließen sind, zumal zum Zeitpunkt der Drucklegung die Auswirkungen von Covid-19 auf das Hotel- und Gastgewerbe vor Ort noch nicht vollständig abzusehen waren. Für eventuelle Fehler oder Auslassungen können Gräfe und Unzer, die ADAC Camping GmbH sowie deren Mitarbeiter und die Autoren keinerlei Verpflichtung und Haftung übernehmen. Aus Gründen der besseren Lesbarkeit wird in diesem Buch bei Personenbezeichnungen das generische Maskulinum verwendet. Es gilt gleichermaßen für alle Geschlechter.

Ansprechpartner für den Anzeigenverkauf:
KV Kommunalverlag GmbH & Co. KG,
MediaCenter München,
Tel. 089/928 09 60

Bei Interesse an maßgeschneiderten B2B-Produkten:
roswitha.riedel@graefe-und-unzer.de

Leserservice
GRÄFE UND UNZER Verlag
Grillparzerstraße 12
81675 München
www.graefe-und-unzer.de

Umwelthinweis
Dieses Buch ist auf PEFC-zertifiziertem Papier aus nachhaltiger Waldwirtschaft gedruckt.

ADAC Services für Camper

Beim **ADAC Infoservice**, in den **ADAC Geschäftsstellen** sowie auf dem **Internetportal des ADAC** (adac.de) erhalten Sie Informationen zu den Dienstleistungen des Automobilclubs rund um Camping und zu Ihrem Reiseziel.

Mit der **ADAC Campcard** profitieren Camper von über 3500 Rabattangeboten auf mehr als 3200 Camping- und Stellplätzen in 36 europäischen Ländern. Die ADAC Campcard ist fester Bestandteil der beiden Bände des **ADAC Campingführers** „Deutschland/Nordeuropa" und „Südeuropa" sowie der **ADAC Camping-/Stellplatzführer-App** für iPhone, iPad und Android. Mit dem Kauf eines der Bücher oder der App genießen Camper über das gesamte Kalenderjahr alle Vorteilsangebote.

Darüber hinaus profitieren Sie mit der Karte **Camping Key Europe – CKE** sowohl in der Neben- als auch in der Hauptsaison europaweit von Rabatten bei rund 2500 Campingplätzen: auf Stellplätze und Mietunterkünfte. Sie wird als Ausweisersatz akzeptiert und macht das Campen sicher dank starkem Versicherungspaket. Die CKE kostet nur 12 Euro für 12 Monate. Alle Vorteile auf einen Blick finden Sie unter adac.de/cke

Als **ADAC Mitglied** können Sie zudem kostenlose **ADAC Toursets®** mit vielen Reiseinfos, Camping-Info-Blätter und Karten anfordern. Oder installieren Sie einfach die **ADAC Trips-App** auf dem Smartphone oder Tablet-PC (adac.de/trips).

ADAC Infoservice
T 0 800 510 11 12
Infos zu allen ADAC Leistungen
(Mo–Sa 8–20 Uhr, gebührenfrei)

ADAC Ambulanz-Service
T 089 76 76 76
(Erkrankung, Unfall, Verletzung,
Transportfragen, Todesfall)

ADAC Pannenhilfe Deutschland
T 089 20 20 4000, Mobil 22 22 22
(Verbindungskosten je nach Netzbetreiber/
Provider)

ADAC Pannenhilfe Ausland
T +49 89 22 22 22
(Verbindungskosten je nach Netzbetreiber/
Provider)

Internet-Serviceangebote des ADAC für die Reiseplanung

Aktuelle Verkehrslage	▶ adac.de/verkehr
ADAC Routenplaner	▶ adac.de/maps
Infos zu Tankstellen und Spritpreisen	▶ adac.de/tanken
Infos zu mautpflichtigen Strecken	▶ adac.de/maut-vignette
Infos zu Fährverbindungen	▶ adac.de/faehren
ADAC Tourmail (aktuelle Infos vor Anreise)	▶ adac.de/tourmail
Campingplätze und Buchungen	▶ adac.de/camping
ADAC Reiseangebote	▶ adacreisen.de
ADAC Autovermietung	▶ adac.de/autovermietung
ADAC Versicherungen für den Urlaub	▶ adac.de/versicherungen
Preisvorteile für ADAC Mitglieder	▶ adac.de/vorteilswelt
Finanzierung für Campingfahrzeuge	▶ adac.de/wohnmobilaktion